Wakefield · Lebendiges Holzspielzeug

David Wakefield

Lebendiges Holzspielzeug

Tiere, Fahrzeuge und Mobiles zum Selbermachen

Bearbeitet und aus dem Amerikanischen übersetzt
von Wolfgang Blumenstein

Hugendubel

Eine Buchreihe herausgegeben von Stefan Wilfert

Die Originalausgabe erschien unter dem Titel
„How to Make Animated Toys"
bei Sterling Publishing Company, Inc., New York

Die Deutsche Bibliothek – CIP-Einheitsaufnahme
Wakefield, David:
Lebendiges Holzspielzeug: Tiere, Fahrzeuge und Mobiles zum
Selbermachen / David Wakefield. Bearb. und aus dem
Amerikan. übers. von Wolfgang Blumenstein. – 2. Aufl. –
München: Hugendubel, 1995
   (Homo ludens)
   Einheitssacht.: How to make animated toys ⟨dt.⟩
   ISBN 3-88034-657-7
NE: Blumenstein, Wolfgang [Bearb.]

2. Auflage 1995
© David Wakefield, 1986
© der deutschsprachigen Ausgabe
Heinrich Hugendubel Verlag, München 1993
Alle Rechte vorbehalten

Umschlaggestaltung: Parzhuber & Partner, München
Produktion: Tillmann Roeder, München
Reproduktion der techn. Zeichnungen: Typodata, München
Satz: Uhl + Massopust, Aalen
Druck und Bindung: Huber, Dießen
Printed in Germany

ISBN 3-88034-657-7

Inhalt

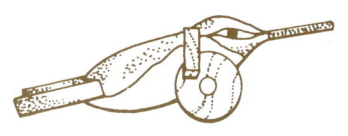

Große Erwartungen 7

Allgemeine Hinweise zur Fertigung der Spielzeuge 9
Bearbeitungsverfahren und nützliche Hilfsmittel 9
Werkstoffe und Werkzeuge 27
Entwerfen von lebendigem Holzspielzeug 34

Tiere in Aktion 39
Der hoppelnde Hase und der tauchende Wal 40
Das hungrige Nilpferd 45
Das sorglose Känguruh mit seinem Kind 51
Der streunende Gorilla 57
Der Kolibri mit rubinfarbener Kehle 62
Der neugierige Tukan 66
Die watschelnde Ente 72
Die schreckhafte Schildkröte 78
Der garstige Hummer 89
Der hüpfende Frosch 96
Der freche Seehund 101
Der Hund auf der Pirsch 106
Phantasievolle Biester 113

Vielfältige Fahr- und Flugzeuge 117
Der muntere Bus 118
Die Draisine aus vergangenen Tagen 122
Die Lieferwagenkollektion 129
Das U-Boot mit Ausguck 133
Der schaukelnde Schlepper mit Lastkahn 138
Die „River Queen" 145
Der klassische Eindecker 152
Der quirlige Hubschrauber 162
Das UFO auf Raumpatrouille 169
Der arbeitswütige Bulldozer 174
Der rotierende Zementmischwagen 179
Der unaufhaltsame Vorderlader 187

Prähistorische Monster 193
Der tyrannische Tyrannosaurus 194
Der muskulöse Brontosaurus 200
Der randalierende Triceratops 208

Bewegung pur 219
Eine tolle Klapper für Kinder 220
Die Illusion eines Perpetuum mobile 222

Anhang 228

Große Erwartungen

In der welligen Hügellandschaft Ohios, westlich des Appalachengebirges, gibt es ein Baumhaus. Das allein ist noch nichts Bemerkenswertes. Es gibt zahllose Bäume in Ohio, und auch sehr viele Kinder. Wenn man Bäume und Kinder zusammenbringt und diese „Mischung" nur ein paar Wochen in Ruhe läßt, wird man schon eine ganze Menge Baumhäuser erhalten.

Dieses bestimmte Baumhaus entspricht jedoch nicht unserer üblichen Vorstellung. Es sieht aus wie ein kleines viktorianisches Wohnhaus, das von einem wirbelnden Tornado in der Gegend von Boston oder Philadelphia aufgesogen und in der arglosen Wildnis Ohios wieder abgesetzt wurde. Das zweigeschossige Gebäude ruht auf zwei uralten Eichen, die stolz ihre Last tragen. Dieses wunderbare Erlebnis war die *zweite* Begegnung mit dem Werk David Wakefields. Meine erste Begegnung galt einer hölzernen Schildkröte. Ein Kind namens Sebastian zog sie durch den Flur meiner Freunde. Ich hatte bereits viel hölzernes Spielzeug gesehen und glaubte die Möglichkeiten zur Herstellung zu kennen. Ein derart raffiniert konstruiertes wie diese Schildkröte hatte ich jedoch noch nie zuvor gesehen.

Wenn Sebastian an der Schnur zog, verschwanden Kopf und Schwanz im Panzer, um kurz darauf wieder hervorzukommen. Sebastian ließ sich von der Bewegung genauso fesseln wie ich auch. Sobald ich das Spielzeug von dem Kind bekommen konnte, begann ich mit der Untersuchung des Innenlebens. *Aha!* Räder mit exzentrischen Achsen, die mit Kopf und Schwanz verbunden waren...

„Das ist nur eines von David Wakefields Spielzeugen", hörte ich Sebastians Mutter sagen. Sie öffnete Sebastians Spielzeugtruhe mit den Worten: „Er hat auch diese hier gemacht", und zeigte mir ein Nilpferd, dessen Maul auf und zu klappte, einen Hummer mit sich bewegenden Scheren und andere interessante Spielzeuge. Alle stellten geschickte Kombinationen von Rädern, Achsen, Nocken und Hebeln dar, die in faszinierender Weise zusammenwirkten, wenn man die Objekte bewegte. Auf dem Boden oder in der Spielzeugtruhe sahen sie aus wie gewöhnliches Nachziehspielzeug, doch wenn man mit ihnen spielte, erwachten sie zum Leben.

Ich halte mich selbst für einen mittelmäßig begabten Holzwerker und achte gut durchdachte und ausgeführte Objekte. Ich wollte gern den Spielzeugmacher kennenlernen und die Hände schütteln, die so wunderschöne Dinge hergestellt hatten. Also fuhren wir an diesem Nachmittag rüber zu Davids Wohnort. Als wir ankamen, war er nicht zu Hause, und so bewunderten wir sein Baumhaus.

Der Mann, den ich dann endlich kennenlernte, entsprach so gar nicht meinen Erwartungen. In meiner Vorstellung waren Spielzeugmacher kleine, bärtige, großväterliche Menschen. David war dagegen glatt rasiert, jung, großgewachsen und hatte einen wuscheligen roten Haarschopf..., und er war ein erfahrener, kenntnisreicher Holzwerker.

David erzählte mir, daß er gebürtiger Australier sei und das Kind einer Schauspielerfamilie. Sein Vater war ein Komödiant, seine Mutter eine Theaterschauspielerin. Er reiste mit seiner Familie um die Welt, fand aber schließlich einen festen Wohnsitz in einem Waldgebiet, direkt vor den Toren des Städtchens Millfield in Ohio. Er entschied sich für einen Handwerksberuf und begann mit der Fertigung von Gegenständen aus Holz. Zunächst stellte David Musikinstrumente und Möbel her, später kam das Spielzeug dazu. Mit seinen Spielzeugentwürfen hatte er so großen Erfolg, daß er sich auf deren Herstellung spezialisierte. Seine Firma „Howling Wolf Woodworks" widmete sich der Produktion und dem Verkauf dieses Spielzeugs und wuchs in neun Jahren zu einem großen holzverarbeitenden Betrieb heran.

David fragte an, ob unser Verlag ein Buch über die Herstellung von Holzspielzeug herausgeben wolle. Ich war davon überzeugt. Und das ist die ganze Geschichte, wie dieses Buch entstand: eine hölzerne Schildkröte, ein Baumhaus und zwei Holzwerker, die sich über ihre Erfahrungen unterhielten. Davids Buch zu veröffentlichen war ganz einfach. Ich trug eines Tages eine Kiste mit seinem lebendigen Holzspielzeug in eine Verlagskonferenz und ließ alle damit spielen. Danach wurde einstimmig die Herausgabe beschlossen – es dauerte Monate, bis David sein Spielzeug zurückerhielt...

April 1986   NICK ENGLER

Allgemeine Hinweise zur Fertigung des Spielzeugs

Für das Auge des Laien sieht es so aus, als sei die Herstellung von Spielzeug sehr einfach. Nur einen Umriß ausschneiden, ein paar Räder dran, und schon ist's fertig.
Tatsächlich wird für die Herstellung eines guten Spielzeugs ein großes Maß an Wissen, Können und Geduld benötigt. Ich schreibe das nicht, um Sie zu entmutigen, sondern um Sie zum Lesen dieses Kapitels anzuregen. Das wird Ihnen helfen, die Fehler zu vermeiden, die mir im Lauf der Jahre unterlaufen sind und aus denen ich gelernt habe.
Beim Spielzeugbasteln gibt es, wie bei den meisten Dingen, einen bequemen und schnellen und einen schwierigeren und zeitaufwendigeren Weg. Als Ergebnis bringt ersterer oft Frustration und zweiterer fast immer ein Erfolgserlebnis. Ich möchte Ihnen ein paar Anregungen geben, damit Ihr Werk ein Erfolgserlebnis wird.
Einige meiner Leser sind bestimmt Handwerker, die bereits über große Erfahrung im Umgang mit Holz als Werkstoff verfügen. Auch Sie sollten bedenken, daß die Herstellung von Spielzeug ein Spezialgebiet mit eigenen Problemen und Lösungen ist.
Doch ungeachtet ob Sie gerade als Anfänger in ein neues Hobby einsteigen oder bereits ein erfahrener Schreiner sind, ob Sie nur etwas Spielzeug für Freunde und Verwandte herstellen wollen oder eine größere Stückzahl in Angriff nehmen und „Spielzeugmacher" werden wollen, werden die in diesem Buch gesammelten Informationen für Sie sehr wertvoll sein.

Bearbeitungsverfahren und nützliche Hilfsmittel

Übertragen der Zeichnungen

Jedes Projekt beginnt mit einem Entwurf (Plan, Zeichnung), beim Herstellen von Spielzeug genau wie bei anderen Vorhaben. Allerdings gibt es bei Spielzeug viele unregelmäßige Umrisse, die sich nicht mit einfachen Abmessungen beschreiben lassen.
Für die Herstellung eines Möbelstücks reicht in der Regel die Darstellung in zwei oder drei Ansichten aus, um dem Schreiner alle notwendigen Informationen zum Bau mitzuteilen. Bei dem oft kompliziert geformten Spielzeug reicht das nicht aus.
Zum Übertragen der im Verhältnis 1:1 gehaltenen Zeichnungen auf Holz gibt es mehrere Möglichkeiten. Eine davon ist das Durchzeichnen von der Vorlage mit Kohlepapier. Dazu läßt sich eine leergeschriebene Kugelschreibermine sehr gut verwenden. Sie können aber auch einen 6-mm-Rundstab mit einem Bleistiftspitzer anspitzen und mit Schleifpapier die Spitze abrunden (s. Abb. 1).
Eine weitere Methode ist, die Vorlage auszuschneiden und mit transparentem Klebeband auf dem Holz zu befestigen. Dabei sollte die gesamte Umrißlänge angeklebt werden, damit das Papier flach aufliegt. Nach dem Sägen wird die Vorlage wieder entfernt.
Wenn mehrere gleiche Objekte hergestellt werden sollen, kann man sich auch Schablonen der Einzelteile ausschneiden (z. B. aus dünnem Sperrholz). Bohren Sie alle erforderlichen Löcher mit ⌀ 6 mm, dann können Sie mit einem Stift den Kreis anzeichnen. Mit einer solchen Schablone können beliebig viele Werkstücke markiert werden. Man kann auch die zur Fertigung notwendigen Informationen darauf schreiben – z. B. Lochdurchmesser, Tiefe von Bohrlöchern, Nuten usw.

Abb. 1 Ein 6-mm-Dübel mit abgerundeter Spitze oder eine leergeschriebene Kugelschreibermine eignen sich gut zum Durchpausen der Vorlagen mit Kohlepapier.

Die Bandsäge

Zum Ausschneiden der auf das Holz übertragenen Umrisse eignet sich am besten die Bandsäge.

Zu Ihrer eigenen Sicherheit sollten Sie bei allen Arbeiten an Werkzeugmaschinen, wie z. B. Werkzeugwechsel oder Wartung, vorher die Stromzufuhr unterbrechen! Darüber hinaus sind die in der Gerätebeschreibung angegebenen Sicherheitshinweise des Herstellers unbedingt zu beachten.

Auswahl der Sägeblätter. Zum Arbeiten mit der Bandsäge benutze ich in der Regel ein 6-mm-(¼″-)Sägeblatt mit einer Teilung von 4 oder 6 (Teilung = Anzahl Zähne je Zoll Sägeblattlänge). Ein Blatt mit 6er Teilung eignet sich universell für alle Zwecke. Blätter mit 4er Teilung eignen sich eher für grobe Arbeiten (unsauberere Sägekanten), lassen aber eine höhere Schnittgeschwindigkeit zu.
Zum Ausschneiden enger Kurven und Radien benutze ich außerdem ein 3-mm-Blatt mit 10er Teilung. Beim Einsatz von Blättern mit feinerer Teilung muß die Schnittgeschwindigkeit (Vorschub) entsprechend reduziert werden.
Grundsätzlich sollten Sägeblätter mit geschränkter Zahnung verwendet werden. Sie entfernen die Späne besser von der Schnittstelle, ermöglichen einen größeren Vorschub beim Schneiden von Hartholz und verhindern das Klemmen im Schneidspalt.
Die Arbeit mit der Bandsäge ist recht einfach, aber es gibt ein paar Tips, die Ihnen helfen können, die Arbeit zu beschleunigen. Sie sollten darauf achten, daß der Tisch immer genau rechtwinklig zum Sägeblatt eingestellt ist, bevor Sie die Maschine benutzen, es sei denn, Schrägschnitte sind erforderlich. Damit sparen Sie Zeit und Mühe beim Schleifen. Außerdem wird sichergestellt, daß der Mechanismus des Spielzeugs zuverlässig funktioniert.
Beachten Sie die Sicherheitsregeln, wenn Sie die Bandsäge benutzen. Es sieht vielleicht übertrieben aus, aber es könnte gefährlich für Sie werden, wenn Sie nicht vorsichtig sind.

Tragen Sie keinen Schmuck oder lose Kleidung – es könnte vom Sägeblatt erfaßt werden. Tragen Sie eine Schutzbrille, und stellen Sie die obere Bandführung immer so ein, daß nicht mehr als ca. 5 mm Zwischenraum zum Werkstück bleibt. So ist der freie Teil des Sägeblatts nicht größer als nötig. Halten Sie immer die Finger außerhalb des Gefahrenbereichs.

Im Tisch ist dort, wo das Blatt durchgeführt wird, ein Einsatz angebracht. Dieser ist meist ca. 5 cm groß (rund oder quadratisch). Betrachten Sie die Fläche dieses Teils als Markierung einer Gefahrenzone, und lassen Sie Ihre Finger nie näher an das Sägeblatt herankommen als bis zu seiner Kante.
Wenn Ihre Bandsäge keinen Einsatz aufweisen sollte, zeichnen Sie einen entsprechenden Kreis (am besten mit roter Farbe) auf den Tisch, damit Sie immer an die Gefahr denken.
Bedenken Sie, daß kleine Teile genauso schnell mit der Dekupiersäge ausgeschnitten werden können – man muß nicht für *alles* die Bandsäge benutzen!

Dübel und Rundstäbe ablängen. Zum Ablängen von Stangenmaterial befestigen Sie ein Brettstück direkt vor dem Sägeblatt mit kleinen Zwingen am Parallel-

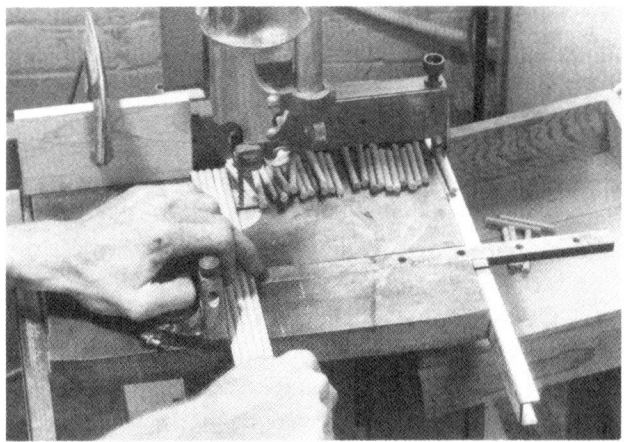

Abb. 2 Zum Ablängen von Rundmaterial für Achsen und Dübel spannen Sie ein Brettstück vor dem Sägeblatt an den Parallelanschlag. Dadurch klemmen die Abschnitte nach dem Trennen nicht zwischen Blatt und Anschlag. Eine Lade unter dem Sägetisch dient zum Auffangen der Abschnitte.

anschlag. Um eine bestimmte Länge zu schneiden, stellen Sie den Abstand zwischen dem Brett und dem Sägeband entsprechend ein (s. Abb. 2).

Einschneiden und Spalten. Zum Einschneiden von Schlitzen kann man ein am Parallelanschlag befestigtes Brettstück als Tiefenstopp benutzen. Dieser zusätzliche Anschlag muß, gemessen von der Sägeblattvorderkante, genau beim gewünschten Tiefenmaß für den Schlitz befestigt werden (s. Abb. 3).

Abb. 4 Befestigen Sie den Seitenanschlag (wenn kein Parallelanschlag vorhanden) genau parallel zum Sägeblatt auf dem Tisch der Bandsäge.

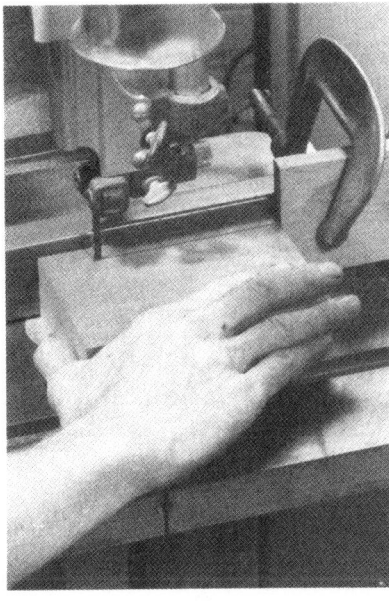

Abb. 3 Ein Brettstück, mit Schraubzwingen am Parallelanschlag der Bandsäge befestigt, dient als Tiefenanschlag.

Fertigen Sie den Schlitz mit langsamer Vorschubbewegung. Wenn man zu schnell schneidet, verwindet sich das Blatt, und der Schnitt wird nicht gerade. Wiederholen Sie den Schnitt so oft wie notwendig, jeder Einschnitt wird genau die gleiche Tiefe haben. Sie werden auch dicke Bretter auf geringere Stärken zuschneiden müssen. Diesen Vorgang nennt man Spalten. Die Arbeitsweise ist genau die gleiche, wie gerade beschrieben, nur der Tiefenstopp fällt nun weg. Wenn das zu spaltende Brett höher als der Parallelanschlag ist – etwa wie das Deck der „River Queen" – sollten Sie einen höheren Anschlag selbst herstellen. Dazu benötigt man nicht mehr als zwei gehobelte Bretter in der Länge des Sägetischs, im rechten Winkel miteinander verbunden und mit Zwingen am Tisch befestigt (s. Abb. 4).

Zum Spalten sollten möglichst breite Sägeblätter verwendet werden (12 oder 15 mm), dies ist um so wichtiger, je höher und länger der Schnitt ist. Schmale Sägeblätter folgen der Holzmaserung, und der Schnittverlauf wird dadurch nicht exakt gerade. Man kann trotzdem zur Not auch ein 6-mm-Sägeblatt zum Spalten verwenden, wenn es scharf ist, die Führungen korrekt eingestellt sind und die Bandspannung etwas höher eingestellt wird als normal. Schieben Sie das Brett so langsam vor, daß das Sägeblatt noch gerade schneidet. Wenn Sie Abweichungen vom geraden Schnittverlauf bemerken, verlangsamen Sie sofort den Vorschub. Halten Sie das Brett beim Schnitt fest gegen den Parallelanschlag. Vermeiden Sie, das Brett im Sägeblattbereich oder dahinter anzudrücken, dadurch würde das Blatt eingeklemmt.

Eine weitere Ursache für das Klemmen des Sägeblatts sind innere Spannungen im Holz, die beim Schneiden freiwerden. Dadurch können die bereits getrennten Teile des Bretts zusammengepreßt werden und so aufs Blatt drücken. Mit einem kleinen Keil im Schnittspalt wird dies verhindert (s. Abb. 5). Zum Halten am Schnittende ist die Schiebelade ein

Abb. 5 Beim Spalten von Brettern wird durch innere Spannungen im Holz der Schnittspalt oft zusammengedrückt. Um dies zu verhindern, treibt man einen kleinen Keil in das hintere Ende des Schnittspaltes.

Abb. 6 Am Ende des Schnitts sollten Sie einen Schiebegriff verwenden.

sinnvolles, sicheres Hilfsmittel (s. Abb. 6). In der Zeichnung zu Abb. 7 habe ich zwei einfache Schiebeladen entworfen, die Sie leicht selbst anfertigen können. Zumindest eine davon sollten Sie stets griffbereit haben.

Wenn Sie beim Einschneiden oder Spalten keine geraden Schnitte erhalten, kann das mehrere Ursachen haben:

- Das Sägeblatt ist stumpf.
- Die Sägeblattführungen sind nicht richtig eingestellt.
- Sie halten das Brett nicht richtig an den Parallelanschlag.
- Sie schneiden zu schnell.
- Der Parallelanschlag wurde nicht genau parallel zum Sägeblatt befestigt.

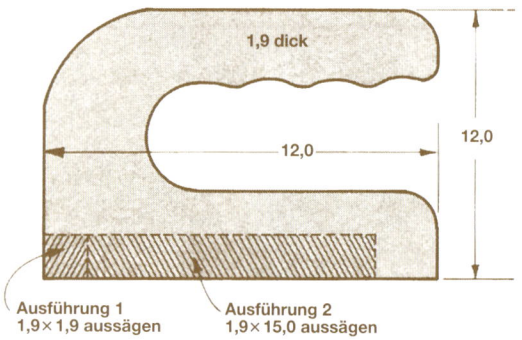

Abb. 7 Schiebegriffe sind sehr hilfreich und einfach selbst herzustellen. Schneiden Sie nur die Umrisse (s. Zeichnung) mit der Bandsäge aus, und runden Sie die Kanten zur besseren Handhabung.

Kopfdübel herstellen. [*Anm. d. Übers.: Kopfdübel sind bisher in Deutschland nicht im Bastlerbedarf erhältlich. Sie können jedoch leicht selbst angefertigt werden. Im folgenden wird zunächst eine Anleitung dazu gegeben.*]

Nehmen Sie zur Herstellung von Kopfdübeln unbehandelte Holzkugeln oder -perlen und Rundstäbe im benötigten Durchmesser. Bohren Sie ein Loch in die Kugel (für Schaftdurchmesser 5 mm verwende ich Kugeln ⌀ 12 mm, für Schaft ⌀ 6 mm nehme ich ⌀ 15 mm als Kugel). Damit die Kugeln beim Bohren fest genug gehalten werden, aber nur so fest, daß sie nicht zerspringen, habe ich eine Kombizange in der gezahnten Greifmulde mit selbstklebendem Moosgummi (Tesamoll oder etwas Ähnliches tut's auch) beklebt. Man bekommt schnell ein Gefühl dafür, wie fest man die Zange zudrücken darf. Legen Sie die Zange flach auf den Bohrtisch, und bohren Sie die gewünschte Anzahl Kugeln. Damit die Köpfe nicht zu wuchtig aussehen, stecke ich sie nach dem Bohren auf ein Stück Rundmaterial und schleife auf der Seite, wo später der Dübelschaft sitzt, eine Fläche an. Beim Einkleben der Rundstäbe läßt man das Ende etwas überstehen und schleift die Kuppe nachher glatt ab. Dazu kann man die Dübel in die Bohrmaschine einspannen.

Ablängen der Kopfdübel. Um Kopfdübel auf eine bestimmte Schaftlänge zu kürzen, legt man ein Reststück Holz (mindestens so dick wie der Überstand des Dübelkopfs) auf den Bandsägetisch und schneidet es von der rechten Seite aus, entsprechend der gewünschten Schaftlänge, ein. Sie legen dann den Kopfdübel an die Brettkante, halten gut fest und schieben das Ganze langsam vor (s. Abb. 8). Nachdem Sie auf diese Weise die benötigte Anzahl Dübel abgelängt haben, schleifen Sie Fasern und Splitter am Ende ab.

Kurven aussägen. Muß ein Außenradius gefertigt werden, der zu klein für die verwendete Sägeblattbreite ist, schneiden Sie einige Male kurz ein. Sägen Sie jedesmal ein bißchen Material ab, um so Stück für Stück der Umrißlinie näher zu kommen.

Bohren Sie Löcher an den entsprechenden Stellen der Umrißlinie; das erleichtert es, enge Eckradien zu fertigen. Schmale Einschnitte, die in einem Radius enden, können meist auch mit zwei Schnitten gefertigt werden. Schneiden Sie zunächst von einer Seite aus ein, ziehen das Werkstück vom Sägeblatt zurück, und schneiden dann von der zweiten Seite aus ein

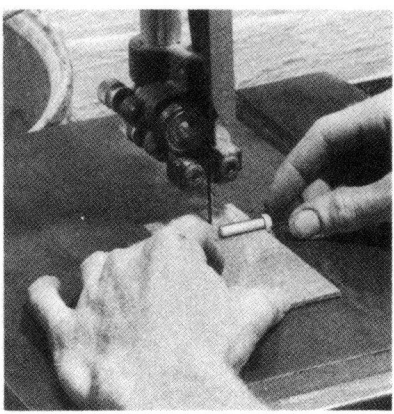

Abb. 8 Um einen Kopfdübel auf Länge zu schneiden, legen Sie den Kopf an die Kante eines Hartholzabschnitts. Halten Sie den Dübel beim Schneiden sorgfältig fest.

(s. Abb. 9). Beim Zurückziehen des Werkstücks kann es erforderlich sein, die Säge auszuschalten, damit das Blatt nicht von den Laufrollen abspringt. Sie können auch Löcher bohren, wo enge Innenradien zu fertigen sind, so daß das Aussägen Ihnen keine Schwierigkeiten bereitet (s. Abb. 10). Der Bohrlochradius muß dabei dem Radius der Kurve entsprechen.

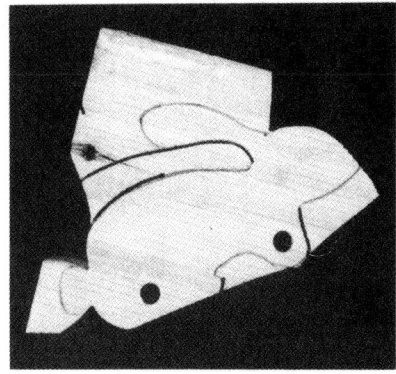

Abb. 9 Viele Kurven können mit einem 6-mm-Sägeblatt durch mehrere nebeneinanderliegende Schnitte gefertigt werden.

So geht's auch. Wenn Sie keine Bandsäge besitzen, geht's auch mit einer Dekupiersäge, einer Portion Muskelkraft und jeder Menge Geduld.
Der Kniff beim Gebrauch der Dekupiersäge ist, die Umrisse auf beiden Seiten des Werkstücks zu übertragen. [*Anm. d. Übers.: zumindest bei Materialdicken über 10 mm.*]
Damit die Umrisse auf beiden Seiten deckungsgleich aufgetragen werden können, übertragen Sie zunächst den Umriß auf eine Seite und markieren die Bohrungen. Bohren Sie diese Löcher, drehen Sie das Teil um und verwenden Sie diese, um den Umriß auf der zweiten Seite exakt zu positionieren.
Spannen Sie das Werkstück in den Schraubstock, und sägen Sie den Umriß aus, wobei Sie sich an den Umrißlinien auf beiden Seiten orientieren.

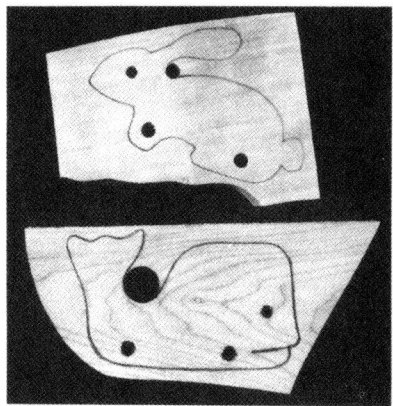

Abb. 10 Die Bearbeitung mit der Bandsäge kann bei engen Innenkurven durch Bohrungen erleichtert werden.

Der Bohrständer

Zum Gebrauch der Bohrmaschine beim Herstellen von Spielzeug ist es sinnvoll, einige Vorrichtungen und Halterungen zu fertigen, die hilfreich sind, um das Werkstück in der richtigen Lage zu halten. Die Aufgabe von allen Bohrvorrichtungen ist es, das Werkstück in irgendeiner Form zu unterstützen oder zu positionieren. Das ist nicht nur für exakte Bearbeitung, sondern auch für Ihre Sicherheit wichtig.
Eine Ständerbohrmaschine sieht vielleicht nicht gefährlich aus – trotzdem: Jedes Elektrowerkzeug kann Verletzungen hervorrufen, wenn es unsachgemäß verwendet wird.

Beim Bohren von kleinen Teilen müssen die Werkstücke befestigt oder gegen den Bohrtisch angedrückt werden, damit sie nicht durch die Werkstatt oder – schlimmer – gegen Ihren Körper geschleudert werden, wenn sich der Bohrer darin verhaken sollte.

Einige der Sicherheitsregeln, die ich Ihnen für die Bandsäge genannt habe, gelten auch hier:

Tragen Sie keinen Schmuck oder lose (weite) Kleidung, verwenden Sie eine Schutzbrille, und bleiben Sie mit den Händen in sicherem Abstand zum Bohrer.

Materialausbrüche verhindern. Das erste Hilfsmittel ist genauso primitiv wie wichtig: nur ein einfaches Brettstück. Wenn man ganz durch ein Werkstück bohrt, legt man ein Brettstück unter, damit der Lochrand auf der Unterseite nicht aussplittert. Jedes Reststück von ausreichender Größe erfüllt diesen Zweck.

Sind mehrere Löcher gleichen Durchmessers zu bohren, spannen Sie die Unterlage auf dem Bohrtisch fest, damit sie nicht verrutscht. Sonst wird das Loch in der Unterlage immer weiter ausgearbeitet, und der gewünschte Effekt geht verloren.

Bohren von exzentrischen Achslöchern. Eine sehr wichtige Vorrichtung ist eine Lade zum exakten Bohren von exzentrischen Achs- und Dübellöchern in Räder. Nehmen Sie ein Brett, etwa 15 cm länger als die Tischbreite der Bohrmaschine. Bohren Sie im Abstand von ca. 7,5 cm zwei Löcher ⌀ 18 mm etwa 2 mm tief. So liegt das Rad trotz vorgewölbter Nabe beim Bohren flach und sicher in einer dieser Mulden auf.

Bohren Sie ein Loch ⌀ 4 mm in der Mitte einer der Mulden, in die Mitte der anderen Mulde ein Loch ⌀ 6 mm, beide ca. 12 mm tief.

[*Anm. d. Übers.: Die meisten fertig gekauften Holzräder im benötigten Durchmesserbereich besitzen Achsbohrungen von ⌀ 4 mm; Lochsägen zur Eigenfertigung von Rädern besitzen in der Regel einen Zentrumsbohrer ⌀ 6 mm.*]

Schneiden Sie Stücke von Rundstäben ⌀ 4 mm und ⌀ 6 mm so lang ab, daß sie nach dem Einkleben in die Löcher noch etwas über die Raddicke vorstehen. Schleifen Sie die Stäbe glatt, so daß die Räder leicht (aber nicht zu leicht) darauf gesteckt werden können. Spannen Sie das Brett auf dem Bohrtisch fest, so daß der Bohrer jedesmal im gleichen Abstand vom Mittelloch auf das Werkstück trifft, wenn das nächste Rad auf die Vorrichtung gesteckt wird (s. Abb. 11). In einigen Fällen muß direkt neben dem mit einem Dübel verschlossenen mittigen Achsloch ein neues, nur Bruchteile vom Originalloch entfernt gebohrt werden. Um mehrere „verdübelte" Räder genau gleich bohren zu können, befestigen Sie an einem Ende der Bohrvorrichtung zwei Leisten von ca. 7,5 cm Länge, ca. 1,3 cm dick, in Form eines V. Positionieren Sie dieses V unter dem Bohrer so, daß ein in diese Öffnung gestecktes Rad nur ein bißchen außermittig gebohrt wird.

Abb. 11 Diese Vorrichtung ist zum exakten Bohren von Achs- und Dübellöchern in Räder erforderlich.

Schleifen von engen Kurven und Radien. Sie können die Bohrmaschine zum Schleifen von engen Kurven und Radien benutzen, indem Sie einen einfachen Walzenschleifer aus einem Stück Rundstab herstellen. Schneiden Sie mit der Bandsäge einen Schlitz in ein Ende des Stabes, und spannen Sie ihn mit der anderen Seite ins Bohrfutter. Stecken Sie ein Stück Schleifleinen in den Schlitz. Nach dem Einschalten der Maschine wickelt sich das Schleifleinen um den Stab und bildet so eine Schleifwalze, die etwas größer als der Stabdurchmesser ist (s. Abb. 12). Am besten fertigen Sie eine Reihe dieser Schleifstäbe mit unterschiedlichen Durchmessern.

Abb. 12 Wenn Sie keine Walzenschleifer besitzen, können Sie sich selbst sehr einfach welche herstellen. Schneiden Sie in Rundstäbe von verschiedenen Durchmessern Schlitze in ein Ende. Stecken Sie Schleifleinen in den Schlitz, und wickeln Sie es so um den Stab, daß es durch die Drehung festgehalten wird.

Es gibt noch weitere Vorrichtungen, die Sie zum Bohren benötigen werden, die aber nur für jeweils ein oder zwei Spielzeugtypen Verwendung finden. Die Beschreibung finden Sie dann unter der Bauanleitung, für die die betreffende Vorrichtung benötigt wird.

Alternative Möglichkeiten. Wenn Sie keine Säulenbohrmaschine besitzen, sollten Sie sich zumindest einen Bohrständer für die Handbohrmaschine zulegen. Es gibt verschiedene Ausführungen im Handel, passend für alle Handbohrmaschinen-Typen. Diese Bohrständer reichen für die meisten Arbeiten völlig aus. Für bestimmte Anwendungen sind sie jedoch nicht stabil genug bzw. die Führungen nicht exakt genug, z. B. bei Arbeiten mit dem Ausstellmesser oder sehr tiefen Bohrungen, wie etwa beim Rumpf des Tyrannosaurus' oder des Tukans. Wenn Sie weder eine Säulenbohrmaschine noch einen Bohrständer besitzen, können Sie trotzdem die meisten der in diesem Buch beschriebenen Spielzeuge fertigen, vorausgesetzt, Sie arbeiten sehr sorgfältig.

Die Arbeit mit dem Kantenschleifer

[*Anm. d. Übers.: Diese Schleifeinrichtung wird in Deutschland hauptsächlich als Zusatz für Bandsägemaschinen angeboten. Es handelt sich dabei um eine Bandschleifmaschine mit sehr schmalem Schleifband (25 mm).*]

Bevor Sie dieses Werkzeug benutzen, prüfen Sie immer, ob der Tisch lotrecht zum Schleifband ausgerichtet ist. Das macht im Ergebnis sehr viel aus, besonders beim Schleifen von dickem Material.

Versuchen Sie bei der Arbeit mit diesem Gerät eine gleichmäßige, fließende Kantenlinie zu erzeugen. Hören Sie nicht auf mit der Bewegung des Werkstücks, solange es gegen das Band angedrückt wird – sonst werden flache Kerben erzeugt. Führen Sie lange, schwingende Bewegungen aus, bei mäßigem Andruck gegen das Band.

Wie jedes Elektrowerkzeug, so birgt auch dieses einige Gefahrenquellen. Bei der Arbeit mit dem Kantenschleifer besteht die Gefahr, mit den Fingern ans Schleifband oder zwischen Band und Tisch zu geraten. Zur Vorbeugung befestigen Sie den Tisch [*Anm. d. Übers.: oder ein Stück dünne Sperrholzauflage*] höchstens 3 mm vom Band entfernt.

Noch einmal der Rat:

Legen Sie Ihren Schmuck ab, und tragen Sie keine lose Kleidung. Tragen Sie eine Schutzbrille und Atemschutz, und bleiben Sie zu guter Letzt mit den Fingern *immer* mindestens auf 2,5 cm Abstand vom Band.

Schleifen von Innenkurven. Bei einigen Modellen läßt sich die Führung hinter dem Schleifband ganz entfernen. Montieren Sie die Führung ab, um Innenkurven zu schleifen.

Bei meinem Schleifgerät kann die Führung nicht entfernt werden. Also habe ich die Maschine so verändert, daß das Band seitlich versetzt geführt wird und die halbe Bandbreite neben der Führungsplatte läuft. Durch diese Anordnung kann das Band konkaven Kurven folgen (s. Abb. 13). Ich benutze den freilaufenden Teil des Bandes für Innenkurven, den auf der Führung laufenden Teil für gerade Abschnitte oder Außenradien.

Abb. 13 Wenn die Gegenhalteplatte Ihrer Bandschleifeinrichtung nicht abmontiert werden kann, sollten Sie versuchen, das Schleifband außermittig laufen zu lassen. So können auch kleinere Innenradien geschliffen werden.

Reinigen des Schleifbandes. Wenn Sie bisher noch keinen Schleifbandreiniger verwendet haben, sollten Sie es einmal damit versuchen. Diese Reiniger werden aus Neoprengummi hergestellt, der die Schleifstaubpartikel aufnimmt und das Band reinigt. Die Anwendung verlängert die Standzeit des Schleifbands bis zum Fünffachen, und das Verbrennen der

Werkstückoberfläche wird verhindert. Reinigen Sie das Schleifband jeweils nach ca. dreiminütigem Gebrauch. Drücken Sie den Reiniger ein paar Sekunden gegen das Band, bis es wieder seine Originalfarbe zeigt (s. Abb. 14).
[*Anm. d. Übers.: Viele ausrangierte Gegenstände aus Kunststoff können zum Reinigen von Schleifbändern verwendet werden.*]

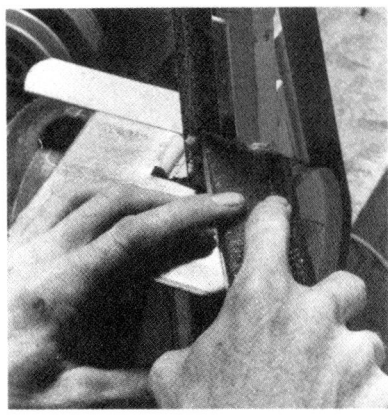

Abb. 14 Schleifbandreiniger verlängern die Lebensdauer Ihres Bands bis zur fünffachen Standzeit. Drücken Sie den Reiniger gegen das laufende Schleifband, und er nimmt die zwischen dem Schleifkorn festgesetzten Partikel auf, bis der Neuzustand fast wieder erreicht ist.

Abb. 15 Sie können Ihren Staubsauger zum Absaugen des Schleifstaubs benutzen, indem Sie das Endstück des Saugrohrs schlitzen, so daß das Schleifband darin läuft. Fertigen Sie dann eine Aufnahme, um das Rohr am Maschinengestell zu befestigen.

Schleifstaubabsaugung. Sie sollten selbst eine Schleifstaubabsaugung bauen, wenn Sie nicht bereits über eine verfügen. Wenn Ihr Schleifgerät nicht mit einem Anschlußstutzen ausgerüstet ist, können Sie leicht selbst einen fertigen. Nehmen Sie dazu ein zu Ihrem Staubsauger passendes Stück Saugrohr. Schneiden Sie es einseitig ein, so daß es sich unterhalb vom Tisch schräg über das Schleifband schieben läßt. Basteln Sie eine Befestigung, mit der das Rohr während des Einsatzes gehalten wird, und schließen Sie es an einen leistungsstarken Staubsauger an (s. Abb. 15). Dazu noch ein Rat: Der Schleifstaub ist sehr fein; reinigen und ersetzen Sie die Filter und Auffangtüte des Staubsaugers regelmäßig, um Problemen vorzubeugen.
[*Anm. d. Übers.: Einige Elektronikshops bieten einfache Schaltungen zum Selbstbau an, mit denen zwei Elektrogeräte automatisch gemeinsam eingeschaltet werden, sobald nur bei einem der Stromkreis geschlossen wird. Dieses Hilfsmittel wurde speziell entwickelt, damit beim Einschalten eines Elektrowerkzeugs gleichzeitig automatisch eine Staubabsaugung mit in Betrieb gesetzt wird.*]

Alternativen zum Bandschleifer. Auf einen Bandschleifer kann man nur schwer verzichten. Manche Hersteller bieten als Zubehör für Bandsägen Schleifeinrichtungen an, die bei relativ geringen Kosten sehr gute Dienste leisten.
Wenn Sie ohne Schleifgerät auskommen wollen, müssen Sie dafür eine Menge von Hand raspeln und schleifen. Glätten Sie rauhe Stellen mit der Halbrundraspel oder einer Nadelraspel. Danach arbeiten Sie mit Schleifpapier weiter.

Die Arbeit mit dem stationären Bandschleifer

Dies ist ein weiteres, beinahe unverzichtbares Elektrowerkzeug für den Spielzeugmacher.
Beim Kauf sollten Sie darauf achten, daß das Gehäuse so gestaltet wurde, daß man das Schleifband leicht wechseln kann. Man benötigt häufig Schleifbänder unterschiedlicher Körnung im Wechsel; Probleme beim Abnehmen bzw. Auflegen des Bandes sind deshalb sehr lästig.

> Beim Gebrauch des Bandschleifers trage ich stets eine Schutzbrille, Atemschutzmaske und Lärmschutz. Die Schutzbrille ist bei der Arbeit mit Elektrowerkzeugen obligatorisch. Beim Bandschleifer wird Staub aufgewirbelt, und geräuschvoll ist er auch.

Sie können leicht selbst eine Vorrichtung zur Staubabsaugung fertigen (s. Abb. 16). Es ist jedoch nicht möglich, allen Staub aufzufangen, und leiser kann man die Maschine leider nicht machen.
Die meisten Bandschleifer weisen einen Gefahrenpunkt auf, an der Stelle, wo das Band ins Gehäuse bzw. unter den Anschlag geführt wird.

> Bleiben Sie mit den Fingern auf Abstand zu dieser Stelle, und stellen Sie den Abstand zwischen Band und Anschlag auf maximal 3 mm ein, um die Gefahr zu verringern. Arbeiten Sie nie ohne den hinteren Anschlag. Dieser Teil der Maschine ist für Ihre Sicherheit gedacht, genau wie z. B. die Abdeckung der Kreissäge.

Abb. 16 Für den Bandschleifer können Sie eine Staubabsaugung fertigen, indem Sie das Rohr des Staubsaugers mit einem Schild (z. B. dünnes Sperrholz) zum Auffangen des hochgewirbelten Staubs verbinden und vor dem Bandende befestigen.

Schleiftechniken. Normalerweise beginnt man beim Schleifen mit grober Körnung, meist 80er. Ein Band dieser Körnung erzeugt eine flache Oberfläche auf dem Werkstück und entfernt grobe Riefen vom Sägen und Fräsen. Außerdem können damit Abdrücke von Schraubzwingen glattgeschliffen werden. Wenn Sie zum ersten Mal ein Werkstück mit dem Bandschleifer bearbeiten, halten Sie es gut fest, aber achten Sie darauf, wie das Werkstück auf dem Schleifband aufliegt. Das Teil sollte flach aufliegen, mit der größtmöglichen Berührungsfläche. Beim Schleifen sollten Sie mehrfach kontrollieren, ob die gesamte Fläche gleichmäßig abgeschliffen wird. Ist der Abtrag ungleichmäßig, drücken Sie die geringer abgeschliffene Stelle etwas fester an. Halten Sie jedoch stets die gesamte Oberfläche aufs Band. Wenn Sie versuchen, nur einzelne Bereiche einer Fläche glattzuschleifen, wird die Oberfläche uneben und verursacht Probleme beim Zusammenbau.

Je häufiger Sie das Werkstück während der Bearbeitung kontrollieren, desto eher erzielen Sie eine ebene Oberfläche. Die Bedeutung des Prüfens kann nicht genug hervorgehoben werden. Wird ein Teil so geschliffen, daß es an einer Seite dicker als auf der anderen ist, sieht das nicht nur schlecht aus, die Bewegung der Teile könnte auch behindert werden. Schleifen Sie immer in Richtung der Maserung. Auch wenn Sie manche Teile so aufzeichnen müssen, daß die Maserung schräg zu deren Längsrichtung verläuft, dürfen Sie sich nicht dazu verleiten lassen, das Teil einfach längs auf das Band zu halten. Achten Sie immer auf den Verlauf der Maserung, bevor Sie beginnen.
Bewegen Sie das Werkstück über die volle Breite des Schleifbands hin und her. Das verlängert die Standzeit, und das Band wird gleichmäßig abgenutzt. Außerdem setzt sich das Band nicht so schnell mit Schleifstaub zu. Zu guter Letzt wird dadurch der Schleifvorgang beschleunigt, da das Teil immer auf einen sauberen, scharfen Bereich des Bands gehalten wird.
Wenn ich hier über das Zusetzen mit Schleifstaub schreibe, lassen Sie mich zurückblicken auf das Kapitel über den Kantenschleifer und an die Schleifbandreiniger erinnern. Diese Reiniger lassen sich für jedes Schleifwerkzeug verwenden – Kanten-, Band-, Tellerschleifer etc. (s. Abb. 17).
Beenden Sie die Bearbeitung mit 180er Körnung. Verwenden Sie dieses Band, um alle Schleifspuren der vorangegangenen Arbeitsgänge mit gröberer Körnung zu beseitigen. Das 180er Schleifband trägt nicht sehr viel Material ab. Es dient eher zum Polieren der Oberfläche. Wechseln Sie also nicht zu früh zu dieser feinen Körnung.

Abb. 17 Den Schleifbandreiniger können Sie für alle Arten von Schleifmitteln verwenden, um festgesetzte Staubpartikel zu entfernen.

Herstellen von Rundungen. Bei vielem Spielzeug, das in diesem Buch beschrieben wird, müssen die Kanten einiger Teile gerundet werden. Handelt es sich dabei um Enden von Dübeln oder Rundstäben, halten Sie diese Teile unter 45° auf das Schleifband, und drehen Sie sie langsam unter leichtem Andruck (s. Abb. 18). Auch andere Profilformen können so bearbeitet werden. Denken Sie daran, die Teile beim Schleifen stets zu bewegen.

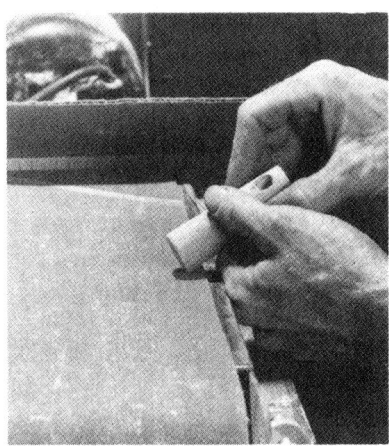

Abb. 18 Um Dübelenden zu runden, halten Sie diese in einem 45°-Winkel quer zum Schleifband. Drehen Sie die Stäbe langsam, unter leichtem Andruck auf das Band.

Wie geht es ohne Bandschleifer? Wenn Sie keinen stationären Bandschleifer besitzen, können Sie für fast alle Fabrikate Vorrichtungen zum stationären Einsatz eines Handbandschleifers erwerben.
Man kann auch alles von Hand schleifen. Dazu verwendet man am besten einen Schleifklotz aus Kork. Kleine Teile können auch bearbeitet werden, indem man ein Blatt Schleifpapier (oder Schleifleinen) auf eine glatte Oberfläche legt und das Werkstück darauf hin- und herbewegt.
Wenn Sie die Muskulatur Ihrer Finger und Arme trainieren wollen, ist dies nicht eine gute Möglichkeit dafür!?

Verwendung der Oberfräse

Wenn für grundsätzlich alle Elektrowerkzeuge gilt, daß man auf die speziellen Gefahrenquellen achten muß, so gilt dies für die Oberfräse gleich doppelt. Ich halte diese Maschine für das gefährlichste Werkzeug, das ich bei der Spielzeugherstellung verwende.
Tragen Sie Schutzbrille und Lärmschutz, wenn Sie mit der Fräse arbeiten, und bleiben Sie mit den Fingern so weit wie möglich auf Abstand zum schnell rotierenden Fräswerkzeug.

Entscheiden Sie selbst, welche Teile mit dem Fräser und welche sicherer von Hand bearbeitet werden. Für Spielzeug benötigt man viele kleinere Teile, einige davon sind zu klein, um deren Kanten gefahrlos mit der Fräsmaschine zu bearbeiten.
Manchmal ist es möglich, Kleinteile auf einen Rundstab zu stecken, oder mit einer Zwinge festzuhalten, so daß die Bearbeitung mit der Fräse sicher durchgeführt werden kann. Wenn aber kein fester, sicherer Halt zu erreichen ist, formen Sie die Kanten von Hand. Als Faustregel sollten Sie beachten:

> Wenn zu irgendeinem Zeitpunkt der Fräsbearbeitung Ihre Finger näher als 7,5 cm an den Fräser herangeführt werden müssen, dann bearbeiten Sie das Teil von Hand.

Ich habe festgestellt, daß die Kanten von Kleinteilen manchmal schneller von Hand mit Raspel und Schleifpapier als mit der Maschine gerundet werden können.
Noch eine Warnung:

> Wenn Sie nicht absolut sicher sind, eine Fräsarbeit ohne Gefahr durchführen zu können – LASSEN SIE ES SEIN!!!

Zweifel können durchaus zu einem positiven Ziel führen, wenn man sie richtig beachtet!

Fräswerkzeuge (Bits). Ich verwende ausschließlich einen Viertelstabfräser zur Formgebung der Kanten meiner Spielzeuge. Das ist aber lediglich eine Frage des Geschmacks. Sicherlich sollten *alle* scharfen Kanten von Kinderspielzeug zum Schutz vor Verletzungen gebrochen werden, das kann jedoch mit beliebiger Formgebung erreicht werden. Manche Spielzeugbastler bevorzugen einen 45°-Fasenfräser. Ich verwende lieber den Viertelstabfräser.
Ich empfehle Fräser mit Hartmetallschneide, aus zwei Gründen. Erstens haben Hartmetallwerkzeuge eine wesentlich höhere Standzeit gegenüber Fräsern aus Werkzeugstahl (HSS). Das hilft, Kosten fürs Nachschleifen zu sparen, und verhindert das Verbrennen der Fräskante am Holz.
Zweitens sind Hartmetallfräser mit einem kugelgelagerten Anlaufring erhältlich, der langsam laufend an der Holzkante entlanggeführt wird, während der Fräser sich sehr viel schneller dreht. Auch dadurch wird der Entstehung von Brandmarken an den Spielzeugteilen vorgebeugt. Der Anlaufzapfen eines HSS-Fräsers erzeugt fast unvermeidlich eine verbrannte Linie entlang der Kante des Werkstücks, egal wie sorgfältig Sie arbeiten.

Der Frästisch als Zubehör. Bei der Spielzeugherstellung sollten Sie die Oberfräse als Tischfräse verwenden, wobei der Antrieb unter der Tischfläche liegt und der Fräser nach oben weist. Dazu müssen Sie einen passenden Tisch kaufen oder selbst anfertigen, der eine Kantenlänge von ca. 40 cm haben sollte. Wenn Sie selbst einen Tisch bauen wollen, verwenden Sie ein hartes, gleitfähiges Material für die Tischfläche.

Informieren Sie sich in der Gerätebeschreibung über die richtigen Befestigungspunkte für die Maschine. In der Regel müssen dafür nur ein paar Schrauben gelöst werden, die zur Befestigung der Maschine unter der Tischplatte wiederverwendet werden können. Wenn Sie selbst einen Tisch anfertigen, muß auf der Unterseite ein Bereich in der Größe des Fräskorbs auf die passende Dicke ausgearbeitet werden.

Frästechniken. Beachten Sie, daß die Werkstücke immer nur entgegen der Drehrichtung des Fräswerkzeugs geführt werden dürfen. Wenn Sie das Teil in die andere Richtung (mit der Fräserdrehung) bewegen, wird es durch den Fräser vorwärtsgestoßen, wodurch der Materialabtrag ungleichmäßig wird. Der Fräser könnte sich auch im Material verhaken und Ihnen das Teil aus den Händen reißen.

Beginnen Sie den Fräsvorgang nie an einem Außenradius. Der Fräser würde entweder ein Stück Material herausreißen oder Ihnen das Werkstück aus der Hand schlagen. Beginnen Sie am besten bei einem geraden Abschnitt oder einer leichten Krümmung, wenn es möglich ist. Vermeiden Sie ebenso, die Bearbeitung an einer Hirnholzkante zu beginnen. Hirnholz ist erheblich schwieriger zu fräsen, und der Fräser kann sich darin verhaken. Man sollte also möglichst an einer Kante, die in Richtung der Maserung verläuft, mit der Arbeit beginnen.

Achten Sie dabei auf eine gleichmäßige Vorschubbewegung. Während das Teil an den Fräser gehalten wird, dürfen Sie mit der Vorschubbewegung nicht aufhören. Dreht sich der Fräser auf der Stelle, auch nur für Sekundenbruchteile, verbrennt er das Holz. Denken Sie daran ganz besonders, wenn enge Radien und Kurven bearbeitet werden, weil man dort gern langsamer vorgeht, wo die Vorschubrichtung wechselt. Es ist besser, mehrere überlappende Durchgänge bei gleichbleibender Geschwindigkeit zu machen, als an den Wendepunkten langsamer zu werden und dabei das Holz zu verbrennen.

Ein Werkstück mit gleichmäßigem Vorschub zu bewegen ist schwierig und braucht einige Übung. Vor allem als Anfänger kann man das Risiko, ein Werkstück zu ruinieren, dadurch verringern, indem man in zwei Durchgängen fräst. Stellen Sie dazu den Fräser zunächst auf die halbe Arbeitstiefe ein, so daß beim ersten Arbeitsgang nur die Hälfte des Materials abgetragen wird. Danach stellen Sie die Frästiefe auf das volle Maß ein und stellen die Kante im zweiten Durchgang fertig.

Ein Gefahrenhinweis:

> Ich rate Ihnen dringend davon ab, zum Runden der Kanten eine stationäre Tischfräse zu benutzen! Die Messerköpfe dieser Maschinen sind recht groß – zu groß, um diese einfühlige Arbeit ohne Gefahr durchzuführen!

Alternative Möglichkeiten. Obwohl die Oberfräse die Arbeit beim Runden der Kanten erheblich erleichtert und verkürzt, ist es ebenso einfach, ohne diese Maschine auszukommen. Verwenden Sie eine Holzraspel (halbrund), um die Kanten zu brechen, und runden Sie anschließend mit Schleifpapier.

Der Umgang mit der Tischkreissäge und der Hobelmaschine

Beide Maschinen sind sehr wichtig für die Holzbearbeitung. Sie werden benötigt, um Bretter und Leisten kleinerer Abmessungen und mit geraden Kanten und glatten Flächen aus dicken, unebenen Brettern herzustellen.

Es gibt keine speziellen Anwendungen für Kreissäge und Hobelmaschine beim Spielzeugmachen, die einer Erläuterung bedürfen. Ich möchte Ihnen aber ein paar Sicherheitsratschläge in Erinnerung rufen.

> Da beim Spielzeugmachen viele dünne Teile benötigt werden, geraten Sie sicherlich früher oder später in die Versuchung, dünne Leisten mit der Kreissäge und der Hobelmaschine anzufertigen. Das sollten Sie aber *in keinem Fall tun!*

Verwenden Sie hierfür die Bandsäge und zum Glätten Schleifpapier. Wenn Sie unbedingt schmale Leisten mit der Tischkreissäge schneiden müssen, verwenden Sie eine Andruckvorrichtung und einen Schiebestock für den Vorschub. Schneiden Sie niemals so schmal zu, daß das Werkstück in den Spalt zwischen Sägeblatt und Tischeinlage gezogen werden könnte.

Bei der Arbeit mit dem Elektrohobel gibt es keine sicherere Methode, dünnes Material zu bearbeiten, als die Verwendung eines Schiebestocks. Ich gehe nach folgender Faustregel vor:

Wenn das Werkstück kürzer als 30 cm, schmaler als 2,5 cm oder dünner als 6 mm ist, bearbeite ich es mit dem Bandschleifer oder von Hand.

Denken Sie stets daran, daß Ihre Hand in die Hobelmesser hineingezogen wird, wenn Sie abrutschen. Das ist bestimmt kein angenehmer Gedanke!

Es ist sicher überflüssig zu bemerken, daß weder der Spaltkeil mit Blattschutz der Kreissäge noch die Schutzabdeckung der Messerwelle an der Hobelmaschine entfernt werden dürfen, um so die Arbeit vermeintlich zu vereinfachen.

Achten Sie jederzeit zuerst auf Ihre Sicherheit. Elektrowerkzeuge sind gefährlich, an dieser Erkenntnis kommt man nicht vorbei. Es liegt bei Ihnen, auf sichere Art und Weise damit umzugehen. Glauben Sie nicht, daß sichere Arbeitsweise Ihr Werk einschränken oder behindern würde. Sie werden schnell herausfinden, daß dadurch im Gegenteil die Fertigungszeit abnimmt und die Genauigkeit der Arbeit zunimmt. Außerdem bekommen Sie ein sicheres Gefühl, und die Angst vor dem Gebrauch der Elektrowerkzeuge wird Ihnen genommen. All das sorgt dafür, daß Sie viel mehr Freude am Spielzeugmachen haben werden.

Staubabsaugung

Rotierende Werkzeuge und Messer stellen deutlich sichtbare Gefahren bei der Holzbearbeitung dar, die man sehen und hören kann.

Es gibt aber noch eine Gefahrenquelle, die nicht so offensichtlich erkennbar ist: den Schleifstaub. Der Staub ist nicht nur unangenehm, er kann die Haut, die Augen, die Nase und die Atemwege reizen. Einige Untersuchungen haben gezeigt, daß längerer Kontakt gesundheitliche Schäden verursachen kann. Schließlich kann der Staub auch in die Lager und Führungen der Maschinen eindringen, wodurch die Schmierung austrocknet und das Gerät Schaden nimmt.

Aus diesen Gründen ist Staubabsaugung bei der Holzbearbeitung sehr wichtig. Ich habe einige Jahre lang einen kleinen Haushaltsstaubsauger verwendet, für den ich ein paar einfache Anschlußstücke für meine Bearbeitungsmaschinen herstellte.

Die große Menge an feinstem Staub bedeutet für ein Haushaltsgerät eine große Belastung, die Funktionsdauer der Geräte verkürzt sich durch den Gebrauch in der Werkstatt erheblich. Ein kleiner Industriestaubsauger ist bei häufigem Einsatz eine gute und lohnenswerte Investition; noch besser ist natürlich ein auf die Maschine abgestimmtes Staubabsaugsystem.

Solche Geräte sind wesentlich robuster und leistungsstärker als ein Haushaltsgerät und sind in der Lage, den größten Anteil Staub von Ihren Schleifmaschinen aufzunehmen.

Mit ein bißchen Erfindungsgabe können Sie ein solches Gerät auch an ältere Bandsägemodelle, Fräsen oder Tischkreissägen anschließen, die oft noch nicht über einen Anschlußstutzen verfügen. Alles, was dazu benötigt wird, ist ein Stück Kunststoffrohr (flexibles Rohr) und Kupplungsstücke zum Anschluß an verschiedene Geräte.

Verleimen und Pressen

Es gibt mehrere verschiedene Arbeitsgänge, das Verleimen von Brettern bzw. Werkstücken betreffend, die ich einzeln beschreiben werde.

Verleimen von Brettern flach nebeneinander. Hobeln Sie die Brettseiten. Achten Sie darauf, daß der Anschlag genau winklig zum Hobeltisch eingestellt ist. Halten Sie eine ausreichende Anzahl Schraubzwingen bereit, um die Bretter über die ganze Länge zusammenzupressen. Legen Sie Wachspapier unter, um die Werktischoberfläche vor herabtropfendem Leim zu schützen.

Stellen Sie die Bretter auf die Schmalseite, die Verbindungsflächen nach oben. Streichen Sie beide Seiten mit Leim ein. Zum Verteilen kann man die Finger nehmen oder eine kleine Bürste. Tragen Sie nur so viel Leim auf, daß nichts seitlich heruntertropft. Mit etwas Erfahrung werden Sie schnell herausfinden, wieviel Leim aufzutragen ist und wie man ihn verteilt, ohne angrenzende Flächen zu benetzen. Legen Sie die Bretter direkt nach dem Leimauftrag zusammen, und beginnen Sie damit, die Zwingen anzulegen. Damit die Bretter sich nicht gegeneinander verschieben, halten Sie die Verbindungsstelle mit den Fingern (s. Abb. 19).

Beim Spannen sollte entlang der Nahtstelle überall ein wenig Leim austreten. Wenn das nicht geschieht, haben Sie entweder:

- nicht genug Leim aufgetragen,
- die Zwingen nicht ausreichend gespannt,
- nicht genügend Zwingen angelegt oder
- die Kanten nicht sauber gehobelt.

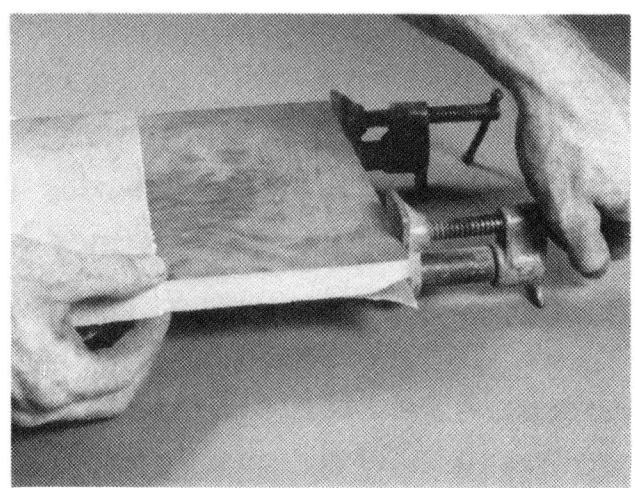

Abb. 19 Bringen Sie die Kanten beim Ansetzen der Schraubzwingen mit den Fingern in Position.

Die ersten drei Probleme lassen sich einfach korrigieren. Wenn unsauber gehobelte Kanten die Ursache sind, schaben Sie den Leim ab und hobeln nochmals. Wenn Sie erneut Schwierigkeiten damit haben, die Bretter sauber abzurichten, kontrollieren Sie die Einstellung von Tisch und Hobelmessern Ihrer Maschine.

Denken Sie daran, nur auf dem hinteren Tisch Druck auszuüben. Andruck auf dem vorderen Tisch erzeugt lediglich eine Kopie des vorhandenen Kantenverlaufs. Ist das Brett krumm, hobeln Sie stets die hohle Seite.

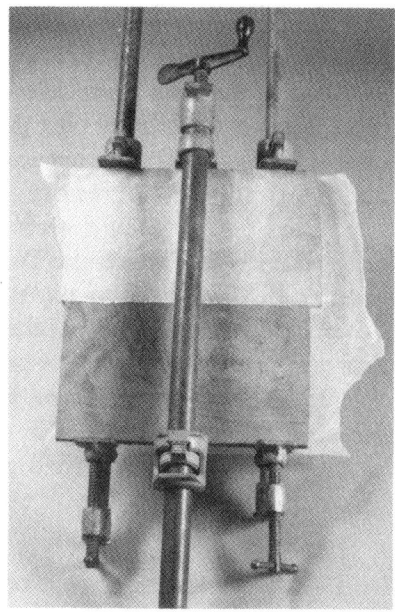

Abb. 20 Durch Anbringung der Schraubzwingen von beiden Seiten kann das Wölben der Verbindung unterdrückt werden.

Es gibt zwei Möglichkeiten, die Anordnung der Bretter beim Spannen flach zu halten. Als erstes kann man die Schraubzwingen von oben *und* von unten an den Werkstücken befestigen (s. Abb. 20). Das reicht für die Größen der meisten Objekte in diesem Buch. Die Teile für Spielzeug sind ziemlich schmal, und bei den benötigten Längen reichen meistens drei Zwingen – eine über und zwei unter dem Brett. Durch die beidseitige Anbringung der Zwingen wird das Bestreben der Bretter unterbunden, sich an der Nahtstelle durchzuwölben.

Wenn Sie sehr breite oder sehr dünne Bretter verleimen, ist ein bißchen mehr Aufwand nötig, um die Anordnung flach zu halten. Wickeln Sie ein Stück Wachspapier um die Enden der Bretter. Befestigen Sie gerade Leisten mit Zwingen über und unter den Brettern (s. Abb. 21).

Abb. 21 Spannen Sie dicke Leisten an den Enden von oben und unten fest, um die Anordnung flach zu halten. Beachten Sie das untergelegte Wachspapier, um ein Verkleben der Leisten mit den Werkstücken zu verhindern.

Der beste Zeitpunkt, an der Nahtstelle ausgetretenen Leim zu entfernen, ist ca. 20–30 Minuten, nachdem Sie die Teile zusammengefügt haben. Der Leim hat dann bereits eine zähe Konsistenz, man kann ihn dann sehr einfach mit einem Spachtel entfernen, ohne etwas zu verschmieren. Wird der Leim zu früh entfernt, gerät ein Teil davon in die Poren der Holzoberfläche, wodurch das anschließende Schleifen und Oberflächenfinish erschwert werden.

Warten Sie dagegen zu lange, hat der Leim bereits am Holz angebunden und könnte beim Abschaben kleine Holzsplitter herausreißen. Ich lasse die Anordnung für mindestens eine Stunde eingespannt. Am besten wartet man mit der Weiterverarbeitung über Nacht.

[*Anm. d. Übers.: In jedem Fall sollte die Gebrauchsanweisung des Leimherstellers beachtet werden.*]

Verleimen von Brettern zu einem Block (übereinander). Die Verbindungsflächen müssen bestens abgerichtet sein. Alle Unebenheiten und anhaftende Späne müssen entfernt werden. In der Regel müssen die Kanten des zusammengefügten Blocks noch bearbeitet werden, so daß es nichts ausmacht, wenn Leim aus den Fugen austritt. Die betreffenden Stellen werden dann ja in jedem Fall noch gesägt oder gehobelt und geschliffen.

Manchmal ist austretender Leim jedoch problematisch. Die Hinterbeine vom Jagdhund sind ein gutes Beispiel dafür. An einer solchen Stelle sollte der Leim nur sparsam, und nicht ganz bis zum Rand der Teile aufgetragen werden. Dadurch wird der Leimaustritt weitgehend vermieden.

Wenn Sie die Teile zusammensetzen, sollten sie gleich richtig sitzen, damit sie nicht mehr verschoben werden müssen, wodurch Leim auf sichtbare Stellen geschmiert wird.

Drücken Sie die Teile vor dem Verspannen kräftig zusammen. Dadurch entsteht bereits eine schwache Haftung zwischen den Teilen, und sie verrutschen beim Anlegen der Zwingen nicht so leicht.

Ist die Außenfläche bereits gehobelt, legen Sie vor dem Spannen Reststücke aus Weichholz dazwischen, um die Oberfläche vor Beschädigung zu schützen. Anstelle der Brettstücke können Sie auch dicke Lederstücke auf die Wangen der Schraubzwingen kleben und so die Mühe sparen, jedesmal erneut eine Zwischenlage anzubringen.

Schieben Sie die lose Zwingenseite kräftig gegen das Holz, damit die Verbindungsflächen schon jetzt dicht zusammengedrückt werden. Das hilft, die Bretter am Verschieben zu hindern. Hilfreich ist es auch, die Zwingen vor dem Verleimen bereits auf die passende Weite zu öffnen. Sonst rutschen die Bretter immer wieder auseinander, bis Sie die Zwingen richtig angelegt haben.

Der an den Fugen ausgetretene Leim sollte erst nach einer Wartezeit von ca. 30 Minuten mit einem Spachtel oder Schaber entfernt werden. Die Zwingen sollten mindestens eine Stunde angelegt bleiben. Mit der Bearbeitung wartet man danach noch ein paar Stunden.

Dübel einkleben. Soll ein Dübel durch die gesamte Materialdicke eingetrieben werden, schneiden Sie ihn etwas länger ab, so daß er auf beiden Seiten leicht übersteht. So können die Enden glatt zur Materialoberfläche abgearbeitet werden.

Legen Sie Wachspapier zum Schutz der Tischfläche unter das Werkstück. Geben Sie mit einem dünnen Stab wenig Leim in das Dübelloch. Probieren Sie selbst aus, wieviel Leim richtig ist.

Legen Sie das Werkstück flach auf den Tisch und treiben den Dübel ein, so daß er auf beiden Seiten übersteht. Ein 300-g- oder 500-g-Hammer ist für diesen Zweck gut geeignet.

Wischen Sie ausgetretenen Leim ab, und lassen Sie die Klebstelle dann aushärten. Anschließend schneiden und schleifen Sie die Dübelenden glatt ab. Schleifen Sie nicht mit zu hoher Geschwindigkeit, sonst verbrennt das Hirnholz am Dübelende. Ein schwarzes Mal oder „Auge" sieht auf der Oberfläche des Objekts nicht gut aus.

Muß ein Dübel in der Nähe einer Außenkante eingesetzt werden, wie z. B. das Auge beim Gorilla, ist es ratsam, dies vor dem Ausschneiden zu tun. Auf diese Weise wird verhindert, daß dünnes Material durch einen stramm sitzenden Dübel ausreißt.

Beim Einkleben eines Dübels in ein Sackloch, wie z. B. zur Befestigung der Bulldozerschaufel an den Rädern, sollte nur sehr wenig Leim verwendet werden. Dann läßt sich der Dübel bis zur richtigen Tiefe eintreiben, und die Verbindung wird ausreichend fest. Verwenden Sie Dübel mit geriffelter Oberfläche, dann kann überschüssiger Leim durch die Rillen entweichen.

Kopfdübel einkleben. Bei der Verwendung von Kopfdübeln gibt es zu den „normalen" Dübeln bis auf einen wichtigen Punkt keinen Unterschied. Zu beachten ist, daß zwischen Teilen, die mit Kopfdübeln verbunden werden, ein kleiner Spalt verbleiben muß, damit das Ganze beweglich bleibt.

Mit ein wenig Übung werden Sie in der Lage sein, den richtigen Abstand ohne Hilfsmittel einzuhalten. Zu Anfang sollten Sie dagegen eine Abstandslehre verwenden. Damit erhält man stets gleichgroße Zwischenräume (s. Abb. 22).

Denken Sie daran, daß die Längen der Kopfdübel von der Kopfunterkante aus gemessen werden (d. h., nur die Schaftlänge zählt). Die erforderliche Länge ergibt sich aus der Tiefe der Bohrung plus Dicke des zu befestigenden Teils plus Abstand minus ca. 2 mm Raum für den Leim am Lochgrund.

Räder und Achsen verbinden. Achten Sie genau auf die richtige Länge der Achsen. Das Maß wird bestimmt durch die Dicke der Räder, plus Korpusdicke, plus Abstand zwischen Rädern und Korpus (evtl. auch dazwischenliegende Arme, Beine, Hebel etc.), plus ca. 3 mm Zugabe, damit die Achse auf beiden Seiten etwas über die Radnaben vorsteht. Die

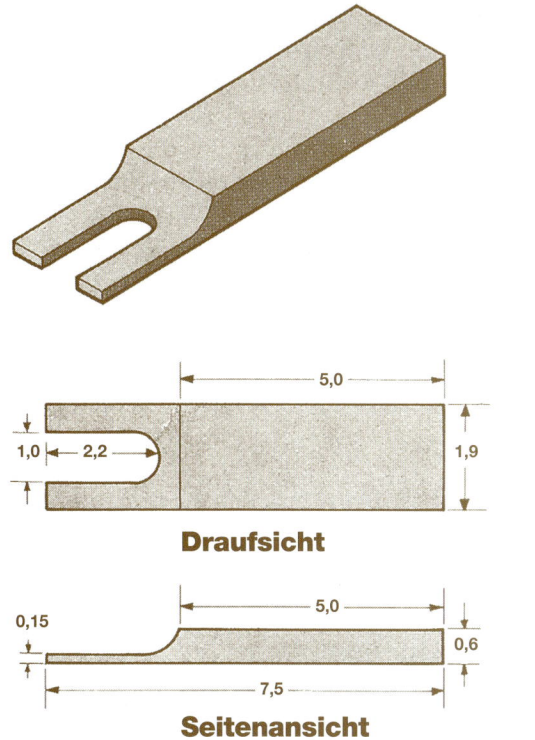

Abb. 22 Diese einfache Vorrichtung ist sehr hilfreich, um Kopfdübel bei beweglichen Teilen auf die richtige Tiefe einzutreiben.

notwendige Achslänge variiert auch ein wenig, je nachdem wieviel Material beim Schleifen abgetragen wird.

Die Leimverbindung zwischen Achse und Rädern soll so fest wie möglich sein. Man kann die Festigkeit verbessern, indem einige kleine Kerben mit dem Messer in die Oberfläche der Achsenden gedrückt werden. In den Kerben bleibt mehr Leim haften, wenn das Rad aufgesteckt wird.

Einige Spielzeugmacher empfehlen, den in der Achsbohrung laufenden mittleren Achsteil mit Paraffin einzureiben. Dadurch wird die Reibung zwischen den Teilen vermindert. Diese Maßnahme ist jedoch nicht erforderlich, wenn das Spielzeug aus harten, feinporigen Hölzern gefertigt wird, wie z. B. Kirschbaum. Werden dagegen weiche, langfaserige oder grobporige Hölzer verwendet, sollte man die Laufflächen der Achsen mit Paraffin beschichten, damit sie sich leicht drehen. Achten Sie darauf, daß kein Paraffin auf die Achsenden gelangt, die mit den Rädern verklebt werden müssen.

Als Vorbereitung wird Wachspapier zum Schutz der Tischfläche ausgelegt. Legen Sie die Räder mit der Innenseite nach oben darauf aus. Geben Sie etwas Leim in die Achsbohrungen, bereiten Sie aber nie mehr Teile zum Verkleben vor, als in fünf Minuten verarbeitet werden können.

Treiben Sie die Achse ins Rad, bis sie auf der anderen Seite ein wenig übersteht. Drehen Sie die Anordnung um, und entfernen Sie den herausgedrückten Leim. Drehen Sie die Achse zwischen den Fingern, um den Leim in einer von außen nach innen gerichteten Spirale abzuwischen (s. Abb. 23).

Stecken Sie nun die Achse in den Spielzeugrumpf, und legen Sie das Ganze auf das bereits angeklebte Rad. Stecken Sie das zweite Rad auf die Achse, bis das Achsende etwas über die Radnabe hervorsteht. Entfernen Sie wieder den Leim, wie beim ersten Rad.

Wischen Sie auch den Leim vom Hammer und von Ihren Fingern ab. Zu diesem Zweck lege ich ein Reststück Teppich auf die Werkbank. Lassen Sie den Leim trocknen, und schleifen Sie dann die Achsenden bündig zu den Radnaben ab.

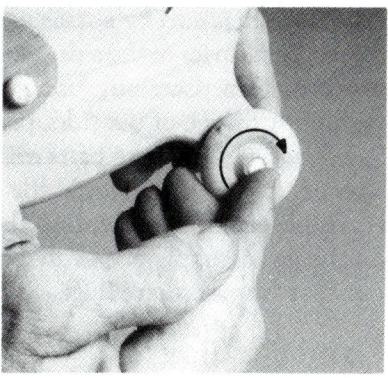

Abb. 23 Wischen Sie ausgetretenen Leim mit drehender Bewegung von den Rädern, damit nichts auf der Radoberfläche verschmiert.

Befestigen beweglicher Baugruppen mit Kopfdübeln. Für die Verbindung mehrerer Teile, die beweglich mit anderen Teilen verbunden werden sollen, wie z. B. der Kopf vom Nilpferd, wird eine einfache Vorrichtung benötigt. Diese ermöglicht die deckungsgleiche Ausrichtung der Gelenkbohrungen beim Verleimen der Teile. So wird sichergestellt, daß sich die Teile nach dem Zusammenbau leicht bewegen lassen.

Zur Herstellung der Vorrichtung richten Sie einen Klotz von 4,5 × 10 × 15 cm rechtwinklig ab. Bohren Sie ein Loch ∅ 6 mm in die Enden, wie in Abb. 24 gezeigt. Schneiden Sie Rundmaterial ∅ 6 mm ca. 10 cm lang ab, und schleifen Sie den Durchmesser von Hand etwas dünner, damit der Stab leicht in die Gelenkbohrungen ∅ 6 mm der Einzelteile paßt. Kleben Sie den Stab mit dem dickeren Ende in den

Klotz. Schneiden Sie den hinteren Teil vom Klotz nach der Zeichnung in Abb. 24 ab, damit die Vorrichtung auf der Werkbank festgespannt werden kann.

Bei ein paar Objekten muß noch ein Distanzstück unterlegt werden. Stecken Sie die zu verbindenden Teile auf den Stab – meistens handelt es sich um zwei Seitenteile und ein Mittelstück. Geben Sie Leim auf die Innenseiten der Seitenteile und setzen Sie das Mittelstück ein. Schieben Sie die Teile so zusammen, daß ein Seitenteil an der Vorrichtung anliegt (s. Abb. 25). Drücken Sie die Teile kräftig zusammen, damit sie sich beim Anlegen der Zwingen nicht mehr verschieben. Spannen Sie die Teile an den freien Stellen zusammen, und ziehen Sie die Anordnung dann von der Vorrichtung ab. Bringen Sie noch ein oder zwei Zwingen zusätzlich an, und achten Sie darauf, daß die Teile sich dabei nicht gegeneinander verschieben (s. Abb. 26).

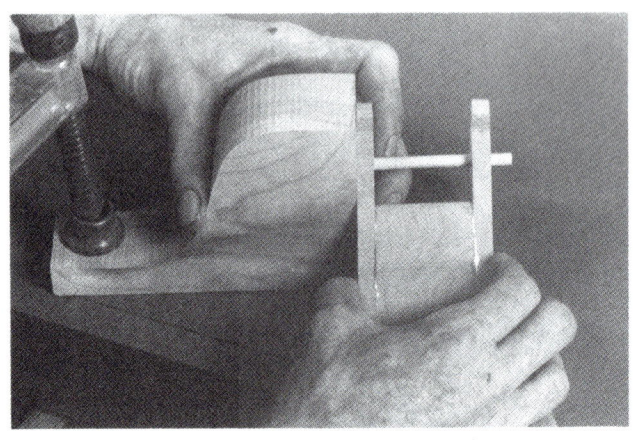

Abb. 25 Verwenden Sie die Vorrichtung, um die beiden Seitenteile der Anordnung auszurichten. Spannen Sie die 3 Teile vorsichtig zusammen. Achten Sie darauf, daß die eine Seite flach an der Vorrichtung anliegt und die ganze Anordnung sich auf dem 6-mm-Dübel leicht bewegen läßt.

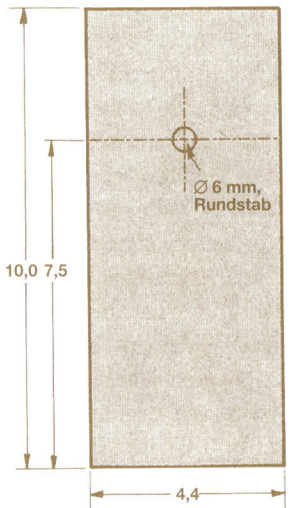

Abb. 24 Diese Vorrichtung wird Ihnen helfen, bewegliche Teile, die aus mehreren Einzelteilen bestehen (z. B. der Nilpferdkopf), exakt zu verleimen.

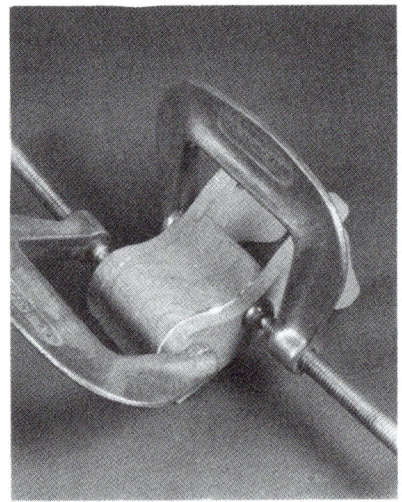

Abb. 26 Die Teile dürfen sich beim Befestigen der Zwingen nicht gegeneinander verschieben. Ziehen Sie die Anordnung von der Vorrichtung ab, um eine zweite und, wenn möglich, dritte Zwinge zu befestigen.

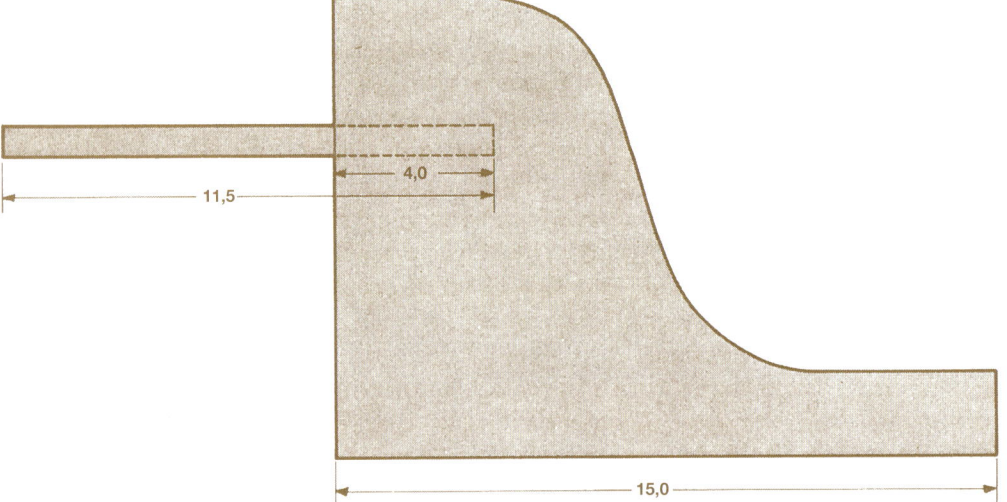

Schleifen von Hand

Wenn bereits alle Kanten gerundet und die Teile fast fertig sind, müssen die letzten Feinheiten von Hand bearbeitet werden. Dabei sind meistens nur noch ein paar kleine Ausbesserungen, z. B. an Fräskanten, erforderlich. Ich lege zu diesem Zweck ein Reststück Teppich unter. So kann man beliebig Druck ausüben, ohne die bereits fertig geschliffene Oberfläche zu beschädigen.

Bearbeiten Sie nur die Stellen, an denen es wirklich notwendig ist, und arbeiten Sie immer mit der Maserung. Selbst kleine Kratzer treten nach der Oberflächenbehandlung störend in Erscheinung.

Zum effektiven Schleifen von gerundeten Kanten lege ich einen Streifen Schleifleinen über Daumen und Handballen und halte ihn mit den Fingern fest. Auf diese Weise kommt man schnell voran und kann den größten Teil vom Schmirgel ausnutzen.

Oberflächenbehandlung

Das beste Mittel zur Oberflächenbehandlung von Holzspielzeug ist das mittlerweile auch in Deutschland erhältliche Danish Oil. Es läßt sich leicht auftragen, schützt das Material sehr gut und kann einfach erneuert werden, wenn die Oberfläche einmal verkratzt wird. [Anm. d. Übers.: Außerdem ist es nach Durchtrocknung völlig ungiftig, was bei einem Kinderspielzeug sehr wichtig ist.]

Einzelnes Spielzeug behandeln. Beim Finish von einzelnem Spielzeug wird das Danish Oil am besten mit einem Pinsel satt aufgetragen. Die Hersteller empfehlen in der Gebrauchsanweisung, das Öl mit Stahlwolle in die Oberfläche einzureiben, was bei den unregelmäßigen Oberflächen des Spielzeugs jedoch in einigen Fällen zu schwierig ist. Mit dem Pinsel erreicht man ohne große Anstrengung alle kleinen Spalten und Zwischenräume.

Lassen Sie das Öl ca. eine halbe Stunde einziehen, und reiben Sie die Oberfläche dann mit einem weichen Lappen trocken, bevor das überschüssige Öl eine gummiartige Konsistenz bekommt und nur noch schlecht entfernt werden kann. Tragen Sie auf die gleiche Weise eine zweite Schicht auf. Lassen Sie das Finish über Nacht trocknen, und tragen Sie die letzte Schicht auf. Wischen Sie auch diesmal feuchte Stellen ab, bevor das Öl abbindet. Je nach Belieben kann man das Objekt zusätzlich mit Carnaubaholzwachs einreiben.

Mehrere Spielzeugobjekte behandeln. Wenn Sie mehrere Spielzeugobjekte auf einmal herstellen, ist das Tauchverfahren die einfachste Methode zur Oberflächenbehandlung. Schütten Sie dazu nur soviel Danish Oil wie nötig in eine Plastikschüssel. Ich habe eine einfache Rinne angefertigt, durch die überschüssiges Öl zurück in die Schüssel laufen kann (s. Abb. 27).

Tauchen Sie das erste Spielzeug ein, und stellen Sie es unten in die Rinne. Tauchen Sie das zweite Objekt ein, rücken Sie das erste ein Stück nach oben, um das zweite wiederum an unterer Stelle in die Rinne zu stellen. Fahren Sie fort, indem bei jedem neu getauchten Spielzeug alle anderen um eine Position nach oben rücken. So kann der größte Teil des überschüssigen Öls zurücklaufen, bevor das erste Objekt die Rinne am oberen Rand verläßt.

Stellen Sie die Teile dann auf eine saubere Oberfläche, um das Öl einziehen zu lassen. Halten Sie dabei alle beweglichen Teile mit Hilfe von Zahnstochern auf Abstand, damit sie nicht zusammenkleben. Man kann die Teile zum Trocknen auch auf den Kopf stellen.

Nach einer halben Stunde wischen Sie den nicht eingezogenen Teil des Öls mit einem Lappen ab. Dazu ist Baumwollstoff, z. B. aus alten T-Shirts, am besten geeignet. Dieser Stoff ist saugfähig und fusselt nicht. Synthetisches Material ist nicht so gut geeignet.

Wenn Sie zu lange gewartet haben und das Öl bereits abbindet, können Sie den Lappen mit frischem Öl tränken, um damit den Überschuß abzuwischen. Achten Sie besonders auf Stellen, an denen sich Einzelteile berühren – zwischen Rädern und Rumpf, zwischen beweglich befestigten Teilen etc.

Das in die Rinne tropfende Öl wird zurück in den Kanister geschüttet. Das Spielzeug läßt man über Nacht trocknen.

Wiederholen Sie die Prozedur am nächsten Tag. Diesmal warten Sie nach dem Abwischen noch einmal eine halbe Stunde und reiben das Teil dann kräftig ab.

Manche Hölzer benötigen eventuell eine dritte Beschichtung. Dabei besteht jedoch die Gefahr, daß die Aufnahmefähigkeit des Holzes nicht mehr ausreicht und der Überschuß ausblüht. In einem solchen Fall kann das Teil mit Terpentin gesäubert werden.

Bemalung. Grundsätzlich bin ich der Meinung, daß das Spielzeug am besten wirkt, wenn es lediglich mit einem transparenten Finish behandelt wird und die natürliche Farbe und Maserung sichtbar bleiben.

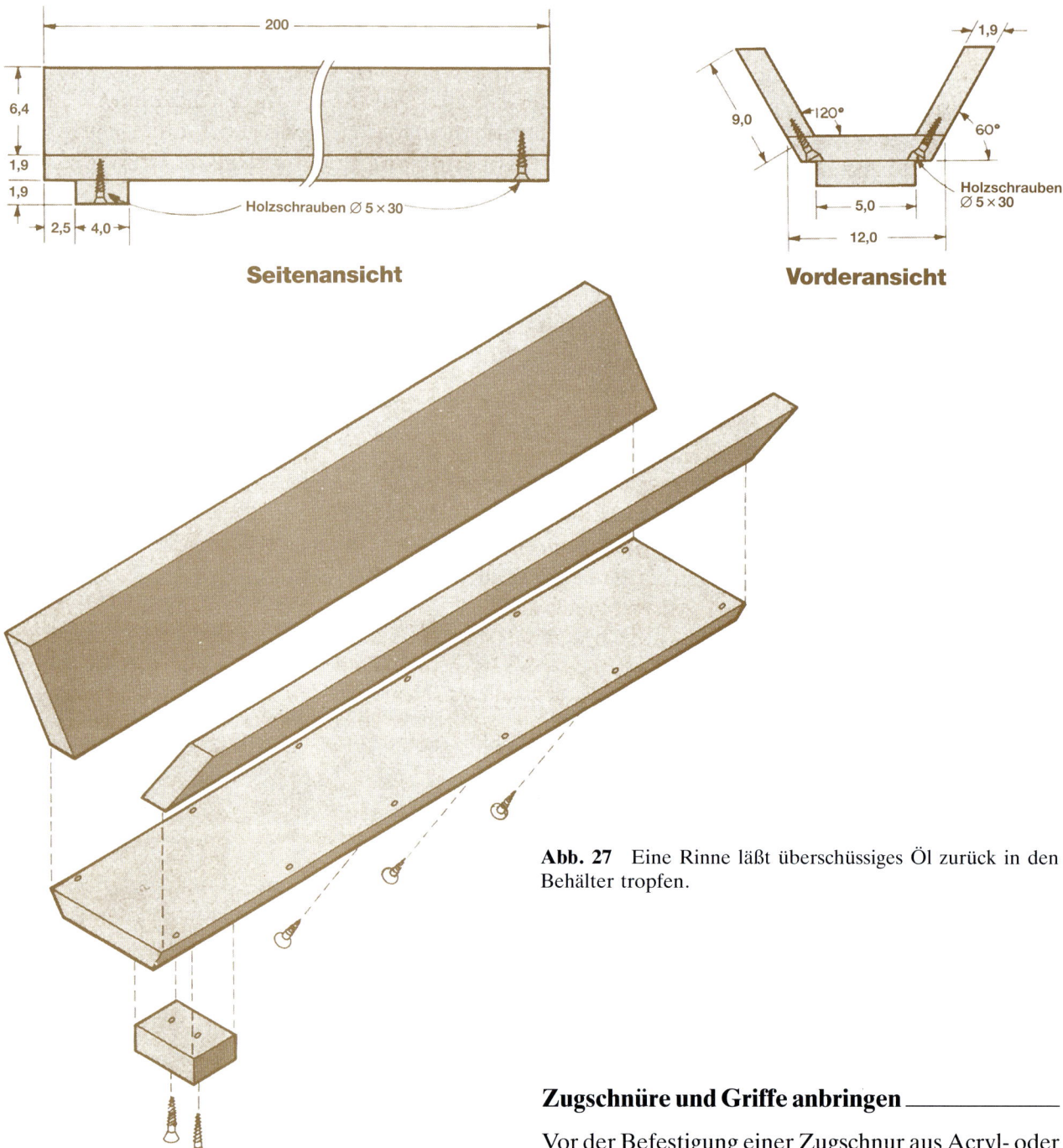

Abb. 27 Eine Rinne läßt überschüssiges Öl zurück in den Behälter tropfen.

Zugschnüre und Griffe anbringen

Vor der Befestigung einer Zugschnur aus Acryl- oder Nylonfaser schmelzen Sie die Enden mit einem Feuerzeug. Dadurch wird das Aufribbeln der Schnur verhindert und das Einfädeln in die Bohrung erleichtert. Halten Sie die Schnurenden nah genug an die Flamme, daß sie zu schmelzen beginnen, aber nicht so nah, daß sie Feuer fangen (wenn es doch passiert, blasen Sie die Flamme sofort aus).

Lassen Sie die Enden eine oder zwei Minuten abkühlen, und geben Sie ihnen dann mit den Fingern einen leichten Drall, solange das Material noch warm und formbar ist (s. Abb. 28). Die Enden werden dadurch etwas verjüngt.

Ein paar Objekte sehen jedoch mit Bemalung erst richtig gut aus. Der Kolibri und der Tukan brauchen einfach etwas Farbe, um eine gute Wirkung zu erzielen.

Bemalen Sie nie Teile, die aneinander reiben. Manchmal ist es notwendig, die Einzelteile vor dem Zusammenbau zu bemalen, denken Sie daran, wenn Sie beabsichtigen, Spielzeug zu bemalen.

Wenn die Schnur in eine lange Bohrung eingeführt werden muß, drehen Sie sie dabei. Der Drall versteift und verfestigt die Schnur und erleichtert so das Einfädeln. Sollte das nicht funktionieren, verwenden Sie eine Ahle oder einen Nagel. Drücken Sie die Schnur mit der Ahle am geschmolzenen Ende durch die Bohrung.

Verknoten Sie ein Ende, so daß die Schnur nicht mehr aus dem Spielzeug herausgezogen werden kann. Um den Knoten zu verbergen, fertigen Sie eine Senkbohrung an dem Ende, wo die Schnur aus dem Teil ragt. Für eine Schnur, z.B. mit ∅ 6 mm, bohren Sie zunächst ein Sackloch ∅ 12 mm, 12 mm tief und weiter mit ∅ 6 mm mittig zur Senkung ganz durch. Der Knoten wird in die Senkbohrung gedrückt.

Am anderen Ende der Schnur befestigen Sie auf die gleiche Weise eine Holzperle als Griff. Holzperlen sind als Bastlerbedarf erhältlich.

Abb. 28 Schmelzen Sie die Enden der Schnur mit einem Feuerzeug oder einem Lötkolben, und geben Sie ihnen einen Drall, wenn der Kunststoff noch weich, aber nicht mehr zu heiß ist.

Werkstoffe und Werkzeuge

Welche Holzarten sollten verwendet werden

Für Kinderspielzeug ist grundsätzlich Hartholz am besten geeignet. Bei weichen Hölzern, wie z.B. Tanne oder Kiefer, bilden sich leicht scharfe Splitter; nicht nur Kinder können sich daran verletzen. Außerdem besitzt es keine ausreichende Festigkeit. Wenn man viele Stunden Arbeit in die Herstellung eines Spielzeugs investiert, soll es doch nicht gleich zerstört werden, wenn ein Kind es zum ersten Mal auf den Boden fallen läßt. Als drittes sind die Weichhölzer so harzreich, daß sich Schmirgelpapier und Schleifbänder in kürzester Zeit zusetzen und unbrauchbar werden. Schließlich sieht ein Objekt aus Hartholz einfach besser aus als eins aus Weichholz. Man kann Teile aus Kiefer, Tanne oder Fichte mit immer feiner werdender Körnung bis hin zu 400er Schmirgel schleifen, sie werden trotzdem nicht den Glanz und die schöne Maserung von Hartholz aufweisen.

Damit genug über die Verwendung von Weichholz. Welche Harthölzer sind denn für Spielzeug geeignet? Da gibt es ein paar beachtenswerte Punkte:

Welche Rolle spielt das Gewicht? Beim Entwurf und der Herstellung von Spielzeug mit beweglichen Teilen spielt das Gewicht des verwendeten Materials eine bedeutende Rolle (s. Abb. 1).

Beim Hummer sollten die Scheren z.B. nicht aus Eiche oder Ahorn gefertigt werden, weil sie dann zu schwer würden und sich nicht so leicht öffnen ließen. Der Rumpf könnte dagegen ohne weiteres aus schwerem Holz hergestellt werden. Das gibt dem Spielzeug die notwendige Stabilität, und das Gewicht unterstützt die Funktion der Scheren.

Wenn Sie den Frosch fertigen, sollte der Rumpf aus einem möglichst leichten Holz hergestellt werden, damit die exzentrischen Räder das Gewicht anheben können. Die Beine können ruhig aus einer schwereren Holzsorte gefertigt werden, das Gewicht dieser im Vergleich zum Rumpf sehr kleinen Teile kann vernachlässigt werden.

Das Gewicht muß bei jedem Spielzeug und sogar für jedes Einzelteil neu bewertet werden. Als Faustregel kann man sich merken, daß alle Teile, die angehoben werden müssen, aus leichtem Holz herzustellen sind. Für feststehende Teile kann man schwere Holzsorten verwenden.

Denken Sie immer daran, daß, je schwerer das Spielzeug ist, es auch um so schwerer und umständlicher für ein Kind ist, damit zu spielen.

Vergleich von Gewicht und Härte verschiedener Holzsorten

sehr leicht	Pappel (auch: Espe), Linde
leicht	Kirsche, Walnuß, Mahagoni, Hickory
schwer	Ahorn, Birke, Buche, Eiche, Esche
weich	Linde, Pappel (Espe)
mittel	Mahagoni
hart	Kirsche, Walnuß, Ahorn, Birke, Buche, Eiche, Esche, Hickory

Abb. 1 Ein Blick über diese Tabellen zeigt schnell, daß Kirschbaum- und Walnußholz die einzigen gebräuchlichen Holzarten sind, die sowohl leicht als auch hart sind. Deshalb sind diese beiden Sorten die beste Wahl für die Fertigung von Spielzeug. Ich bevorzuge Kirschbaum für meine Arbeiten.

Wie hart sollte das Holz sein? Gerade die massiven Teile der Objekte, die auch aus schwereren Holzsorten gefertigt werden können, stellen keine so hohen Ansprüche an die Festigkeit wie die anderen Teile. Der Panzer der Schildkröte z. B. kann aus schwerem, festem Holz wie Eiche oder Hickory hergestellt werden. Das Teil kann aber genausogut aus Pappel oder Mahagoni gefertigt werden, die leichter, aber dafür auch nicht so hart sind.
Woraus Sie solche Teile fertigen, liegt nur an Ihrem persönlichen Geschmack und der Verfügbarkeit der Holzsorten.
Dünnere Teile, wie z. B. die Beine vom Frosch oder der Nilpferdkopf, sollten grundsätzlich aus Hartholz gefertigt werden, besonders dann, wenn Bohrungen in der Nähe der Kanten liegen.

Weitere Hinweise zur Materialauswahl. Es gibt noch einen wichtigen Punkt, den Sie bei der Wahl der Holzsorte unbedingt berücksichtigen sollten.
Bei Ihrem Holzhändler können Sie unter anderem auch Tropenhölzer erhalten. Einige dieser Holzsorten eignen sich wegen der schönen Maserung sehr gut für Spielzeug, jedoch muß man hierbei beachten, daß manche dieser Sorten toxische (giftige) Inhaltsstoffe aufweisen.

Stellen Sie kein Spielzeug für Kleinkinder, die darauf herumbeißen würden, aus solchen Hölzern her!
Bei der Verarbeitung von Holzsorten mit gesundheitsschädlichen Inhaltsstoffen kann längerer Kontakt mit deren Schleifstaub Atembeschwerden, Hautausschlag und Augenschmerzen hervorrufen. Tragen Sie Schutzbrille, Atemschutzmaske und gute Arbeitskleidung, die den ganzen Körper bedeckt, wenn Sie unbedingt diese Materialien verarbeiten wollen.
[*Anm. d. Übers.: Denken Sie aber auch an den Schutz des tropischen Regenwaldes. Die Verwendung von Tropenhölzern sollte soweit möglich vermieden werden!*
Ich verwende, wenn überhaupt, nur Reststücke von Tropenhölzern, die ich in Schreinereien erhalte. Vor allem bei Treppenbaufirmen werden dicke Bohlen verarbeitet, von denen Stücke abfallen, die für Spielzeug eine ausreichende Größe haben.]
Ich halte Kirschbaumholz bei der Herstellung von Spielzeug für am besten geeignet. Es ist relativ leicht, sehr hart, läßt sich gut schleifen und polieren, und die Oberfläche hat ein sehr schönes Aussehen. Ich verwende manchmal auch Walnuß- und Pappelholz. Das Holz ist nicht so hart wie Kirschholz, aber bis auf sehr dünne Teile für die meisten Teile hart genug. Es sieht auch sehr schön aus, wenn die Holzsorten gemischt verwendet werden.

Wo kann man das benötigte Holz bekommen?

Zur Beantwortung muß man zunächst bedenken, wieviel Spielzeug hergestellt werden soll. Für eine kleinere Anzahl lohnt sich der Kauf einer großen Menge beim Sägewerk oder einem Holzgroßhändler nicht. Hier bekommt man nur ganze Bohlen; auch Abfallstücke sind nur selten erhältlich. In einer Möbelschreinerei kann man mit etwas Glück für wenig Geld Reststücke erhalten. Wenn die Stücke zu dünn für das Spielzeug sind, kann man mehrere zusammenleimen, um die notwendige Stärke zu erhalten. Die besten Aussichten, Abfallstücke mit größeren Abmessungen zu bekommen, hat man z. B. bei Treppenbaufirmen. Hier werden verschiedenste Holzsorten verarbeitet und für die Stufen auch Bohlen von ca. 5 cm (2″) Dicke verwendet.
Man sollte sich aber auch bei Firmen, die Maschinen aus Übersee importieren (z. B. Motorräder aus Japan), erkundigen, ob man das für die Seekisten verwendete Holz bekommen kann. Oft werden bei uns nur schwer erhältliche Holzsorten dafür verwendet.

Schließlich kann man auch einen im eigenen Obstgarten gefällten Kirsch- oder Pflaumenbaum im nächsten Sägewerk für wenig Geld aufschneiden lassen. Streichen Sie in jedem Fall die Stammenden mit Farbe oder Bitumen ein. Die aus dem Stamm erhaltenen Planken sollten an den Enden zusätzlich mit aufgenagelten Leisten gegen Reißen gesichert werden. Obsthölzer lassen sich zwar hervorragend bearbeiten und haben eine einmalig schöne Maserung, dafür reißen sie beim Trocknen gerne stark ein. Deshalb ist Sorgfalt im Stadium der Trocknung zwischen Einschlag und der eigentlichen Bearbeitung von größter Bedeutung. Als Faustregel sollte man die Planken je cm Dicke mindestens ein Jahr an der Luft trocknen lassen (s. Abb. 2). Das Holz sollte vor Sonne und Regen geschützt sein, mit parallelen Leisten (ca. alle 50 cm Länge) auf Abstand gehalten und von Zeit zu Zeit umgestapelt werden, damit alle gleichmäßig vom Wind bestrichen werden.

Nach diesem Trocknungsprozeß sollte das Holz noch für ein paar Monate bei Raumklima gelagert werden, bevor man es verarbeitet.

In Bastlerzeitschriften findet man häufig Anzeigen von Versandfirmen, die neben Werkzeugen, Maschinen und Zubehör auch Holz im Angebot führen. Man darf hierbei nicht verschweigen, daß die Preise gepfeffert sind – aber für einen Bastler ist es oft die einzige Möglichkeit, ausgefallene Holzsorten in kleinen Mengen zu bekommen.

Abb. 3 Zur Ermöglichung einer ausreichenden Luftzirkulation müssen die Bohlen mit Zwischenräumen ausgelegt werden. Außerdem sollten Sie jede Lage an den Außenseiten bündig zu den darunter und darüber befindlichen Lagen ausrichten. Der Stapel steht dadurch sicherer, und Sie können die evtl. auftretende Wölbung der Bretter leichter erkennen.

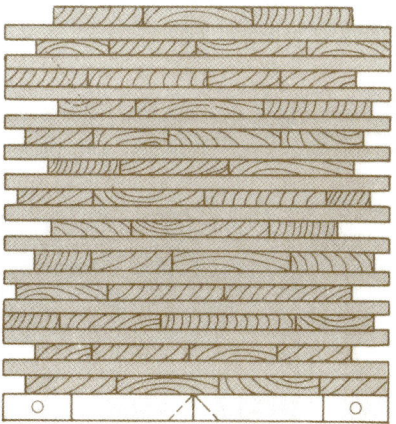

Abb. 4 Dieser Stapel wurde falsch angelegt. Die Bohlen liegen mit den Kanten dicht an dicht, und die einzelnen Ebenen sind unterschiedlich groß ausgelegt.

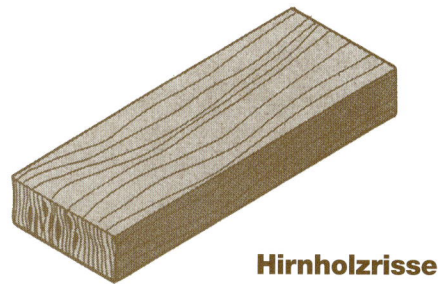

Hirnholzrisse

Oberflächenrisse

Abb. 2 Risse im Hirnholz oder auf der Brettoberfläche sind ein Zeichen für zu schnell getrocknetes Holz.

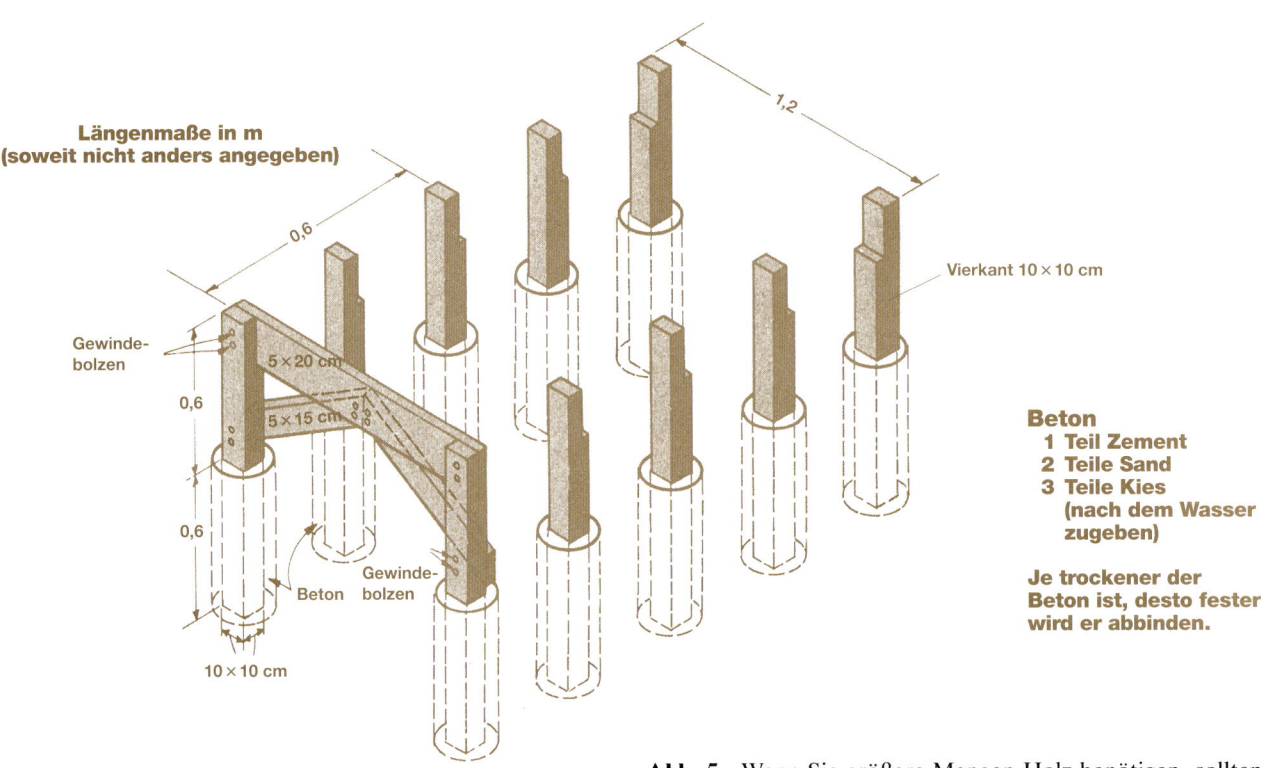

Abb. 5 Wenn Sie größere Mengen Holz benötigen, sollten Sie den Bau eines Lufttrockengestells erwägen.

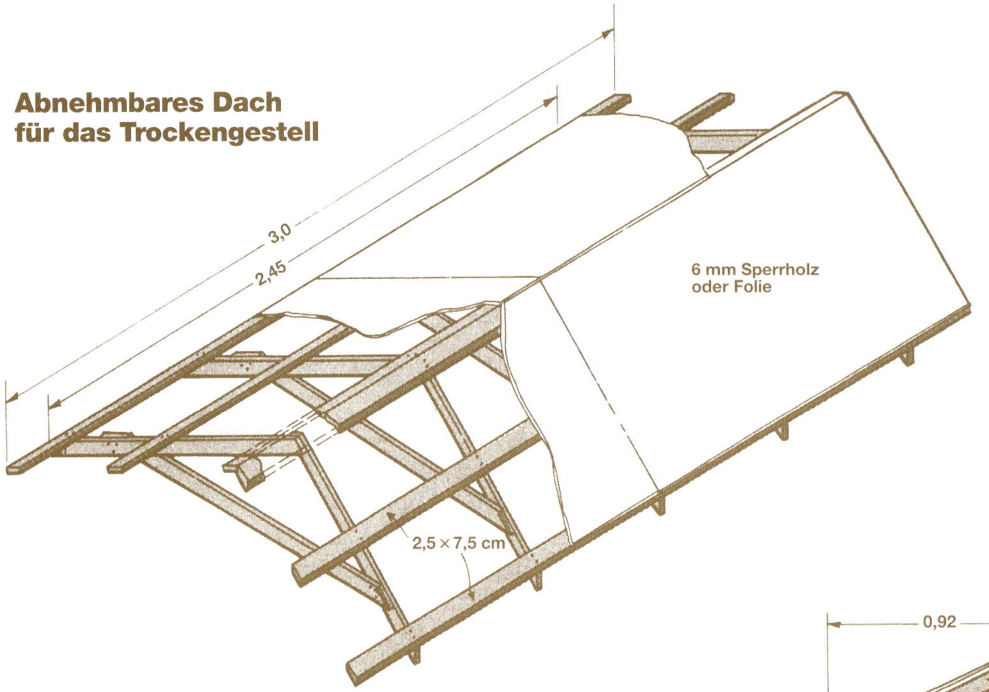

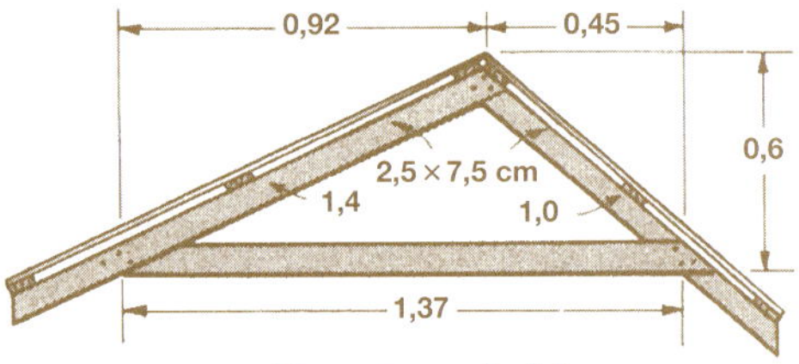

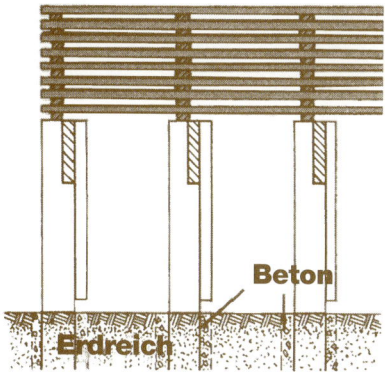

Abb. 6 Beachten Sie, daß die Abstandsleisten genau übereinander liegen und nach den Stützpfosten ausgerichtet sind.

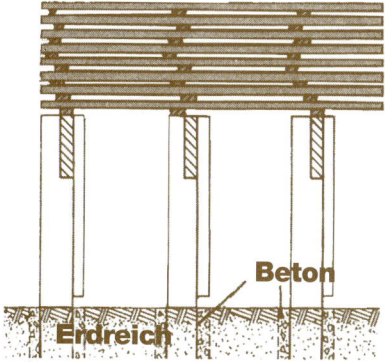

Abb. 7 Unachtsames Auslegen der Abstandsleisten hat verworfene und durchgebogene Bretter zur Folge.

Abb. 8 Wenn Sie Ihr Holz selbst trocknen, streichen Sie die Enden der Bohlen, damit keine Risse entstehen.

Dübel, Kopfdübel, Räder und Figuren. Dübel, am besten mit geriffelter Oberfläche, erhält man in jedem Baumarkt und im Werkzeughandel. Dort bekommt man auch glatte Rundstäbe, die für Achsen benötigt werden. Achten Sie darauf, daß Dübel und Rundmaterial aus Hartholz bestehen. Meistens wird Buche dafür verwendet, man findet jedoch manchmal auch aus weicheren Hölzern gefertigte Dübel und Stangen, diese haben eine hellere Oberfläche und lassen sich mit dem Fingernagel leicht einkerben.

Andere Zubehörteile, wie Räder und Figuren, können Sie natürlich mit einer Lochsäge und der Drechselbank selbst herstellen. Im Bastlerbedarf sind aber Räder mit verschiedenen Durchmessern und verschiedenen Figuren als Rohholzteile erhältlich. Im Verhältnis zum Aufwand, den man für die Eigenproduktion treiben muß, sind diese Teile recht preiswert.

[Anm. d. Übers.: Auf dem deutschen Markt findet man weder profilierte Räder mit ⌀ 5 cm noch die für fast alles Spielzeug benötigten Kopfdübel.

Anstelle der Räder ⌀ 5 cm gibt es unprofilierte Holzscheiben dieser Abmessung mit einer Zentrumsbohrung ⌀ 4 mm. Mit etwas Improvisationsgabe kann man sogar mit Hilfe der Handbohrmaschine, die als primitive Drechselmaschine benutzt wird, die Laufflächen runden und mit einem entsprechend angeschliffenen Werkzeug die für die Holzräder typische Zierrille in die Seitenfläche einarbeiten.

Die Kopfdübel müssen selbst gefertigt werden, bisher hat sich kein Hersteller bereitgefunden, solche Teile in sein Lieferprogramm aufzunehmen (s. Herstellungsanleitung auf S. 12).]

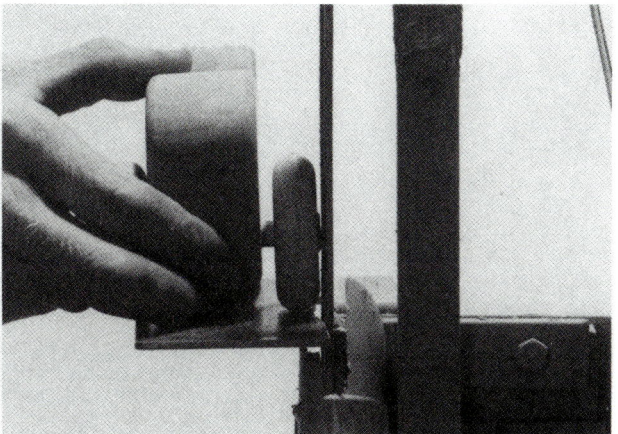

Abb. 9 Eine vorstehende Radnabe erlaubt es, das Achsende glattzuschleifen, ohne das Rad dabei zu beschädigen.

Abb. 10 Wenn Sie eine Lochsäge zum Fertigen von Rädern verwenden, lassen Sie das Sägeblatt an einer Kante des Bretts freischneiden. Dadurch können die Sägespäne herausfallen. Der Sägevorgang geht schneller, und Sie können den Radrohling leichter herausnehmen.

Schleifmittel

Bei der Herstellung von Spielzeug aus Holz fällt eine Menge Schleifarbeit an. Das richtige Schleifmittel kann diese aufwendige Arbeit ein wenig vereinfachen.

Schmirgelpapier/Schleifleinen. Zum Schleifen von Hand gibt es Schleifpapier in unterschiedlicher Qualität oder Schleifleinen. Man sollte sich nicht dazu verleiten lassen, eine billige Sonderangebotsqualität zu verwenden. Die Standzeit ist gegenüber einer nur wenig teureren Qualität erheblich geringer.
Für Rundungen ist Schleifleinen am besten geeignet. Man kann das Werkstück einspannen und einen Streifen Schleifleinen zwischen beiden Händen haltend unter Hin- und Herbewegung darüberführen. Schleifpapier würde wegen der Zugbelastung sehr schnell reißen. Mit dieser Methode erhält man gleichmäßige Übergänge.

Oberflächenbehandlung (Finishing)

Das oberste Gebot bei der Auswahl von Finish ist, daß es ungiftig sein muß! Viele natürliche und synthetische Mittel enthalten mehr oder weniger giftige Stoffe; für Kinderspielzeug dürfen sie deshalb nicht verwendet werden.

Leinöl (oder Leinölfirnis) ist ein Naturprodukt, das einen recht guten Oberflächenschutz bietet. Leinöl trocknet nicht nur ein, sondern reagiert chemisch mit dem Luftsauerstoff, wodurch eine einigermaßen widerstandsfähige Oberflächenbeschichtung erzielt wird. Bei den im Handel erhältlichen Sorten handelt es sich meist um Mischungen aus Leinöl und dem leicht flüchtigen Terpentinöl. Damit wird der Trocknungsprozeß beschleunigt.

Holzwachs (auch „Antikwachs") und evtl. Anteile vom besonders harten Carnaubawachs werden in Terpentinöl gelöst, damit das Wachs in die Poren eindringen kann. Ohne dieses Lösungsmittel müßte das Holz auf ca. 60 °C erwärmt werden, damit das reine Bienenwachs in die Oberfläche eindringen könnte. Mit Holzwachs behandelte Oberflächen haben ein sehr schönes, seidig glänzendes Aussehen, und die Wirkung der Maserung wird damit hervorgehoben. Die Wachsoberfläche neigt aber dazu, nach einiger Zeit „auszublühen", d. h., es erscheinen helle Flecke auf der Oberfläche. Die Schutzwirkung von Holzwachs ist zudem nicht besonders gut.

Das wohl beste Mittel zur Oberflächenbehandlung von Holz ist das in den nordischen Ländern (Großbritannien, Skandinavien) und den USA bereits seit langem gebräuchliche DANISH OIL.
Hauptbestandteil ist das Tungöl, das von Bäumen, die in Asien beheimatet sind, gewonnen wird. Mit diesem Öl haben chinesische Schiffer bereits vor mehreren hundert Jahren die Planken der Boote gegen Meerwasser geschützt.

Danish Oil kann sowohl im Innen- wie auch im Außenbereich sehr wirkungsvoll eingesetzt werden. Es zieht tief ins Holz ein und polymerisiert (erhärtet). Obwohl keine Beschichtung der Oberfläche erfolgt, wird eine sehr gute Schutzwirkung erzielt. Nach völliger Durchtrocknung ist es ungiftig; die Wirkung der Maserung wird durch Danish Oil stärker als bei allen anderen Mitteln hervorgehoben.
[*Anm. d. Übers.: In Deutschland ist Danish Oil zur Zeit nur bei wenigen Versandfirmen erhältlich, die direkt aus England importieren. Die Anschriften finden Sie im Bezugsquellennachweis (s. Anhang).*]

Holzleim

Zum Verleimen der Teile sollten Sie einen wasserfesten Holzleim verwenden. Das Spielzeug hält dann auch einmal einen Regenschauer aus, wenn es draußen vergessen wurde. Der Preis für wasserfesten Holzleim liegt nur wenig höher als für einfachen Leim.

Damit eine möglichst feste Verbindung erzielt wird, müssen die Klebflächen völlig eben und öl- bzw. staubfrei sein. Geben Sie Leim auf beide Klebflächen. Bei Hirnholzkanten sollte etwas mehr Leim aufgetragen werden, weil die Saugfähigkeit hier höher ist als bei Längsholz.

Nach dem Zusammenfügen sollten die Teile mit Schraubzwingen zusammengespannt werden. Dadurch wird die Festigkeit der Verbindung erheblich gesteigert. Die Zwingen dürfen aber nicht so stark angespannt werden, daß zuviel Leim herausgedrückt wird. Dadurch wird das Gegenteil erreicht, die Verbindung wird geschwächt.

Bommel und Zugschnüre

Als Bommel oder „Griff" am Ende der Zugschnur verwende ich Holzperlen mit einem Durchmesser von ca. 22–25 mm. Die Bohrung wird an einem Ende etwas größer aufgebohrt, dann verschwindet der Knoten am Ende der Schnur darin.

Als Zugschnur kann Makrameekordel oder Acrylschnur verwendet werden. Acrylschnur bietet den Vorteil, daß man die Enden mit einem Feuerzeug schmelzen kann. Damit wird verhindert, daß die Schnur ausfranst, man kann die Schnur durch das verfestigte Ende auch leichter in die Bohrung einfädeln, indem man einen dünnen Stab zum Stopfen verwendet.

Erforderliche Handwerkszeuge

Die zum Spielzeugbasteln erforderliche Werkzeug-Grundausstattung ist in Abb. 11 dargestellt.

Die *Feinsäge* wird benötigt, um überstehende Dübelenden abzuschneiden und Stellen zu bearbeiten, die mit der Bandsäge nicht erreicht werden können. Vorteilhaft ist auch eine kleine Säge mit flexiblem Sägeblatt, mit der Schnitte dicht an der Oberfläche des Werkstücks möglich sind.

Mit der *Halbrundraspel* können ebene Flächen, Außen- und Innenradien bearbeitet werden.

Eine *Nadelraspel (Rundfeile)* ist hilfreich bei der Bearbeitung von engen Innenradien.

Der *500-g-Hammer* (Zimmermanns- oder Schlosserhammer) ist zum Eintreiben von Dübeln und Achsen am besten geeignet.

Als Grundausstattung sollte man über je zwei *Schraubzwingen* mit einer Öffnung von 40 cm, 20 cm und 15 cm verfügen. Sie werden jedoch sehr schnell feststellen, daß man von diesem Hilfswerkzeug nie zuviel besitzen kann. Je mehr Zwingen in unter-

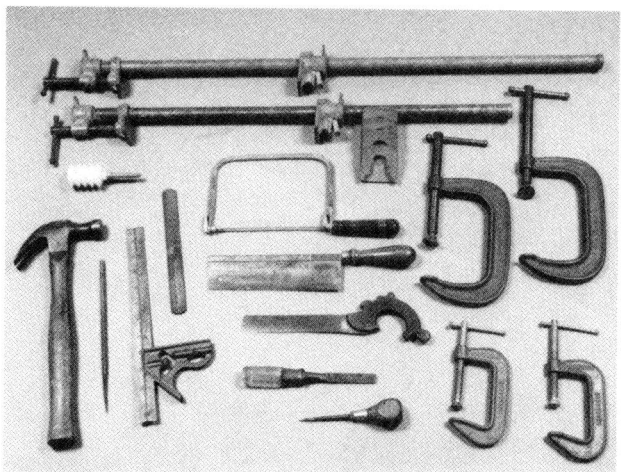

Abb. 11 Zur Herstellung des Spielzeugs werden keine Spezialwerkzeuge benötigt, nur eine Grundausstattung zum Sägen, Hämmern, Kleben, Spannen und Messen – wie im Bild gezeigt.

schiedlichen Größen zur Verfügung stehen, desto flexibler ist man bei der Fertigung. Außerdem kann man bereits weitere Arbeiten erledigen, für die Zwingen benötigt werden, wenn andere Teile noch eingespannt sind.

Ein *Stechbeitel* wird ab und zu benötigt, hier reicht aber ein Werkzeug mit einer Schneidenbreite von 12–15 mm für alle anfallenden Arbeiten.

Die *Dekupiersäge* dient zum Ausschneiden von Kleinteilen. Man kann sie zwar zur Not auch als Ersatz für die Bandsäge zum Fertigen der größeren Teile verwenden, dafür ist aber eine gehörige Portion an Geduld und Sorgfalt erforderlich.

Zum Anzeichnen und zur Kontrolle der Teile ist ein kleiner *Anschlagwinkel* erforderlich.

Der *Körner* dient zum Markieren von Bohrlöchern. Für den Leimauftrag bei Rädern und Achsen, Kleinteilen und in Bohrlöchern ist eine *Spritzflasche* sehr hilfreich.

Alle aufgeführten Werkzeuge sind im Werkzeug-Einzelhandel oder in Baumärkten erhältlich.

Entwerfen von lebendigem Holzspielzeug

Dies ist ein Buch mit Spielzeugentwürfen, die ich veröffentliche, damit Sie die Objekte nachbauen können. Ich hoffe, daß Ihnen die Herstellung Spaß macht und das Verschenken an Freunde und Familienangehörige allen Freude bereitet.

Viele Leser werden sich mit dem Nachbau der beschriebenen Objekte zufriedengeben; einige werden das Spielzeugmachen aber so aufregend finden, daß sie sich entschließen, eigenes Spielzeug zu entwerfen. Vielleicht werden sogar ein paar Leser den Wunsch verspüren, professionelle Spielzeugmacher zu werden.

Als Spielzeugdesigner – Amateur oder Profi – ist eines der ersten Dinge, die man lernen muß, den Wert eines guten Entwurfs zu würdigen. Der Entwurf ist die Essenz dieser Arbeit; jeder kann Holzbearbeitungsmaschinen erwerben, aber nicht jeder kann gute Entwürfe für Spielzeug erarbeiten.

Ich kann Ihnen keine festen Regeln für die Entwurfsarbeit geben, so als ob ich ein Bearbeitungsverfahren oder eine technische Zeichnung erklärte, aber ich kann Ihnen einen Eindruck davon vermitteln, wie ich einen Entwurf ausarbeite.

Alle Vorlagen in diesem Buch sind mein urheberrechtlich geschütztes Eigentum, und als solches dürfen sie von niemandem außer mir selbst vermarktet werden. Das Urheberschutzrecht erlaubt den Lesern dieses Buchs die Herstellung der beschriebenen Objekte lediglich für sich selbst und als Geschenk; nur mit meiner Einwilligung dürfen sie verkauft werden – das gilt auch für den Verkauf zu wohltätigen Zwecken.

Arbeitsschritte des Entwurfs

Also..., womit soll man beginnen? Der beste Weg, einen Anfang zu finden, ist, sich umzuschauen. Gibt es irgendein Tier, das Sie mögen? – oder gibt es einen bestimmten Flugzeug-, Fahrzeug- oder Bootstyp, den Sie gern als Spielzeug verwirklichen möchten? Wenn Sie ein Objekt ausgewählt haben, dann denken Sie über seine charakteristischen äußeren Merkmale und Bewegungen nach, die in Holz nachgebildet werden können. Dies ist die grundlegende Fähigkeit beim Entwurf von Spielzeug – den Charakter der Dinge durch Umriß und Bewegung einzufangen! Nehmen wir z. B. an, Sie mögen Schmetterlinge. Was ist die Ursache, daß Schmetterlinge vielen Leuten so gut gefallen? Die Form und Farbe der Flügel kommen einem da wahrscheinlich als erstes in den Sinn, gefolgt von der flatternden Flügelbewegung. Diese beiden Elemente werden nun zum wichtigsten Punkt Ihrer Entwurfsarbeit.

Ein anderes Beispiel wäre der Biber. Man wird wohl augenblicklich an die hervorstehenden Zähne und den schlagenden Schwanz denken. So sollte man versuchen, diese beiden Erscheinungen im Entwurf zu verwirklichen.

Wie arbeitet man eine Idee zum Entwurf aus? In den meisten Fällen findet man in einer Bücherei Werke mit Bildern des ausgewählten Objekts – Tier oder Maschine –, das man zeichnen möchte. Achten Sie auf Seitenansichten, die beim Zeichnen des Umrisses hilfreich sind.

Es ist sehr wichtig, in dem Umriß alle wichtigen Einzelheiten einzufangen. Er sollte sowohl ein möglichst gutes Abbild des „echten" Objekts sein, aber auch übertreiben, um den Charakter des Tieres oder der Maschine hervorzuheben; betrachten Sie z. B. das heruntergezogene Maul und die hervorstehenden Augen beim Frosch oder die große Nase und die Ohren beim Jagdhund.

Nachdem Sie die Silhouette grob herausgebildet haben, entscheiden Sie, welche Art der Bewegung zu dem Objekt paßt. Es gibt verschiedene Möglichkeiten, ein Spielzeug in Bewegung zu versetzen.

Wie wird Bewegung erzeugt?

Räder. Das einfachste bewegliche Spielzeug, das man entwerfen kann, ist nur mit Rädern ausgestattet. Jedes Spielzeug, das Sie entwerfen, kann durch Hinzufügen von Achsen und Rädern fahrbar gemacht werden. Für so angetriebene Objekte gibt es keine Gestaltungsgrenzen – schneiden Sie einfach den Umriß aus, und befestigen Sie Achsen und Räder daran (s. Abb. 1).

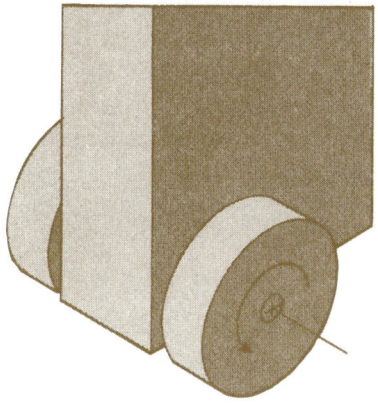

Abb. 1 Die einfachste Form von beweglichem Spielzeug hat zentrisch angeordnete Räder.

Deckungsgleiche exzentrisch gelagerte Räder. Die simpelste Abweichung vom einfach rollenden Spielzeug sind die exzentrisch auf der Achse befestigten Räder. Zu diesem Zweck muß die mittige Achsbohrung der Räder verdübelt werden, und ein neues, zur Mitte versetztes Loch in die Räder gebohrt werden. Werden die Räder exakt deckungsgleich auf der Achse befestigt, heben sie das Objekt an und senken es ab, wenn es angeschoben oder gezogen wird. Als Beispiele dienen hier der Hase und der Wal. Dies ist ein toller Mechanismus für alles, das Sie zum Hoppeln oder Auf- und Abtauchen bringen wollen (s. Abb. 2).

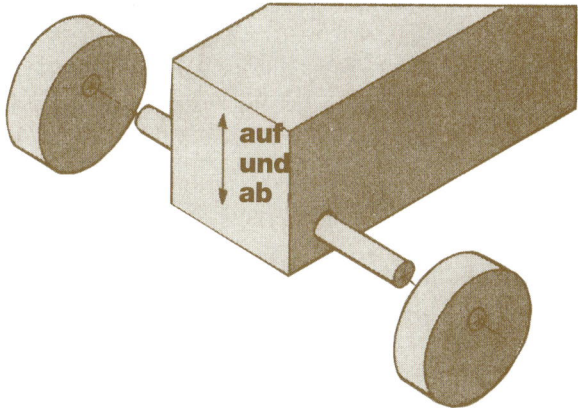

Abb. 2 Wenn die Achse exzentrisch zur Radmitte angebracht wird und die beiden Räder in gleicher Stellung (deckungsgleich) angeordnet werden, bewegt sich der angetriebene Körper auf und ab.

Versetzte exzentrisch gelagerte Räder. Dieser Antrieb entspricht in der Ausführung dem mit deckungsgleich exzentrischen Rädern, nur daß die Räder hierbei um 180° versetzt zueinander angeordnet werden, so daß das Spielzeug von einer Seite zur anderen wankt, wie z. B. der Seelöwe, die Ente oder der Schlepper. Dieser Antrieb bewirkt eine watschelnde oder schwankende Bewegung (s. Abb. 3). In manchen Fällen wird Spielzeug dieses Typs ein Rad in der Korpusmitte benötigen, das als Drehpunkt wirkt, während die beiden äußeren Räder den Rumpf hin- und herbewegen. Das Objekt erhält so eine Dreipunktauflage.

Abb. 3 Werden die exzentrischen Räder um 180° versetzt angeordnet, wankt der Körper um seine Längsachse.

Die exzentrische Achse. Dieser Mechanismus läßt das Objekt in Ruhe fahren, während die Antriebsachse ein bewegliches Teil anhebt oder voranstößt. Die Schildkröte ist ein passendes Beispiel für diese Anordnung.
Bei dieser Rad-/Achse-Paarung ist immer ein Hohlraum im Objekt erforderlich, in dem die Exzenterachse sich bewegen kann (s. Abb. 4).

Abb. 4 Eine exzentrische Antriebsachse bewegt einen Teil des Spielzeugs vor und zurück oder auf und ab.

Das Pleuel. Eine eindrucksvolle Möglichkeit, Beine und andere Körper- oder Fahrzeugteile in Bewegung zu versetzen, bietet das Prinzip der Pleuelstange. Ich habe diesen Antrieb für die Beine einiger Tiere (z. B. Hund und Frosch) und als Antrieb z. B. für den Bulldozer und den Vorderlader verwendet.

In der Regel wird das bewegte Teil mit Kopfdübeln am Rad befestigt (s. Abb. 5). Achten Sie darauf, daß das Pleuel bei der gesamten Raddrehung nicht am Boden oder an anderen Teilen am Spielzeug anstoßen darf.

Abb. 5 Befestigt man ein Teil des Spielzeugs mit einem Dübel außermittig an einem zentrisch laufenden Rad, bewegt sich dieses Teil vor und zurück.

Nocke auf der Radinnenseite. Dieser Antriebsmechanismus erzeugt sehr verblüffende Bewegungen. In den meisten Fällen liegt die Nocke versteckt auf der Innenseite der Räder; die Bewegung wird somit für das Auge des Betrachters unsichtbar hervorgerufen (s. Abb. 6). Beispiele aus dem Buch sind das Nilpferd und der Hummer.

Abb. 6 Ein Dübel auf der Radinnenseite (als Nocke) kann zum Anheben eines Teils benutzt werden. Das bewegte Teil fällt in die Ausgangslage zurück, wenn der Dübel sich vorbeibewegt hat.

Der Abstand zwischen dem Drehpunkt des bewegten Teils und der auf dem Rad befestigten Nocke ist für die Funktion entscheidend. Achten Sie darauf, daß die Nocke das Teil sicher und mit möglichst kleinem Kraftaufwand bewegen kann. Dazu ist es hilfreich, das bewegte Teil möglichst leicht zu gestalten. Außerdem muß die Bewegung so begrenzt werden, daß das Teil noch aus eigener Kraft in die Ausgangslage zurückfällt.

Ich schneide in der Entwurfsphase stets die Teile als Modell aus Pappe zurecht, die ich dann anpasse, bevor ich die Zeichnung fertigstelle.

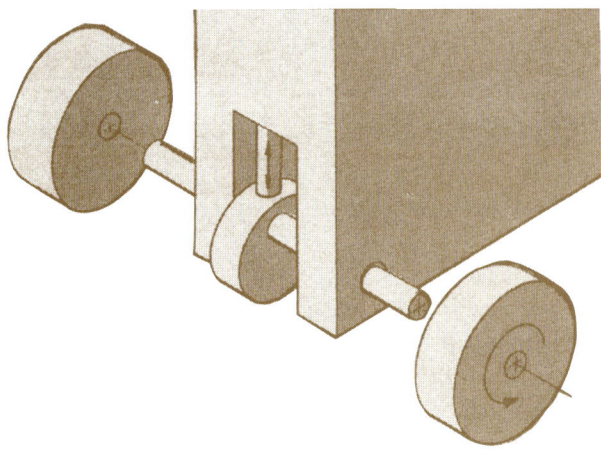

Abb. 7 Eine Nocke auf der Achse hebt ein Teil des Spielzeugs an. Sie ist im Grunde nichts anderes als ein exzentrisches Rad, das den Boden nicht berührt.

Die einfache Nocke. Eine Nocke auf der Achse hebt ein Teil an und läßt es zurückfallen, wie z. B. das Maul beim Tyrannosaurus. Der Mechanismus ist recht einfach herzustellen, man braucht dazu in den meisten Fällen nur einen Schlitz oder eine Nut auf der Unterseite des Objekts (s. Abb. 7). Zur Herstellung kann man eine Wanknutsäge verwenden oder mehrere Löcher nebeneinander bohren und das restliche Material wegstemmen.

Die Nocke ist nichts anderes als ein exzentrisches Rad, mit dem Unterschied, daß sie den Boden nicht berührt.

Schneiden Sie die Nocke mit einer Lochsäge aus, verschließen Sie das mittige Loch mit einem Dübel, und bohren Sie ein neues, außermittiges Achsloch. Die Dicke der Nocke wird den gegebenen Anfordernissen angepaßt.

Sichern Sie die Nocke mit einem kleinen Dübel (z. B. Ø 3 mm), der durch Nocke und Achse geführt wird, gegen Verschieben und Verdrehen.

Die Nocke im Ring. Dies ist eine Kombination der einfachen Nocke mit einer exzentrisch gelagerten Achse. Sie erzeugt die gleiche Bewegung, vermeidet aber ein paar Nachteile der vorgenannten Antriebe (s. Abb. 8):

- Dieser Antrieb benötigt weniger Platz als die Exzenterachse.
- Die Bewegung ist völlig zwangsgeführt und damit nicht auf die Wirkung der Schwerkraft für die Rückbewegung angewiesen wie bei der einfachen Nocke.

Wenn Sie diesen Antrieb verwenden wollen, sollten Sie den Außendurchmesser vom Ring etwa 1,6 cm größer ausführen als den Nockendurchmesser. Bohren Sie ein Loch mittig in den Ring, das 1,5 mm größer als die Nocke ist, und ein außermittiges Achsloch in die Nocke. Spannen Sie den Ring senkrecht auf den Bohrtisch, und bohren Sie ein Loch in die Außenfläche, das zur Befestigung des bewegten Teils dient.

In den meisten Fällen muß die Achse in der Nocke befestigt werden, wenn der Ring und alle anderen Teile sich bereits in der endgültigen Position befinden. Das macht es unmöglich, die Nocke mit der Achse zu verdübeln. Mit einer Zange kann man zum Ausgleich ein paar Leimtaschen in die Oberfläche der Achse drücken, um eine festere Verbindung zu erzielen.

Abb. 8 Eine Nocke in einem Ring kann verwendet werden, um ein Teil des Spielzeugs vor und zurück oder auf und ab zu bewegen – wie eine exzentrische Achse.

Das Reibrad. Diesen Mechanismus habe ich beim U-Boot und beim Hubschrauber verwendet, um die Drehung einer waagerechten Achse auf eine senkrechte zu übertragen. Dabei liegt das eine Rad mit der Seitenfläche an der Lauffläche des anderen an, so daß die Drehung durch die Reibung zwischen den Rädern übertragen wird (s. Abb. 9).

Wenn Sie in die Reibflächen ein paar Schlitze einschneiden, wird die Reibung vergrößert und die Bewegung gleichmäßiger.

Dieser Antriebsmechanismus bietet viele Einsatzmöglichkeiten; verwenden Sie ihn z. B. für ein Karussell oder einen Seelöwen, der mit einem Ball auf der Nase balanciert.

Achse auf Reibrad. Die Bewegung des Kolibris beruht auf diesem Mechanismus. Fertigen Sie das Achsloch groß genug, damit die Achse sich leicht drehen kann. Außerdem sollte die Achse hinter dem Mittelpunkt und unter der Oberkante vom Antriebsrad liegen (s. Abb. 10). So liegt die Achse fest auf dem Rad, und die Raddrehung kann sie nur leicht anheben, aber nicht nach unten drücken und festklemmen.

Gummibandantrieb. Der Gummibandantrieb ist ein sehr einfacher Mechanismus, dessen vielseitige Möglichkeiten von vielen Bastlern nicht richtig erkannt werden.

Die Drehung kann auf einfache Weise von einer Achse auf eine andere übertragen werden, wobei der Abstand der Achsen beinahe beliebig groß sein kann (s. Abb. 11).

Der Eindecker und der Zementmischwagen sind Beispiele für die Anwendung. Die Drehrichtung kann einfach geändert werden. Die Anwendungsmöglichkeiten sind nahezu unbegrenzt. Verwenden Sie diesen Antrieb z. B. für ein Riesenrad oder ein Windspiel mit bewegten Figuren.

Abb. 9 Ordnet man ein Rad mit seiner Achse senkrecht zur Achse eines zweiten Rades so an, daß die Stirnfläche des einen auf der Lauffläche des anderen Rades sitzt, wird die Drehbewegung von dem einen auf das andere Rad übertragen. Außerdem kann man bei dieser Anordnung die Drehrichtung wechseln.

Abb. 10 Durch die Anordnung einer Achse direkt über einer Radlauffläche wird die Raddrehung auf die Achse übertragen, wobei sich die Drehrichtung ändert und die Drehung der Achse aufgrund der stark unterschiedlichen Durchmesser sehr viel schneller als die des treibenden Rades wird.

Abb. 11 Ein Gummiband überträgt die Drehung von einer Achse auf eine andere. Eine evtl. gewünschte Änderung der Drehrichtung kann durch die geänderte Führung des Antriebsriemens erzielt werden.

Die hier beschriebenen Antriebsmechanismen stellen nur die Auswahl aus einer viel größeren Anzahl von Möglichkeiten dar, die ich bisher für meine Spielzeugentwürfe eingesetzt habe. Sicherlich lassen sich noch eine Reihe anderer Antriebe bei Objekten aus Holz verwirklichen.

Oft bringt auch die Kombination mehrerer Antriebsarten erst die zum Objekt passende Bewegung. Ein gutes Beispiel hierfür ist der Frosch. Die exzentrischen Räder heben und senken den Körper, während die Füße (die ebenfalls an den Rädern befestigt sind) als Pleuel die Beine auf und ab bewegen. Dadurch sieht die Gesamtbewegung wie echtes Hüpfen aus. Ein weiteres Beispiel für kombinierte Bewegung ist der Jagdhund: Wie bei einigen anderen Objekten sind auch bei diesem Spielzeug die Füße exzentrisch an den Rädern befestigt. Außer der eigenen Bewegung stoßen die Füße aber auch an die Ohren, wodurch die Schnuppernase auf und ab bewegt wird. Das entspricht der Bewegung, die sonst durch eine Nocke auf der Radinnenseite (s. „Nocke auf der Rad-Innenseite") erzeugt wird.

Ein Großteil der Faszination, die der Umgang mit diesem Spielzeug hervorruft, entsteht durch das Zurückverfolgen der Bewegung bis zu ihrem Ursprung – und der Erkundung, wie alle Teile zusammenwirken, um genau die passenden Bewegungen zu erzeugen.

All diese Möglichkeiten warten darauf, daß Sie damit experimentieren. Lassen Sie sich nicht entmutigen, wenn es nicht auf Anhieb so funktioniert, wie Sie es sich vorgestellt haben. Ich habe selbst oft genug sagen müssen: „Zurück ans Zeichenbrett! . . ." Aber ich kenne auch das tolle Gefühl, ein Erfolgserlebnis zu haben, wenn ein Objekt nach mehreren Verbesserungen in faszinierender Weise dahinrollt. Also – viel Glück! Unsere Welt braucht all das Schöne, das wir schaffen können.

Tiere in Aktion

Der hoppelnde Hase und der tauchende Wal

Explosionsdarstellung

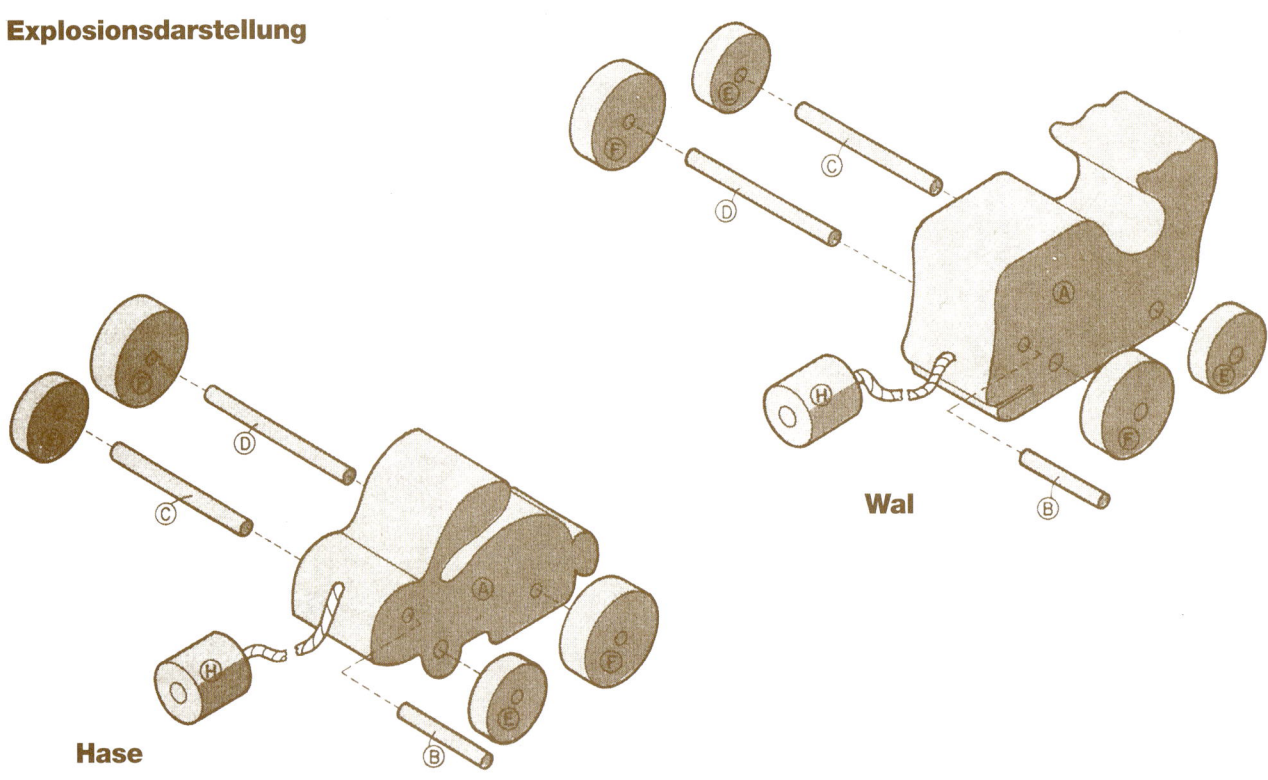

Wal

Hase

Der Hase und der Wal sind so einfach zu fertigen, daß ich ihren Aufbau gemeinsam beschreiben will. Beide Spielzeugtiere führen die gefällige, hoppelnde Bewegung durch eine exzentrisch angeordnete Achse aus. Beim Hasen ist die Vorderachse, beim Wal die Hinterachse außermittig gelagert.

Beide Tiere können aus fast allen Holzsorten hergestellt werden, denken Sie bei der Wahl des Materials jedoch daran, daß bei weichen, langfaserigen Hölzern, wie z. B. Pappel, die Bohrungen ausreißen und unsauber aussehen.

Damit die Achsen trotzdem leicht laufen, sollten Sie bei Verwendung dieser Holzsorten die Löcher von beiden Seiten bohren.

Übertragen Sie die Umrisse auf geeignete Brettstücke. Die Dicke kann beliebig gewählt werden, Sie müssen dann nur die Achsen entsprechend ablängen. Bohren Sie die Augen- und Achslöcher. Schneiden Sie das Auge (B) etwas länger als die Rumpfdicke ab. Kleben Sie das Auge mit beidseitigem geringem Überstand ein. Schleifen Sie die Enden glatt ab, wenn der Leim getrocknet ist. Wenn Sie ein 3-mm-Sägeblatt besitzen, können beide Tiere mit der Bandsäge komplett ausgeschnitten werden. Andernfalls schneiden Sie mehrfach von beiden Seiten der engen Kurven ein (s. Abb. 1) oder bohren Löcher in den Kurven (s. Abb. 2) und schneiden dann aus. Als nächstes bohren Sie die Löcher für die Zugschnur, verwenden Sie Zwingen zum Spannen und Klötze zum Unterlegen, um das Werkstück im richtigen Winkel auf dem Bohrtisch zu halten (s. Abb. 3). Schleifen Sie die Schnittkanten glatt. Für die engen Rundungen können Sie kleine Walzenschleifer oder mit Schleifpapier umwickelte Rundstäbe benutzen (s. allgemeine Hinweise. S. 14, Abb. 12). Schleifen Sie anschließend die Seitenflächen. Je nach Dicke des Rumpfs können die Kanten wahlweise mit der Oberfräse gerundet oder nur mit Schleifpapier von

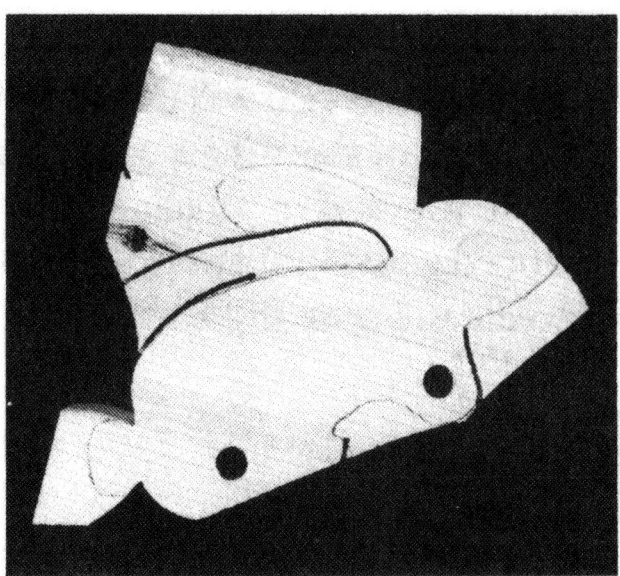

Abb. 1 Wenn Sie kein 3-mm-Sägeblatt für Ihre Bandsäge besitzen, können enge Kurven auch durch mehrere Schritte mit einem 6-mm-Sägeblatt gefertigt werden.

Materialliste

(Maße in cm, soweit nicht anders angegeben)

Teil	Benennung	Anzahl	Dicke	Breite oder ⌀	Länge
A	Rumpf	1	3,5–5,0	7,3	12,3
B	Auge	1		⌀ 6 mm	3,5–5,0
C	Achse (Wal = Hinterachse Hase = Vorderachse)	1		⌀ 6 mm	Rumpfdicke +2,2
D	Achse (Wal = Vorderachse Hase = Hinterachse)	1		⌀ 6 mm	Rumpfdicke +2,9
E	Rad (Wal = Hinterrad Hase = Vorderrad)	2	1,0	⌀ 3,0	
F	Rad (Wal = Vorderrad Hase = Hinterrad)	2	1,3	⌀ 4,0	
G	Zugschnur	1		⌀ 2–3 mm	45
H	Bommel	1		⌀ 2,0	

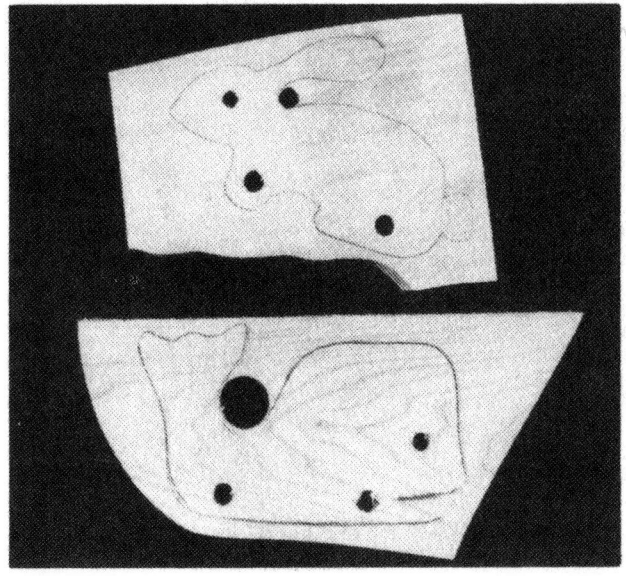

Abb. 2 An den engsten Kurvenstellen können Löcher gebohrt werden, um das Aussägen der Kurven zu vereinfachen.

Hand gebrochen werden. Nach diesem Arbeitsgang werden die Räder befestigt. Bohren Sie die exzentrischen Achslöcher, beim Wal sind es die Hinterräder, beim Hasen die Vorderräder (E). Verdübeln Sie die mittigen Löcher, und schleifen Sie sie glatt. Kleben Sie die Räder genau gegenüberliegend auf die Achse, sonst bewegen sich die Tiere nicht gleichmäßig. Kleben Sie nun die Räder (F) auf die Achse. Wenn der Leim getrocknet ist, schleifen Sie die Naben glatt. Jetzt muß nur noch die Oberflächenbehandlung erfolgen, am besten mit Danish Oil. Befestigen Sie die Zugschnur am Rumpf und am anderen Ende der Schnur einen Bommel. Den können Sie sich aus einem 25 mm langen Stück Rundstab von ⌀ 25 mm auch selbst fertigen, wie in den Abbildungen gezeigt. Jetzt können die Tiere loshoppeln bzw. tauchen.

Abb. 3 Legen Sie ein Abfallstück unter, um das Loch für die Zugschnur im richtigen Winkel zu bohren.

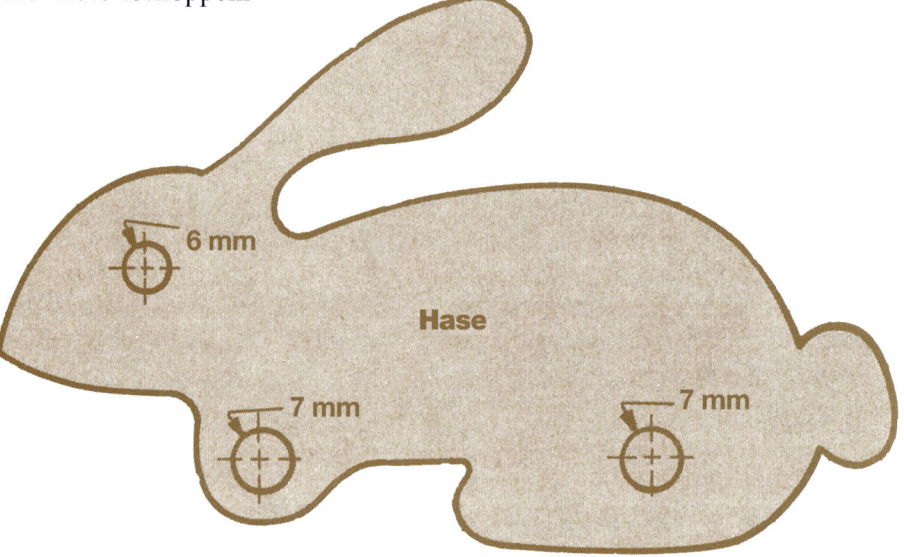

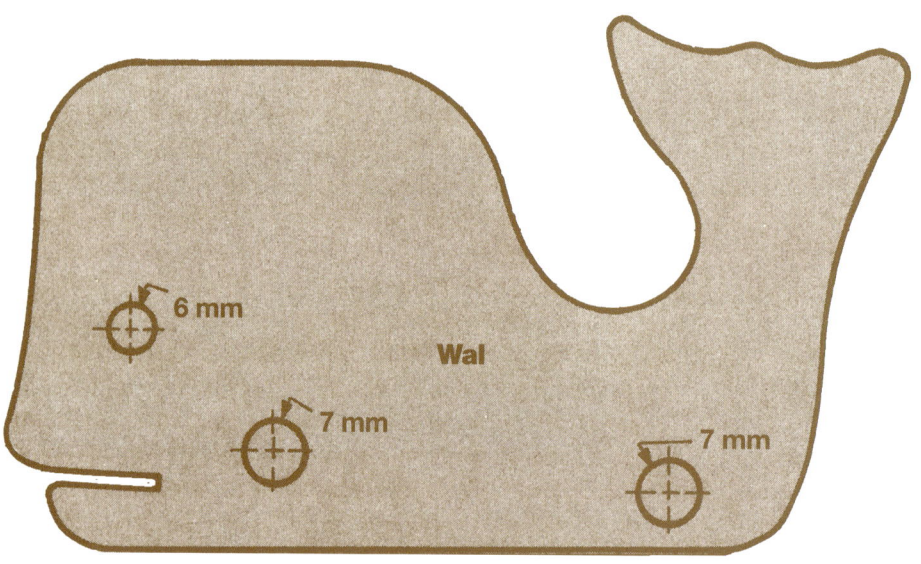

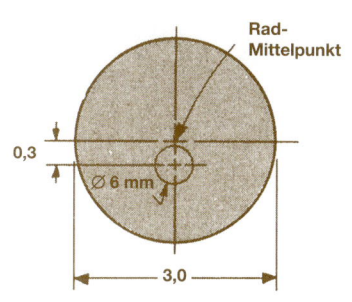

Vorderrad

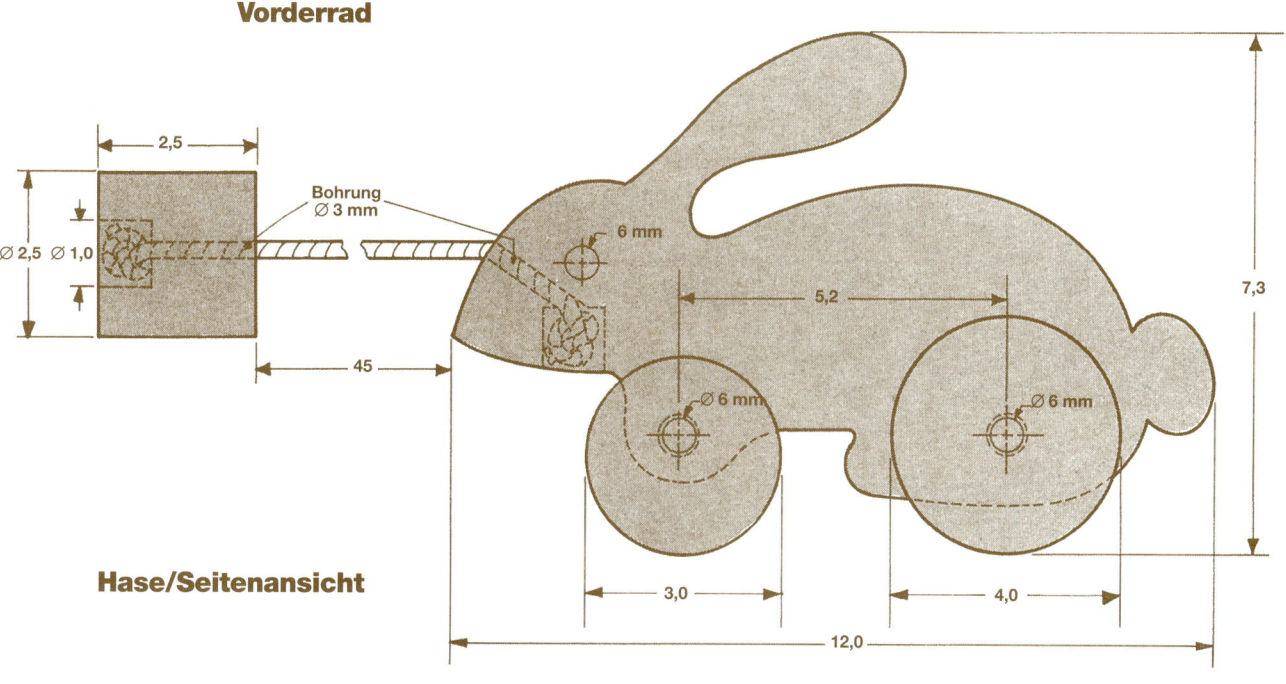

Hase/Seitenansicht

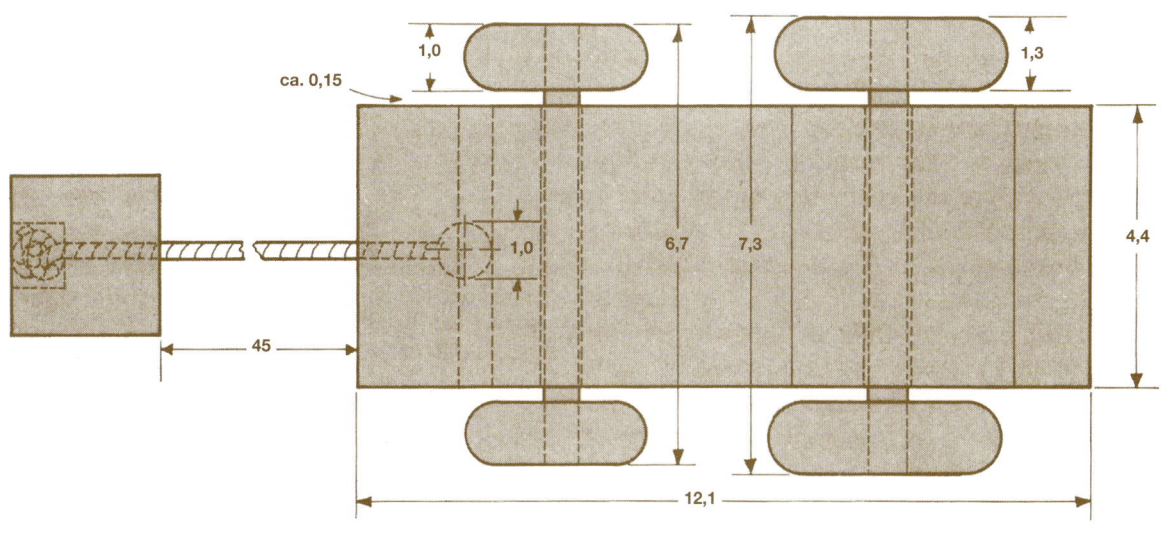

Hase/Draufsicht

43

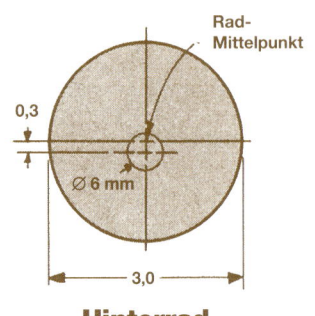

Hinterrad

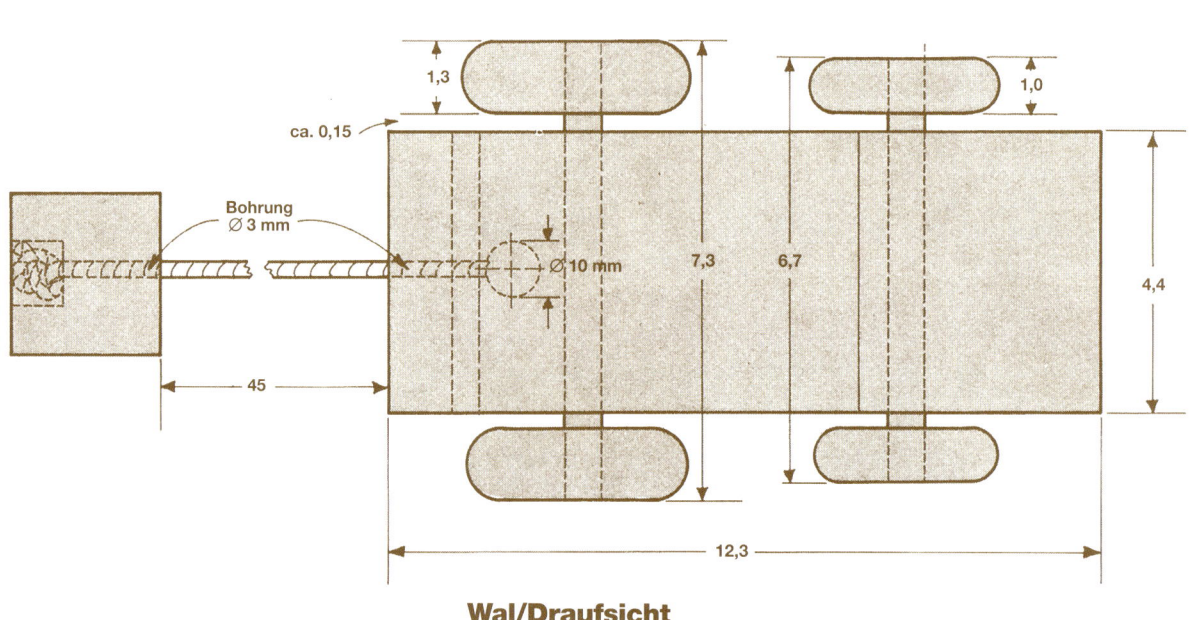

Wal/Seitenansicht

Wal/Draufsicht

Das hungrige Nilpferd

Das Maul unseres Nilpferds öffnet und schließt sich mit einem freundlichen „Mampf", wenn es angeschoben wird. Diese Bewegung des Mauls wird von zwei Dübeln ausgelöst, die auf der Innenseite der beiden Vorderräder hervorstehen. Wenn die Räder sich drehen, werden sie abwechselnd gegen den Kiefer des Nilpferds gestoßen. Der Augendübel wirkt gleichzeitig als Drehachse für den Hubmechanismus, wenn am hinteren Ende gegen den Kiefer gedrückt wird, hebt sich dieser vorne an. Drehen sich die Räder weiter, wird der Kiefer nicht mehr von den Dübeln gestützt, und er fällt mit einem „Mampf" herunter.

Der Rumpf

Der Rumpf des Nilpferds kann aus jeder beliebigen Holzart gefertigt werden. Übertragen Sie die Umrisse (A) auf ein passendes Stück Holz von ca. 4,4 mm Dicke. Die Dicke kann variiert werden. Für jede beliebige Abmessung muß die Breite der Nase (C) 3 mm größer sein als die Rumpfdicke. Die Achslänge ist entsprechend zu verändern.
Bohren Sie die Achs- und Dübellöcher. Sägen Sie die Umrisse mit der Bandsäge aus, runden Sie alle Kanten mit der Fräse, und schleifen Sie danach den gesamten Rumpf glatt.

Der Kopf

Der Kopf sollte aus einem harten, leichten Holz gefertigt werden. Kirschbaum ist hierfür bestens geeignet. Übertragen Sie die Umrisse der Kopfseitenteile (B) auf ein Stück Holz, die Maserung in Längsrichtung. Bohren Sie die Augenlöcher. Sägen Sie die Teile mit etwas Abstand zur angezeichneten Umrißlinie aus, so daß die exakte Form durch Schleifen hergestellt werden kann. Der Abstand vom Augenloch zur Kieferunterkante ist für die Funktion der Mauföffnung entscheidend.
Bearbeiten Sie diese Teile deshalb sehr sorgfältig. Übertragen Sie die Umrisse der Nase (C) auf ein passendes Stück Holz, und sägen Sie es mit der Bandsäge aus. Schleifen Sie das spitz zusammenlaufende Ende so, daß die Kante leicht gerundet wird.

Dadurch wird dieser Bereich stabiler, und er ist vor späteren Beschädigungen geschützt. Um den Kopf zusammenzusetzen, sollten Sie eine Vorrichtung bauen. Es nimmt nur ein paar Minuten in Anspruch, und Sie können sie für einiges andere Spielzeug wiederverwenden (s. Abb. 1). Die Aufgabe dieser Vorrichtung ist es, sicherzustellen, daß die Augenlöcher exakt fluchten und das Maul sich leicht öffnet und schließt.
Befestigen Sie die Vorrichtung auf der Werkbank, und schieben Sie die Kopfseitenteile auf den Dübel, die Ohren nach oben. Nachdem Sie Leim auf die Seitenflächen des Mittelteils gestrichen haben, bringen Sie es zwischen die Seitenteile, ohne den Leim dabei zu verschmieren. Positionieren Sie die Nase sorgfältig, und pressen Sie die Anordnung zusammen (s. Abb. 2). Beachten Sie beim vorsichtigen Spannen der Teile:

- daß das eine Seitenteil flach an der Stirnseite der Vorrichtung anliegt und
- daß sich die ganze Anordnung auf dem 6-mm-Schaft leicht bewegen läßt.

Nachdem sie evtl. notwendige Justierungen vorgenommen haben, befestigen Sie eine Zwinge, mit dem Anpreßpunkt in der Mitte der Nase. Sorgen Sie dafür, daß sich die Teile beim Spannen nicht gegeneinander verschieben. Ziehen Sie jetzt den Kopf von der Vorrichtung ab, und befestigen Sie eine zweite Zwinge am unteren Ende der Nase (s. Abb. 3).
Wenn der Leim völlig durchgetrocknet ist (haben Sie hier keine Eile!), kontrollieren Sie, ob die Teile

Abb. 1 Diese Vorrichtung ist leicht herzustellen und kann auch noch für einige andere Spielzeuge benutzt werden.

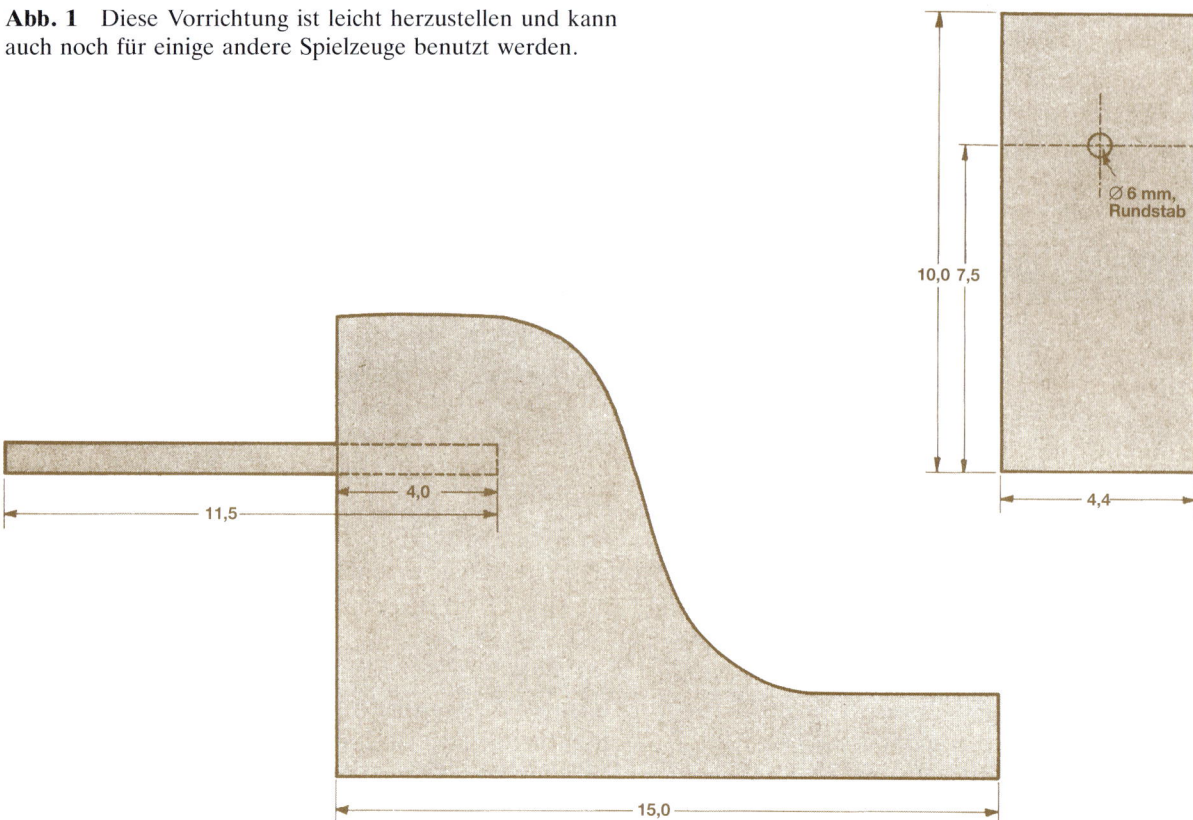

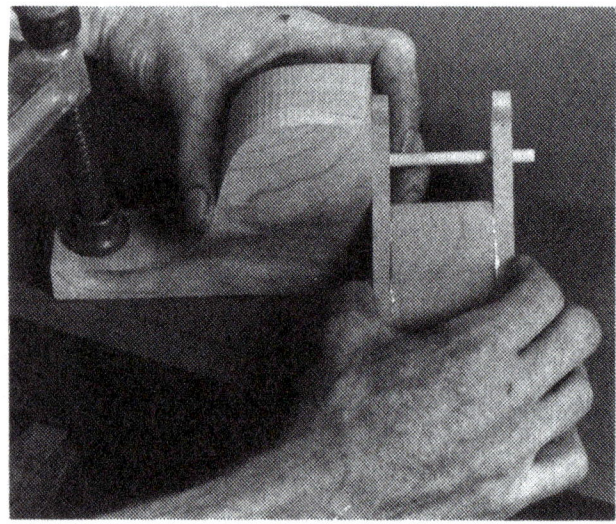

Abb. 2 Verwenden Sie die Vorrichtung, um die Teile für den Kopf auszurichten und vorsichtig miteinander zu verspannen. Achten Sie darauf, daß das eine Seitenteil an der Vorrichtung flach anliegt und die ganze Anordnung sich leicht auf dem 6-mm-Rundstab bewegen läßt.

deckungsgleich liegen. Wenn sie um mehr als 1,5 mm differieren, sollten Sie den Überstand absägen. Schleifen Sie jetzt den Kopf vor (mit 80er). Wenn Sie die Teile sorgfältig verleimt haben, wird es hierbei keine Probleme geben. Denken Sie nur daran, am hinteren unteren Ende des Kiefers nicht mehr Material abzuschleifen als bis zur Umrißlinie, sonst verringern Sie auf diese Weise das Maß, um das das Maul geöffnet wird.

Beim Bearbeiten der Ohren sollten Sie vorsichtig sein, sie können beim Schleifen leicht beschädigt werden. Auch bei Schleifarbeiten am Kopf müssen Sie aufpassen, wenn Sie den Übergang vom dicken Mittelteil zu den beiden dünnen Seitenteilen bearbeiten. Wo die Materialdicke plötzlich um 4,7 cm abnimmt, läuft man Gefahr, tiefer ins Material einzustechen. Schleifen Sie in geraden, gleichmäßigen Zügen über diese gefährdeten Stellen.

Um die Bohrungen für die Zähne zu fertigen, legen Sie die Nase auf ein Reststück Holz auf den Bohrständer, so daß die Innenfläche des Mauls parallel zur Tischfläche liegt (s. Abb. 4). Der Abstand zwischen den beiden Löchern und den Kanten ist so klein, daß die Löcher ausreißen würden, wenn Sie sie nicht etwas größer (12,2 mm) bohren, oder die Zähne etwas abschleifen, bis sie leicht hineinpassen. Mit einem Forstnerbohrer werden die Seiten nicht so schnell beschädigt. Vor dem Einkleben der Zähne schleifen Sie den Kopf allseitig.

Schneiden Sie die Zähne (H) auf Länge, und runden Sie die Enden von Hand. Geben Sie Leim (nicht

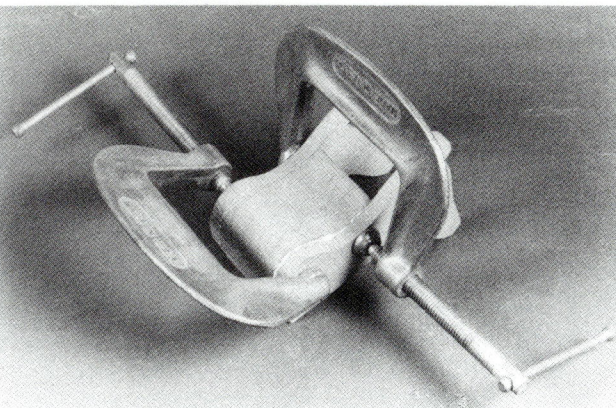

Abb. 3 Beim Ansetzen der Schraubzwingen dürfen sich die Einzelteile nicht gegeneinander verschieben. Entfernen Sie die Anordnung von der Vorrichtung, um die zweite Zwinge zu befestigen.

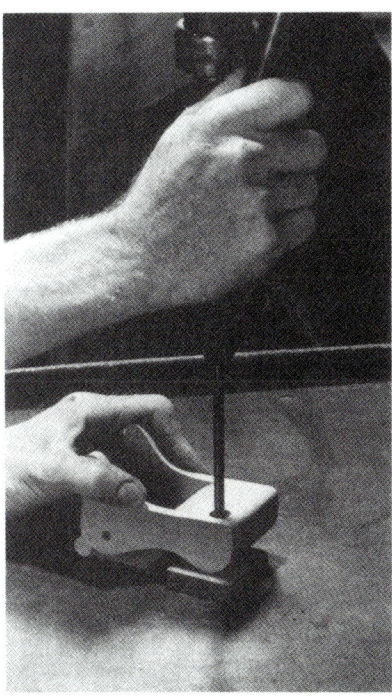

Abb. 4 Legen Sie ein Abfallstück unter die Nase des Nilpferds, um die Löcher für die Zähne im richtigen Winkel zu bohren.

zuviel!) in die Zahnlöcher, und setzen Sie die Zähne ein. Benutzen Sie dazu eine weiche Unterlage, damit die Nasenoberfläche nicht beschädigt wird.

Die Räder

Bohren Sie die exzentrischen Löcher in den Vorderrädern mit Hilfe der Bohrvorrichtung (s. allgemeine Hinweise. S. 14, Abb. 11).

Zusammenbau

Geben Sie Leim in die Augenbohrungen im Rumpf, positionieren Sie das Kopfteil, und treiben Sie die Kopfdübel (G) mit Hilfe der Abstandslehre (s. allgemeine Hinweise, S. 23, Abb. 22) ein.

Kleben Sie die Hinterräder an. Kleben Sie nun die 12-mm-Dübel in die Vorderräder, und achten Sie darauf, daß sie rechtwinklig zur Radfläche stehen (s. Abb. 5). Die Vorderräder können in mehreren verschiedenen Positionen angebracht werden (s. Abb. 6). Ich bevorzuge die Anordnung mit um 180° versetzten Dübeln, so daß sich das Maul bei jeder Raddrehung in gleichmäßigen Abständen zweimal öffnet und schließt.

Sollten Sie das Spielzeug an ein sehr lebhaftes Kind geben, können Sie die Räder mit den Dübeln in gleicher Position (nicht versetzt) anordnen, so daß das Maul nur einmal je Drehung öffnet und schließt. Dies gibt bei schneller Bewegung dem Maul genug Zeit, zwischen den Bewegungen wieder ganz zu schließen. Wenn Sie es mit einem ruhigeren Kind zu tun haben, mit Gefühl für Bewegungsabläufe, können Sie die Dübel um 90° versetzt anordnen. Dadurch wird ein rhythmisches „Klapp, klapp... klapp, klapp... klapp, klapp..." erzeugt.

Wenn der Leim trocken ist, schleifen Sie die Achsenden ab. Lassen Sie den Leim völlig antrocknen, ölen Sie dann das Nilpferd ein – und es ist fertig, um nach seiner ersten Mahlzeit Ausschau zu halten!

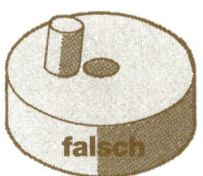
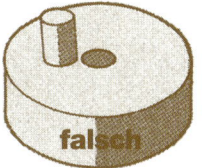
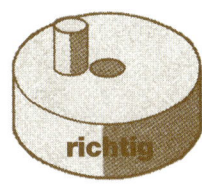

Abb. 5 Achten Sie darauf, daß der ⌀ 12-mm-Dübel rechtwinklig zur Radinnenseite eingeleimt wird.

Mampf.....Mampf.....Mampf

Mampf...Mampf...Mampf...Mampf

Mampf, Mampf.....Mampf, Mampf

Abb. 6 Die Vorderräder können verschieden angeordnet werden, je nach dem gewünschten Bewegungsablauf.

Explosionsdarstellung

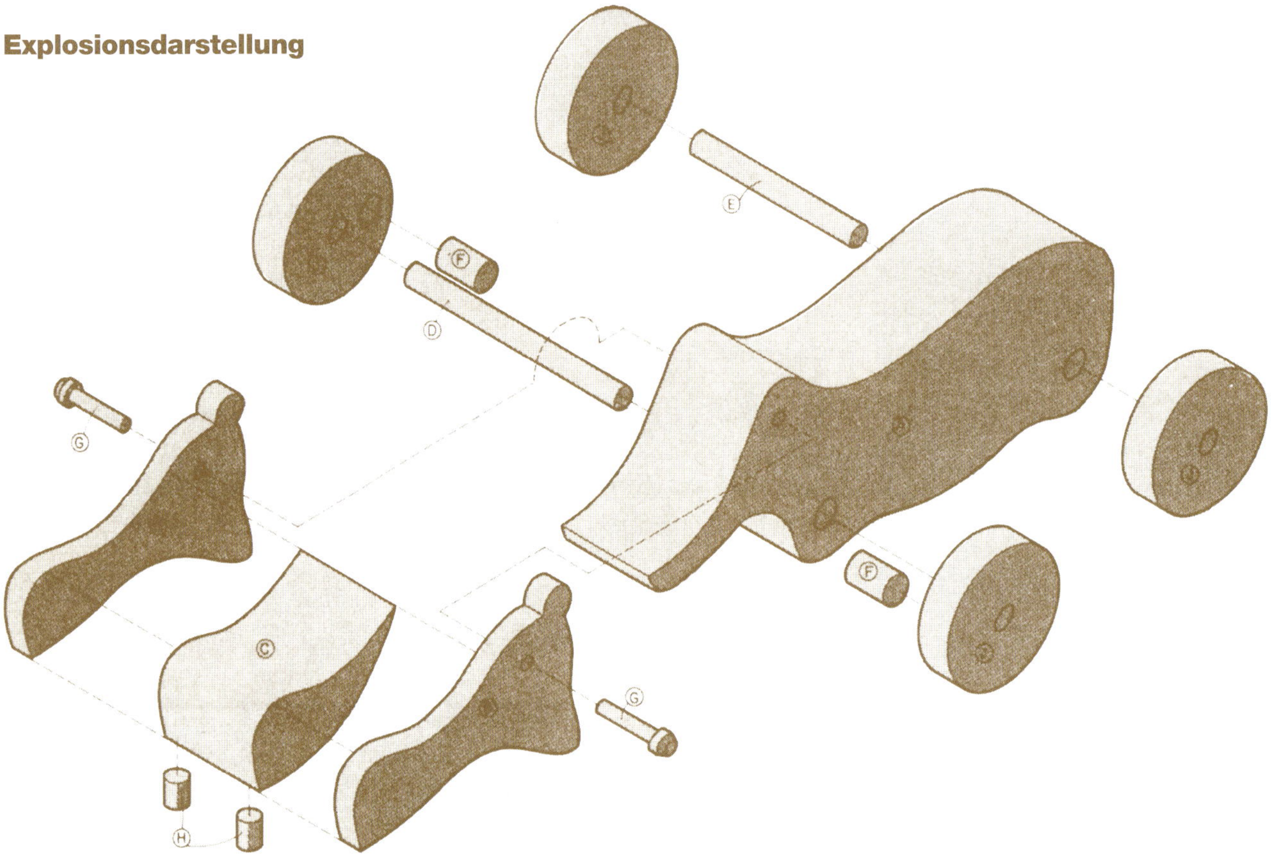

Materialliste

(Maße in cm, soweit nicht anders angegeben)

Teil	Benennung	Anzahl	Dicke	Breite oder ⌀	Länge
A	Rumpf	1	4,4	8,9	24,1
B	Kopfseitenteile	2	1,0	7,6	11,7
C	Kopfmittelteil	1	4,7	3,8	8,9
D	Vorderachse	1		⌀ 10 mm	10,0
E	Hinterachse	1		⌀ 10 mm	7,9

Teil	Benennung	Anzahl	Dicke	Breite oder ⌀	Länge
F	Radnocken	2		⌀ 12 mm	1,9
G	Augendübel	2		⌀ 6 mm	2,7
H	Zähne	2		⌀ 12 mm	1,9
J	Räder	4	1,6	⌀ 6,0	

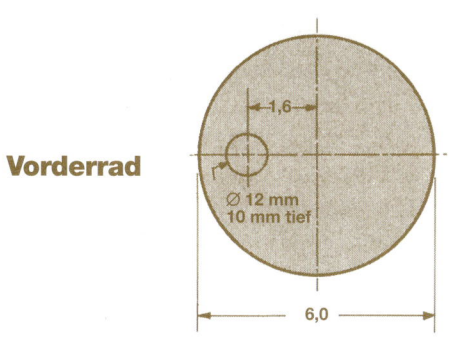

Vorderrad

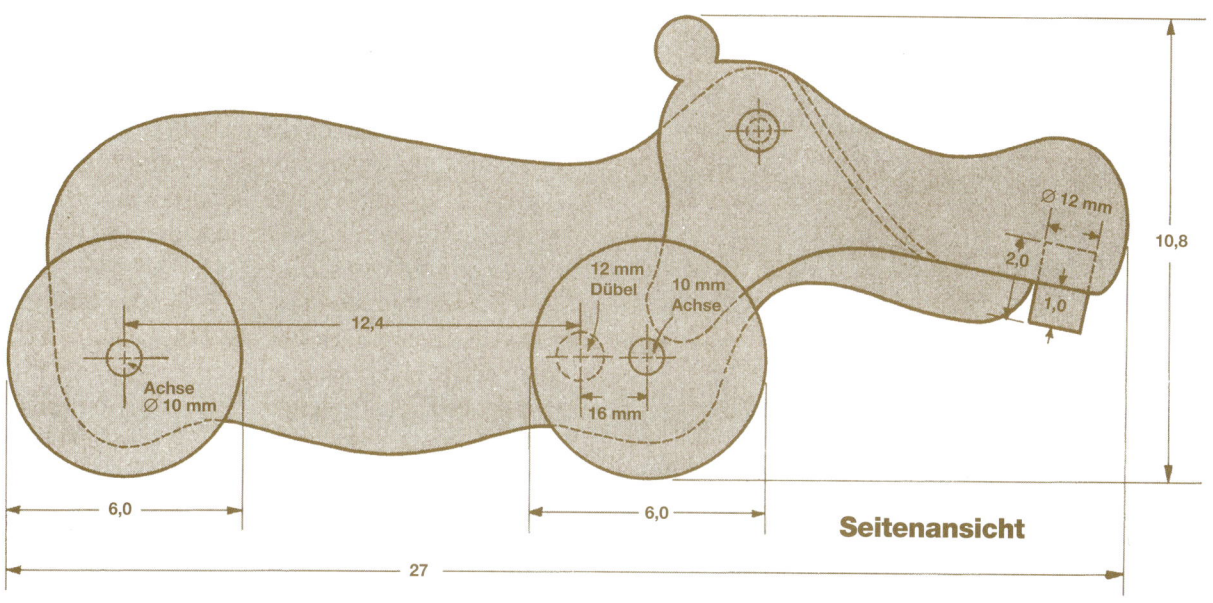

Seitenansicht

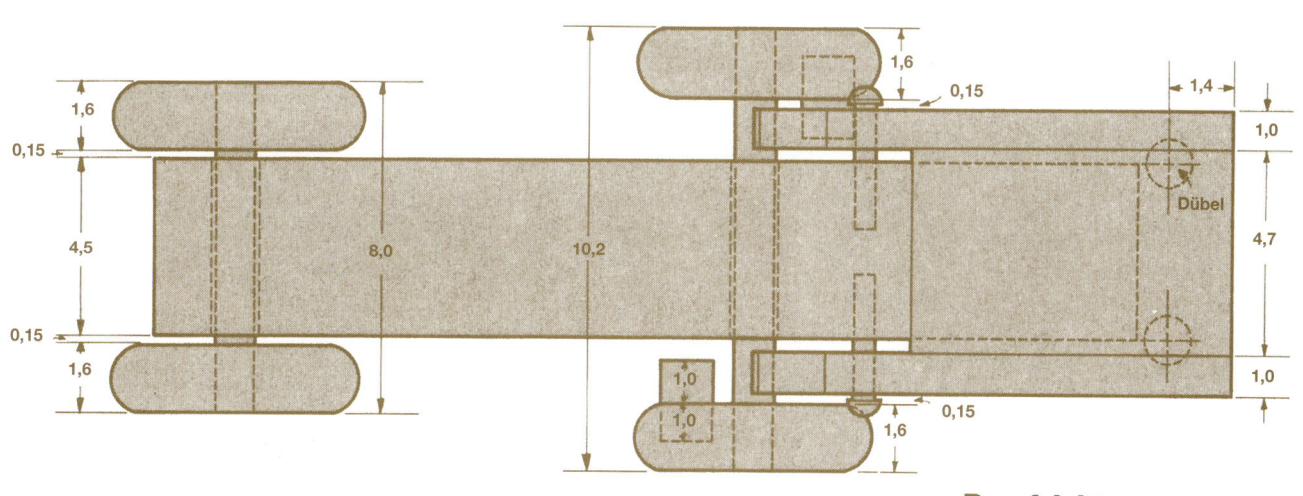

Draufsicht

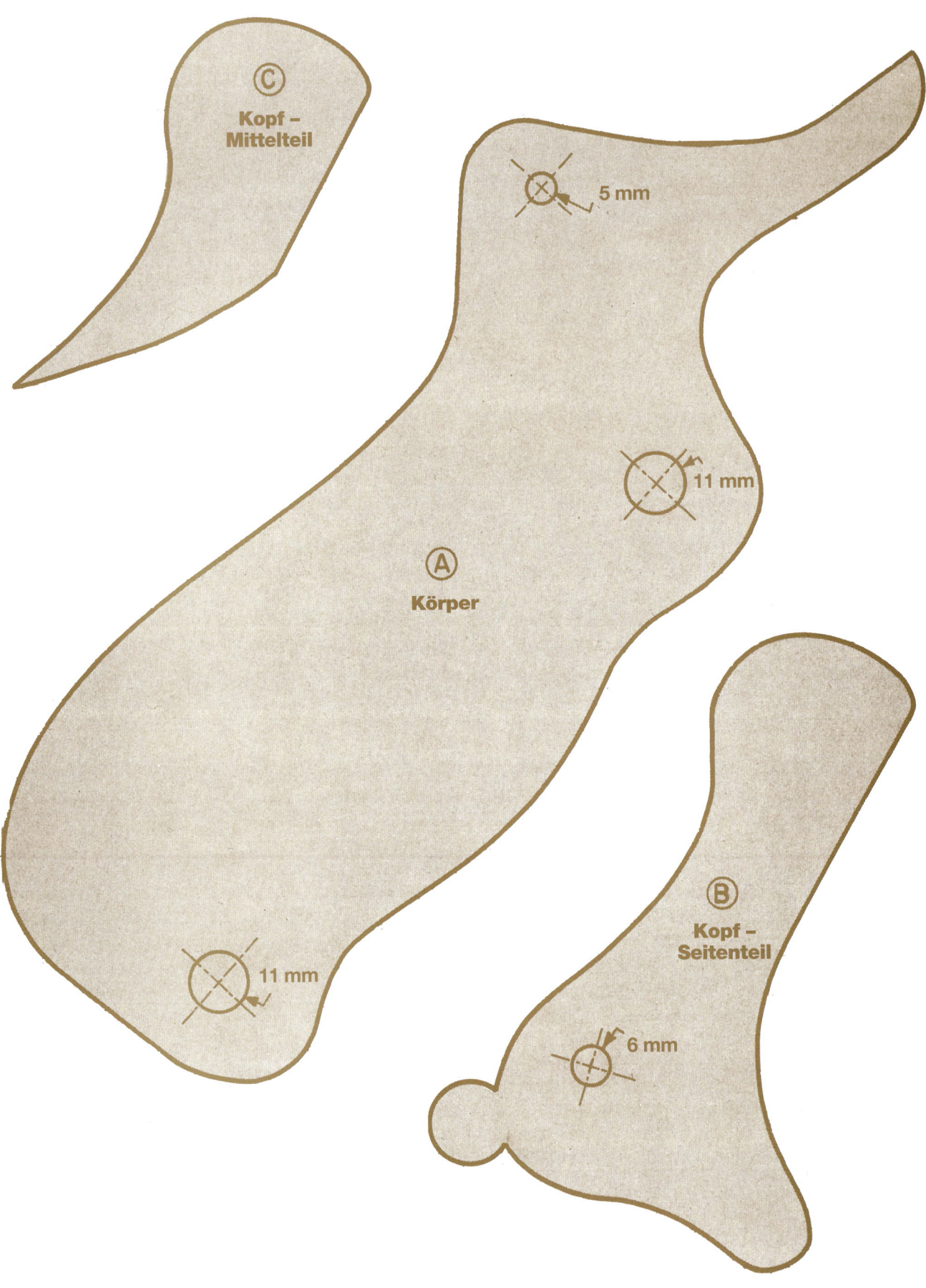

Das sorglose Känguruh mit seinem Kind

Ich mag dieses Spielzeug ganz besonders, weil ich in Australien geboren wurde. Als ihr mit eurem Teddybär gekuschelt habt, suchte ich die behagliche Nähe eines Stoffkänguruhs.

Die großen Füße dieses Spielzeugs sind an den exzentrischen Vorderrädern befestigt und erzeugen die passende Beinbewegung. Die Arme sind drehbar befestigt, so daß sie beim Laufen das Kind schützen, aber auch mit imaginären Feinden boxen können.

Die Vorderräder müssen fast das gesamte Körpergewicht anheben; es ist deshalb zweckmäßig, ein leichtes Holz für den Rumpf zu verwenden. Der Rumpf weist keine besonders beanspruchten Stellen auf; die Härte des verwendeten Materials spielt also hierfür eine untergeordnete Rolle.

Der Rumpf

Zeichnen Sie den Rumpfumriß (A) auf ein passendes Stück Holz. Bohren Sie die Achs-, Augen- und Dübellöcher.

Schneiden Sie den Augendübel etwas zu lang ab, und kleben Sie ihn mit beidseitigem Überstand ein. Wenn der Leim trocken ist, schleifen Sie die Dübelenden glatt, damit das Holz problemlos über den Tisch der Bandsäge gleitet. Schneiden Sie jetzt den Rumpf aus. Bohren Sie die Löcher für das Kind und die Zugschnur, verwenden Sie dabei Zwingen und Unterlagen, um den Rumpf auf dem Bohrtisch im richtigen Winkel zu halten. Schleifen Sie die Kanten und Flächen glatt, runden Sie die Kanten mit der Fräse, und schleifen Sie die gefräste Rundung glatt.

Beine und Arme

Übertragen Sie die Zeichnungen für Arme und Beine (B, C, D) auf Hartholz. Bei den Armen sollte die Maserung in Richtung der Unterarme verlaufen, um den Pfoten die notwendige Festigkeit zu verleihen. Bohren Sie alle Löcher, achten Sie darauf, welche als Gelenke (∅ 6 mm) und welche zur Befestigung (∅ 5 mm) dienen. Schneiden Sie die Teile mit der Bandsäge aus, und schleifen Sie sie anschließend allseitig, dabei die Kanten rundend.

Das Kind

Um den Kopf des Kindes zu fertigen, zeichnen Sie den Umriß (E) auf ein kleines Stück Holz, dessen Hirnholzkanten parallel verlaufen. Der Halsansatz sollte an einer dieser Hirnholzkanten liegen, so daß die Maserung von unten längs durch das Ohr verläuft (s. Abb. 1). Bohren Sie das Augenloch, setzen Sie den Augendübel ein, und schleifen Sie die Überstände glatt. Bohren Sie das 6-mm-Loch für den Dübel (K). Treiben Sie ein ca. 75–100 mm langes Stück 6-mm-Rundstab in die Bohrung, der beim Ausschneiden auf der Bandsäge (s. Abb. 2) und beim Schleifen (s. Abb. 3) als Griff dient. Nur zum Schleifen der Unterkante muß der Stab entfernt werden. Schneiden Sie schließlich den Befestigungsdübel (K) auf Länge, und kleben Sie ihn in den Kopf. Der Kopf des Kindes kann nach Belieben entweder im Rumpf festgeklebt oder nur eingesteckt werden.

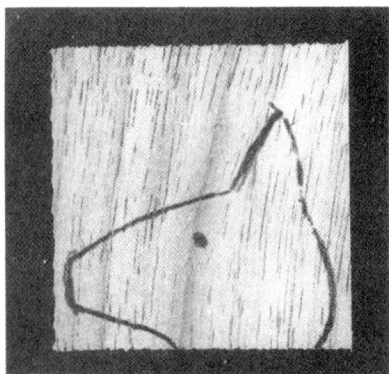

Abb. 1 Zeichnen Sie den Umriß des Kindes (E) so auf, daß der Hals an einer Hirnholzkante liegt. Bereiten Sie ein quadratisches Stück mit parallelen Hirnholzkanten vor.

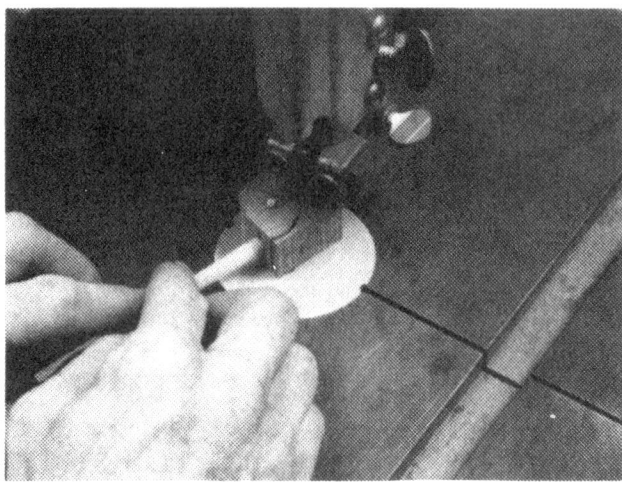

Abb. 2 Verwenden Sie einen Rundstab als „Griff" zum Ausschneiden des Kindes.

Die Vorderräder

Verdübeln Sie die mittigen Bohrungen der Vorderräder, und bohren Sie anschließend die erforderlichen exzentrischen Achs- und Dübellöcher (s. allgemeine Hinweise, S. 14, Abb. 11).

Zusammenbau

Kleben Sie die Hinterräder auf die Achse. Beim Befestigen der Vorderräder müssen Sie genau darauf achten, daß sie sich deckungsgleich gegenüberliegen. Rollen Sie das Känguruh auf einer ebenen Fläche, um zu prüfen, ob es nicht von einer Seite zur anderen wankt, justieren Sie die Räder, wenn notwendig, nach. Ohne die Zugschnur wird das Känguruh nicht so leicht hüpfen; also keine Sorge, wenn es jetzt noch nicht richtig läuft. Kontrollieren Sie an dieser Stelle nur die richtige Anordnung der Räder. Nachdem der Leim getrocknet ist, schleifen Sie die Achsenden glatt.

Befestigen Sie die Arme, treiben Sie die Kopfdübel so weit wie möglich ein, ohne daß sie splittern. Ordnen Sie die Beinteile zu zwei spiegelbildlichen Beinen an, und befestigen Sie die Füße mit Kopfdübeln an den Oberschenkeln, benutzen Sie dazu die Abstandslehre (s. allgemeine Hinweise, S. 23, Abb. 22). Die Beine können leicht seitenverkehrt vertauscht werden; achten Sie also genau darauf, bevor Sie die Teile befestigen (s. Abb. 4). Lassen Sie den Leim trocknen.

Schleifen Sie die Dübelenden glatt, und entfernen Sie herausgequollenen Leim. Befestigen Sie die Beine mit Kopfdübeln am Rumpf, anschließend die Füße an den Rädern, wobei Sie die Ecke der Werkbank als Unterlage für die Räder benutzen. Nehmen

Abb. 3 Zum Schleifen können Sie ebenfalls diesen „Griff" verwenden.

Sie für diese Arbeiten die Abstandslehre zu Hilfe. Wenn der Leim getrocknet ist, können Sie das Känguruh mit Danish Oil behandeln. Ist das Öl trocken, befestigen Sie die Zugschnur und den Bommel daran.

Jetzt können Sie den Kindern zeigen, wie ein Känguruh hüpft!

Draufsicht

Seitenansicht

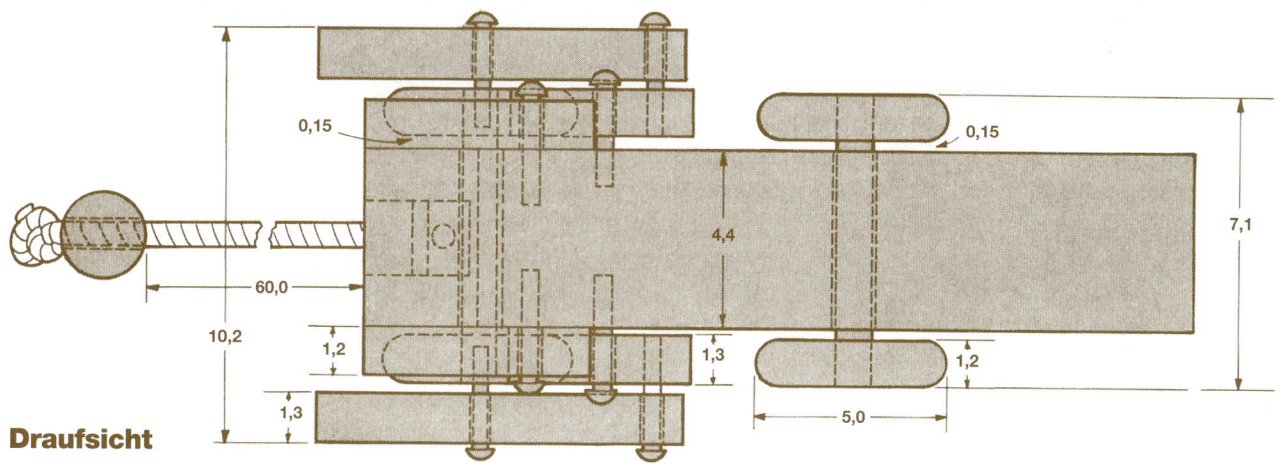

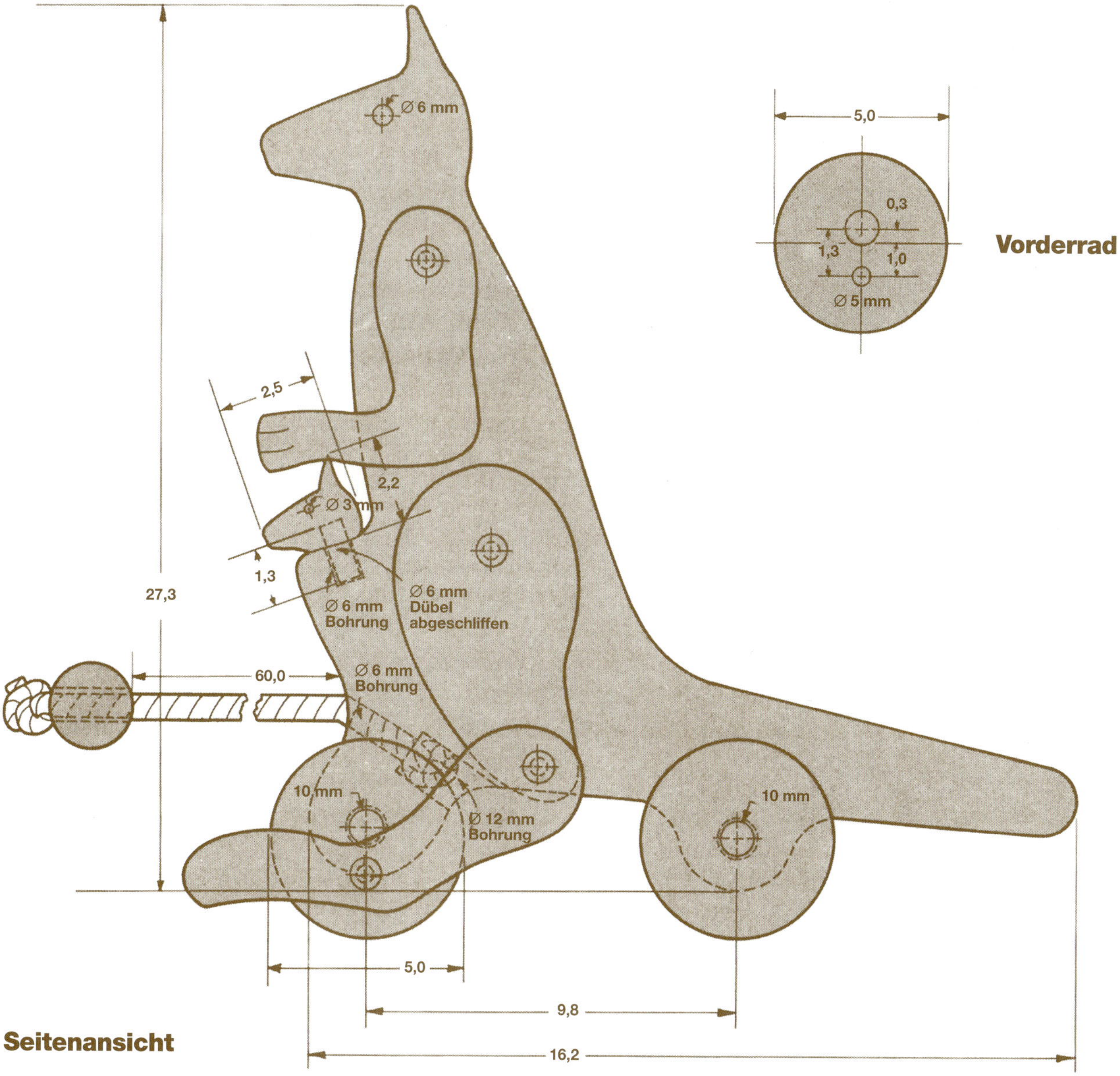

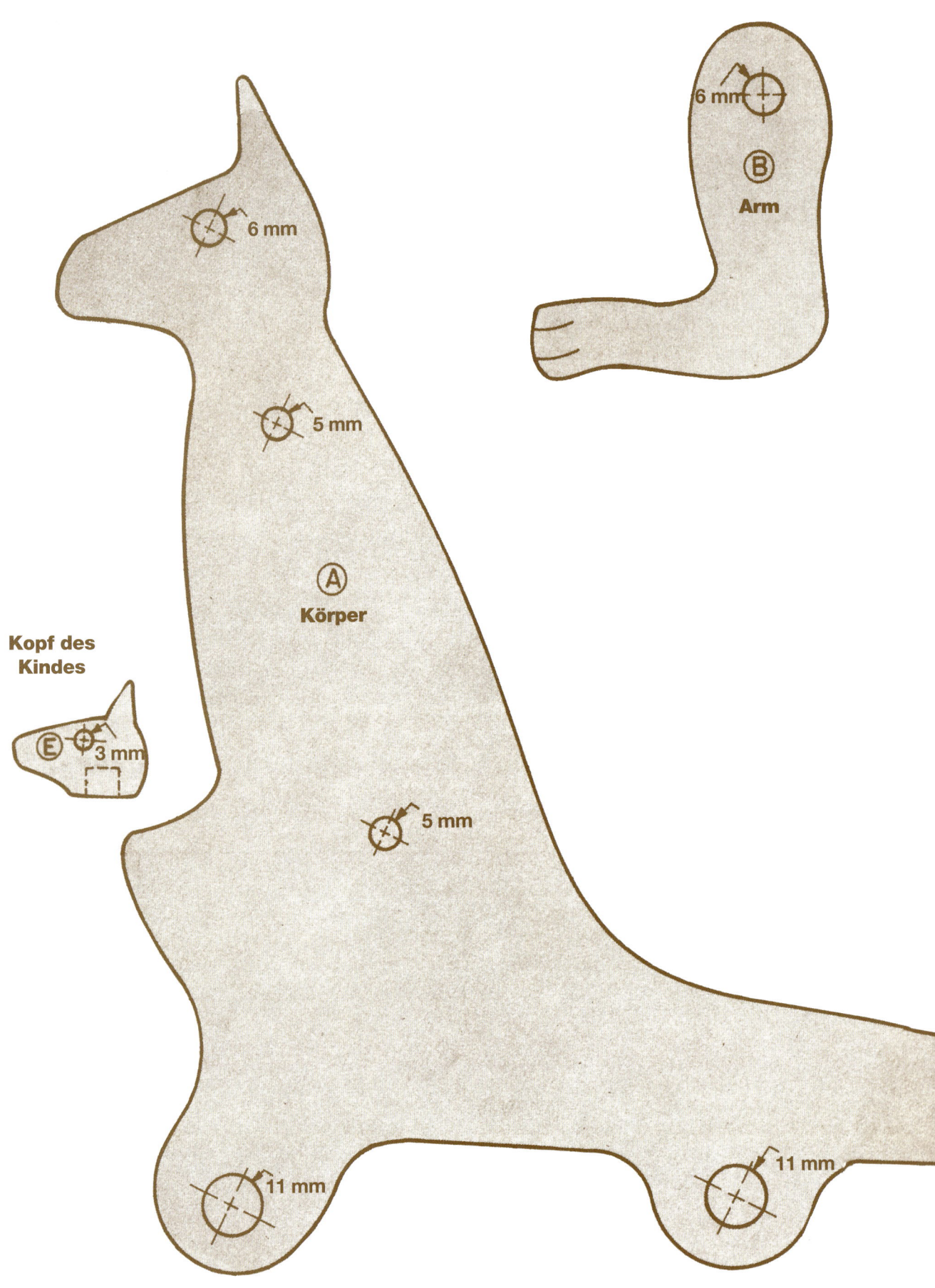

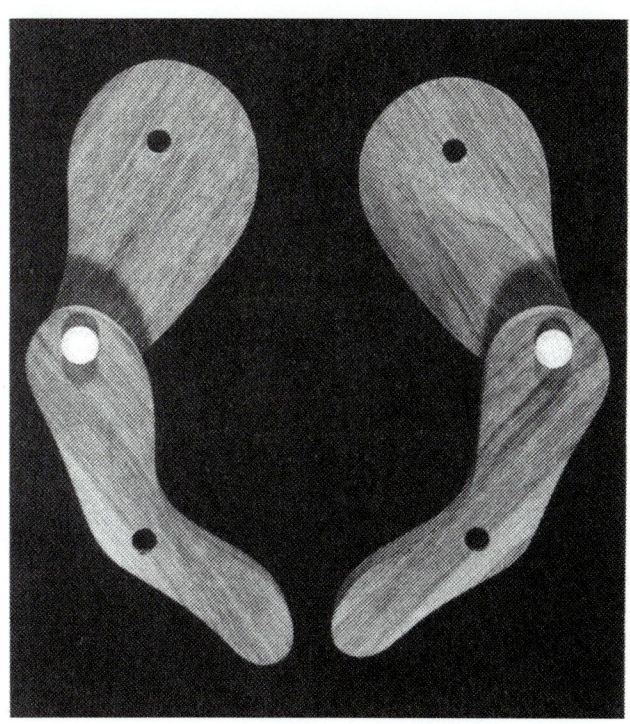

Abb. 4 Achten Sie auf die richtige Anordnung der Beine zu einem spiegelbildlichen Paar. Dieser Hinweis erscheint überflüssig, doch ein Fehler ist schnell gemacht, und man ärgert sich über die daraus entstehende Nacharbeit.

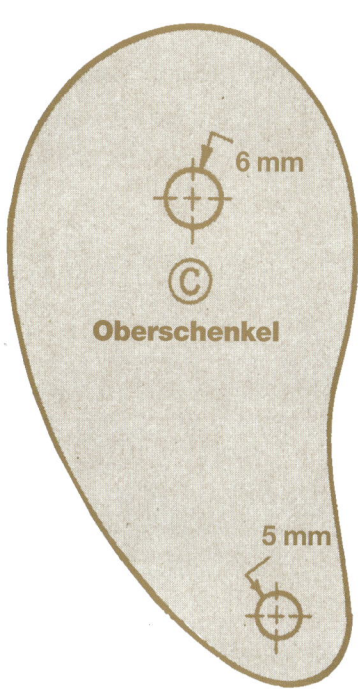

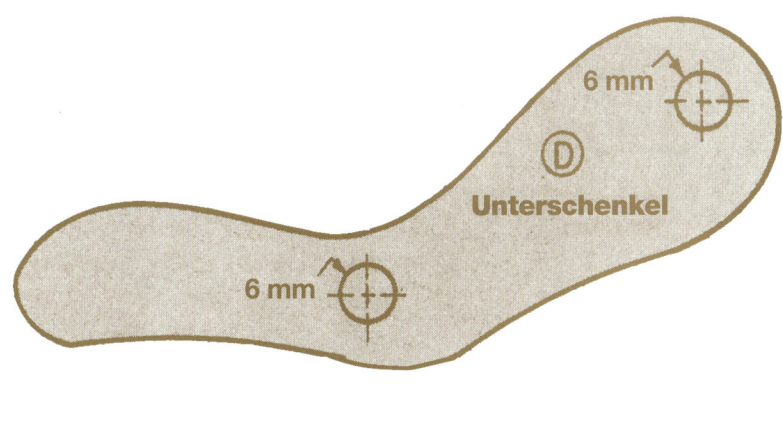

Explosionsdarstellung

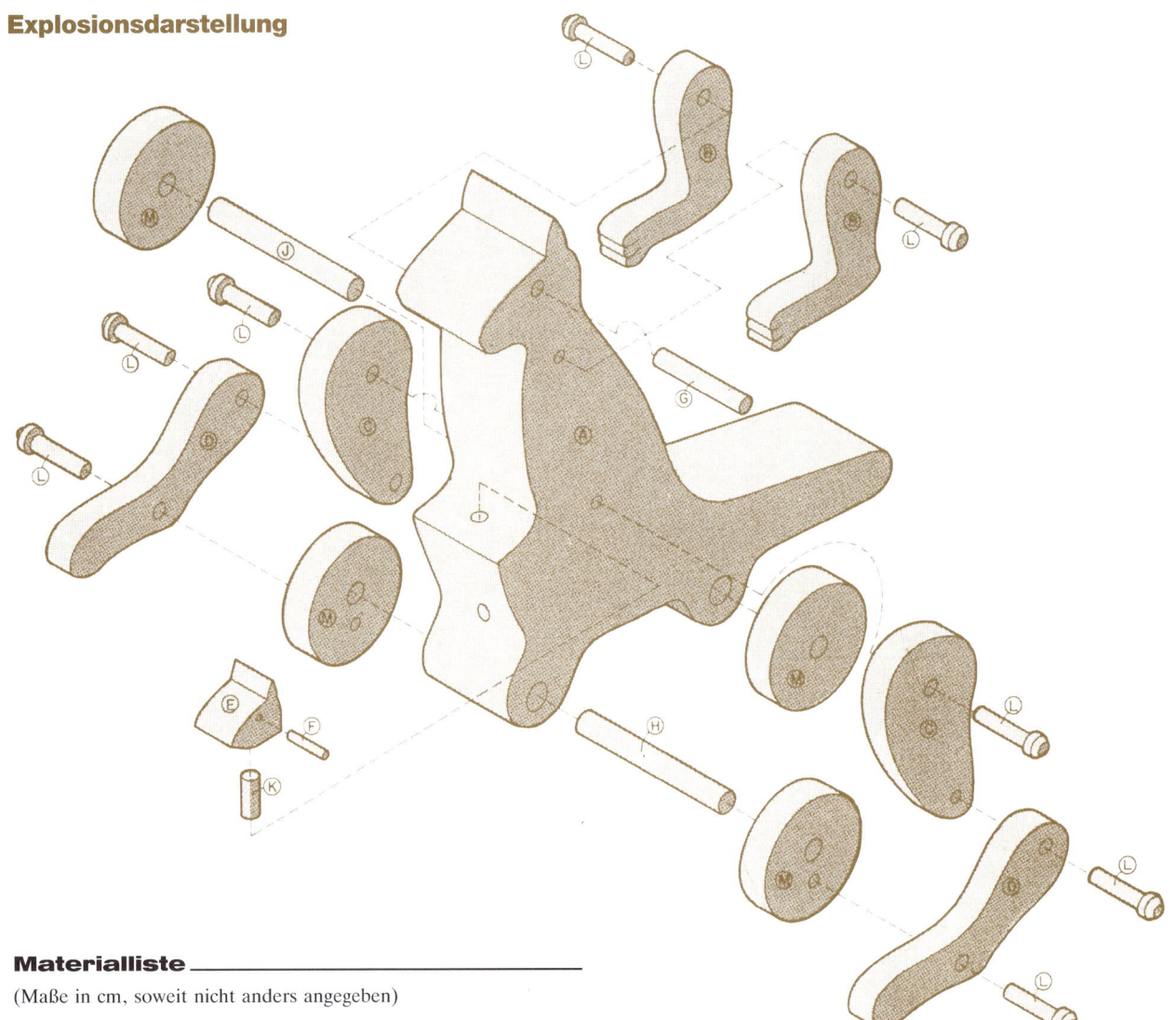

Materialliste

(Maße in cm, soweit nicht anders angegeben)

Teil	Benennung	Anzahl	Dicke	Breite oder ⌀	Länge
A	Rumpf	1	4,4	16,2	27,3
B	Arm	2	1,3	7,0	6,4
C	Oberschenkel	2	1,3	5,1	8,9
D	Fuß	2	1,3	3,8	11,4
E	Kopf des Kindes	1	1,9	2,5	2,2
F	Auge des Kindes	1		⌀ 3 mm	1,9
G	Auge des Känguruhs	1		⌀ 6 mm	4,4
H	Vorderachse	1		⌀ 10 mm	7,3
J	Hinterachse	1		⌀ 10 mm	7,3
K	Befestigungsdübel	1		⌀ 6 mm	1,3
L	Kopfdübel	8		⌀ 5 mm	2,7
M	Rad	4	1,3	⌀ 5,0	
N	Zugschnur	1		⌀ 6 mm	65
P	Bommel	1		⌀ 22 mm	

Der streunende Gorilla

Geraten Sie nicht zwischen diesen Gesellen und seine Banane, oder Sie könnten verletzt werden. Deckungsgleiche, exzentrisch gelagerte Vorderräder verleihen ihm seinen affenartigen Gang. Seine Hände sind an den Rädern befestigt, um die entsprechende Armbewegung zu erzeugen. Dieses Spielzeug ist nicht schwierig herzustellen, erfordert jedoch sorgfältig ausgeführte Bandsägearbeiten.

Der Körper

Ich schlage Ihnen vor, für dieses Spielzeug Walnußholz zu verwenden, aus zwei Gründen:

- Die Vorderräder müssen den größten Teil des Körpergewichts anheben, das Material sollte also möglichst leicht sein.
- Walnuß hat den am besten geeigneten Farbton (zu Grau tendierend), was als Holztönung nur sehr schwer zu finden ist.

Übertragen Sie die Umrisse des Körpers (A) auf ein passendes Stück Holz. Bohren Sie die Augen-, Achsen- und Dübellöcher. Kleben Sie einen 6-mm-Dübel (D) an die vorgesehene Stelle, und schleifen Sie ihn glatt zur Oberfläche des Holzblocks ab. Schneiden Sie den Körper mit der Bandsäge aus, für die engen Kurven verwenden Sie ein 3-mm-(⅛″-)Sägeblatt oder eine Dekupiersäge.

Schleifen Sie den ganzen Körper mit 80er Schleifpapier; besonders sorgfältig müssen Sie bei den Umrissen des Kopfes arbeiten. Sie sollten diesen Bereich von Hand schleifen, indem Sie Schleifleinen um einen 6-mm-Rundstab legen (s. Abb. 1). Bohren Sie das Loch für die Zugschnur, wobei passende Holzreste zum Unterlegen benutzt werden können, um den richtigen Winkel zu erzielen.

Runden Sie alle Kanten mit der Oberfräse, bis auf den Kopf, dort würden Sie nur langsam vorgehen können und so die Kanten verbrennen.

Schleifen Sie den Rumpf mit 80er, 120er und 180er Schleifpapier; benutzen Sie bei Bedarf wieder einen mit Schleifleinen umwickelten Rundstab.

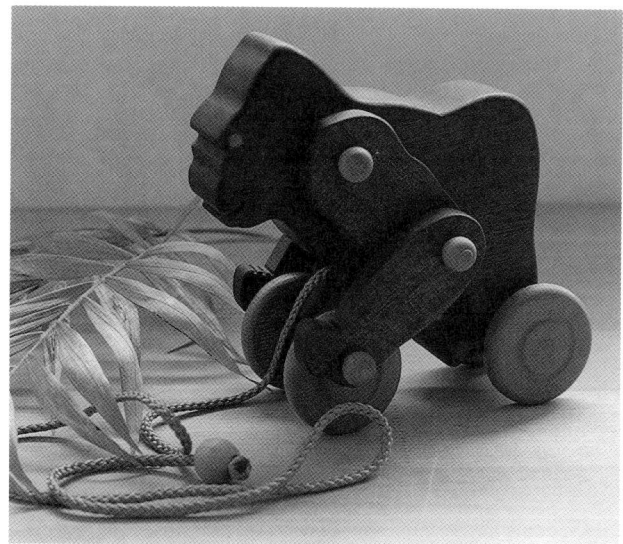

Die Füße

Zeichnen Sie die Arme, Teile B und C, so auf, daß die Maserung in Längsrichtung verläuft. Bohren Sie die Löcher, wobei darauf zu achten ist, daß die Gelenkbohrungen in ⌀ 6 mm und die Dübelbohrungen in ⌀ 5 mm ausgeführt werden. Um die Finger auszuschneiden, verwenden Sie am besten die Dekupiersäge. Diese kurze gewellte Linie vermittelt den gewellten Knöchel, der typisch für die Hand eines Affen ist; schneiden Sie also den Verlauf sorgfältig aus.

Glätten Sie alle Teile mit Schmirgelpapier (80er, 120er). Schleifen Sie die Flächen der Teile plan. Wenn Ihnen dies bei den kleinen Werkstücken mit dem Bandschleifer zu riskant ist, legen Sie ein Blatt Schleifpapier auf die Werkbank, und schleifen Sie von Hand. Ich glaube, daß die Finger ihre Wirkung verlieren, wenn die Kanten zu stark gerundet werden, deshalb brechen Sie die Kanten nur (120er oder 180er).

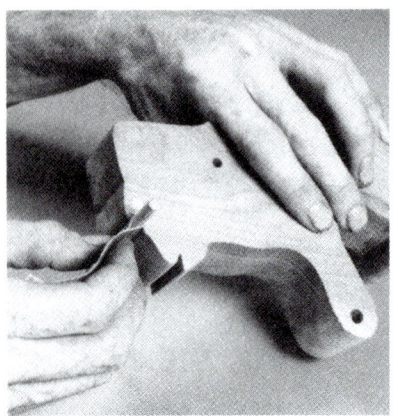

Abb. 1 Die Gesichtskontur läßt sich mit dem Bandschleifer nicht bearbeiten. Verwenden Sie dazu mit Schleifpapier umwickelte Rundstäbe.

Räder

Um die Vorderräder (H) vorzubereiten, verschließen Sie zuerst die mittigen Achsbohrungen (bei fertig gekauften Rädern) mit Dübeln. Dann, unter Verwendung der Bohrvorrichtung (s. allgemeine Hinweise, S. 14, Abb. 11), bohren Sie die Löcher ⌀ 5 mm und 6 mm.

Zusammenbau

Vor dem Verleimen legen Sie die Beine als Sets aus und wählen die besten Seiten für außen. Achten Sie darauf, zwei spiegelbildliche Sets vorzubereiten. Legen Sie die Teile auf Wachspapier aus, geben Sie Leim in die Dübellöcher der Oberschenkelteile, und setzen Sie die beiden Sets zusammen. Wenn der Leim getrocknet ist, schleifen Sie überstehende Leimreste ab (s. Abb. 2). Verkleben Sie die Hinterachse (E) mit den Rädern. Ebenso die Frontachse (F) und die Räder; achten Sie darauf, daß sich die Bohrungen genau gegenüberliegen. Legen Sie die Teile richtig aus, bevor Sie das Rad anbringen, weil sie sich nachher nicht mehr ausrichten lassen (ohne die 6-mm-Achse dabei zu zerstören).

Nach dem Antrocknen schleifen Sie die Naben ab, um Leimreste und Unebenheiten zu entfernen. Als nächstes geben Sie Leim in die Dübellöcher der Schulter im Rumpf und befestigen die Oberschenkel mit Hilfe der Abstandslehre (s. allgemeine Hinweise, S. 23, Abb. 22) am Rumpf. Geben Sie jetzt Leim in das Dübelloch eines Rades, legen Sie es zur Unterstützung auf die Kante der Werkbankplatte, und befestigen Sie den Fuß am Rad mit der Abstandslehre. Wischen Sie sorgfältig herausgequollenen Leim von der Innenseite des Rades, damit er nicht am Rumpf verschmiert wird. Wiederholen Sie diesen Vorgang auf der anderen Seite.

Wenn der Leim über Nacht getrocknet ist, ölen Sie Ihren Affen mit Danish Oil ein und befestigen dann die Zugschnur ... Ein weiterer Berggorilla ist losgelassen!

Abb. 2 Halten Sie den Arm vorsichtig auf das Schleifband, um überstehenden Leim vom Ellbogen zu entfernen.

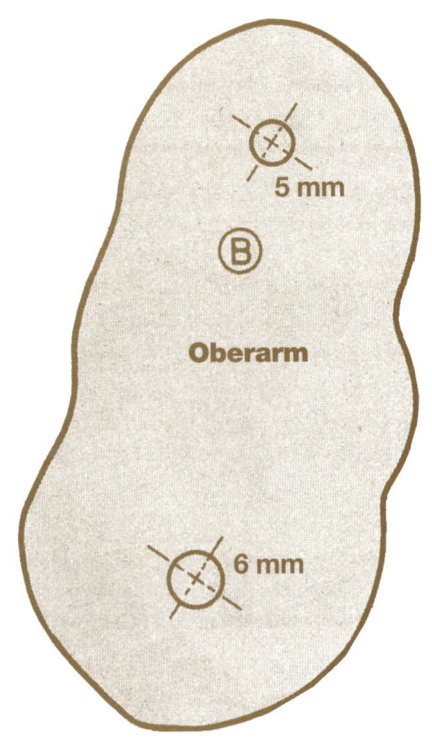

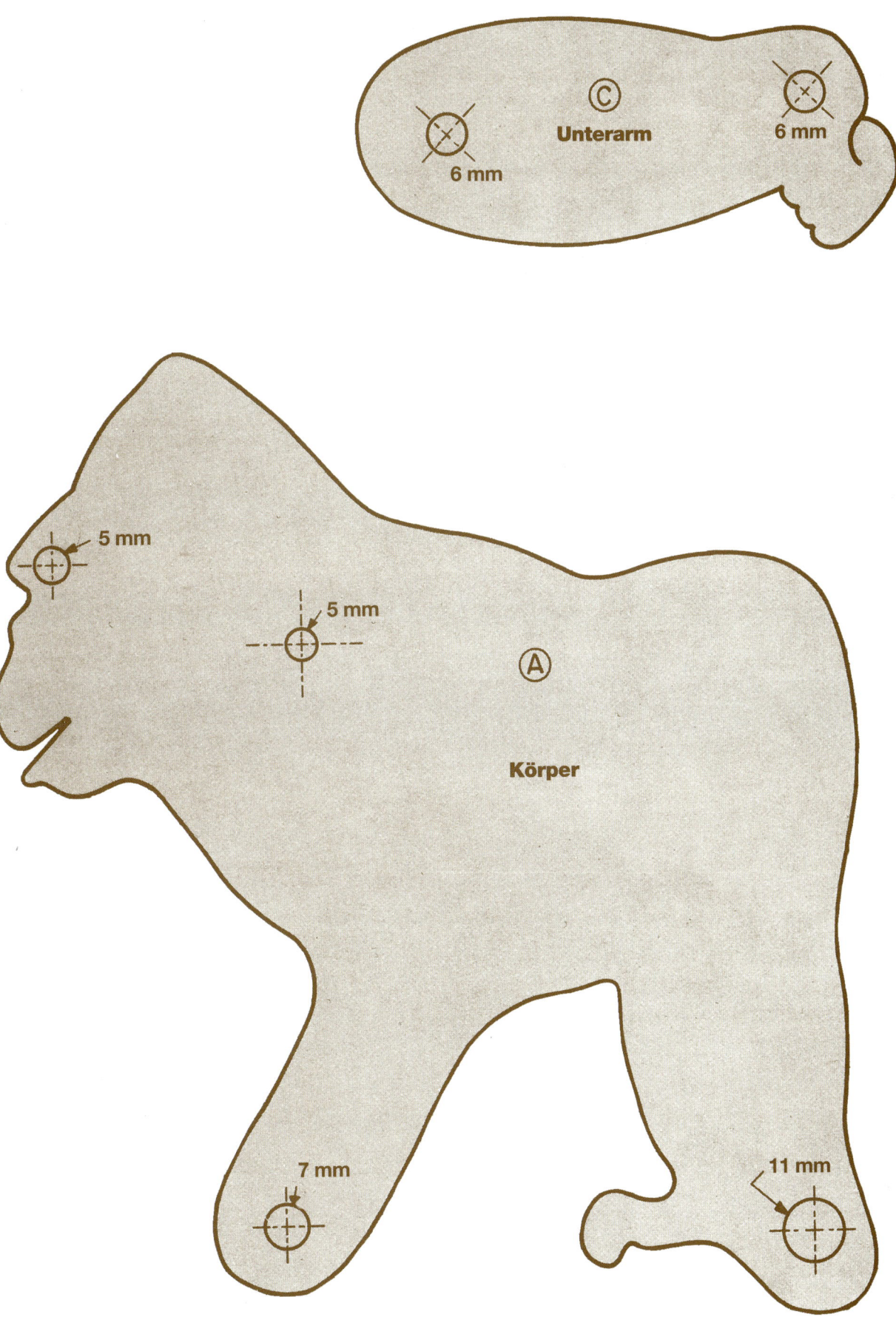

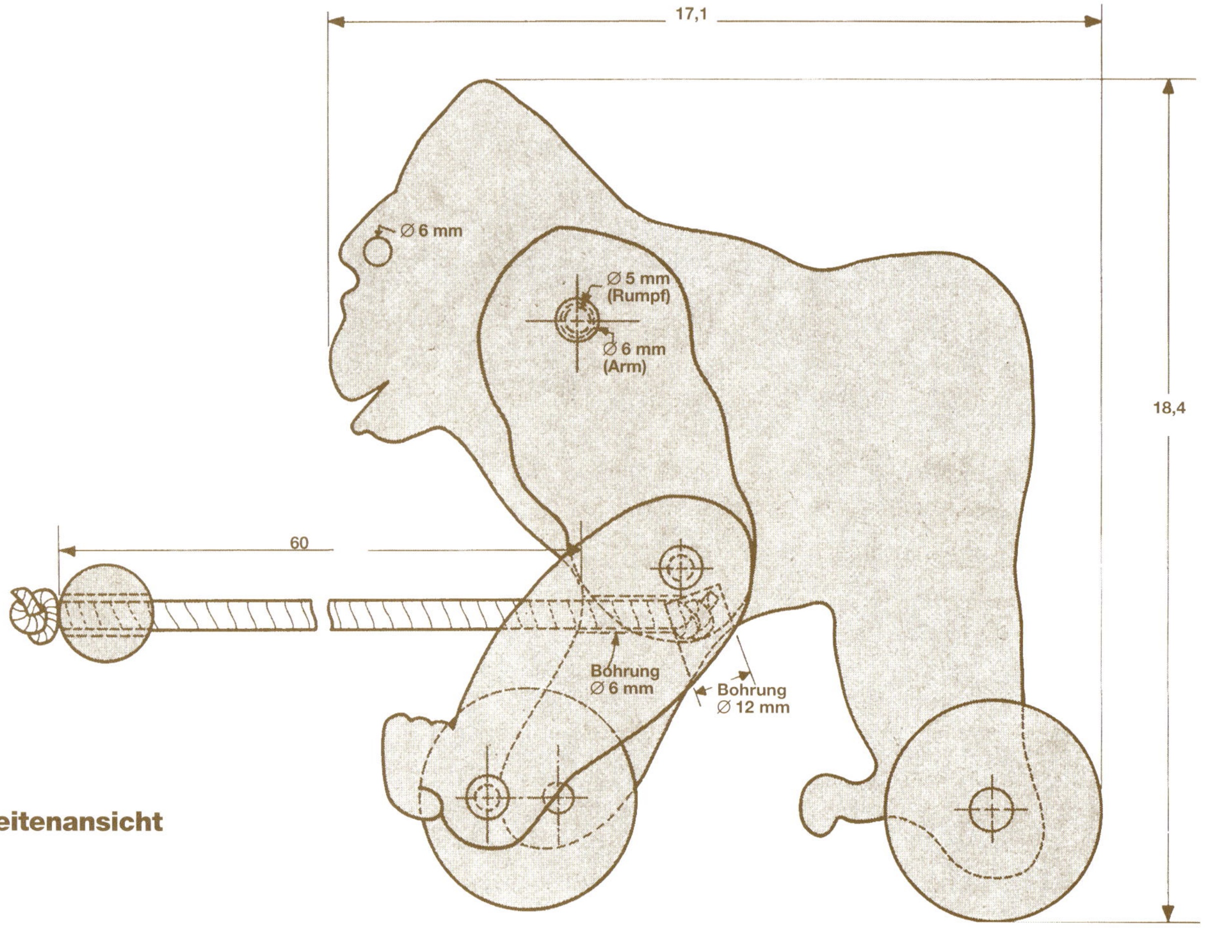

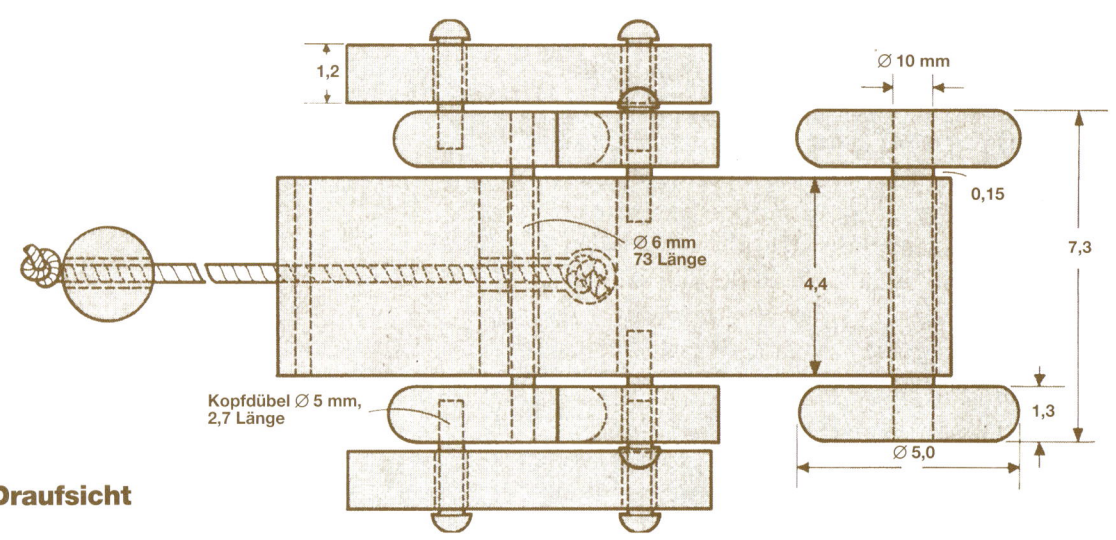

Seitenansicht

Draufsicht

Explosionsdarstellung

Materialliste

(Maße in cm, soweit nicht anders angegeben)

Teil	Benennung	Anzahl	Dicke	Breite oder ⌀	Länge
A	Rumpf	1	4,4	17,5	16,2
B	Oberarm	2	1,3	4,7	9,2
C	Unterarm	2	1,3	4,0	9,8
D	Auge	1		⌀ 6 mm	4,4
E	Hinterachse	1		⌀ 10 mm	7,3
F	Vorderachse	1		⌀ 6 mm	7,3
G	Kopfdübel	6		⌀ 6 mm	2,7
H	Rad	4	1,3	⌀ 5,0	
J	Schnur	1		⌀ 4–6 mm	65
K	Bommel	1		⌀ 22 mm	

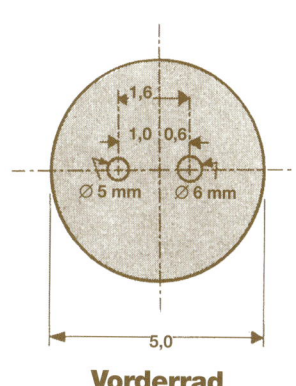

Vorderrad

Der Kolibri mit rubinfarbener Kehle

Ich denke, dieses Spielzeug ist wirklich verblüffend. Mit seinen leuchtenden Farben und schwirrenden Flügeln sieht es genauso aus wie sein lebendes Gegenstück. Es ist klein und zierlich, und ein kleines Kind wird mit der Empfindung eines Wunders erfüllt, nach dem wir Erwachsene uns so oft sehnen. Ich empfehle Kirschbaumholz für dieses Werkstück, weil es hart genug ist für die empfindlichen Teile und auch leicht genug, um den Flügeln ein freies Drehen zu ermöglichen

Der Rumpf

Zeichnen Sie die Umrisse des Körpers auf ein passendes Holzstück. Richten Sie die Enden des Werkstücks rechtwinklig zur Schnabellinie aus, um das Bohren des Schnabelloches auf dem Bohrtisch zu ermöglichen (s. Abb. 1). Bohren Sie die Augen-, Flügelachsen- und Radachsenlöcher. Verdübeln Sie das Augenloch mit Teil D, und schleifen Sie die Rückseite glatt, nachdem der Leim getrocknet ist (machen Sie sich nicht diese Mühe, wenn Sie vorhaben, den Kolibri farbig zu bemalen). Markieren Sie die Position des Schnabels an der Vorderseite des Holzblocks. Stellen Sie den Block auf die Hinterseite, und bohren Sie das Loch bis zur richtigen Tiefe. Kleben Sie dann den Schnabel (E) ein. Geben Sie nicht zuviel Leim in das Loch, sonst läßt sich der Rundstab nicht tief genug eintreiben. Schneiden Sie jetzt die Umrisse und den Schlitz für den Schwanz aus. Fertigen Sie den Schlitz mit Untermaß, damit der Schwanz stramm sitzt. Sägen Sie vorsichtig die Umrisse am Schnabel aus, ohne diesen dabei zu beschädigen. Bohren Sie die Löcher für die Zugschnur. Schleifen Sie vor mit 80er Körnung.

Es ist einfacher, die Rumpfseiten auszusägen, wenn das Werkstück auf dem „Rücken" liegt. Zeichnen Sie also die Draufsicht auf die Unterseite, und schneiden Sie sie mit der Bandsäge aus. Schleifen Sie die neuen Schnittstellen mit 80er Körnung.

Runden Sie die Kanten mit der Oberfräse, wo dies möglich ist; die restlichen Kanten runden Sie von Hand mit einer Raspel und Schleifpapier. Versuchen Sie, die „Nase" so zu bearbeiten, daß sie nahtlos in den Schnabel übergeht.

Schleifen Sie jetzt den Rumpf, und entfernen Sie dabei alle Riefen und Unebenheiten.

Flügel und Schwanz

Zeichnen Sie die Flügel (B) so auf, daß die Achsbohrungen auf dem Bohrständer ausgeführt werden können. Bohren Sie die Löcher mit Ø 6,5 mm (als Achse Rundholz Ø 6 mm), damit sie beim Eintreiben nicht reißen. Zeichnen Sie die Bohrung in der Breite und der Dicke sehr genau mittig an, sonst entstehen Schwachstellen, oder die Flügel werden sich nicht richtig drehen. Sägen Sie die Flügel mit der Bandsäge aus. Schleifen Sie die Teile, brechen Sie dabei die Kanten.

Zeichnen Sie den Schwanz mit von vorn nach hinten verlaufender Maserung, um den Schwanzfedern zusätzlichen Ausdruck zu verleihen. Schleifen Sie das

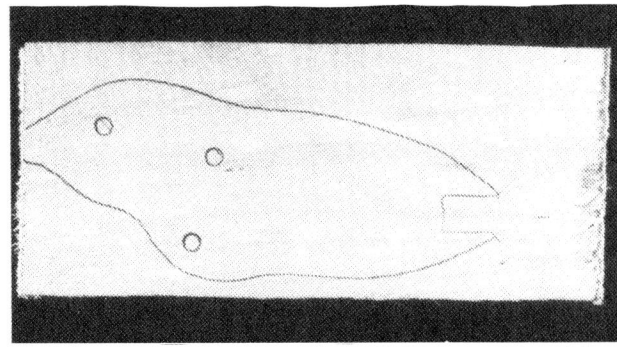

Abb. 1 Beim Aufzeichnen der Umrißlinien sollte der Schnabel rechtwinklig zu den beiden parallelen Hirnholzkanten liegen. So wird es möglich, das Loch für den Schnabel auf dem Bohrständer zu fertigen.

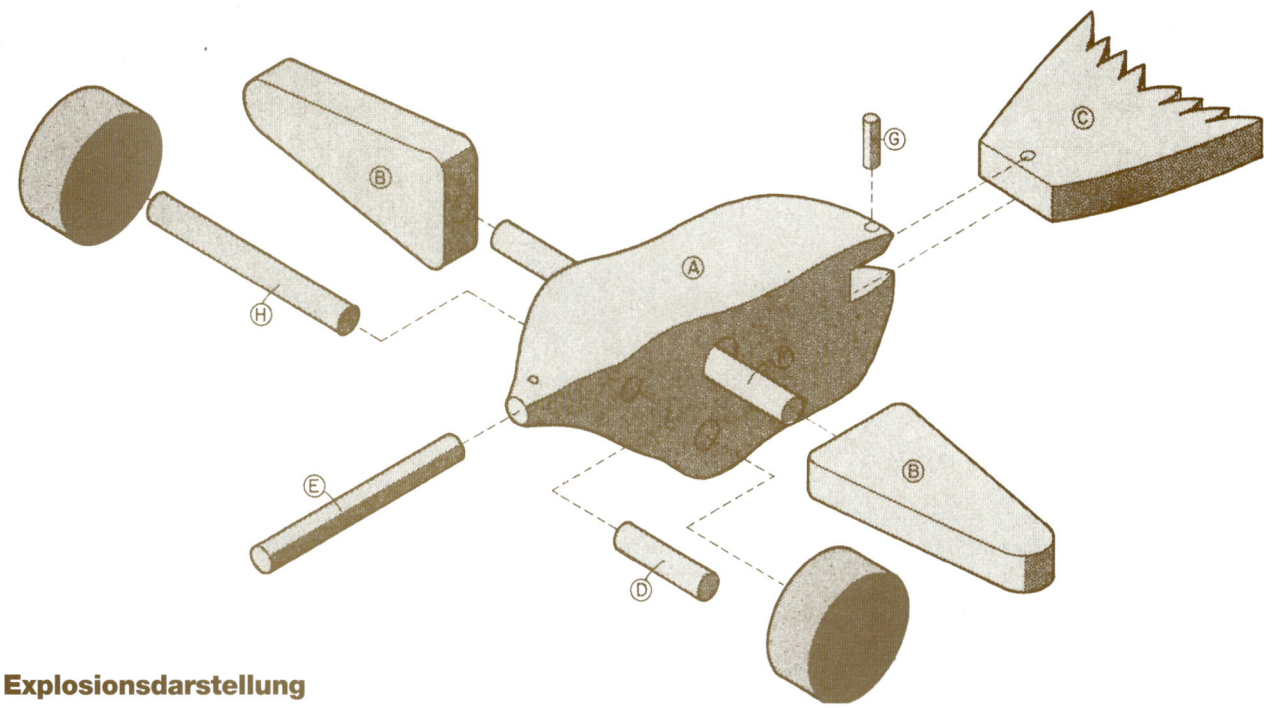

Explosionsdarstellung

Werkstück, und brechen Sie dabei die Kanten. Stecken Sie den Schwanz in den Schlitz. Wenn der Sitz zu eng ist, passen Sie ihn an, bis die Teile stramm zusammenpassen. Verleimen Sie dann die Verbindung. Wenn der Leim trocken ist, bohren Sie das Loch ⌀ 3 mm und leimen den 3-mm-Dübel (G) ein. Sägen bzw. schleifen Sie die Überstände ab. Nun sind der Körper und die Flügel bereit zum Bemalen.

Räder

Dies ist eins der Spielzeuge, bei denen Räder aus Fabrikherstellung nicht so gut funktionieren würden wie selbstgefertigte. Die Drehung der Flügel beruht auf der Reibung zwischen Flügelachse und Radlauffläche. Ein handgemachtes Rad mit seiner flachen Lauffläche funktioniert besser als die gerundete Oberfläche eines gekauften Rades. Fertigen Sie also 2 Räder (s. Werkstoffe und Werkzeuge, S. 31).

Bemalung

Wenn Sie den Kolibri bemalen wollen, ist dies vor dem Zusammenbau erheblich einfacher. Beim Bemalen der Flügel müssen Sie darauf achten, daß keine Farbe in die Bohrungen gelangt, das würde die Verbindung schwächen. Die Flügelachse (F) und die Laufflächen der Räder (J) sollten nicht bemalt werden, da die Reibung des Antriebs dadurch beeinträchtigt würde.

Materialliste

(Maße in cm, soweit nicht anders angegeben)

Teil	Benennung	Anzahl	Dicke	Breite oder ⌀	Länge
A	Rumpf	1	3,2	5,1	11,7
B	Flügel	2	1,0	3,2	6,4
C	Schwanz	1	1,0	5,4	5,1
D	Auge	1	⌀ 6 mm	3,2	
E	Schnabel	1	⌀ 6 mm	6,0	
F	Flügelachse	1	⌀ 6 mm	9,2	
G	Schwanzdübel	1	⌀ 3 mm	2,5	
H	Radachse	1	⌀ 6 mm	6,4	
J	Räder	2	⌀ 3,2	1,3	
K	Zugschnur	1	ca. 50		
L	Knopf	1	⌀ 20 mm	2,0	

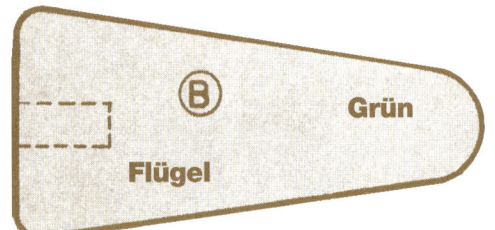

Zusammenbau

Verleimen Sie Räder und Achse (J, H) miteinander. Schleifen Sie vorsichtig die Achsenden ab. Kleben Sie die Flügel auf die im Rumpf steckende Achse (F). Geben Sie nicht zuviel Leim in die Bohrungen, sonst lassen sich die Flügel nicht weit genug auf die Achse schieben. Befestigen Sie die Flügel im rechten Winkel zueinander (s. Draufsicht). Nachdem der Leim getrocknet ist, ölen Sie das Werkstück ein, wenn Sie es nicht farbig bemalt haben. Befestigen Sie dann die Zugschnur. Wenn Sie keinen passenden Knopf für die dünne Schnur des Kolibris finden, fertigen Sie selbst einen aus einem 20 mm langen Abschnitt eines ∅ 20-mm-Dübels. Bohren Sie ein Loch ∅ 10 mm in ein Ende, und mit ∅ 3,5 mm bohren Sie durch. Schleifen Sie die beiden Enden, und runden Sie dabei die Schnittkanten von Hand. Ölen Sie den Knopf vor dem Zusammenbau. Führen Sie die Zugschnur durch das kleinere Loch, und verknoten Sie sie mehrfach, so daß die Schnur nicht mehr herausrutschen kann... Fertig – ein zierlicher kleiner Geselle!!

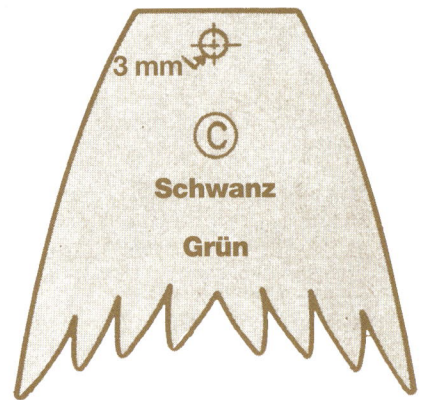

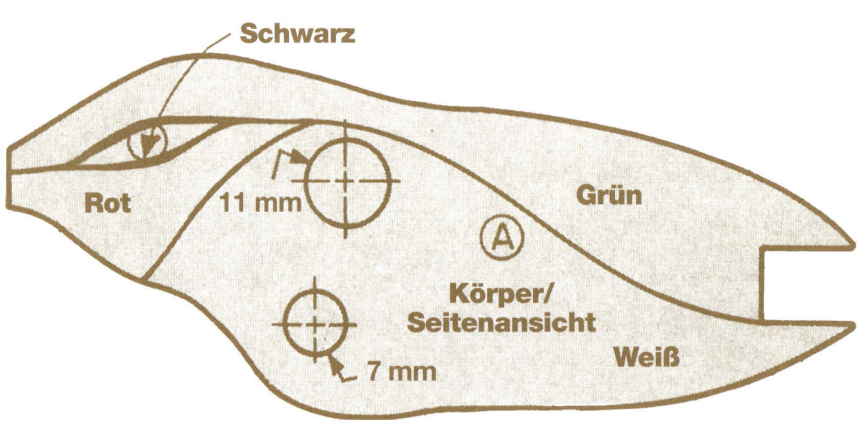

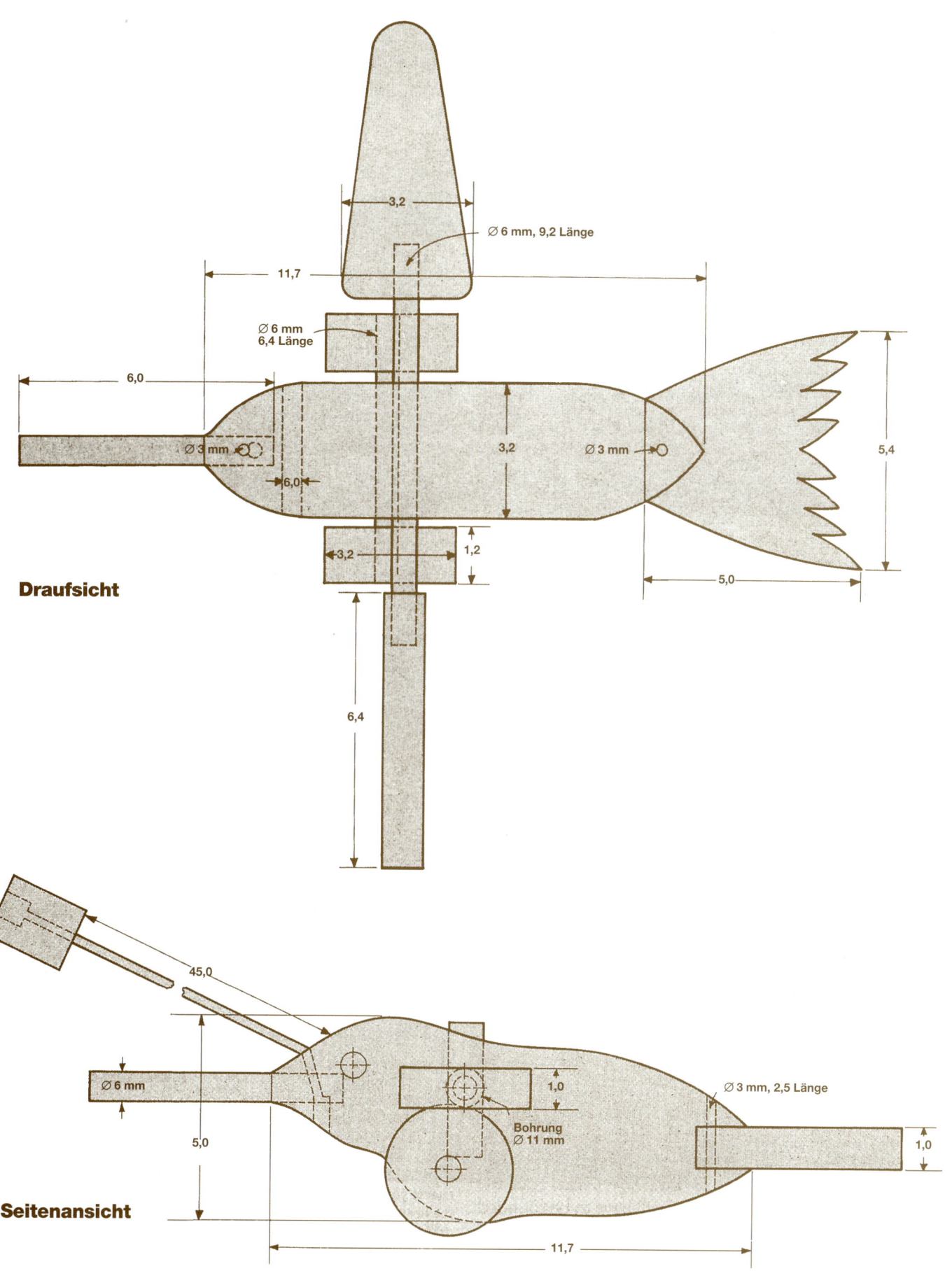

Der neugierige Tukan

Der Tukan öffnet und schließt seinen riesigen Schnabel fast lautlos, während er umhergezogen wird. Er ist recht einfach herzustellen, wirkt aber trotzdem sehr originell.
Ich schlage vor, den Körper aus schwerem Holz zu fertigen, wogegen der Schnabel so leicht wie möglich sein sollte, damit er sich trotz seiner Größe leicht öffnet.

Der Rumpf

Zeichen Sie den Rumpf (A) so auf, daß die Innenkante der auszuarbeitenden Nut parallel zu einer der gehobelten Seitenkanten des Brettes liegt. Diese Kante dient als Anschlag, um mit Hilfe einer Wanknutsäge oder mit mehreren Schnitten auf der Tischkreissäge die Nut zu fertigen. Zeichnen Sie eine gerade Mittellinie, um den Stößel (F) richtig zu positionieren, der später den Schnabel öffnen soll (s. Abb. 1). Bohren Sie die Löcher für die Achs- und Augendübel. Schneiden Sie den Schlitz für die Antriebsnocke mit mehreren Schnitten auf der Tischkreissäge oder mit einer Wanknuteinrichtung. Danach sägen Sie den Rumpf mit der Bandsäge aus. Der Tisch der Bandsäge muß genau waagerecht eingestellt sein, damit der Rumpf beim Bohren des Stößellochs genau senkrecht auf dem Bohrtisch steht. Stellen Sie den Tukan auf den Schwanz, und bohren Sie das Loch für die Zugschnur in die Brust. Um die Bohrung für den Stößel (F) fertigen zu können, unterlegen Sie den Rumpf und kontrollieren mit einem Anschlagwinkel, ob die aufgezeichnete Mittellinie genau senkrecht verläuft (s. Abb. 2). Zentrieren Sie den Bohrer sorgfältig, und bohren Sie das Loch ganz durch (s. Abb. 3). Schleifen Sie die Seiten- und Schnittflächen. Runden Sie die Außenkanten mit einem Fräser, und schleifen Sie die Fräskante von Hand nach.

Der Schnabel

Schneiden Sie die Schnabelseitenteile (C) aus. Legen Sie beide Teile zum Bohren der Löcher ⌀ 6 mm übereinander, damit diese deckungsgleich werden. Schneiden Sie das 4,7 cm breite Mittelstück (B) aus, wobei der Tisch der Säge genau waagerecht eingestellt sein muß. Kleben Sie die Schnabelteile mit Hilfe der Vorrichtung, die für den Kopf des Nilpferds angefertigt wurde (s. allgemeine Hinweise, S. 24, Abb. 24–26), zusammen.

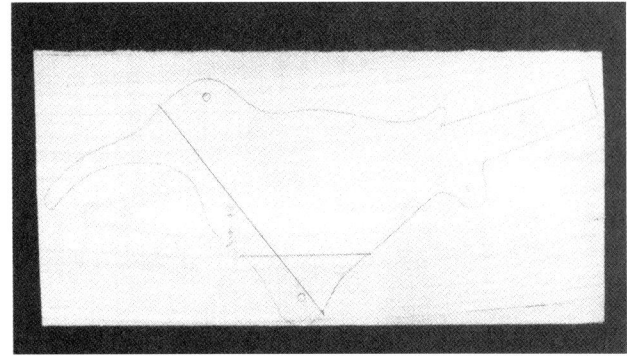

Abb. 1 Zeichnen Sie die Umrisse so auf, daß der Nutgrund parallel zu einer gehobelten Brettkante liegt. Dadurch wird es möglich, die Nut mit der Tischkreissäge zu fertigen. Zeichnen Sie auch die Achslinie für den Stößel auf, damit das Werkzeug auf dem Bohrtisch möglichst exakt ausgerichtet werden kann.

Wenn der Leim trocken ist, egalisieren Sie die Kanten mit der Säge, wenn erforderlich. Schleifen Sie den Schnabel, und runden Sie die Kanten. Schaffen Sie gleichmäßige Übergänge am Schnabelprofil.

Die Bemalung

Übertragen Sie die Grenzlinien der Farbflächen auf Schnabel und Rumpf, und bemalen Sie beide. Sie können die Augendübel vorerst schwarz anmalen und nach dem Zusammenbau die andere Farbe auftragen. Lassen Sie keine Farbe in die Dübellöcher oder auf die Dübelschäfte gelangen, denn die Festigkeit der Verleimung leidet sonst darunter. Streichen Sie weder die Lauffläche der Nocke noch die Enden des Stößels, sonst funktioniert der Bewegungsablauf nicht optimal.

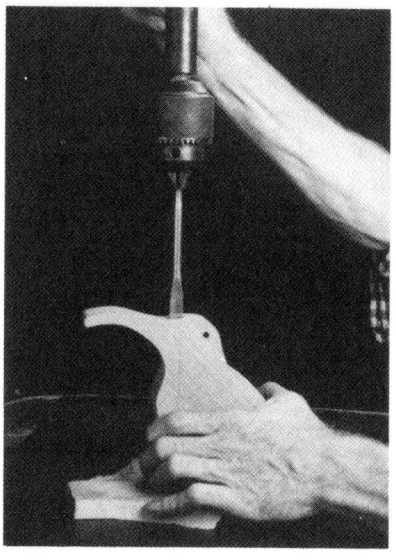

Abb. 3 Halten Sie das Teil zum Fertigen der Stößelbohrung sicher fest. Wenn Sie das Teil festspannen wollen, setzen Sie die Zwingen sehr vorsichtig an.

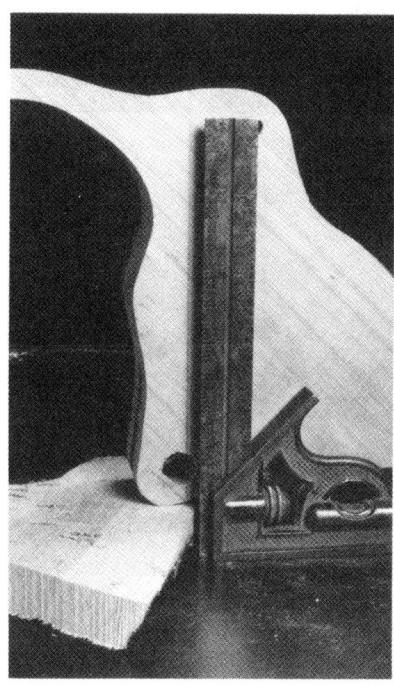

Abb. 2 Verwenden Sie ein passendes Abfallstück als Unterlage und einen Anschlagwinkel, um das Werkstück auf dem Bohrtisch auszurichten.

Zusammenbau

Fertigen Sie ein Rad von Ø 2,5 cm als Nocke (D). Verdübeln Sie das mittige Loch und lassen den Leim trocknen. Verwenden Sie einen Holzbohrer (mit Zentrumspitze) oder einen Forstnerbohrer, um das Splittern der Nocke zu vermeiden, und bohren Sie das außermittige Achsloch. Schneiden Sie die Vorderachse etwas zu lang ab. Stecken Sie die Achse durch den Rumpf und die in der Nut positionierte Nocke. Legen Sie den Tukan mit dem Rücken auf den Bohrtisch, die Nocke genau auf der Achsmitte sitzend, und bohren Sie das 3-mm-Loch für den Befestigungsdübel durch die schmale Nockenseite. Schneiden Sie den Dübel auf Länge, und kleben Sie ihn mit wenig Leim ein. Wischen Sie herausgequollenen Leim ab. Kleben Sie nun die Vorder- und Hinterräder auf die Achsen. Wenn der Leim trocken ist, schleifen Sie die Naben glatt ab. Schneiden Sie den Dübel zum Befestigen der Zugschnur auf Länge (s. allgemeine Hinweise, S. 13, Abb. 8). Geben Sie Leim auf das Ende der Zugschnur und in die dafür vorgesehene Bohrung. Stecken Sie das Schnurende in die Bohrung (nicht mehr Schnur als die Tiefe des Lochs). Treiben Sie den Dübel hinein; dabei soll die Schnur nicht mehr weiter ins Loch rutschen. Wenn die Schnur anschließend doch in die Stößelbohrung hineinragt, entfernen Sie das überstehende Ende. Befestigen Sie den Schnabel am Kopf, wenn erforderlich, verwenden Sie die Abstandslehre (s. allgemeine Hinweise, S. 23, Abb. 22). Befestigen Sie den Bommel (P) – geölt oder bemalt – an dem anderen Schnurende. Bei geschlossenem Schnabel ermitteln Sie von der Rückseite aus den Abstand zwischen der Schnabelinnenseite und der Stößelbohrung (s. Abb. 4). Der Abstand wird zwischen 0 und 10 mm liegen. Schieben Sie bei geöffnetem Schnabel einen 10-mm-Rundstab in die Stößelbohrung. Bringen Sie die Nocke in die untere Stellung, und markieren Sie den Rundstab unter Zugabe des Schnabelabstands. Schneiden Sie den Stößel jetzt auf Länge (s. Abb. 5).

Runden Sie beide Enden (s. allgemeine Hinweise, S. 18, Abb. 18). Dieses Teil kann sowohl bemalt als auch geölt werden; dann stecken Sie es in die Bohrung. (Bemalen Sie nicht die Enden des Stößels, sonst entsteht zuviel Reibung.)

Jetzt ist es soweit – Sie können, ohne ihn zu hören, Ihren Tukan beobachten, wie er quasselnd herumläuft.

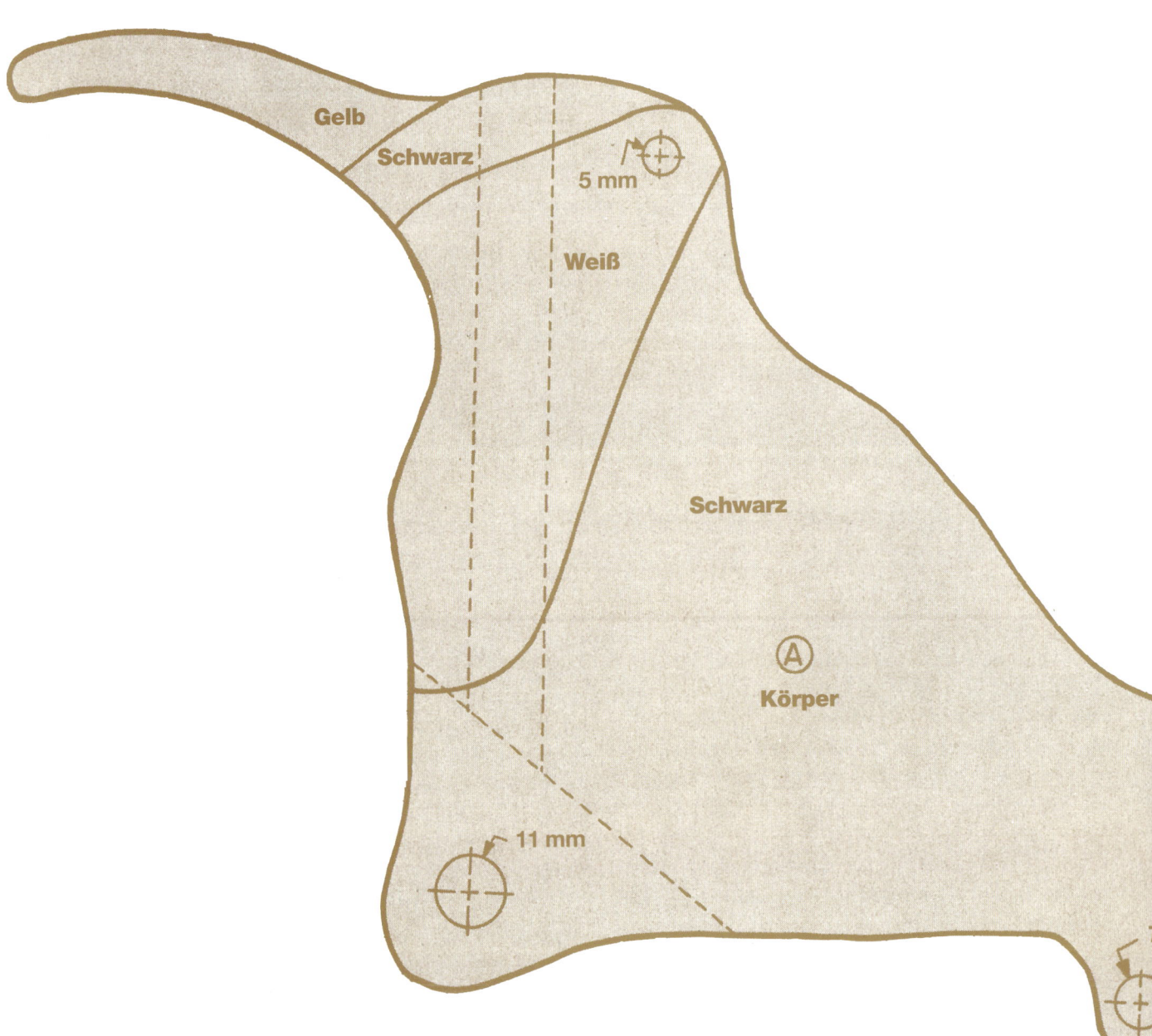

Abb. 4 Kontrollieren Sie den Abstand zwischen dem oberen Stößelende und der Schnabelinnenkante bei geschlossenem Schnabel von der Rückseite aus.

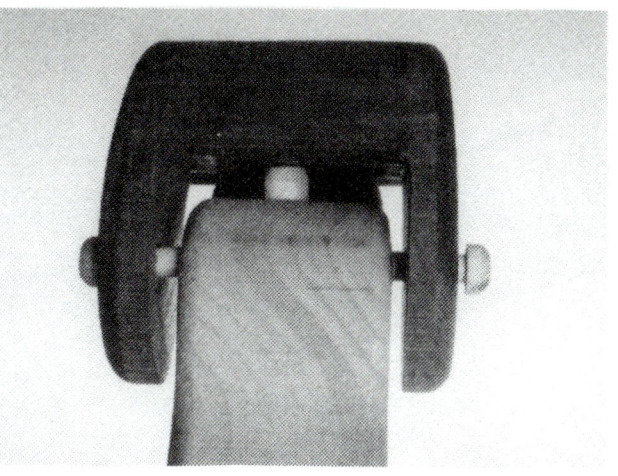

Abb. 5 Dies ist die richtige Lage des oberen Stößelendes, wenn die Nocke sich in ihrem Tiefpunkt befindet.

B Schnabel/Mittelteil

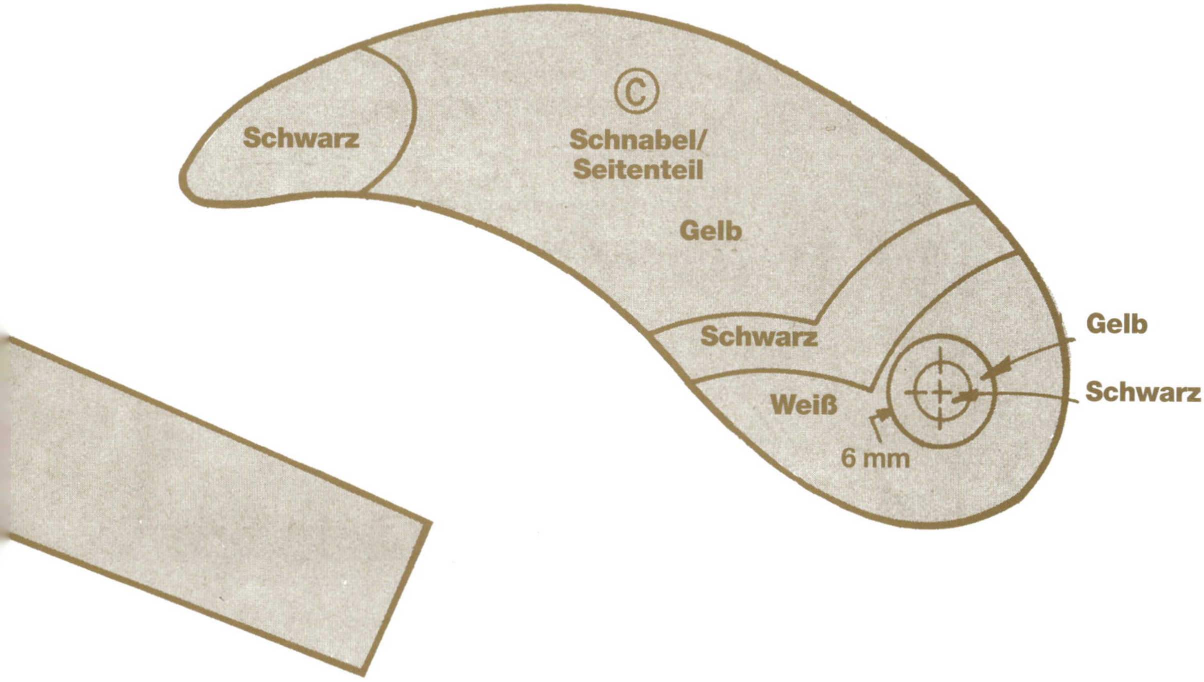

C Schnabel/Seitenteil

Schwarz

Gelb

Schwarz

Weiß

Gelb

Schwarz

6 mm

Materialliste

(Maße in cm, soweit nicht anders angegeben)

Teil	Benennung	Anzahl	Dicke	Breite oder ⌀	Länge
A	Rumpf	1	4,4	13,0	31,7
B	Schnabelmittelteil	1	4,7	2,9	11,4
C	Schnabelseitenteil	2	1,3	5,1	12,3
D	Nocke	1	1,0	⌀ 2,5	
E	Vorderachse	1		⌀ 10 mm	8,0
F	Stößel	1		⌀ 10 mm	12,3
G	Hinterachse	1		⌀ 6 mm	7,3
H	Befestigungsdübel	1		⌀ 3 mm	2,5
J	Kopfdübel	2		⌀ 5 mm	2,7
K	Kopfdübel f. Schnur	1		⌀ 5 mm	1,0
L	Vorderrad	2	1,6	⌀ 6,0	
M	Hinterrad	2	1,3	⌀ 3,0	
N	Zugschnur	1		⌀ 6 mm	65
P	Bommel	1		⌀ 22 mm	

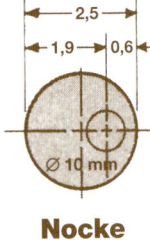

Nocke

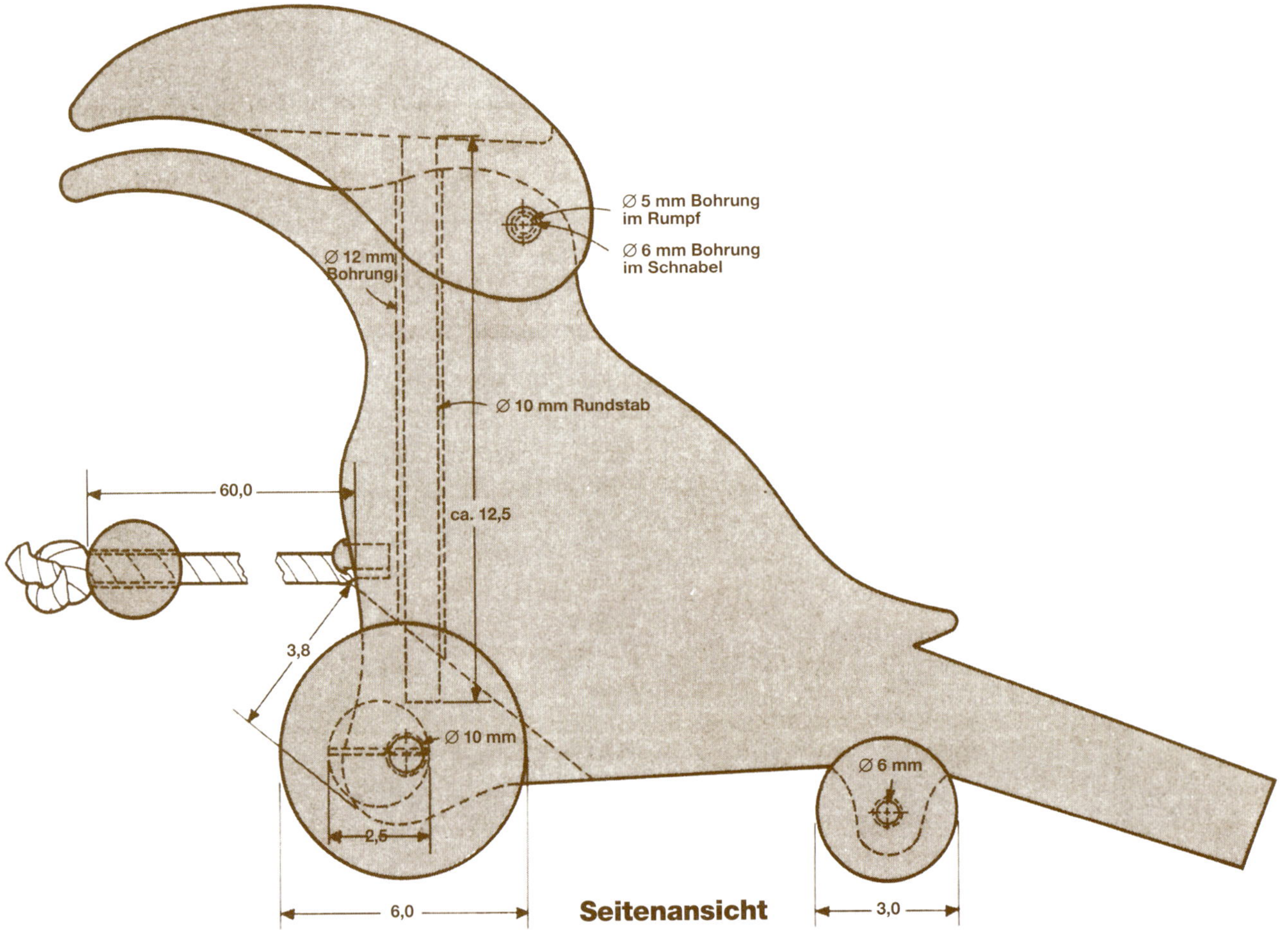

Seitenansicht

Explosionsdarstellung

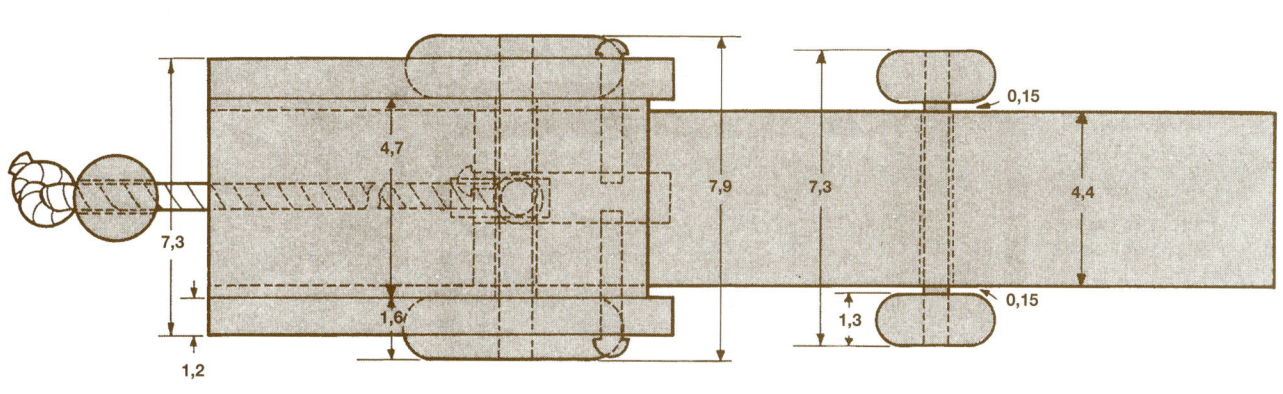

Draufsicht

71

Die watschelnde Ente

Die Ente führt einen aus 2 Bewegungen zusammengesetzten Watschelgang aus. Die Hinterräder sitzen exzentrisch auf der Achse, um 180° versetzt, so daß die Ente von einer zur anderen Seite wankt. Die zweite Bewegung wird durch die 12-mm-Dübel auf der Radinnenseite erzeugt, die die Füße mit ihren Schwimmhäuten einzeln nach vorne „kicken". Der kombinierte Effekt ist ein reizendes Watscheln.

Der Rumpf

Es besteht beim Rumpf keine besondere Anforderung an die Härte des Materials, also kann hierfür auch weicheres Holz wie z.B. Pappel benutzt werden. Übertragen Sie den Umriß (A) auf ein passendes Stück Holz. Bohren Sie die Augen-, Achsen- und Dübellöcher. Schneiden Sie den Augendübel (D) mit etwas Übermaß ab. Kleben Sie ihn mit beidseitigem Überstand ein, und schleifen Sie ihn nach dem Trocknen des Leims glatt zur Oberfläche des Rumpfs ab.

Schneiden Sie den Rumpf mit der Bandsäge aus. Um die große Aussparung für das Vorderrad zu fertigen, legen Sie den Rumpf unter dem richtigen Winkel auf den Bohrtisch und bohren die 2 Löcher. Spannen Sie das Teil mit Zwingen und Holzunterlagen fest. Wenn Sie mit einem Spiral- oder Forstnerbohrer arbeiten, können beide Löcher nacheinander auf volle Tiefe gebohrt werden. Wird mit einem Flachbohrer gearbeitet, darf das zweite Loch nur so tief gebohrt werden, daß der Bohrer nicht in das erste Loch durchbricht. Der Bohrer würde sich sonst darin verhaken. Arbeiten Sie in diesem Fall die Öffnung mit dem Stechbeitel auf volle Tiefe aus. Der Steg zwischen den beiden Bohrungen muß in jedem Fall mit dem Stechbeitel entfernt werden. Glätten Sie die Innenkanten der Öffnung, runden Sie die Kanten mit einer Raspel, und schleifen Sie alles glatt. Bohren Sie nun die Löcher für die Zugschnur, zuerst das 12-mm-Loch im Nacken, dann von der Brustseite mit 6 mm, bis Sie auf die 12-mm-Bohrung treffen. Schleifen Sie den Rumpf allseitig. Runden Sie die Kanten mit der Fräse, mit Ausnahme der Stelle um die Öffnung für das Vorderrad.

Abb. 1 u. 2 Die Beine können mit einer Feinsäge ausgeschnitten werden, wenn Ihnen diese Arbeit mit der Bandsäge zu schwierig ist.

Die Beine

Die Beine sollten aus einem harten Holz gefertigt werden, damit die Füße mit den Schwimmhäuten nicht ausbrechen. Übertragen Sie die Umrisse der Beine (B, C) auf 2 Holzstücke. Bohren Sie die 6-mm-Löcher in die Beine. Wenn Ihnen die folgende Beschreibung für das Ausschneiden der Füße mit der Bandsäge zu kompliziert oder gefährlich erscheint, können die Teile, wie in Abb. 1 und 2 gezeigt, auch mit der Feinsäge bearbeitet werden.

Befestigen Sie den Parallelanschlag der Bandsäge 19 mm links vom Sägeblatt, um den oberen Bereich der Beine auszusägen. Stellen Sie die obere Führung auf ca. 75 mm Durchlaß ein. Legen Sie das Bein mit dem Oberschenkel flach auf den Sägetisch, den Fuß nach oben weisend (s. Abb. 3). Drücken Sie den Fuß während der gesamten Bearbeitung sicher gegen den Anschlag. Sägen Sie bis zum ersten Knick des Beins ein. Drehen Sie das Bein, so daß der abgeknickte Teil flach auf dem Tisch liegt (s. Abb. 4). Sägen Sie bis zum nächsten Knick, drehen Sie das Bein nochmals, bis der Fuß flach auf dem Tisch liegt, und sägen Sie bis zur Fußkante ein (s. Abb. 5). Ziehen Sie nun das Teil sehr vorsichtig rückwärts vom Sägeblatt ab. Verstellen Sie den Parallelanschlag so, daß das rechte Bein auf die Breite von 19 mm zugeschnitten werden kann. Wiederholen Sie die Schnittfolge für den oberen Teil des rechten Beins.

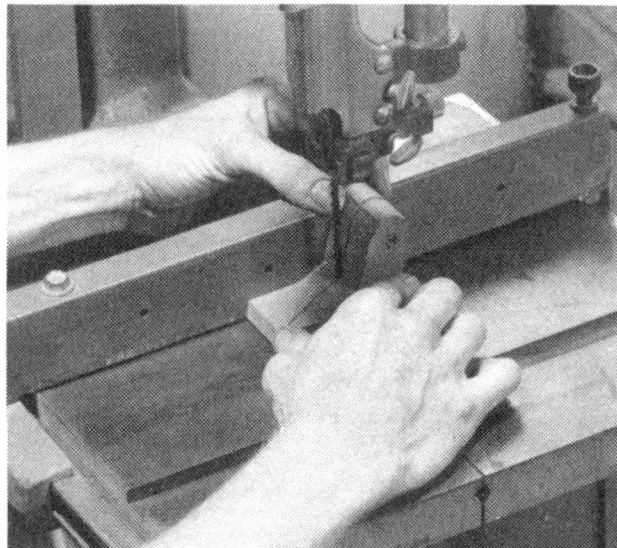

Abb. 4 u. 5 Drehen Sie vorsichtig das Bein bei jeder Ecke, so daß die Rückseite stets flach auf dem Sägetisch liegt.

Zeichnen Sie die Draufsicht auf beide Füße. Entfernen Sie den Parallelanschlag. Schneiden Sie die Außenkante der Füße und die Schwimmhäute aus. Verwenden Sie dazu ein 3-mm-Sägeblatt auf der Bandsäge oder die Dekupiersäge. Schleifen Sie die Beine allseitig glatt; für die Rundungen der Schwimmhäute wickeln Sie Schleifpapier um einen Dübel.

Abb. 3 Um den Oberschenkel des linken Beins auszuschneiden, stellen Sie den Parallelanschlag 19 mm links vom Sägeblatt ein und legen das Bein mit der Rückseite nach unten auf den Sägetisch, wobei der Fuß nach oben weist.

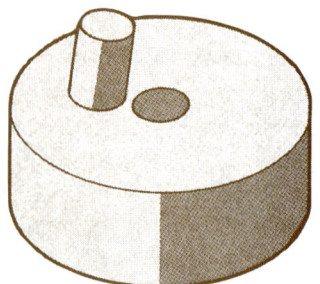
falsch

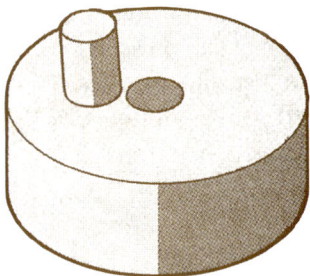
falsch

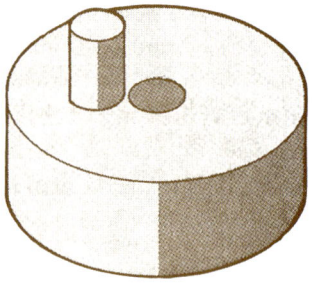
richtig

Abb. 6 Achten Sie darauf, daß der ⌀ 12-mm-Dübel genau rechtwinklig zur Radfläche eingeklebt wird.

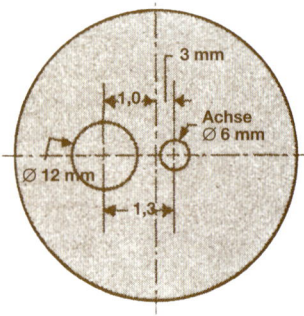
Hinterrad

Die Räder

Das Vorderrad kann auf 2 verschiedene Weisen hergestellt werden:

- Kleben Sie 2 fertig gekaufte Räder ⌀ 30 × 10 mm zusammen, indem Sie einen Dübel zur Zentrierung durchstecken. Der Dübel darf dabei nicht in der Bohrung festkleben!
- Fertigen Sie selbst ein Rad aus 1,9 cm dickem Hartholz, entweder mit einer Lochsäge oder auf der Drechselbank.

In beiden Fällen muß die Achsbohrung auf ⌀ 7 mm aufgebohrt werden. Zur Vorbereitung der Hinterräder verdübeln Sie die mittigen Achsbohrungen. Bohren Sie die 12-mm-Löcher für die Antriebsnocken und die exzentrischen 6-mm-Achslöcher, und kleben Sie die Antriebsnocken senkrecht zur Radfläche in die Bohrungen auf der Radinnenseite (s. Abb. 6).

Zusammenbau

Spannen Sie den Rumpf im Schraubstock so ein, daß die Vorderradöffnung oben liegt. Geben Sie ein wenig Leim in die auf der hinteren Seite liegende 6-mm-Achsbohrung. Treiben Sie die etwas zu lang zugeschnittene Achse durch das vordere Achsloch und durch das Rad. Geben Sie nur wenig Leim auf das vorn überstehende Achsende, und treiben Sie die Achse mit beidseitigem Überstand ein. Lassen Sie den Leim trocknen, und schleifen Sie dann die Achsenden glatt.

Kleben Sie die beiden Stopperdübel (K) ein. Danach befestigen Sie die beiden Beine mit Hilfe der Abstandslehre (s. allgemeine Hinweise, S. 23, Abb. 22). Kleben Sie die Hinterachse in eines der Räder, die 12-mm-Nocke nach innen weisend. Stecken Sie die Achse durch den Rumpf. Geben Sie Leim in die Achsbohrung des zweiten Rades. Befestigen Sie das Rad so auf der Achse, daß die Antriebsnocken um 180° versetzt sind (einer oben, der andere unten).

Schleifen Sie, nachdem der Leim getrocknet ist, die Naben glatt ab. Ölen Sie die Ente ein, und befestigen Sie die Zugschnur. Jetzt ist Ihre Ente bereit, brav durch die Phantasie eines beglückten Kindes zu watscheln!

Seitenansicht

Draufsicht

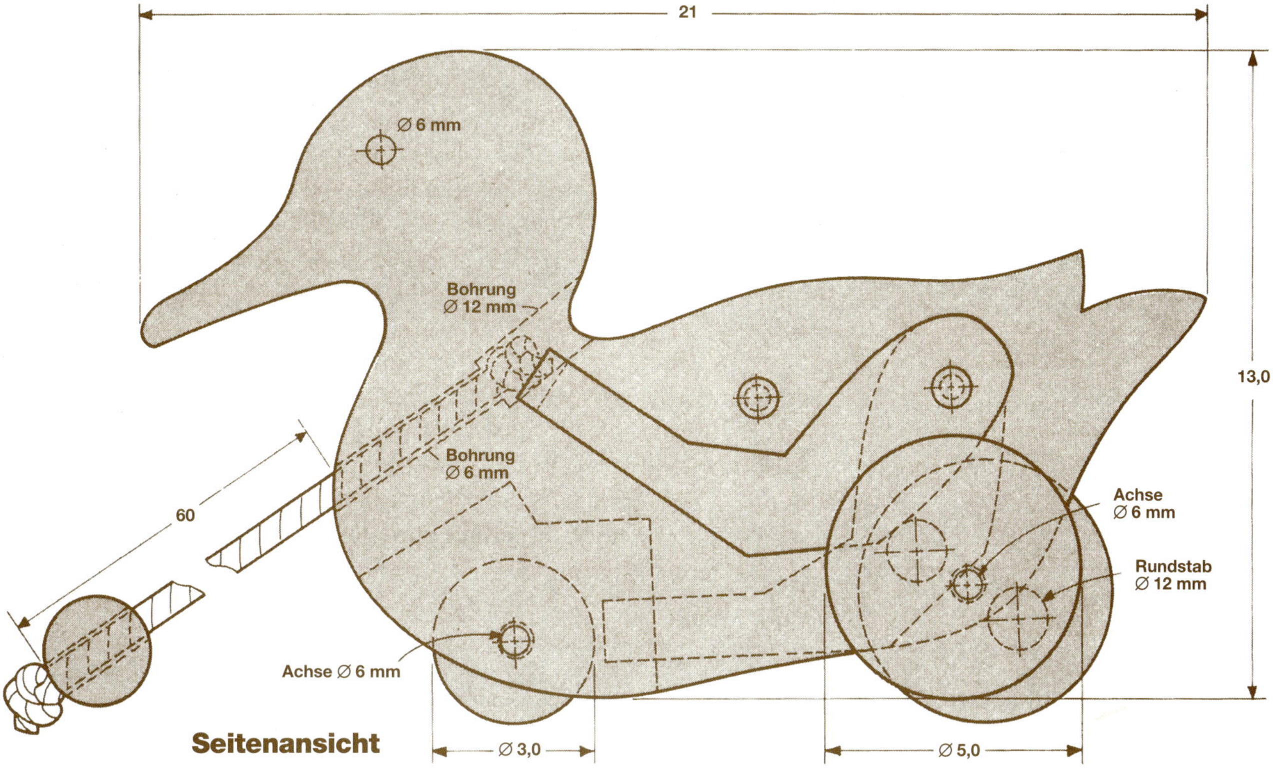

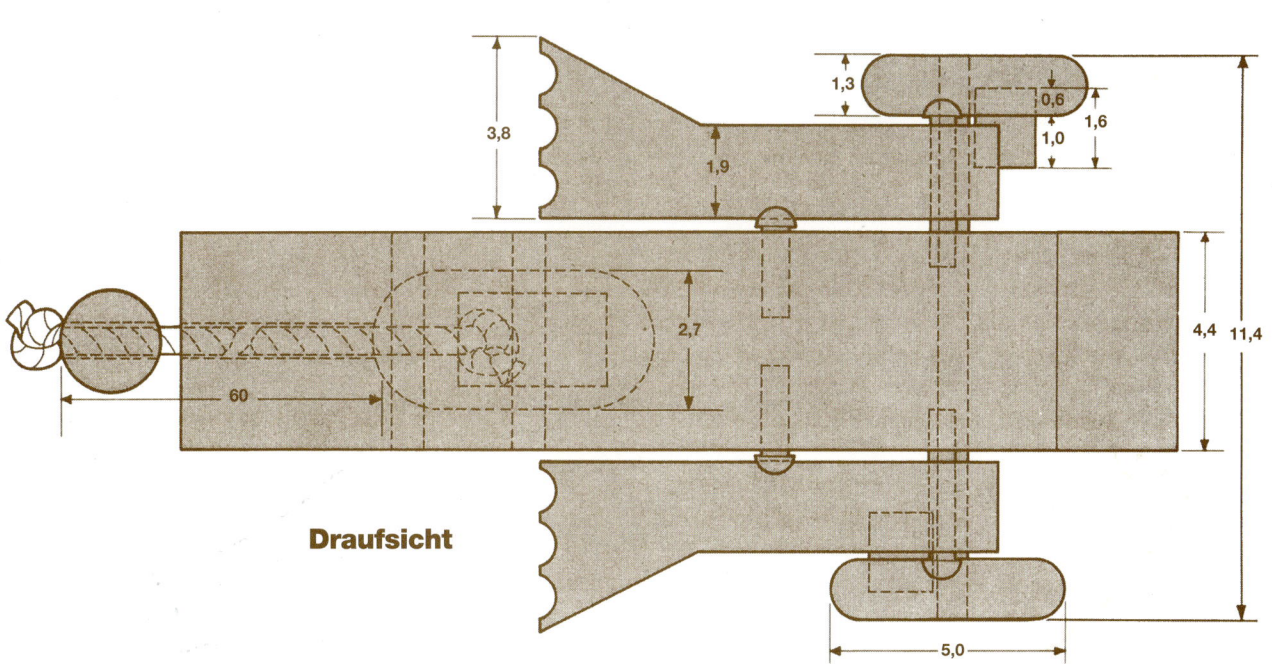

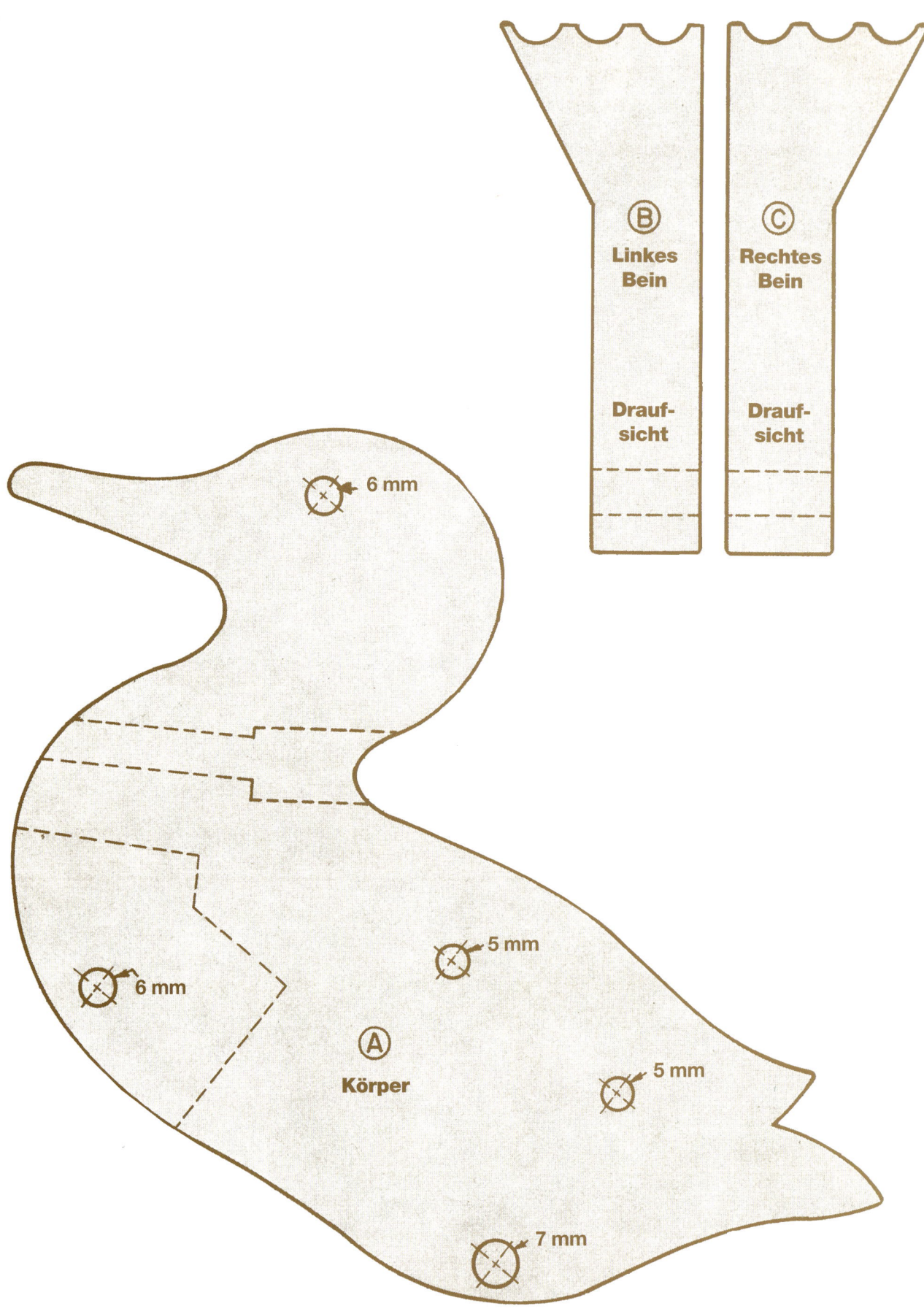

F
K
D
L
C
E
A
L
B
K
H
G
J
G

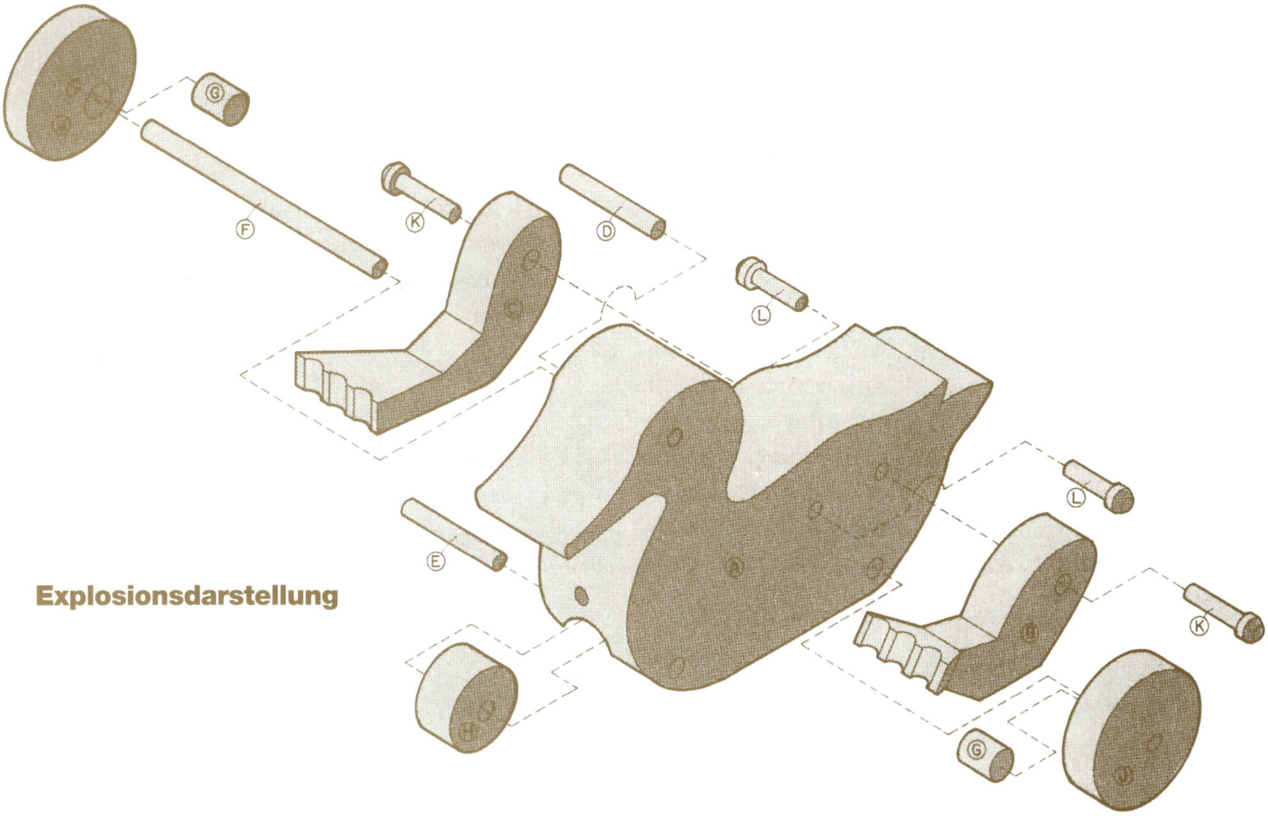

Explosionsdarstellung

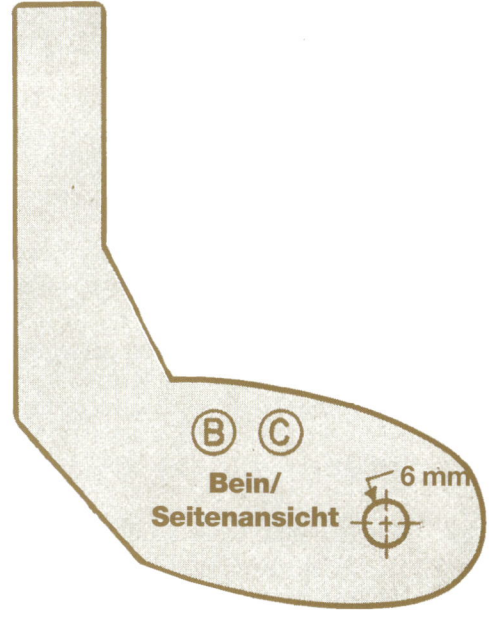

B C
Bein/
Seitenansicht
6 mm

Materialliste

(Maße in cm, soweit nicht anders angegeben)

Teil	Benennung	Anzahl	Dicke	Breite oder ∅	Länge
A	Rumpf	1	4,4	13,0	20,6
B	Bein, links	1	4,4	5,1	10,2
C	Bein, rechts	1	4,4	5,1	10,2
D	Auge	1		∅ 6 mm	4,4
E	Vorderachse	1		∅ 6 mm	4,4
F	Hinterachse	1		∅ 6 mm	11,4
G	Antriebsnocke	2		∅ 12 mm	1,6
H	Vorderrad	1	1,9	∅ 3,2	
J	Hinterrad	2	1,2	∅ 5,0	
K	Kopfdübel (Stopper)	2		∅ 5 mm	1,9
L	Kopfdübel	2		∅ 5 mm	2,8
M	Zugschnur	1		∅ 6 mm	65
N	Bommel	1		∅ 22 mm	

Die schreckhafte Schildkröfte

Dies ist einer meiner ersten Entwürfe, der mir zudem am besten von allen gefällt. Dem Aussehen nach scheint es ein ziemlich kompliziert aufgebautes Spielzeug zu sein, und in der Tat muß man für die Herstellung einiges an Zeit und Geduld aufbringen. Der einfache Antriebsmechanismus und der solide Aufbau garantieren aber auch, daß dieses Spielzeug Ihnen und Ihren Kindern lange Freude bereiten wird. Es wird bei vielen Kindern Begeisterung auslösen. Die Schildkröte wurde so stabil ausgelegt, daß kleine Kinder sogar auf ihr reiten können!

Die Teile für den Panzer

Bei der Auswahl des Materials für den Panzer sollten Sie daran denken, daß die Herstellung einige Arbeit erfordert – wählen Sie also etwas Besonderes. Durch die facettenartigen Flächen des Panzers wird die Maserung sehr schön hervorgehoben.

Zeichnen Sie den Umriß des Panzers (A) so auf, daß die Maserung in Längsrichtung verläuft. Denken Sie daran, daß die markierte Seite später zur Unterseite wird. Stellen Sie den Tisch der Bandsäge auf 40° Schnittwinkel ein. Schneiden Sie den Panzer sehr sorgfältig aus, folgen Sie exakt den aufgezeichneten Linien. Sägen Sie möglichst gerade, sonst wird der achteckige Umriß zu ungenau, nachdem die Unebenheiten glattgeschliffen sind.

Die beiden nächsten Schritte sind die schwierigsten, gehen Sie deshalb besonders sorgfältig vor. Zeichnen Sie die Umrisse für die Kopf- und Schwanzöffnungen auf den Panzer. Lassen Sie den Bandsägentisch auf 40° Neigung eingestellt, und verwenden Sie ein scharfes Sägeblatt (s. Abb. 1, 2, 3). Der komplizierteste Teil der Schnitte ist die zweite Hälfte, vom

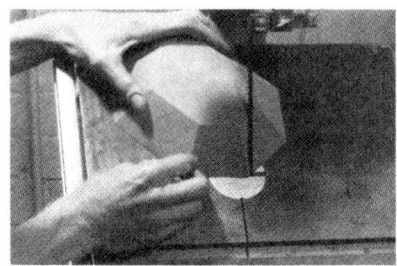
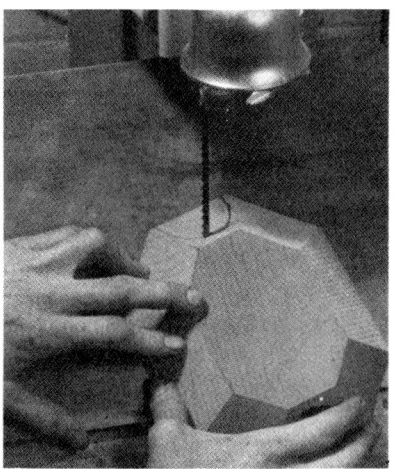
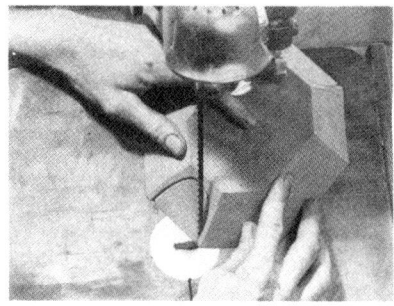

Abb. 1, 2 u. 3 Dieser Schnitt ist schwierig auszuführen. Verwenden Sie ein scharfes Sägeblatt, und nehmen Sie sich Zeit. Wenn Sie den höchsten Punkt des Bogens erreichen, achten Sie auf den weiteren Schnittverlauf. Es besteht die Gefahr, daß das Blatt aus der Richtung wandert.

Scheitelpunkt der Rundung bis zum Ende des Schnittverlaufs. Der Schnitt sollte in einem Arbeitsgang erfolgen, also muß der Panzer dabei so gedreht werden, daß er zum Schluß hinter dem Sägeblatt liegt. Man sollte diesen Vorgang an einem Abfallstück üben.

Der nächste Arbeitsgang besteht im Glattschleifen aller Panzerflächen, die Ober- und Unterseite eingeschlossen. Nehmen Sie sich Zeit dafür; kontrollieren Sie zwischendurch mehrfach, ob die Flächen nicht bereits über die Schnittlinien hinaus abgearbeitet wurden. Schleifen Sie langsam, mit leichtem Druck, zunächst mit grobem (80er oder 100er) Schleifpapier. Die vordere und hintere Fläche, wo sich die Kopf- und Schwanzöffnung befinden, müssen mit etwas mehr Sorgfalt behandelt werden.

Beläßt man die Flächen in ihrem Zustand, sind sie zu dünn an den Stellen, wo sie auf die Grundplatte treffen. Halten Sie den Panzer mit diesen Flächen auf das Schleifband, und runden Sie die unteren Kanten leicht ab, indem Sie den Panzer in gleichmäßigen Schwingbewegungen auf sich zu und wieder zurück führen (s. Abb. 4).

Wiederholen Sie den gesamten Schleifvorgang mit feiner Körnung (120er, 180er).

Abb. 4 Zum Runden der Unterkante von Kopf- und Schwanzöffnung halten Sie diese Stellen leicht gegen das Schleifband und bewegen den Panzer gleichmäßig auf sich zu und wieder zurück.

Jetzt folgen ein paar einfachere Arbeitsgänge. Um die Grundplatte für den Panzer zu fertigen, nehmen Sie 2 Brettstücke aus der gleichen Holzsorte wie der Panzer und richten die Seiten, die miteinander verleimt werden, mit dem Hobel ab. Zeichnen Sie den Umriß (B) auf beide Hälften, und schneiden Sie sie mit der Bandsäge aus (die mit dem Hobel abgerichteten Seiten sind die Innenseiten!). Schleifen Sie die Innenkanten, und verleimen Sie die beiden Teile dann miteinander. Die Teile werden so zusammengespannt, daß sie bündig miteinander abschließen. Wenn der Leim völlig trocken ist, schleifen Sie zunächst die Flächen, danach die Außenkanten. Die Ecken des Achtecks werden dabei abgerundet (s. Abb. 5). Achten Sie darauf, daß die achteckige Form beim Schleifen erhalten bleibt. Zum Schluß werden alle Kanten mit der Oberfräse gerundet. Eventuell entstandene Brandspuren vom Fräsen werden weggeschliffen.

Abb. 5 Halten sie die Grundplatte senkrecht auf den Bandschleifer, und runden Sie die Ecken durch schaukelnde Bewegungen.

Kopf, Schwanz und Füße

Zeichnen Sie Kopf, Schwanz und die Füße (C, D, F) auf Holz, das sich farblich und in der Maserung vom Panzer abhebt. Beachten Sie, daß die Füße in 2er Sets ausgeschnitten werden, damit es möglich ist, die Kanten mit der Fräse zu runden.

Schneiden Sie die Teile des Achsträgers (E) aus der gleichen Holzsorte wie die des Panzers zurecht. Bohren Sie die Löcher in Kopf, Schwanz und Achsträger. Der 6-mm-Dübel (G) wird mit beidseitigem Überstand in das Augenloch im Kopf geklebt, nach dem Trocknen wird er glatt abgeschliffen.

Jetzt werden alle Teile ausgeschnitten, die Füße in 2er Sets. Schleifen Sie alle Flächen und Kanten mit grobem Schleifpapier vor. Achten Sie darauf, daß die Kanten des Achsträgers (E) beim Schleifen winklig bleiben, damit die Achsen nach der Montage nicht klemmen.

Runden Sie alle Kanten von Kopf, Schwanz und Füßen mit der Fräse. Die Kanten der Achsträger werden ebenfalls gerundet, jedoch nicht auf der Seite, die mit der Grundplatte verleimt wird (s. Abb. 6, 7). Nach dem Zusammenbau liegt die mittlere Achse etwas höher als die beiden Antriebsachsen für Kopf und Schwanz. Die beiden mittleren Räder dienen nur zur seitlichen Balance, das Gewicht wird von den 4 anderen Rädern getragen. Achten Sie deshalb besonders darauf, die richtigen Kanten des Achsträgers zu runden (oben und unten nicht verwechseln!). Schleifen Sie alle Teile mit feinem Schleifpapier fertig. Entfernen Sie dabei evtl. Brandstellen vom Fräser.

Abb. 6 Fräsen Sie die unteren Querkanten zuerst...

Abb. 7 ...dann können Sie beim Bearbeiten der Längskanten um die Ecken fräsen.

Die Räder

Verwenden Sie die Bohrvorrichtung (s. allgemeine Hinweise, S. 14, Abb. 11) zum Bohren der ∅ 10 mm Löcher in die Innenseite der 4 Räder ∅ 6 cm.

Zusammenbau

Schneiden Sie die 4 äußeren Achsen (H) ∅ 10 mm auf Länge. Die Räder werden mit der Außenseite nach oben auf Wachspapier gelegt. Geben Sie etwas Leim in die mittigen Achslöcher, und treiben Sie die Achsen ein. Nach dem Antrocknen wird überstehender Leim auf der Radinnenseite abgeschliffen. Schneiden Sie die beiden inneren Antriebsachsen (J) auf Länge, und geben Sie in die exzentrische Bohrung eines der Räder wenig Leim (nicht zuviel, sonst läßt sich die Achse nicht tief genug eintreiben). Legen Sie das Rad zum Eintreiben der Achse auf die Kante der Werkbank.
Die Antriebsachse muß genau rechtwinklig zur Radfläche und parallel zur mittigen Achse auf der anderen Seite des Rads ausgerichtet sein. Stecken Sie den Kopf auf die Antriebsachse, und verkleben Sie sie mit dem zweiten Rad. Dieses muß sehr genau ausgerichtet werden, so daß sich die beiden Räder genau deckungsgleich gegenüberliegen. Die Radseitenfläche muß auch beim zweiten Rad genau rechtwinklig zur Antriebsachse liegen.

Kontrollieren Sie die Anordnung, bevor der Leim abbindet. Exakte Anordnung und fester Sitz aller Teile des Antriebs sind entscheidend für einwandfreie Funktion und lange Lebensdauer der Schildkröte (s. Abb. 8, 9). Die Räder müssen parallel zueinander stehen und sich deckungsgleich gegenüberliegen. Rollen Sie die Anordnung über eine Tischfläche; der Antrieb darf dabei nicht ruckeln oder schwanken – sollte das der Fall sein, muß nochmals ausgerichtet werden. Wenn die „Kopfseite" exakt ausgerichtet ist, wird der ganze Vorgang für die Schwanzanordnung wiederholt.

Die Balanceachse (K) wird mit etwas Übermaß abgeschnitten, um nach dem Verleimen die Radnaben und Achsenden bündig schleifen zu können. Eins der Räder ∅ 6,0 cm wird auf die Achse geklebt. Stecken Sie dann die Achse so in das mittlere Loch eines Achsträgers (E), daß dessen scharfkantige Seite oben liegt. Setzen Sie die Kopf- und Schwanzanordnungen sorgfältig ein; achten Sie dabei auf richtige Lage der Teile – vor allem der Schwanz kann leicht verkehrt herum eingesetzt werden. Schieben Sie den zweiten Achsträger in gleicher Lage wie den ersten auf die Achse.

Kontrollieren Sie den korrekten Sitz aller Teile, und kleben Sie das zweite Rad an (s. Abb. 10). Schleifen Sie die Radnaben glatt.

Spannen Sie die Grundplatte in den Schraubstock, mit der Unterseite nach oben. Legen Sie das Antriebsgestell so darauf, daß Kopf und Schwanz durch die Öffnungen in der Grundplatte ragen. Das ganze sieht dann wie die auf dem Rücken liegende Schildkröte aus.

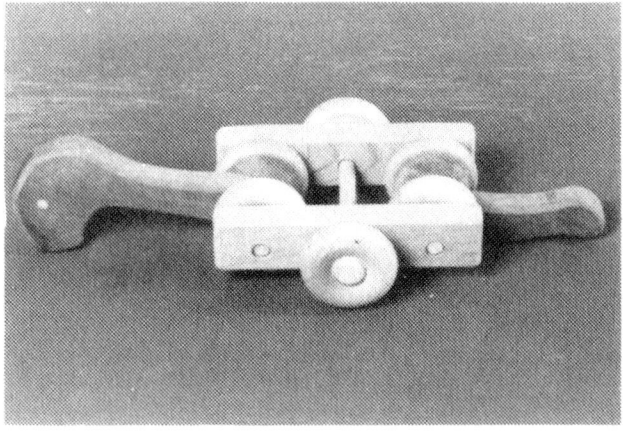

Abb. 10 Die Kanten der Achsträger sollten an der Oberseite nicht gerundet werden.

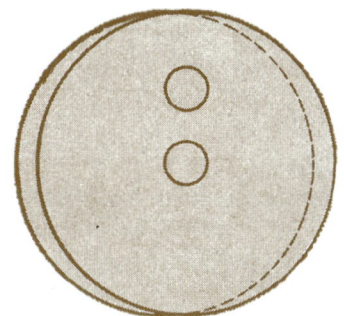

Nicht exakt deckungsgleich

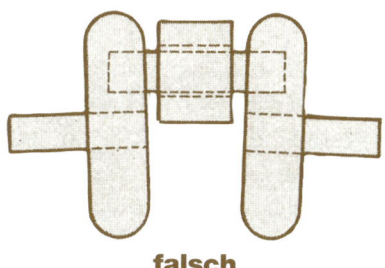

falsch

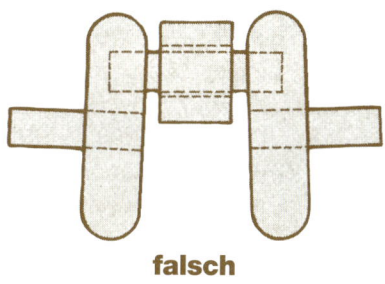

falsch

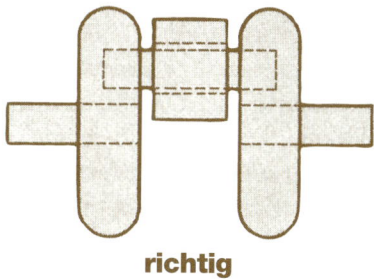

richtig

Abb. 8 u. 9 Achten Sie darauf, daß die Räder sich genau deckungsgleich und parallel gegenüberstehen.

Positionieren Sie den Achsträger so, daß alle Teile frei beweglich sind – auch die Balanceachse! Die Innenkante der Achsträger sollte mit den Durchbrüchen für Kopf und Schwanz in der Grundplatte fluchten. So bleibt genug Platz zum Ankleben der Füße an die Grundplatte. Spannen Sie den Achsträ-

Abb. 11 Spannen Sie das vormontierte Fahrgestell auf die Grundplatte, bevor Sie die Anordnung verleimen, um sicherzustellen, daß sich alle Teile nach dem Zusammenbau frei bewegen lassen.

ger jetzt provisorisch fest (s. Abb. 11). Achten Sie auf mittige Lage des Achsträgers sowohl zwischen Vorder- und Hinterkante als auch zwischen den Seiten. Eine gute Möglichkeit, die Lage zu beurteilen, ist das Ausmessen des Abstands zwischen den Balancerädern und den Kanten des Durchbruchs.
Wenn die Anordnung richtig positioniert ist, markieren Sie die Lage der Kanten zueinander mit einem Bleistift und lösen die Zwingen zunächst wieder. Geben Sie Leim auf die Verbindungsstellen, und spannen Sie die Teile erneut zusammen. Dabei müssen Sie darauf achten, daß nichts verrutscht. Alle Achsen müssen rechtwinklig zu den Achsträgern stehen und leicht drehbar sein. Korrigieren Sie die Teile, wenn notwendig, solange der Leim noch nicht abgebunden hat.
Erst wenn der Leim völlig ausgehärtet ist, lösen Sie die Zwingen und spannen den Korpus so ein, daß die Unterseite der Grundplatte etwas über den Schraubstockbacken liegt. Schneiden Sie die Füße auf die endgültige Form zurecht. Kleben und spannen Sie die Füße an die Grundplatte – einen nach dem anderen. Beim Befestigen müssen die Füße zueinander ausgerichtet werden. Je gleichmäßiger ihre Anordnung, desto besser der optische Eindruck!
Bis die Füße zusätzlich mit Schrauben gesichert werden, müssen Sie nun sehr vorsichtig sein, damit sie nicht abgeschlagen werden. Es ist fast unmöglich, die Füße wieder anzukleben, wenn der Panzer auf der Grundplatte befestigt wurde.

Zur Befestigung des Panzers wird ein Vierkantholz von ca. 4,5 × 4,5 × 10 cm benötigt. Dieses wird so in den Schraubstock gespannt, daß die Oberkante etwa 2,5 cm über den Schraubstockbacken liegt. Legen Sie das Untergestell so darauf, daß der Kopf Ihnen zugewandt ist. Beide Achsträger sollten aufliegen, mit den Balancerädern auf beiden Seiten des Klotzes. Nun wird der Panzer auf die Grundplatte gelegt und mittig ausgerichtet. Kopf und Schwanz müssen dabei frei beweglich sein. Zeichnen Sie die Umrißlinie auf, und nehmen Sie den Panzer wieder herunter. Streichen Sie ein wenig Leim auf die Stellen der Grundplatte, wo der Panzer aufliegt. Im Bereich der Kanten wird der Leim abgewischt, damit dort nichts herausquellen kann.

Spannen Sie den Panzer mit 2 Zwingen fest – verwenden Sie dabei Resthölzer als Unterlage, um Beschädigungen zu verhindern (s. Abb. 12). Achten Sie darauf, daß die Teile sich beim Spannen nicht gegeneinander verschieben. Wenn der Panzer nur wenig aus der mittigen Position verrutscht, kann bereits die Bewegung von Kopf oder Schwanz behindert werden. Entfernen Sie die Zwingen erst dann, wenn der Leim völlig ausgehärtet ist.

Mit dem Panzer nach unten auf dem Bohrtisch werden die 4 Löcher zur Befestigung der Achsträger und die 4 Löcher zur Befestigung der Füße an der Grundplatte gebohrt. Achten Sie auf die Senktiefe für die Schraubenköpfe (s. Seitenansicht). Säubern Sie die Bohrlöcher von Spänen, und legen Sie das Werkstück auf eine weiche Unterlage (z. B. ein Reststück Teppich); das verhindert die Entstehung von Kratzern beim Anziehen der Schrauben.

Materialliste

(Maße in cm, soweit nicht anders angegeben)

Teil	Benennung	Anzahl	Dicke	Breite oder ⌀	Länge
A	Panzer	1	4,4	16,5	20,3
B	Grundplatte	2	1,9	9,5	22,9
C	Kopf	1	1,9	7,3	14,6
D	Schwanz	1	1,9	2,9	10,8
E	Achsträger	2	1,9	3,2	15,2
F	Fuß	2	1,9	5,1	14,6
G	Auge	1		⌀ 6 mm	1,9
H	Achse (außen)	4		⌀ 10 mm	3,5
J	Achse (mitte)	2		⌀ 10 mm	4,4
K	Achse (Balancer)	1		⌀ 10 mm	14,0
L	Rad	6	1,6	⌀ 6,0	
M	Flachkopfschraube	8		⌀ 4 mm	3,0
N	Zugschnur	1		⌀ 6 mm	35
P	Bommel	1		⌀ 22 mm	

Abb. 12 Spannen Sie einen Klotz von ca. 4,4 × 4,4 × 10 cm in den Schraubstock, um Fahrgestell und Grundplatte darauf zusammenzuspannen.

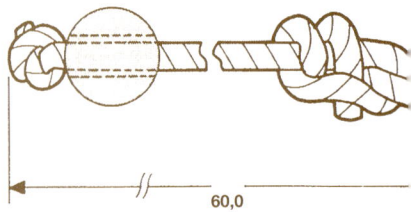

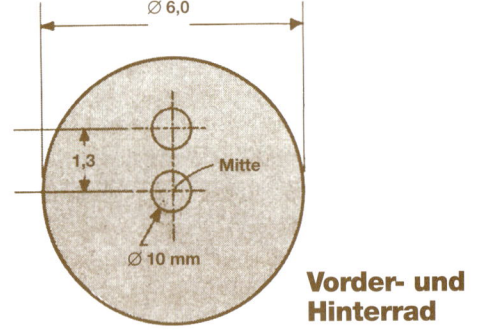

Vorder- und Hinterrad

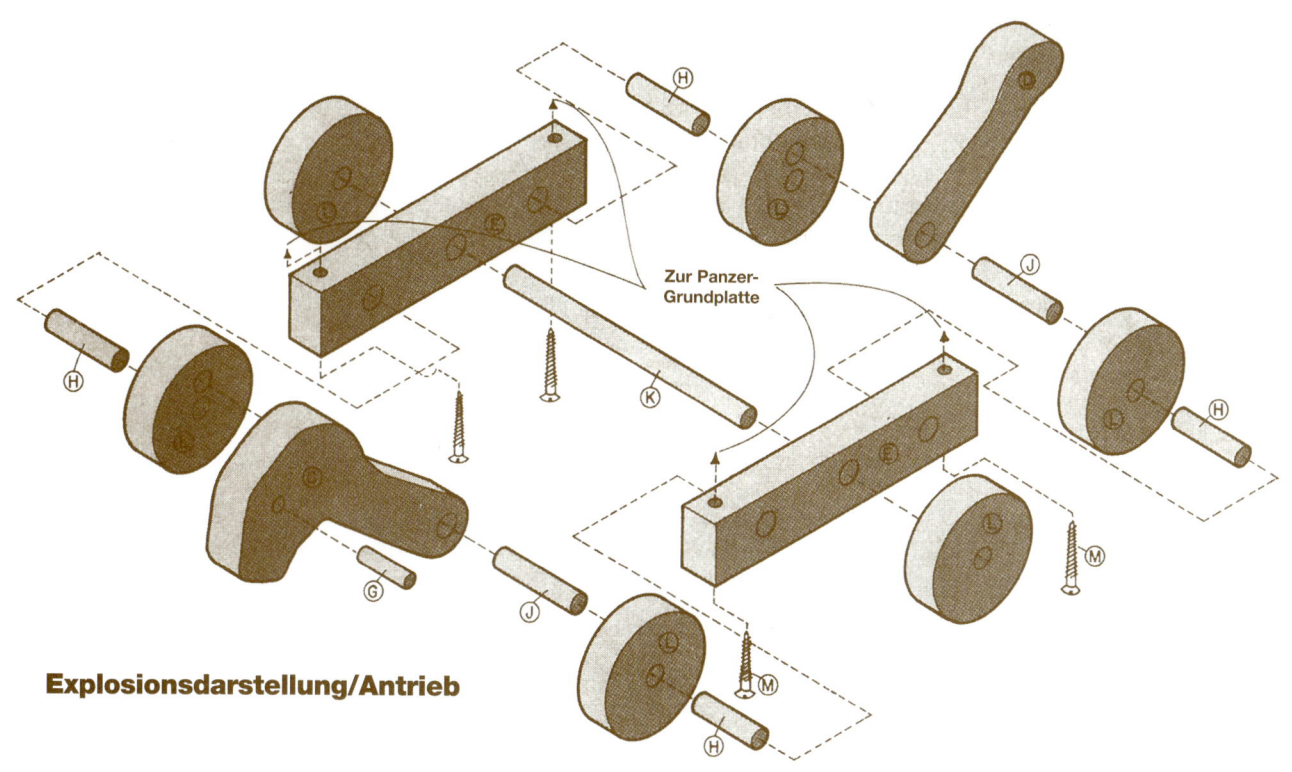

Explosionsdarstellung/Antrieb

Zur Panzer-Grundplatte

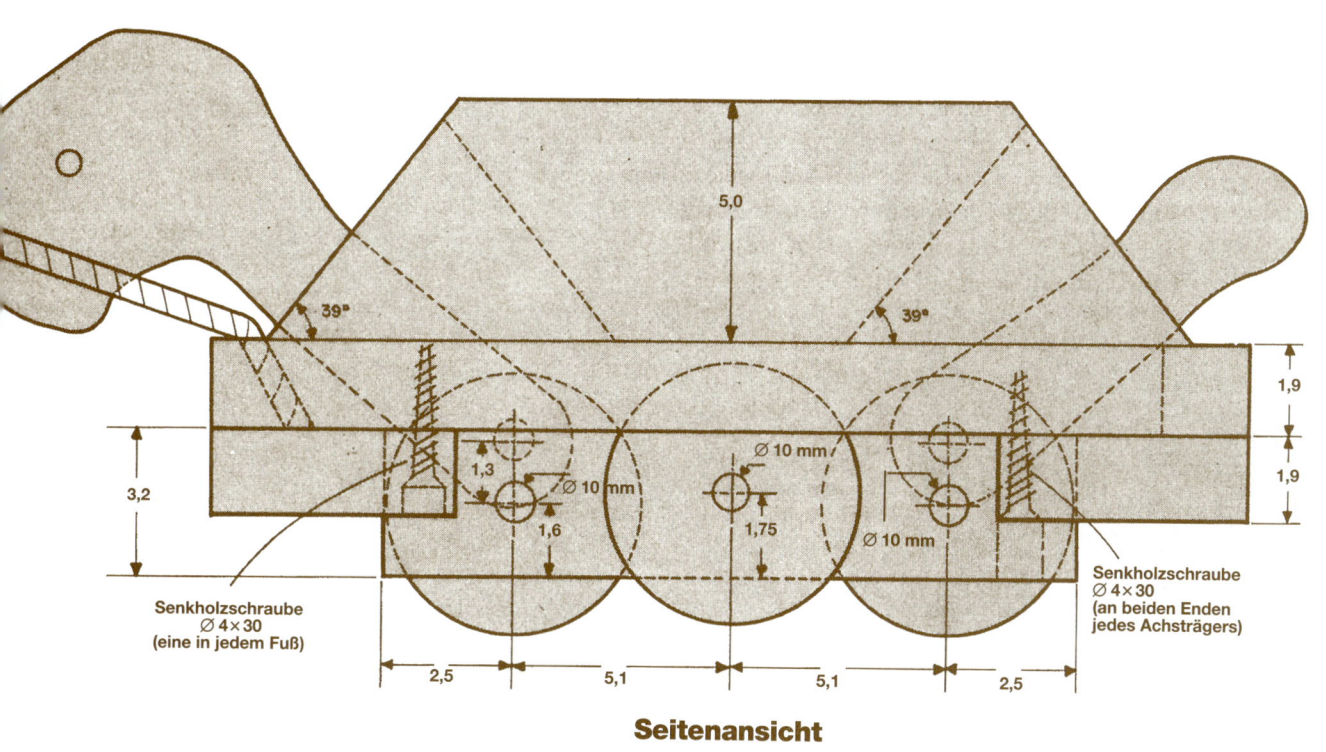

Senkholzschraube Ø 4×30 (eine in jedem Fuß)

Senkholzschraube Ø 4×30 (an beiden Enden jedes Achsträgers)

Seitenansicht

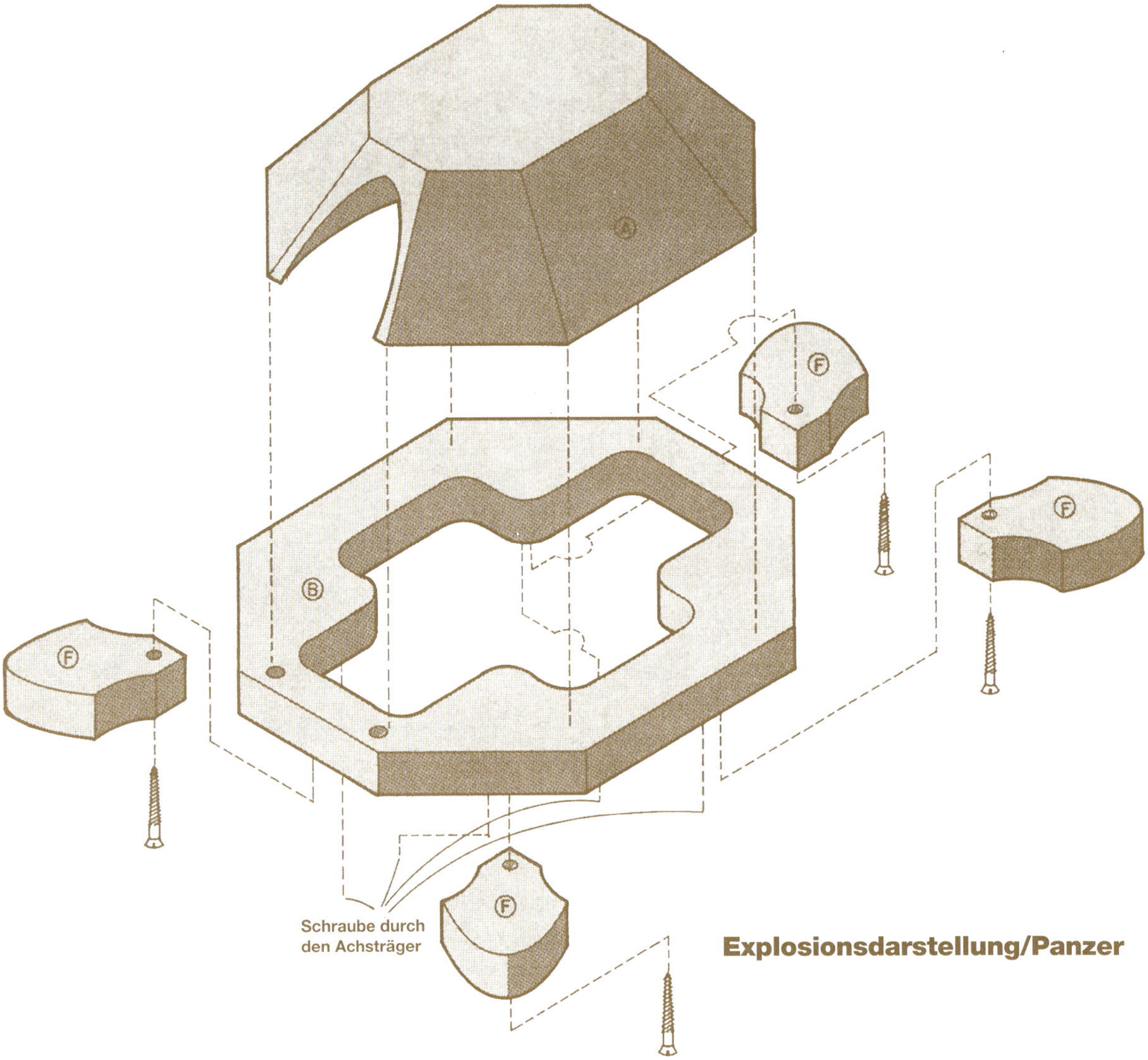

A
B
F
F
F
F
Schraube durch
den Achsträger

Explosionsdarstellung/Panzer

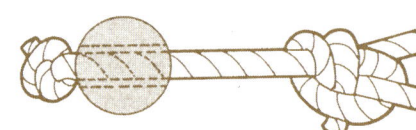

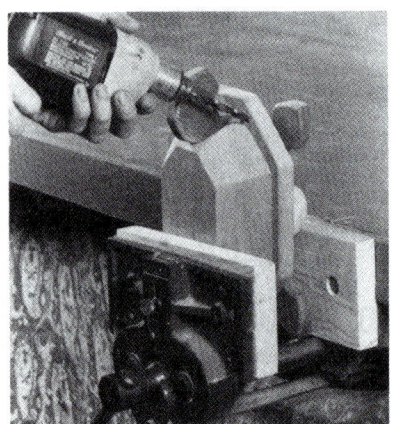

Abb. 13 Diese Löcher werden schräg seitlich von vorn durch die Grundplatte gebohrt.

Anbringen der Zugschnur

Spannen Sie die Schildkröte mit dem Kopf nach oben in den Schraubstock, die Oberseite Ihnen zugewandt. Markieren Sie die 2 Bohrlöcher für die Zugschnur mit einem Körner, und bohren Sie die Löcher Ø 6 mm mit einem Holzbohrer etwas schräg nach innen verlaufend (s. Abb. 13). Entnehmen Sie den richtigen Winkel den Zeichnungen.

Vor dem Befestigen der Zugschnur wird die Schildkröte geölt. Wenn die Oberfläche trocken ist, fädeln Sie die Schnur von der Oberseite durch beide Löcher, sichern sie mit Knoten und ziehen sie straff. Bilden Sie eine Schlaufe in der Mitte, und befestigen Sie die zweite Schnur mit einem fachmännischen Knoten (s. Abb. 14). Verschieben Sie den Knoten, bis er genau in der Mitte der anderen Schnur sitzt, und ziehen Sie ihn stramm an. Befestigen Sie zum Schluß einen Bommel am anderen Ende der Schnur. Diese schleichende Kreatur war schwierig herzustellen, aber ich denke, das Ergebnis war die Arbeit wert.

Abb. 14 Legen Sie eine Schnur zu einer Schlaufe, und befestigen Sie die andere mit einem Knoten.

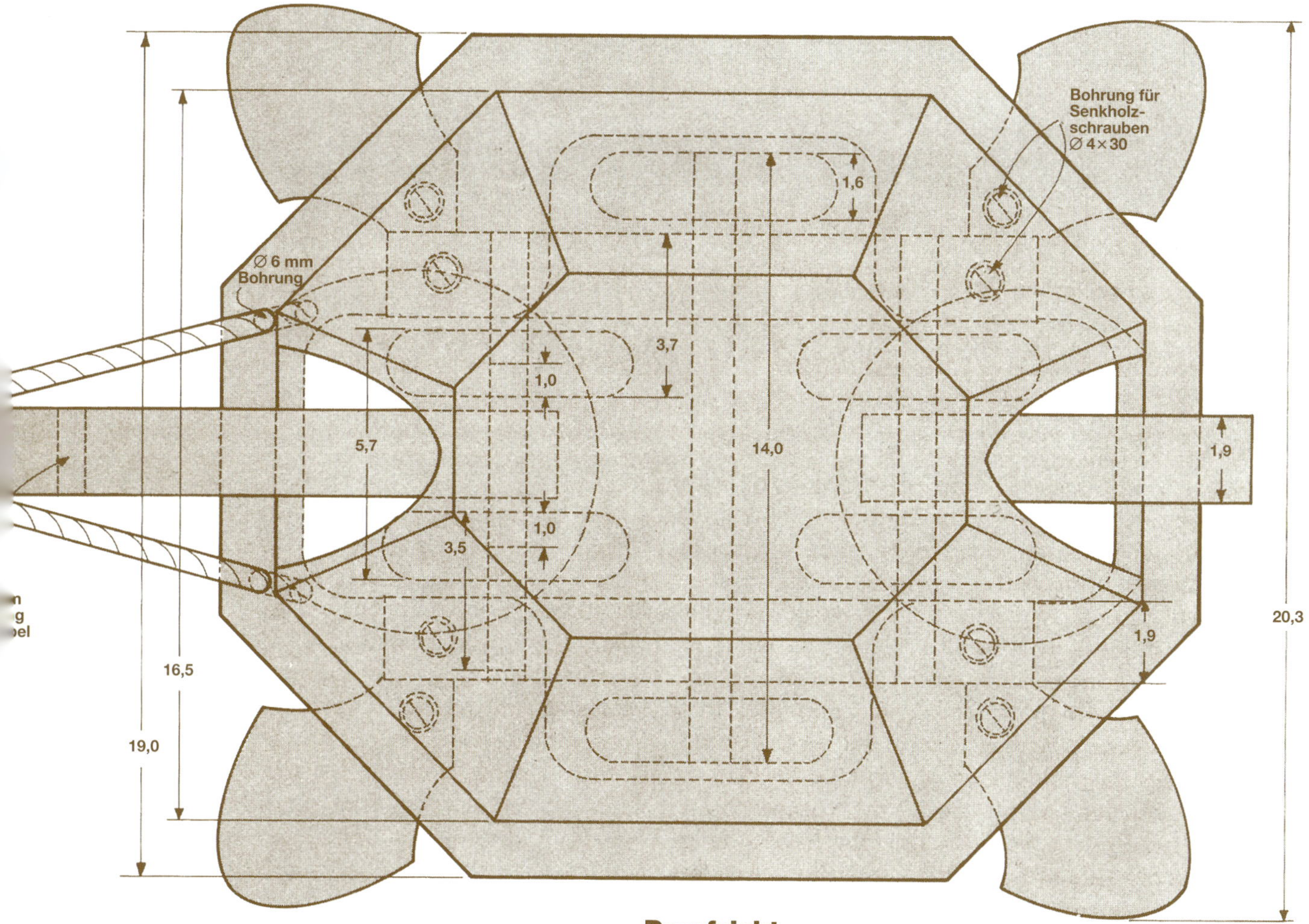

Draufsicht

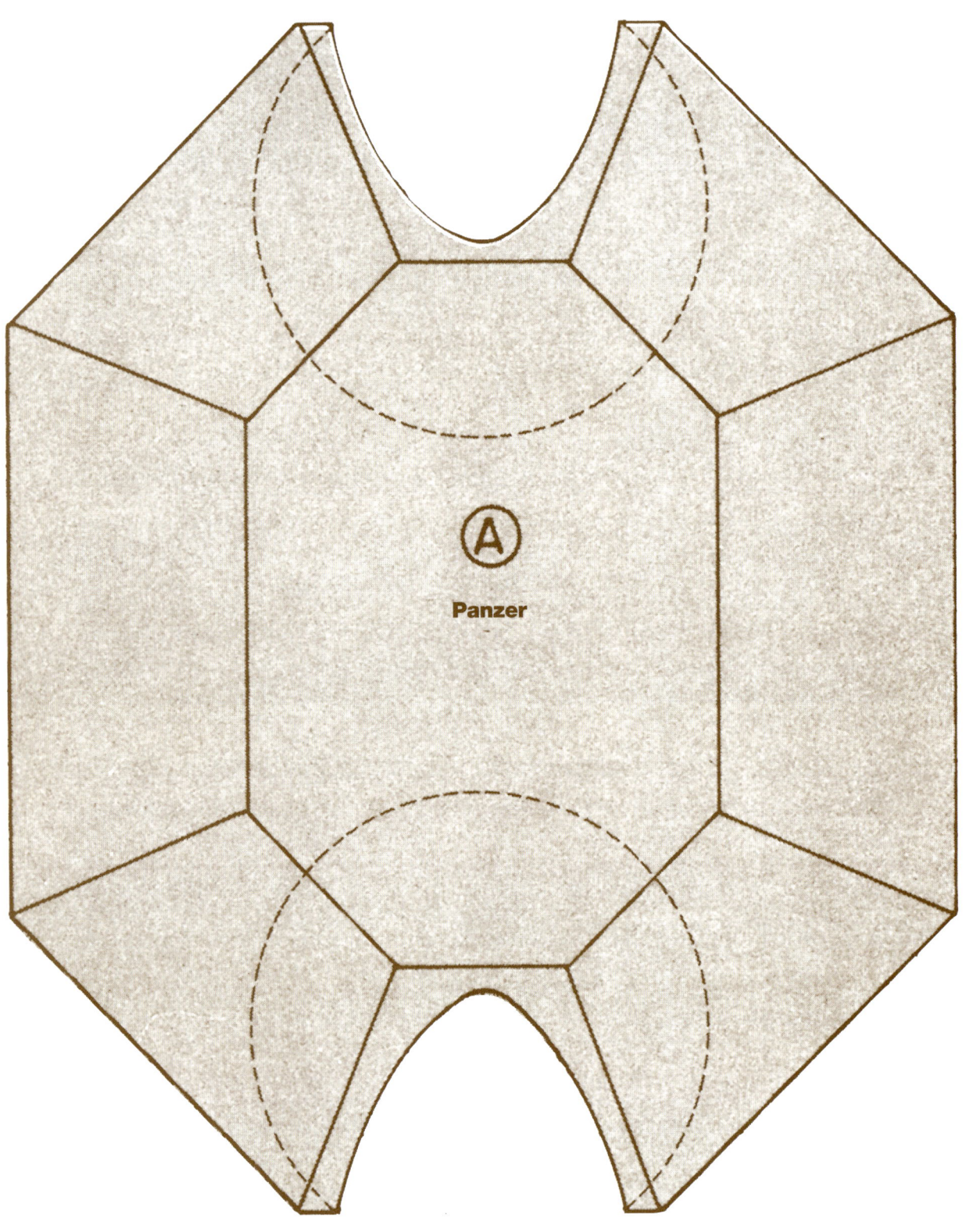

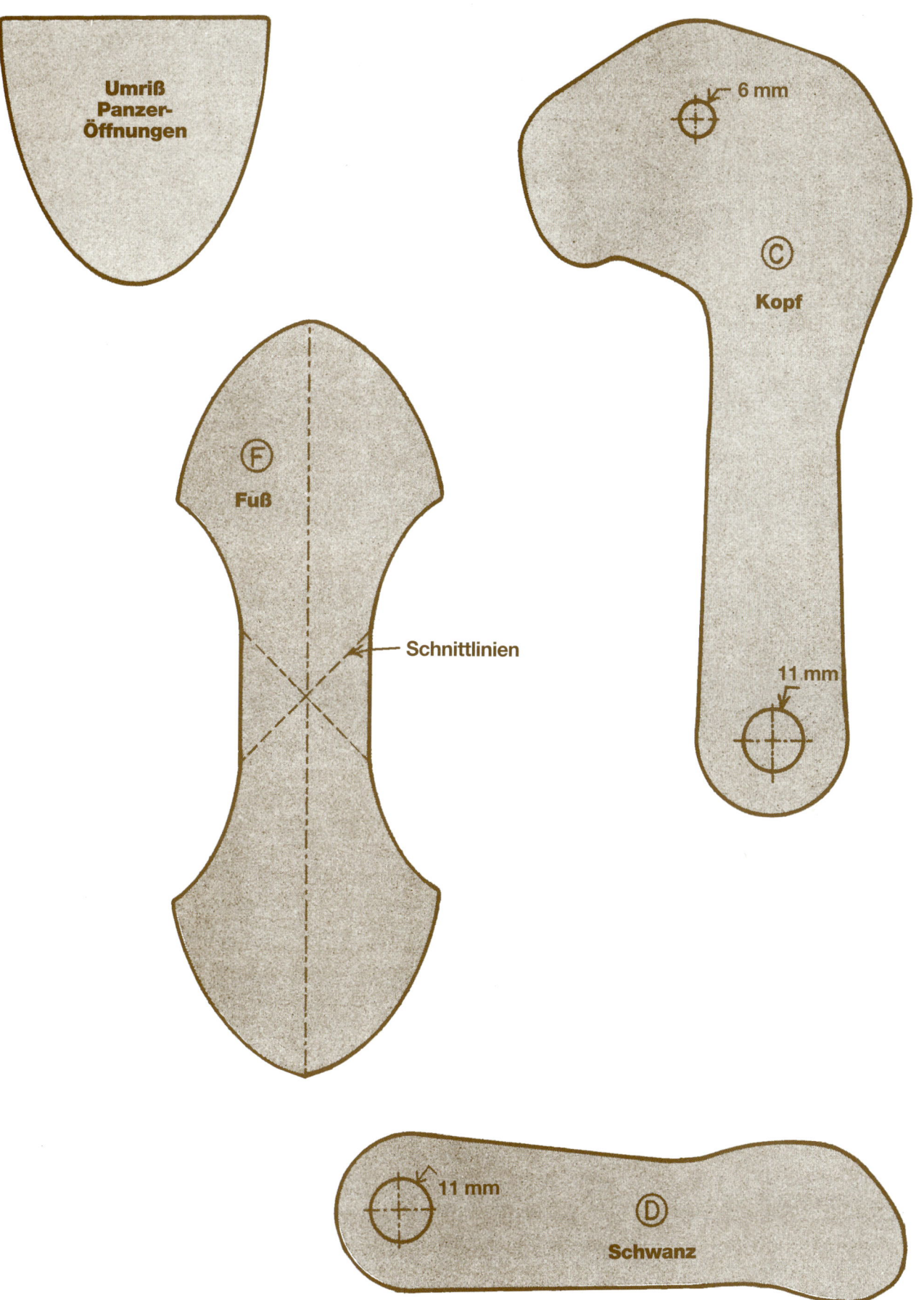

Der garstige Hummer

Jedes Kind braucht auch mal einen bösartigen Gesellen zum Spielen – und dies hier ist so einer. Wenn sich die Dübelbolzen auf der Innenseite der Räder an der Kante der Scheren vorbeibewegen, drücken sie das eine Ende des Hebels nach unten, wodurch das andere Ende der Schere in bedrohlicher Manier angehoben wird. Im weiteren Bewegungsablauf schnappt die eine Schere auf gefährliche Weise zu, während die andere sich zu öffnen beginnt. Es ist trotz des angsteinflößenden Gebarens eine schöne Kreatur, die immer wieder fasziniert.

Holzauswahl

Der Körper des Hummers sollte aus Hartholz gefertigt werden. Es verleiht dem Spielzeug die notwendige Festigkeit und Gewicht. Die Arme müssen stabil sein, um dem ständigen Aufprall der zuschnappenden Scheren standhalten zu können. Die Scheren müssen fest, dürfen aber auch nicht zu schwer sein, damit sie sich leicht öffnen. Wenn man all diese Dinge in Betracht zieht, scheint Kirschbaumholz mit seiner natürlichen, rötlichen Färbung die beste Wahl zu sein.

Der Körper

Zeichnen Sie die Umrisse (A) mit der Körperunterkante an einem geraden Brettrand liegend auf. So können Sie mit der Bandsäge unter Verwendung des Parallelanschlags eine exakte Aussparung für den Schwanz fertigen (s. Abb. 1), wodurch die Leimverbindung besseren Halt bekommt. Bohren Sie das 25-mm-Loch und schneiden Sie den Körper mit der Bandsäge aus. Benutzen Sie Unterlagen und Zwingen, um das Werkstück zum Bohren der Augen- und Grifflöcher im richtigen Winkel zu halten. Runden Sie alle Kanten, mit Ausnahme der Aussparung für den Schwanz. Schleifen Sie den Körper allseitig glatt.

Die Arme

Übertragen Sie die Umrisse beider Arme (B) auf 2 Brettstücke, mit in Längsrichtung verlaufender Maserung. Bohren Sie die 25-mm-Löcher 6 mm tief mit einem Forstner- oder Flachbohrer. Mit dem Körner der Bohrerspitze als Zentrierung bohren Sie dann die 11-mm-Löcher ganz durch. (Bemerkung: Achten Sie darauf, 2 spiegelbildliche Arme zu fertigen!) Vergessen Sie nicht, zum Schutz vor Ausreißen der Lochkanten ein Reststück Holz zu unterlegen. Bohren Sie die Dübellöcher, und schleifen Sie die Arme glatt.

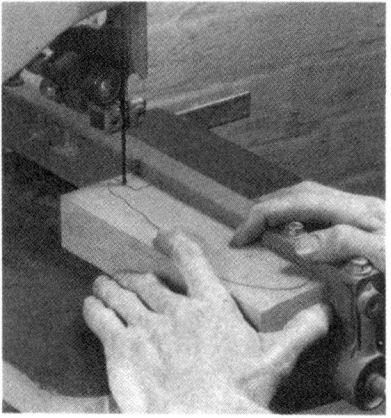

Abb. 1 Zeichnen Sie den Umriß mit der Unterseite an einer gehobelten Brettkante. Verwenden Sie den Parallelanschlag auf der Bandsäge, um eine exakte Aussparung für den Schwanz zu erhalten, die eine feste Leimverbindung ermöglicht.

Die Scheren

Zeichnen Sie die Mittelstücke (C) der Scheren auf ein Brett, das ca. 3 mm dicker als die Breite der Arme sein sollte, und schneiden Sie die beiden Teile aus. Zeichnen Sie die 4 Scheren-Seitenteile (D) auf 0,9 cm dickes Hartholz. Schneiden Sie nur die obere Rundung der Seitenteile mit der Bandsäge aus. (s. Abb. 2). [*Anm. d. Übers.: Legen Sie am besten alle 4 Werkstücke übereinander, und fixieren Sie sie außerhalb der Umrißlinie mit kleinen Nägeln. So werden die Teile deckungsgleich*]. Kleben Sie beide Scheren zusammen. Nachdem der Leim angetrocknet ist, zeichnen Sie die Umrisse erneut auf. So können die Dübellöcher in genauem Abstand zur hinteren Unterkante markiert werden, damit der Nocken am Rad die Schere anheben kann. Dieser Abstand ist wichtig für die Funktion der Scheren. Schneiden Sie die Scheren mit der Bandsäge fertig aus, und bohren Sie die Dübellöcher. Schleifen Sie die Kanten der Scheren glatt. Schleifen Sie die Flächen glatt, und runden Sie die Kanten.

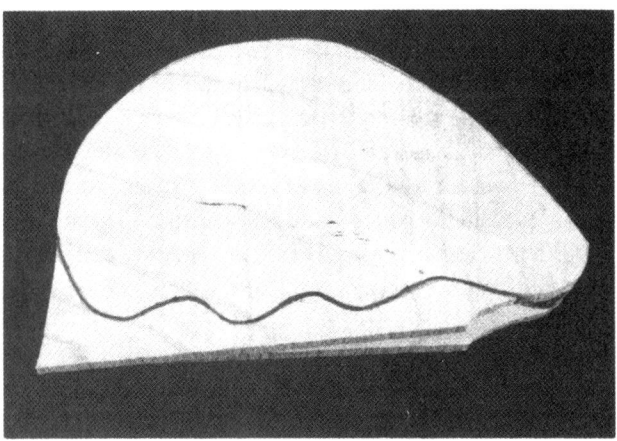

Abb. 2 Schneiden Sie die Scherenseitenteile groß genug aus, um sie zusammen mit dem Mittelstück ausrichten zu können. Die gewellte Unterkante wird nach dem Verleimen der Scheren ausgeschnitten; das Loch für den Befestigungsdübel wird ebenfalls nach dem Verleimen gebohrt.

Der Schwanz

Zeichnen Sie den Schwanzumriß (E) auf ein 1,9 cm starkes Brett, mit von vorn nach hinten verlaufender Maserung (am Schwanzende ist das Hirnholz sichtbar). Schleifen Sie das Teil allseitig ab. Runden Sie die Kanten, mit Ausnahme der Berührungskante mit dem Körper. Schleifen Sie die mit dem Fräser bearbeiteten Kanten.

Der Achsträger

Schneiden Sie den 25-mm-Rundstab für den Achsträger (F) auf Länge. Zum Anfertigen der Achsbohrung sollten Sie eine einfache Vorrichtung herstellen, um den Stab senkrecht auf dem Bohrtisch zu halten. Bohren Sie ein 26-mm-Loch in ein Kantholz von 5 × 10 cm fast ganz durch. Stecken Sie den Achsträger in die Bohrung, und befestigen Sie die Vorrichtung mit Zwingen auf dem Bohrtisch. Als Verdrehsicherung beim Bohren des 11-mm-Lochs können Sie eine Zange (z. B. Wasserpumpenzange) mit einem Schlauchabschnitt oder ähnlichem als Schutz verwenden (s. Abb. 3). Bohren Sie durch gut die Hälfte des Rundstabs, drehen Sie ihn in der Vorrichtung um, und bohren Sie den Rest von der anderen Seite durch.

Schleifen Sie die Außenseite, wenn nötig, und brechen Sie die Kanten an den Enden, damit der Stab besser in die Armbohrung gleitet.

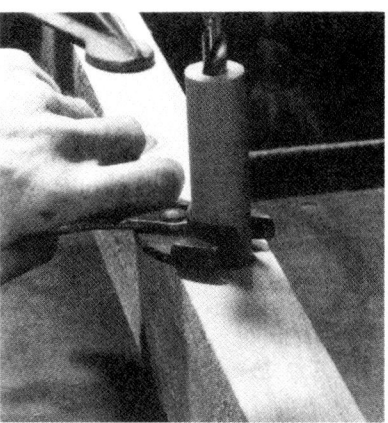

Abb. 3 Bohren Sie ein Loch ⌀ 26 mm ca. 65 mm tief mittig in ein Stück Kantholz von 50 × 100 mm. Befestigen Sie es auf dem Bohrtisch, die Lochmitte zentrisch unter dem Bohrer. Halten Sie den Rundstab ⌀ 25 mm mit einer Zange und einem Schutz (z. B. aus einem Stück alten Fahrradschlauch) als Zwischenlage, um das Achsloch zu bohren.

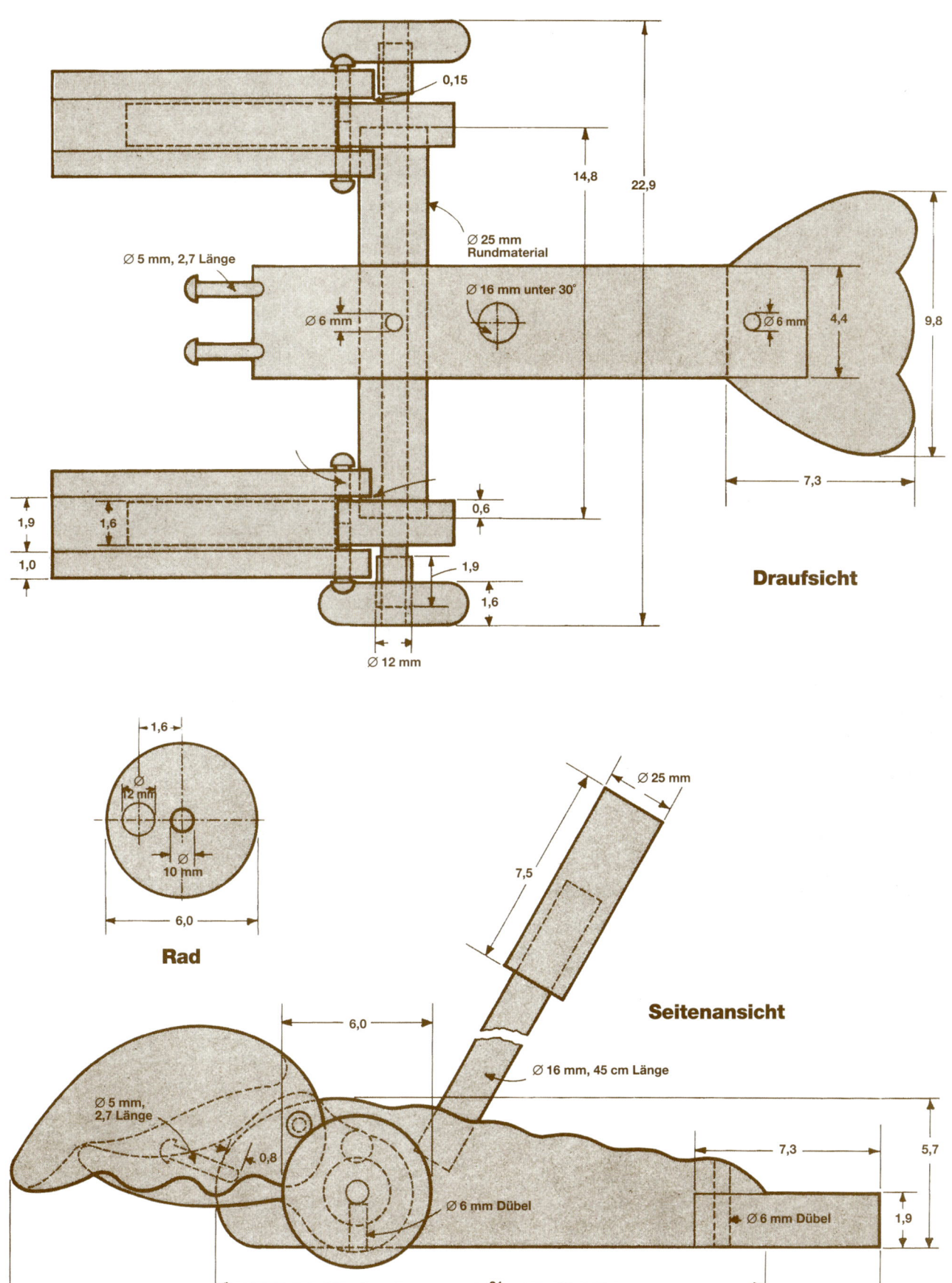

Die Räder

Bereiten Sie die Räder mit Hilfe der Bohrvorrichtung (s. allgemeine Hinweise, Abb. 17) für den Zusammenbau vor. Bohren Sie die Löcher ⌀ 12 mm für die Antriebsnocken ca. 6–8 mm tief (je nach Dicke der fertig gekauften Räder) in die Innenseite der Räder (Q). Schneiden Sie das 12-mm-Rundmaterial der Antriebsnocken (M) auf Länge, runden Sie die Enden, und kleben Sie sie ein. Achten Sie darauf, daß die Dübel senkrecht zur Radfläche stehen (s. Abb. 4).

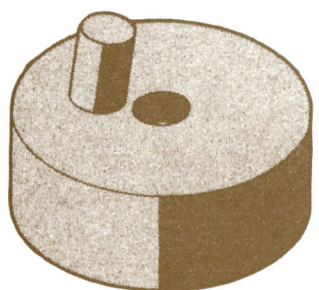

falsch

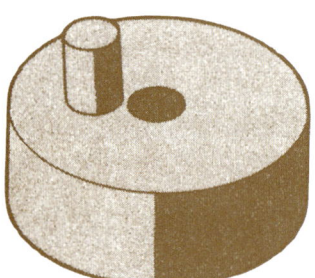

falsch

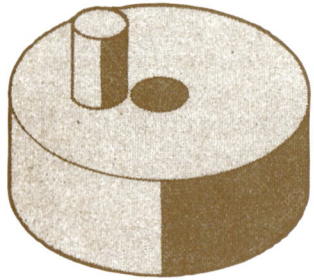

richtig

Abb. 4 Achten Sie darauf, daß die Nockendübel rechtwinklig zur Radfläche eingeklebt werden.

Materialliste

(Maße in cm, soweit nicht anders angegeben)

Teil	Benennung	Anzahl	Dicke	Breite oder ⌀	Länge
A	Rumpf	1	4,4	5,7	21,0
B	Arme	2	1,6	5,7	12,7
C	Scherenmittelteil	2	1,9	3,8	11,7
D	Scherenseitenteil	4	0,9	6,4	12,4
E	Schwanz	1	1,9	7,3	9,8
F	Achsträger	1		⌀ 25 mm	14,8
G	Achse	1		⌀ 10 mm	22,9
H	Stiel	1		⌀ 16 mm	46,0
J	Griff	1		⌀ 25 mm	7,6
K	Dübel (Achsträger)	1		⌀ 6 mm	1,9
L	Dübel (Schwanz)	1		⌀ 6 mm	4,2
M	Antriebsnocke	2		⌀ 12 mm	2,0
N	Augen (Kopfdübel)	2		⌀ 5 mm	2,7
P	Kopfdübel	4		⌀ 5 mm	2,1
Q	Rad	2	1,6	⌀ 6,0	

Zusammenbau

Kleben Sie zuerst die Augendübel ein. Schneiden Sie dann 4 Kopfdübel (P) auf Länge, verwenden Sie dazu ein Stück Hartholz (s. allgemeine Hinweise S. 13, Abb. 8). Runden Sie die Enden mit Schleifpapier. Geben Sie Leim in die Dübellöcher der Arme. Positionieren Sie die Scheren – einzeln nacheinander – und befestigen Sie sie mit den Kopfdübeln an den Armen, wenn notwendig, verwenden Sie die Abstandslehre (s. allgemeine Hinweise S. 23, Abb. 22). Während der Leim trocknet, schieben Sie den Achsträger in die Rumpfbohrung, so daß er auf beiden Seiten gleich weit herausragt. Bohren Sie das 6-mm-Loch für den Befestigungsdübel (K) auf der Unterseite, und kleben Sie den Dübel ein. Entfernen Sie herausgequollenen Leim aus der Achsbohrung.
Verleimen Sie nun beide Arme mit den Enden des Achsträgers, und spannen Sie die Anordnung ein. Legen Sie ein gehobeltes Brett unter beide Scheren, um sie auf die gleiche Höhe auszurichten. Befestigen Sie beide unbedingt unter dem gleichen Winkel (s. Abb. 5). Wenn sie zu hoch angebracht sind, öffnen sich die Scheren zu weit und schließen sich dann nicht mehr. Sind sie zu niedrig, lassen sich die Scheren nur schwer öffnen.

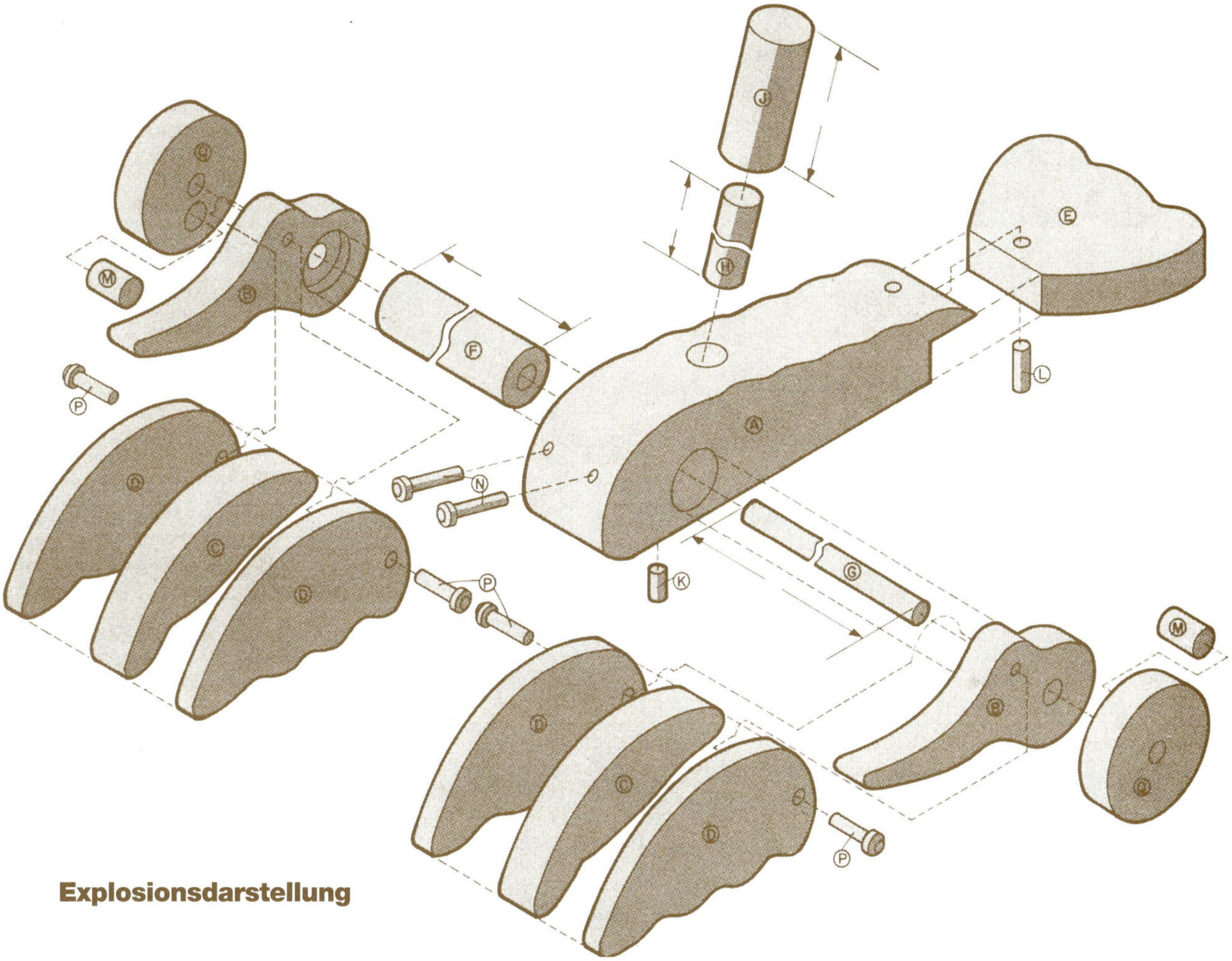

Explosionsdarstellung

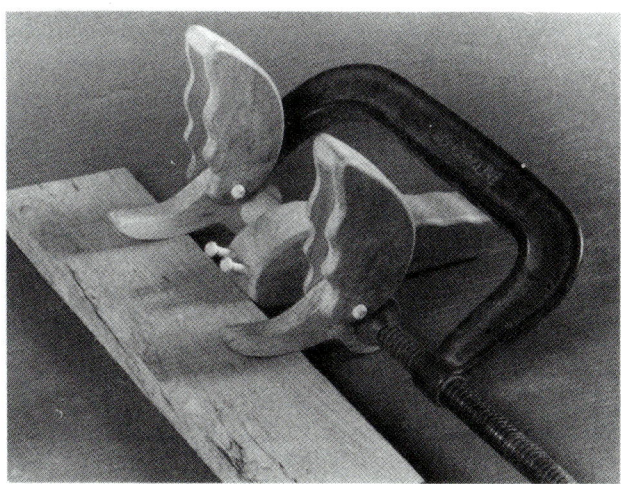

Abb. 5 Achten Sie darauf, beide Scherenunterteile unter dem gleichen Winkel zu befestigen (s. Seitenansicht). Wenn sie zu hoch stehen, schlagen die Oberteile nach hinten über und schließen sich nicht mehr. Wenn sie zu tief stehen, werden die Scheren nicht geöffnet.

Als nächstes befestigen Sie den Schwanz. Wenn der Leim getrocknet ist, bohren Sie das 6-mm-Dübelloch von oben durch Rumpf und Schwanz. Schneiden Sie den Dübel (L) etwas länger, und kleben Sie ihn auf beiden Seiten überstehend ein. Nach dem Trocknen des Leims schleifen Sie die Überstände glatt ab. Entfernen Sie herausgequetschten Leim vor der Montage der Scheren. Kleben Sie nun ein Rad auf die Achse (G). Stecken Sie die Achse durch den Achsträger, und befestigen Sie das zweite Rad so, daß die Antriebsnocken um 180° versetzt angeordnet sind (eine unten, die andere oben). Schleifen Sie, nachdem der Leim getrocknet ist, die Naben glatt. Kontrollieren Sie jetzt die Funktion der Scheren, indem Sie den Hummer über den Tisch rollen. Das Zusammenspiel zwischen den Antriebsnocken auf der Innenseite der Räder und den hinteren Scherenkanten ist entscheidend. Wenn die Scheren nicht richtig funktionieren, müssen Sie die Räder wieder entfernen und die Position der Antriebsdübel korrigieren. Sitzt der Dübel zu nah an der Scherenkante, versetzen Sie ihn näher zur Achse hin. Sitzt er zu weit entfernt von der Kante, versetzen Sie ihn weiter weg von der Achse. Bei dieser Justierung muß man sehr vorsichtig zu Werke gehen!

Derlei knifflige Korrekturen sind manchmal notwendig, damit ein solch kompliziertes Spielzeug richtig funktioniert.

Der Handgriff

Schneiden Sie den Stiel (H) und den Griff (J) auf Länge. Bohren Sie ein Loch ⌀ 16 mm in den Griff, verwenden Sie dazu die Bohrvorrichtung, die Sie für den Achsträger hergestellt haben. Ist die Bohrung in der Vorrichtung zu tief, legen Sie ein kurzes Stück 20-mm-Rundstab als Unterlage hinein, damit das Griffstück weit genug heraussteht, um es beim Bohren festhalten zu können. Bohren Sie danach das 16-mm-Loch. Schleifen Sie beide Enden, runden Sie die Enden von Stiel und Griff, indem Sie die Teile schräg unter Drehung an das Schleifband halten (s. allgemeine Hinweise S. 18, Abb. 18). Geben Sie etwas Leim in die Bohrung des Griffs. Verwenden Sie nur wenig Leim, sonst läßt sich der Stiel nicht tief genug eintreiben. Geben Sie Leim in die Bohrung im Rücken, und treiben Sie den Stiel hinein – legen Sie etwas unter den Rumpf, damit die Räder nicht beschädigt werden (s. Abb. 6). Tragen Sie nun noch Danish Oil auf, und der Hummer ist bereit für seinen Weg ins Verderben.

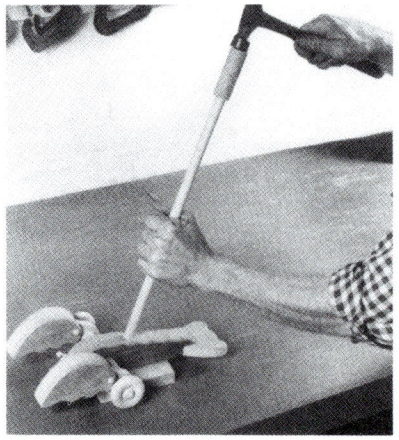

Abb. 6 Zum Eintreiben des Handgriffs legen Sie einen Klotz unter den Rumpf, um die Räder zu entlasten.

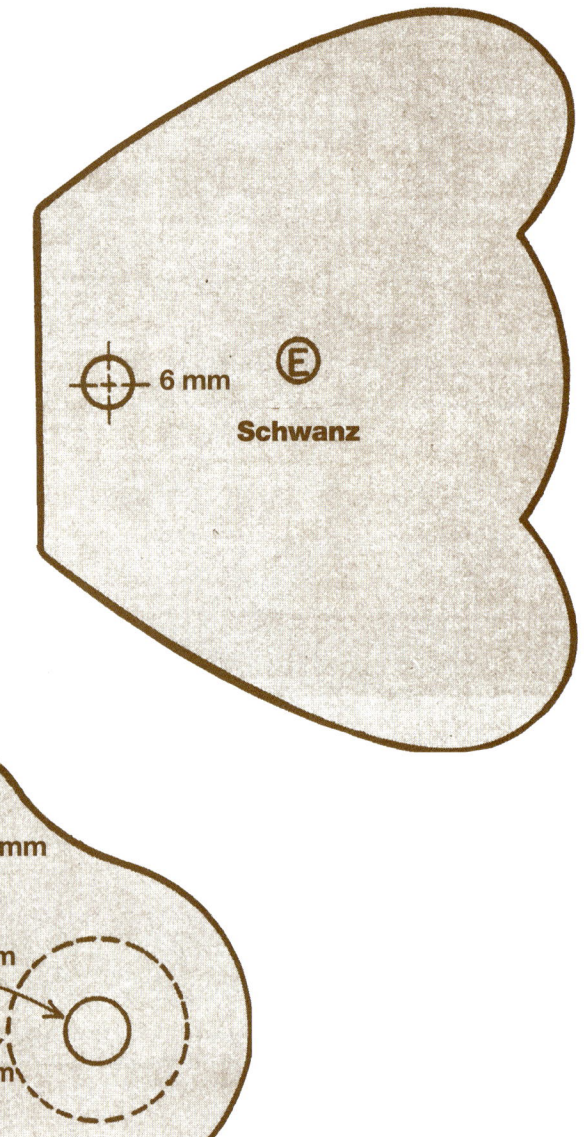

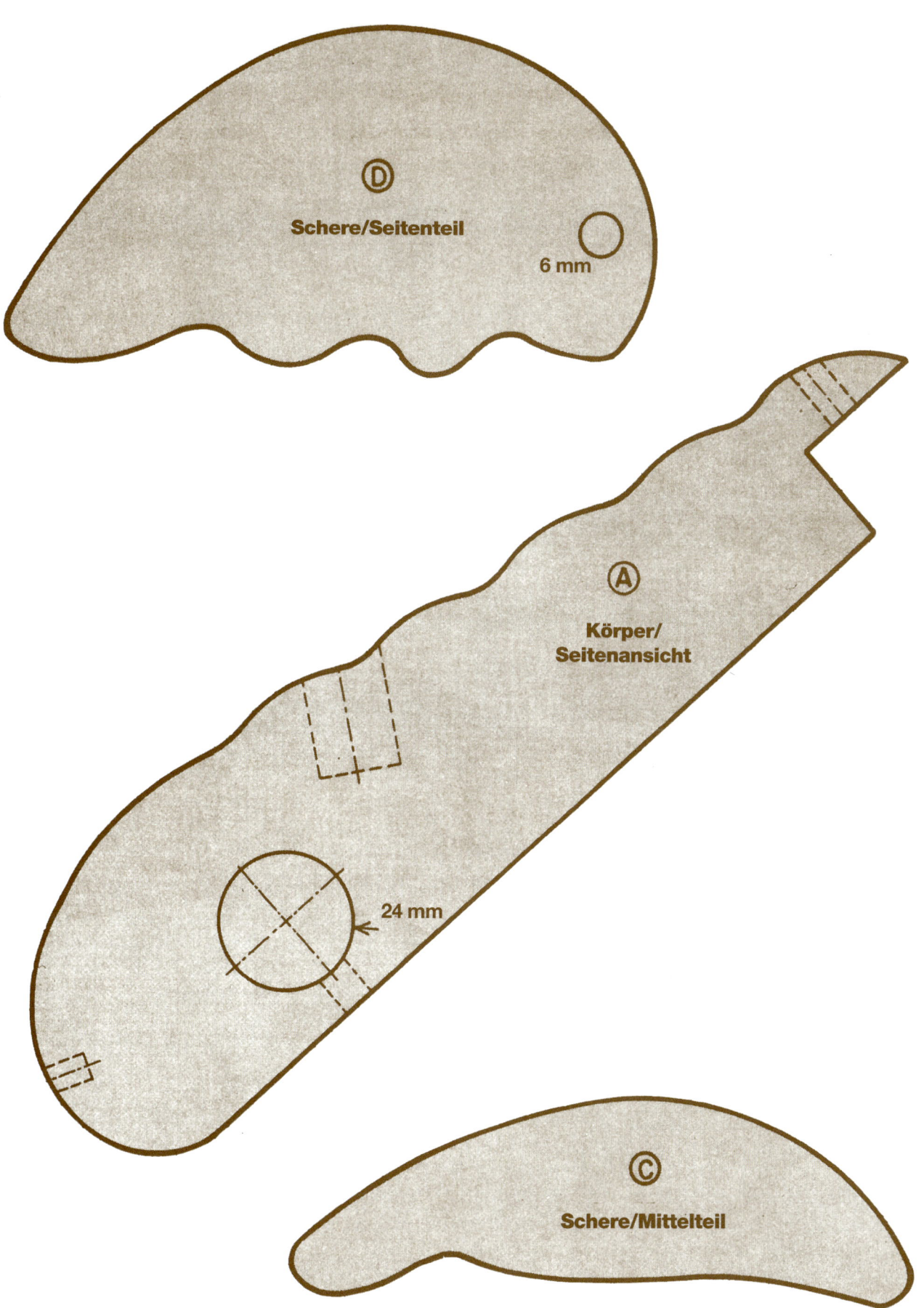

Der hüpfende Frosch

Dieses Spielzeug mag ich ganz besonders. In meinen Augen ist es ein vollkommener Frosch, fähig zu anmutigen Sprüngen und ausgestattet mit einem verdrießlichen Gesichtsausdruck. Die exzentrische Hinterachse sorgt für ein Anheben des Körpers, während die am Körper befestigten Beine diesem Hüpfer die dazu passende Bewegung verleihen.

Abb. 1 Die Augenwölbung kann an der Kante des Schleifbands bearbeitet werden. Achten Sie darauf, daß die Form erhalten bleibt.

Der Rumpf

Der Körper des Froschs muß nicht aus einem besonders harten Holz gefertigt werden; es sollte nur möglichst leicht sein, damit er ordentlich hüpft. Übertragen Sie die Rumpfumrisse (A) auf ein passendes Stück Holz. Bohren Sie die Augen-, Achsen- und Dübellöcher. Schneiden Sie den Augendübel etwas länger als die Rumpfdicke. Kleben Sie ihn in das Augenloch, so daß er auf jeder Seite etwas übersteht. Schleifen Sie den Dübel nach dem Trocknen des Leims auf einer Seite flach ab. Schneiden Sie jetzt die Umrisse des Körpers aus. Machen Sie mehrere kurze Einschnitte rund um das Auge, um so die gewölbte Kontur zu erzeugen. Achten Sie darauf, nicht zu nah am hinteren Achsloch vorbei zu sägen, sonst wird diese Stelle geschwächt.

Zum Bohren der Löcher für die Zugschnur befestigen Sie Klötze mit Zwingen auf dem Bohrtisch, um den Rumpf in der richtigen Position zu halten. Bohren Sie zunächst das 12-mm-Loch, drehen Sie dann den Rumpf, um die kleinere Bohrung von Ø 6 mm in den Brustkorb zu bohren, bis es das 12-mm-Loch trifft.

Schleifen Sie jetzt die Kanten des Rumpfs mit 80er Körnung glatt. Um das Auge herum zu schleifen ist etwas knifflig. Benutzen Sie den Rand des Schleifbandes für die Ecken vorn und hinten am Auge (s. Abb. 1). Formen Sie dann vorsichtig den Rest der Rundung. Nehmen Sie sich dafür Zeit; die Details wie z. B. das Auge geben dem Frosch sein überzeugendes Aussehen. Schleifen Sie jetzt die Flächen, vergessen Sie dabei nicht, die Maulinnenseite und die Kanten des Mauls zu brechen (s. Abb. 2, 3).

Materialliste

(Maße in cm, soweit nicht anders angegeben)

Teil	Benennung	Anzahl	Dicke	Breite oder Ø	Länge
A	Rumpf	1	4,4	12,7	17,1
B	Oberschenkel	2	1,3	3,8	9,2
C	Unterschenkel	2	1,3	3,8	9,2
D	Auge	1		Ø 6 mm	4,4
E	Hinterachse	1		Ø 6 mm	7,3
F	Vorderachse	1		Ø 6 mm	7,3
G	Vorderrad	2	1,3	Ø 3,0	
H	Hinterrad	2	1,3	Ø 5,0	
J	Kopfdübel	6		Ø 5 mm	2,7
K	Schnur	1		Ø 6 mm	65
L	Knopf	1		Ø 22 mm	

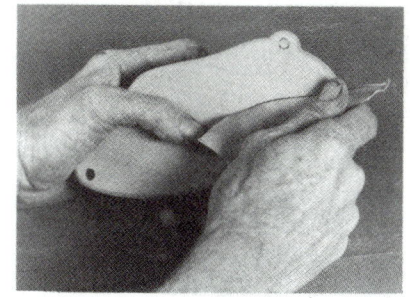 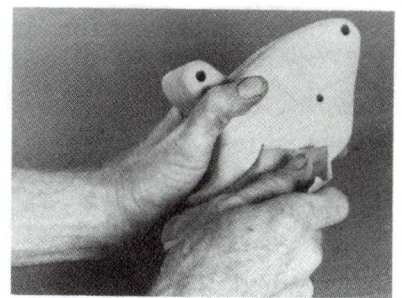

Abb. 2 u. 3 Schleifen Sie die Innenseite des Mauls, und runden Sie die Kanten, indem Sie das Schleifleinen (das reißt nicht so schnell ein wie Schleifpapier) nach oben und nach unten ziehen.

Die Beine

Die Beine sollten aus einem harten Holz gefertigt werden, das zur Maserung des Rumpfs paßt. Zeichnen Sie die Umrisse so auf, daß die Maserung in Längsrichtung verläuft. Bohren Sie die Dübellöcher und beachten Sie dabei, welche Löcher als Gelenke (Ø 6 mm) und welche als fest verleimte Dübelverbindung (Ø 5 mm) vorgesehen sind. Achten Sie beim Ausschneiden der Füße auf die Umrißlinien. Bleibt zuviel Material unter dem Achsloch stehen, könnten die Füße den Boden berühren, wenn der Frosch rollt. Dies würde eine gleichmäßige Bewegung verhindern. Entfernen Sie jedoch zuviel Material, wird die Stelle noch mehr geschwächt. Denken Sie auch beim Schleifen der Kanten daran. Das Schleifen der Flächen ist bei den kleinen Teilen eine knifflige Sache. Halten Sie die Teile einzeln vorsichtig mit den Fingerspitzen auf den Bandschleifer und passen Sie auf, daß Ihre Finger das Band nicht berühren (s. Abb. 4). Wenn Sie zum ersten Mal mit dem Bandschleifer arbeiten, mag das etwas schwierig erscheinen, aber mit etwas Übung geht es bald leichter von der Hand. Mit leicht angefeuch-

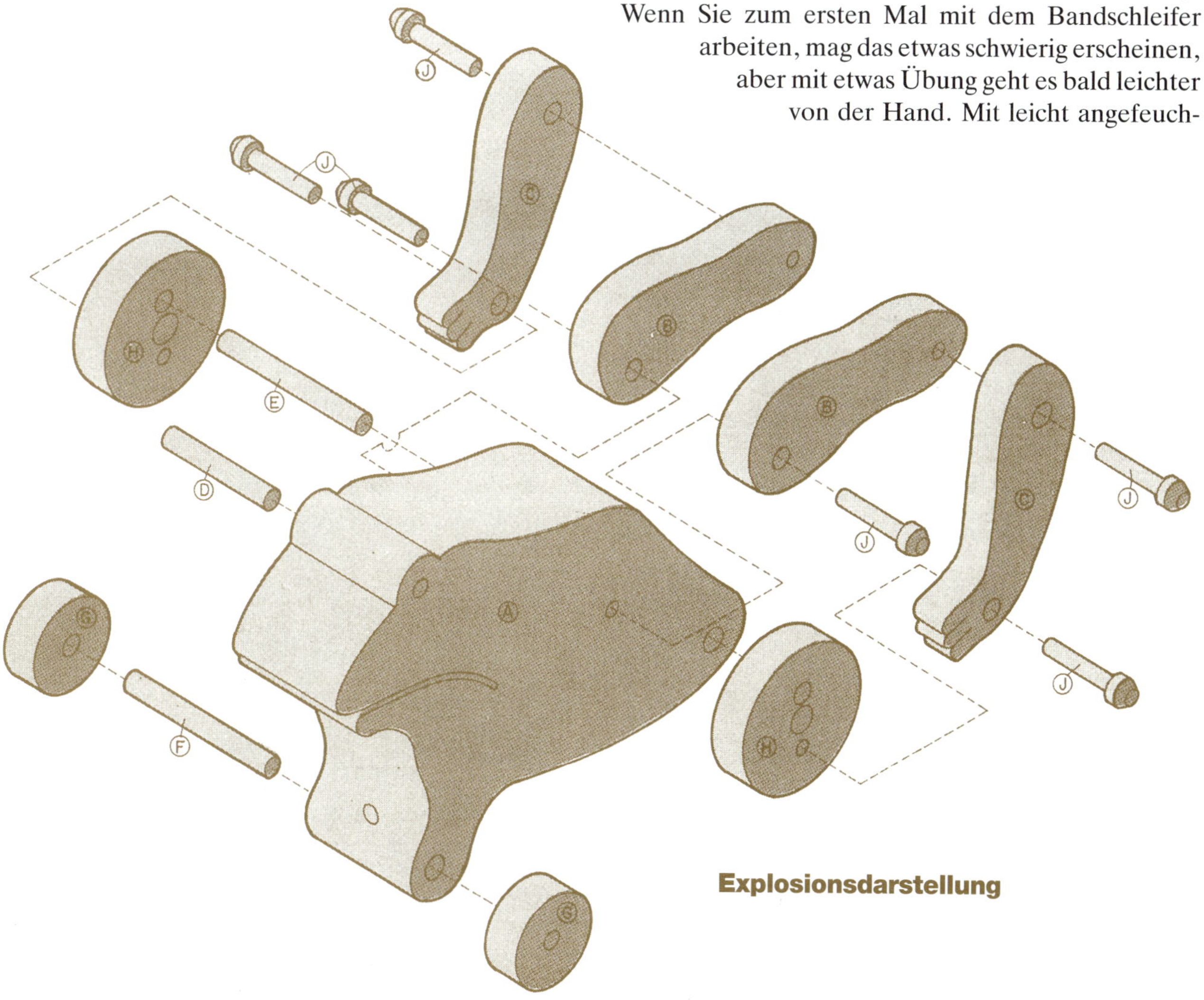

Explosionsdarstellung

teten Fingerspitzen können Sie die Teile besser festhalten. Wenn Ihnen diese Art der Bearbeitung nicht gefällt, können Sie die Beine auch von Hand auf glatter Unterlage schleifen (s. Abb. 5). Brechen Sie beim Schleifen alle Kanten.

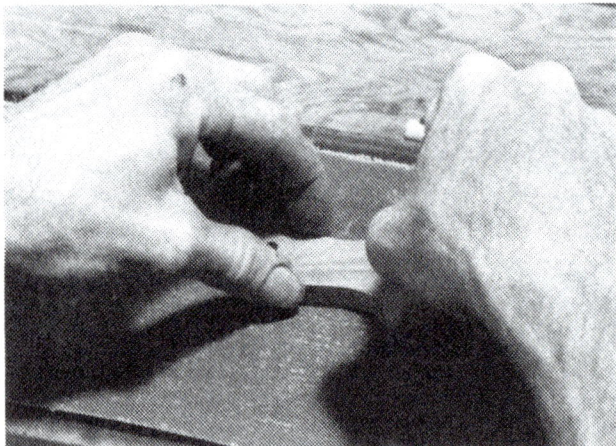

Abb. 4 Kleine Teile mit dem Bandschleifer zu bearbeiten ist nicht so schwierig, wie es aussehen mag. Mit leicht angefeuchteten Fingerspitzen kann man das Holz besser festhalten. Packen Sie fest zu, aber drücken Sie das Werkstück nur leicht gegen das Band, und achten Sie dabei auf Ihre Finger!

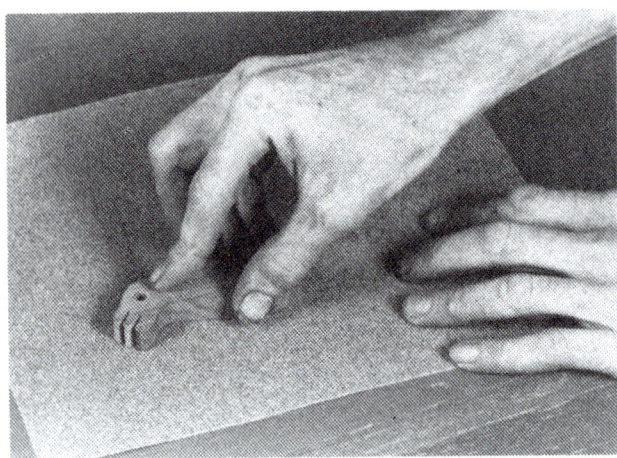

Abb. 5 Kleine Werkstücke können auch geschliffen werden, indem sie auf einem Blatt Schleifpapier hin- und herbewegt werden.

Die Räder

Bohren Sie die exzentrischen Achs- und Dübellöcher mit Hilfe der Bohrvorrichtung (s. allgemeine Hinweise S. 14, Abb. 11) in die Hinterräder. Verdübeln Sie die vorgebohrten mittigen Achslöcher, und schleifen Sie die Enden nach dem Antrocknen auf die gleiche Weise ab, wie Sie vorher die Beine geschliffen haben.

Zusammenbau

Schneiden Sie die beiden Achsen (E, F) mit etwas Übermaß ab. Kleben Sie die Vorderräder an. Beim Befestigen der Hinterräder achten Sie darauf, daß sich die Dübellöcher exakt gegenüberliegen. Überprüfen Sie die Anordnung der Hinterräder, solange der Leim noch nicht angetrocknet ist, und korrigieren Sie, wenn notwendig, die Radstellung. Wenn der Leim getrocknet ist, schleifen Sie die Achsenden ab.

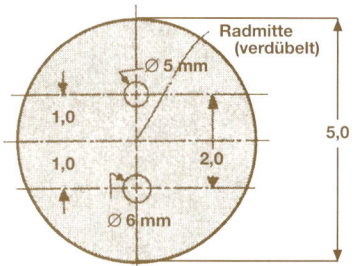

Hinterrad

Der nächste Arbeitsgang besteht aus dem Zusammenbau der Beine. Vor dem Verleimen legen Sie die Teile so auf der Werkbank aus, daß Sie 2 spiegelbildliche Beine erhalten. Stecken Sie einen Dübel ins obere Loch eines Fußteils, und kleben Sie ihn ins untere Loch des Schenkels. Wiederholen Sie dies beim zweiten Bein. Nach dem Antrocknen schleifen Sie die Dübelenden auf der Innenseite ab. Befestigen Sie jetzt die Beine am Rumpf. Achten Sie darauf, daß die Beine nicht vertauscht werden. Verwenden Sie die Abstandslehre (s. allgemeine Hinweise S. 23, Abb. 22), um die Dübel so einzutreiben, daß die

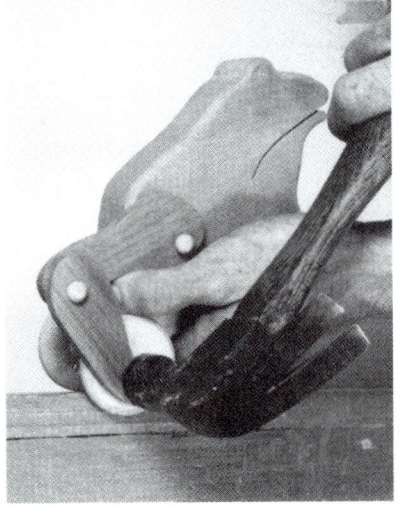

Abb. 6 Legen Sie das Rad beim Eintreiben der Dübel zur Unterstützung auf die Kante der Werkbank.

Beine sich leicht, aber nicht schlackernd bewegen können. Befestigen Sie jetzt die Füße nacheinander an den Rädern. Geben Sie dazu ein wenig Leim in die Radbohrung. Halten Sie den Frosch so, daß das Rad auf der Ecke der Werkbank aufliegt (s. Abb. 6). Treiben Sie den Dübel so tief ein, daß er bündig mit der Rückseite des Rades abschließt, aber achten Sie darauf, daß zwischen Fuß und Rad ein wenig Spiel bleibt. Wischen Sie vorsichtig den überstehenden Leim ab. Verfahren Sie beim zweiten Fuß genauso. Wenn der Leim völlig getrocknet ist, können Sie den Frosch ölen. Nach dem Trocknen des Öls befestigen Sie die Zugschnur – und das war's. Ein weiterer Frosch ist bereit zum ersten Hüpfer.

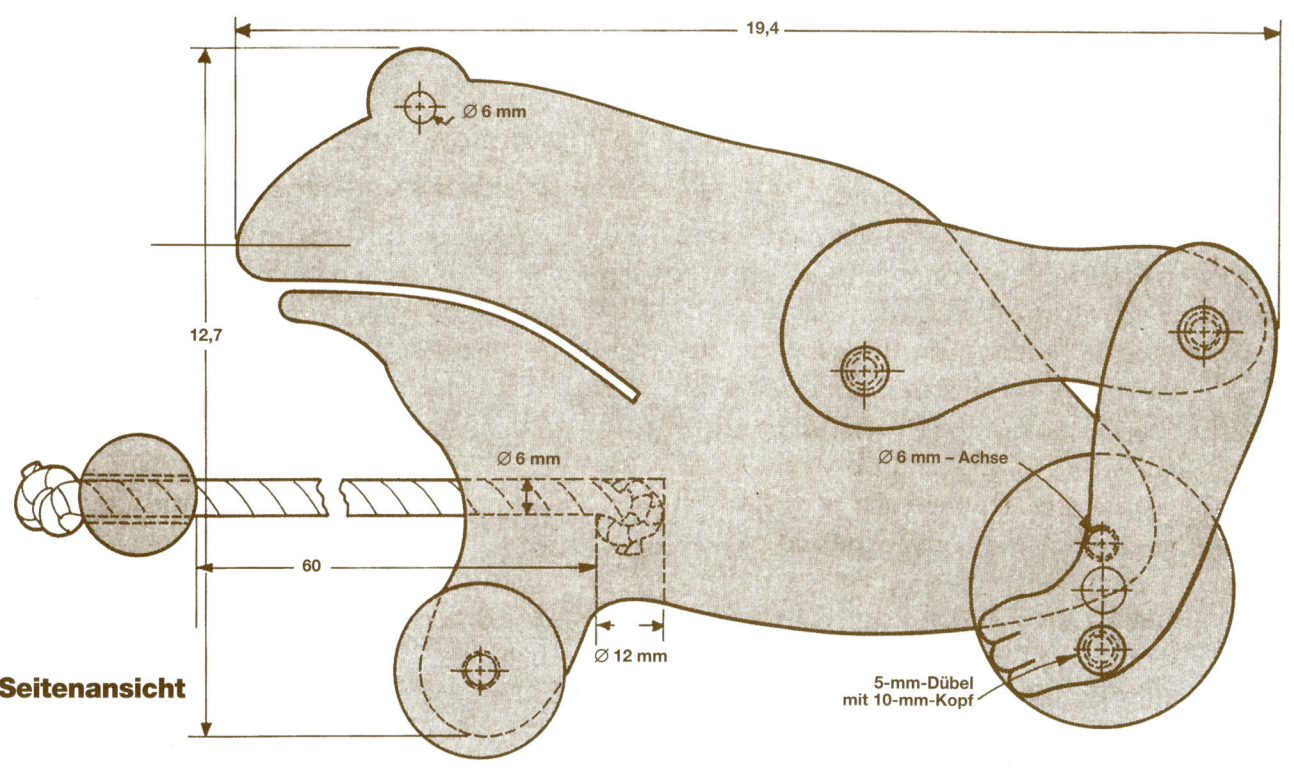

Seitenansicht

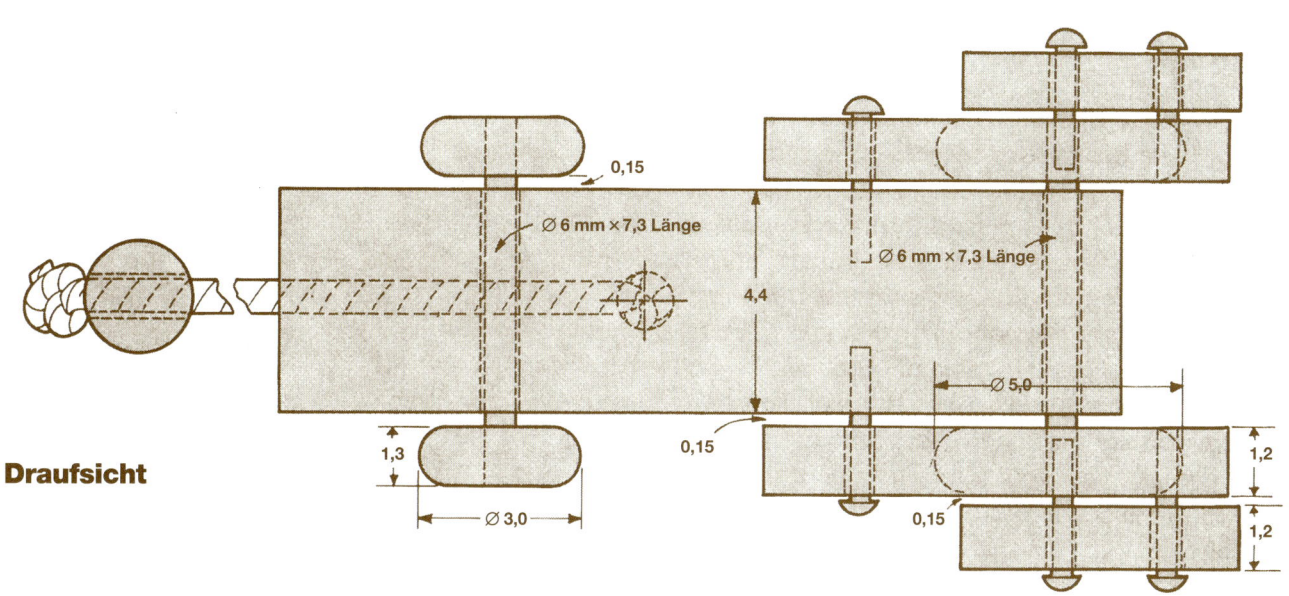

Draufsicht

B
Oberschenkel
6 mm
5 mm

C
Unter-
schenkel
6 mm
6 mm

A
Körper
6 mm
5 mm
7 mm
7 mm

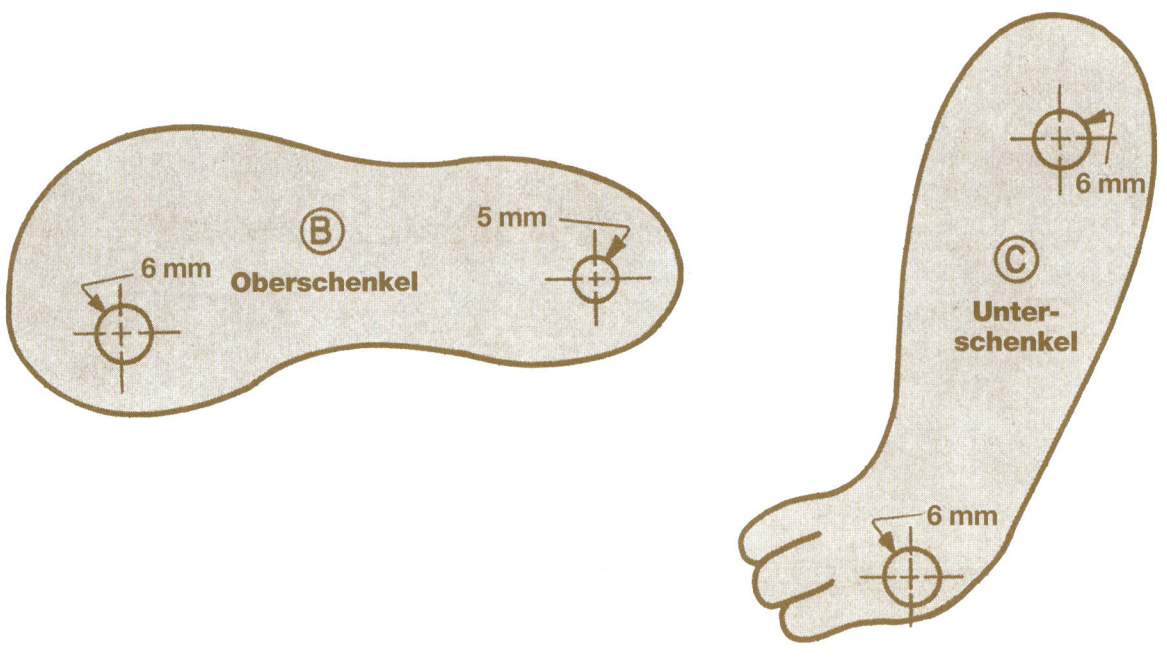

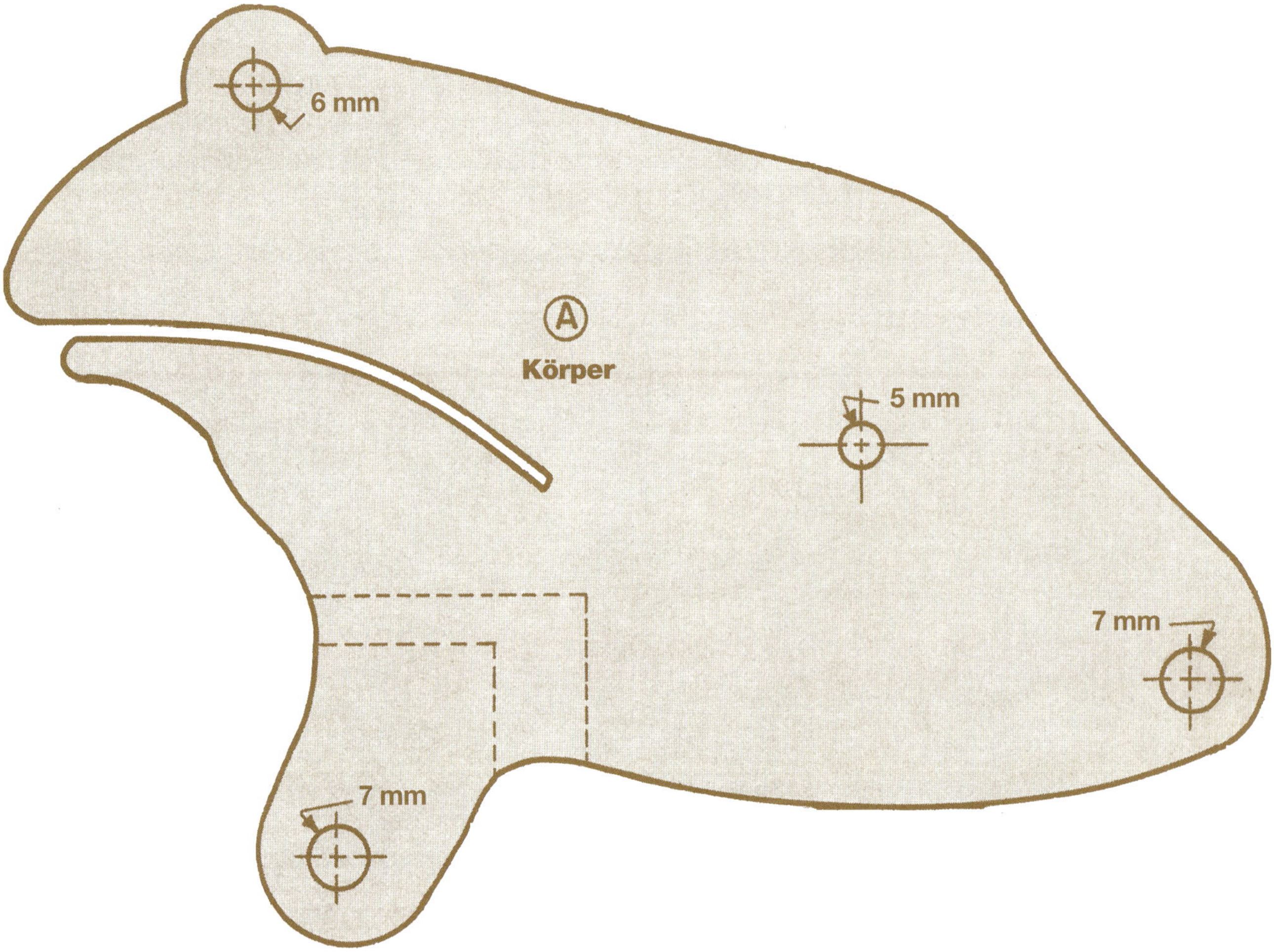

Der freche Seehund

Wenn Sie dieses Spielzeug bewegen, wird sein einfaches Äußeres zum Leben erweckt. Es erhält den wirklichkeitsgetreuen Watschelgang durch die versetzte Anordnung der exzentrischen Räder und seiner Flossen, die sich auf den Achsenden drehen.

Der Rumpf

Für den Rumpf sind bei der Auswahl der Holzart keine besonderen Ansprüche zu beachten. Jede Sorte ist hierfür geeignet. Übertragen Sie die Umrisse (A) auf einen Block von 44 mm Dicke. Bohren Sie die Achs- und Augenlöcher. Kleben Sie den Augendübel (D) ein, und lassen Sie ihn auf beiden Seiten etwas überstehen. Nach dem Antrocknen des Leims schleifen Sie die Dübelenden glatt ab. Als nächstes schneiden Sie die Körperumrisse aus. Schleifen Sie die Schnittkanten und die Seitenflächen. Unterlegen Sie den Rumpf mit einem Klotz, um die 12-mm-Bohrung im Nacken des Seehunds im richtigen Winkel zu fertigen. Das letzte Stück wird mit ∅ 6 mm gebohrt; arbeiten Sie mit kleinem Vorschub, und lassen Sie den Bohrer vorsichtig durchstoßen. Schleifen Sie den Rumpf, alle Kanten rundend.

Zeichnen Sie jetzt die Schwanzform auf die Oberseite des Körpers (s. Abb. 1). Schneiden Sie die Stücke mit der Bandsäge aus. Schleifen Sie die neuen Schnittkanten, und runden Sie dabei alle Kanten. Stellen Sie gleichmäßige Übergänge her (s. Abb. 2). Spannen Sie den Seehund jetzt im Schraubstock mit dem Schwanz nach oben ein. Mit einer Halbrundraspel werden die hinteren Kanten so gerundet, daß sie in die Rundung der übrigen Kanten übergehen. Schleifen Sie den Rumpf, und glätten Sie alle Riefen.

Zugschnur

Bei diesem speziellen Spielzeug ist es notwendig, die Zugschnur vor dem Zusammenbau zu befestigen. Der Dübel, der die Bohrung verschließt, muß vor dem Anbringen der Flossen glattgeschliffen werden. Fädeln Sie die Schnur durch die Bohrung. Verknoten Sie das aus dem 12-mm-Loch ragende Schnurende, und ziehen Sie die Schnur zurück, bis

der Knoten auf dem Lochgrund sitzt. Messen Sie die Tiefe des Lochs bis zum Knoten, schneiden Sie den 12-mm-Dübel (E) auf diese Länge zu, und kleben Sie den Stopfen so ein, daß er ein wenig übersteht. Wenn der Leim getrocknet ist, schleifen Sie den Dübel ab, so daß seine Oberfläche der des Nackens angepaßt wird. Schleifen Sie nicht zuviel ab, sonst werden die Rundungen der Außenkanten weggearbeitet (s. Abb. 3).

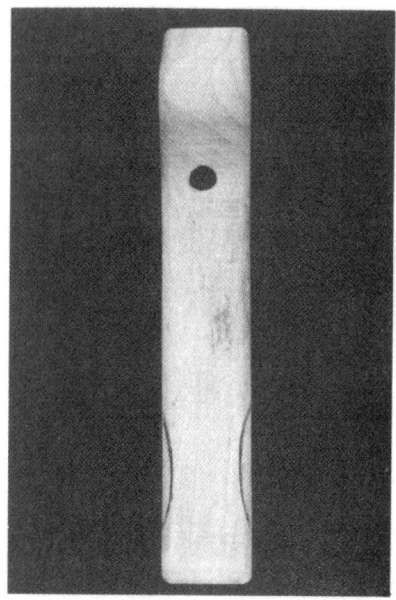

Abb. 1 Zeichnen Sie den Schwanzumriß auf die Oberseite des Werkstücks.

Abb. 2 Schaffen Sie gleichmäßig gerundete Übergänge zwischen den glatten Seitenflächen und den neuen Sägekanten.

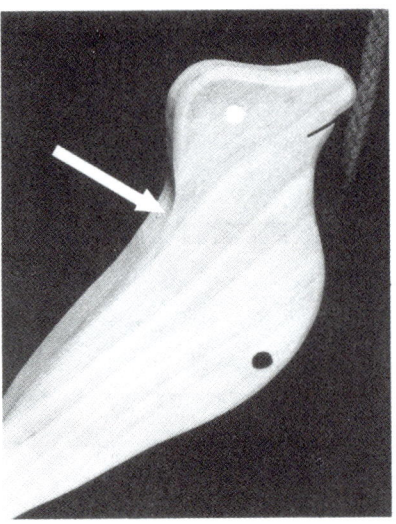

Abb. 3 Schleifen Sie die Flächen im Nacken nur so weit ab, bis der Dübel bündig mit der Oberfläche ist, sonst wird die bereits fertiggestellte Außenkontur zerstört.

Die Flossen

Die Flossen sollten aus einem harten Holz gefertigt werden. Schneiden Sie ein quadratisches Stück von 7,5 × 7,5 cm aus einem 1,3 cm dicken Brett zu. Zeichnen Sie die 2 Flossen auf, mit der Maserung in Längsrichtung. Das Ende der Flosse mit der Bohrung sollte sich mit einer Hirnholzkante decken, und die Flosse sollte genau rechtwinklig zu dieser Kante stehen (s. Abb. 5). Mit einem Körner markieren Sie die ⌀ 6-mm-Bohrungen. Spannen Sie das Brettchen senkrecht auf den Bohrständer ein, um die Löcher zu bohren (s. Abb. 4). Ich fertige diese Löcher mit etwas Übermaß (6,2 mm), wenn Sie keinen entsprechenden Bohrer besitzen, sollten Sie die Dübelenden etwas dünner schleifen, damit das Holz beim Zusammenbau nicht durch zu große Spannungen reißt.

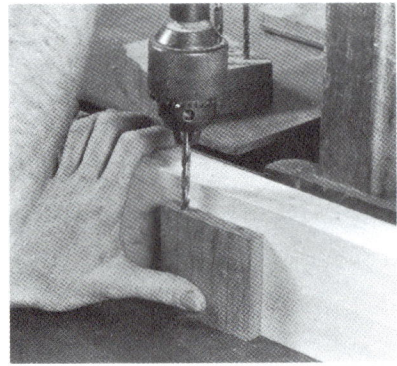

Abb. 4 Verwenden Sie einen rechtwinkligen Klotz, um die Flossen beim Bohren der Löcher ⌀ 6 mm senkrecht zu halten.

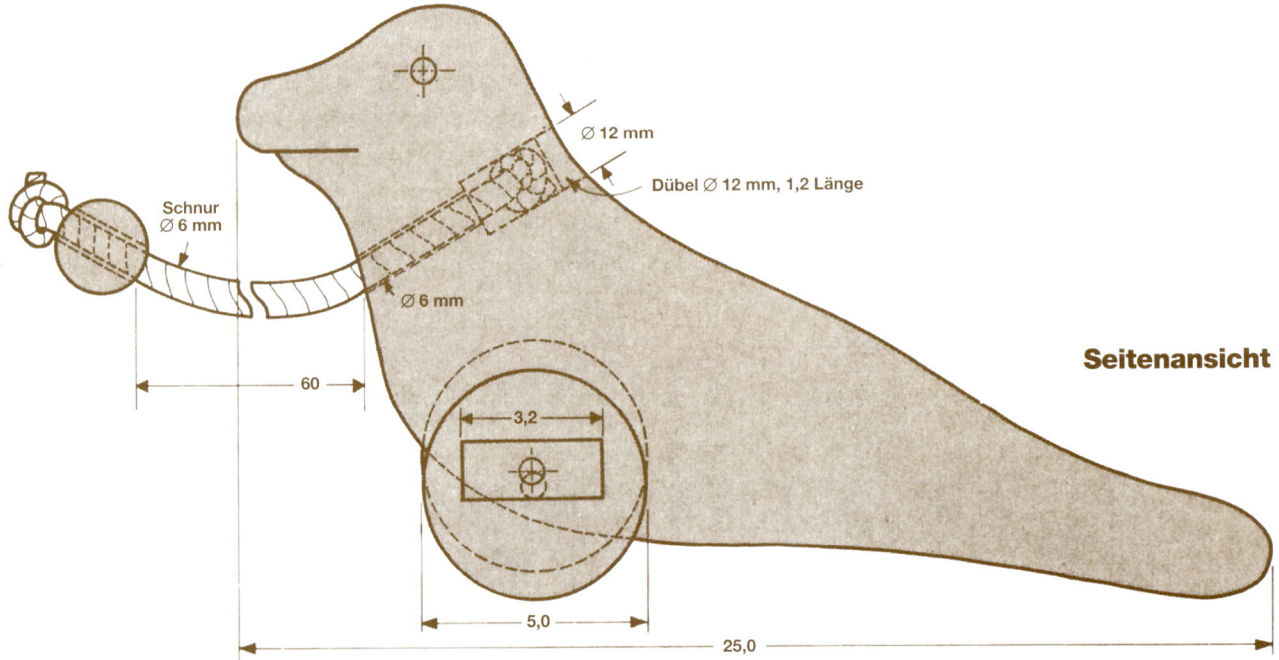

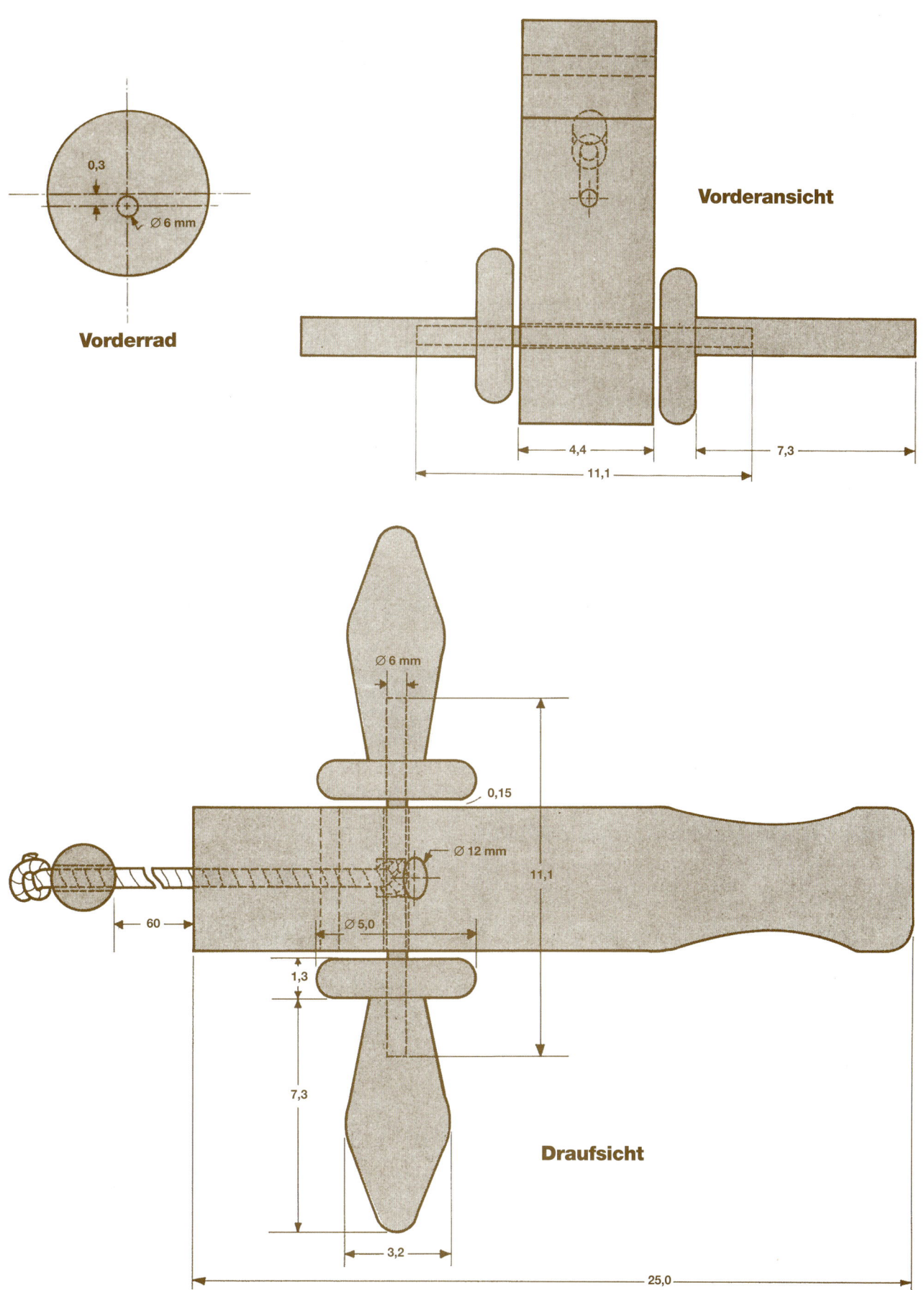

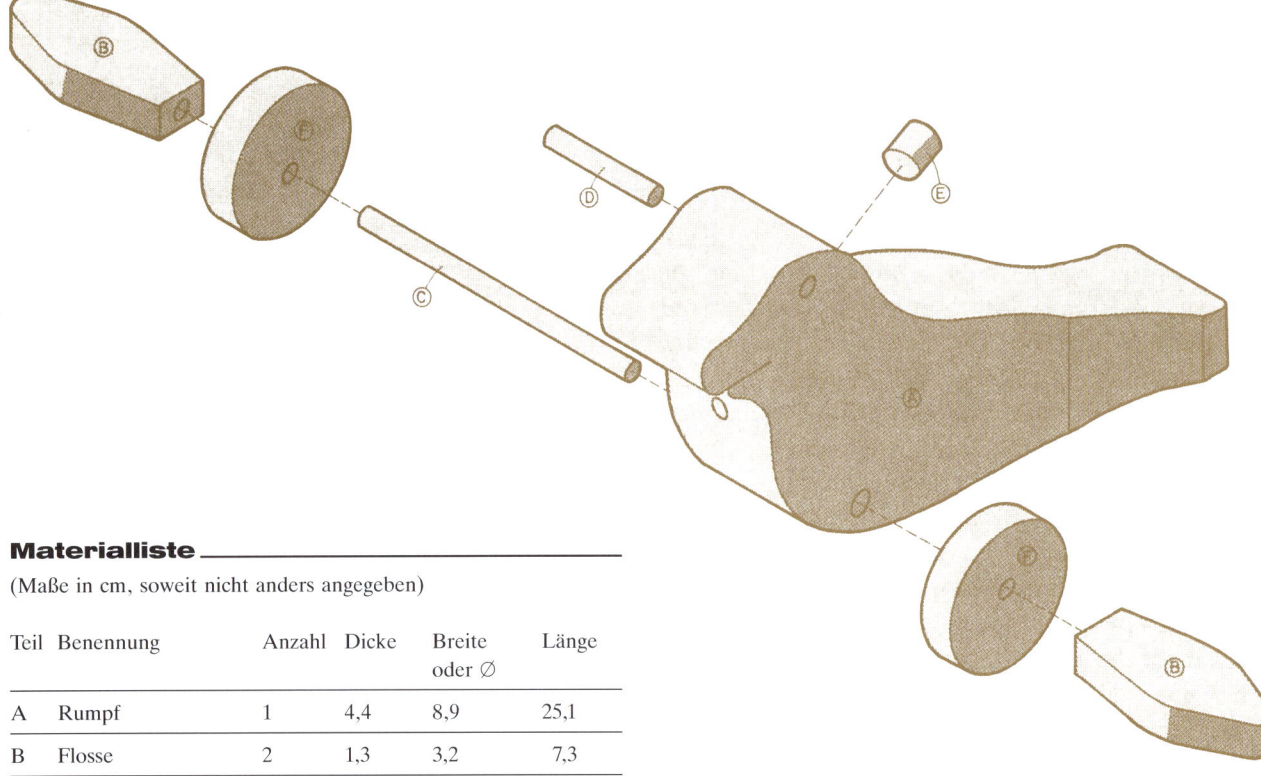

Explosionsdarstellung

Materialliste

(Maße in cm, soweit nicht anders angegeben)

Teil	Benennung	Anzahl	Dicke	Breite oder ∅	Länge
A	Rumpf	1	4,4	8,9	25,1
B	Flosse	2	1,3	3,2	7,3
C	Achse	1		∅ 6 mm	11,1
D	Auge	1		∅ 6 mm	4,5
E	Stopfen	1		∅ 12 mm	ca. 1,2
F	Rad	2	1,3	∅ 5,0	
G	Schnur	1		∅ 6 mm	65
H	Knopf	1		∅ 22 mm	

Die Räder

Da das exzentrische Achsloch sich mit dem mittig vorgebohrten überschneidet, müssen Sie dieses zunächst verdübeln. Bohren Sie anschließend das exzentrische Achsloch.

Zusammenbau

Geben Sie Leim (wenig, sonst sitzt die Achse später nicht richtig) in eine Flossenbohrung. Treiben Sie die Achse in die Bohrung. Schieben Sie ein Rad auf die Achse, mit der Außenseite voran. Geben Sie ein wenig Leim auf die Stelle am Rad, wo nachher die Flosse sitzt. Nehmen Sie die Seiten- und Vorderansicht zu Hilfe, um das Rad richtig zu positionieren, und schieben Sie das Rad gegen die Flosse. Stecken Sie die Achse durch den Rumpf. Während Sie die ganze Anordnung festhalten, geben Sie ein wenig Leim auf die Achse, etwas weiter außen, als später die Innenseite des Rads sitzt. Beachten Sie den Abstand zwischen Rad und Rumpf! Unter erneuter Zuhilfenahme der Zeichnungen positionieren Sie das zweite Rad und schieben es auf die Achse. Entfernen Sie den herausgequollenen Leim auf der Radinnenseite mit einem Streichholz oder etwas

Abb. 5 Zeichnen Sie die Flossen winklig zur Hirnholzkante, wobei das zu bohrende Ende an der Kante anliegen sollte.

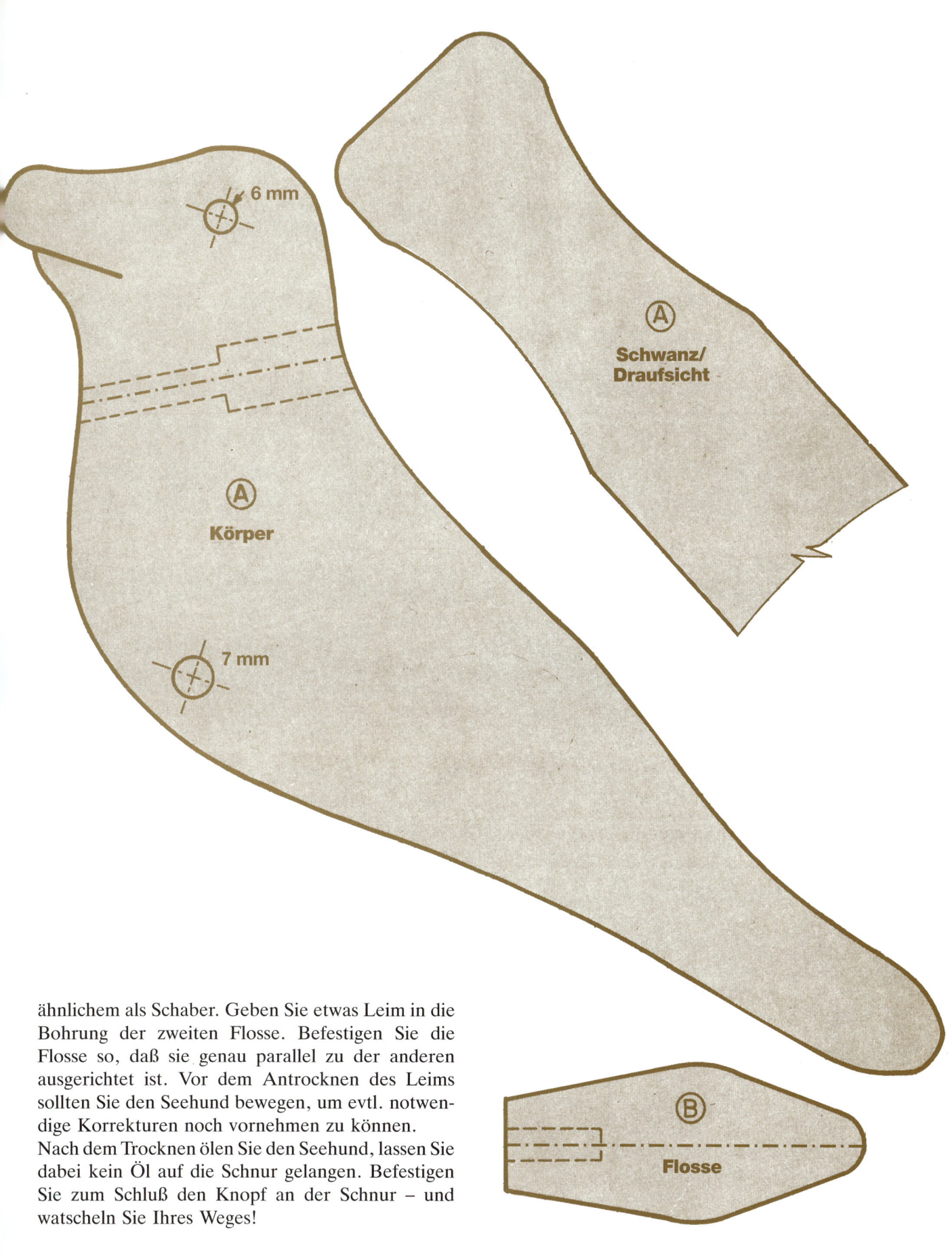

ähnlichem als Schaber. Geben Sie etwas Leim in die Bohrung der zweiten Flosse. Befestigen Sie die Flosse so, daß sie genau parallel zu der anderen ausgerichtet ist. Vor dem Antrocknen des Leims sollten Sie den Seehund bewegen, um evtl. notwendige Korrekturen noch vornehmen zu können.
Nach dem Trocknen ölen Sie den Seehund, lassen Sie dabei kein Öl auf die Schnur gelangen. Befestigen Sie zum Schluß den Knopf an der Schnur – und watscheln Sie Ihres Weges!

Der Hund auf der Pirsch

Das Zusammenspiel der äußeren Erscheinung und der Bewegungen dieses Spielzeugs erzeugen gemeinsam einen tollen Eindruck. Die Füße, die an gegenüberliegenden Stellen der Vorderräder befestigt sind, lassen den Hund weitertrotten, wenn er gezogen wird.

Die Füße schlagen aber auch vorne an die Ohren, wenn sie sich vorbeibewegen, und heben dabei den Kopf, dem sie diese wunderschöne schnüffelnde Bewegung verleihen. Die Flecken sind etwas Besonderes, sie geben dem Hund das typische, traurig-verrückte Aussehen eines Jagdhundes.

Rumpf

Der Rumpf (A) kann aus fast jeder Holzart gefertigt werden. Er weist keine kritischen Schwachstellen oder Anforderungen auf, besonders leicht oder schwer zu sein. Übertragen Sie die Rumpfzeichnung (A) auf ein passendes Stück Holz, und bohren Sie die Löcher für die Achsen, Dübel und Kopfdübel. Bohren Sie *nicht* die Löcher ⌀ 10 mm und ⌀ 12,5 mm, in denen die Hinterbeine befestigt werden, diese werden erst nach dem Ausrichten und Anleimen der Hinterbeine gefertigt. Leimen Sie Rundhölzer (andere Holzart als der Rumpf, die sich farblich abhebt) in alle „Flecken"-Bohrungen. Schleifen Sie das Holz plan, so daß der Rumpf flach auf dem Bandsägentisch liegt. Sägen Sie nun den Rumpf mit der Bandsäge aus. Befestigen Sie den Rumpf mit Klötzen (Zwischenlage) und Schraubzwingen auf dem Bohrtisch, um die Löcher für die Zugschnur zu bohren. Vor dem Bohren des Lochs für den Schwanz schneiden Sie das Leder aus und legen es um ein ⌀ 10-mm-Rundholz. So können Sie den erforderlichen Lochdurchmesser bestimmen (s. Abb. 1). Der Durchmesser variiert mit der Lederdicke (je steifer das Leder, um so besser). Bohren Sie nun das Loch. Schleifen Sie den Rumpf zunächst mit grobem (80er), dann mit feinem (120er, 180er) Sandpapier. Runden Sie alle Ecken und Kanten mit der Fräse und anschließend mit Schleifpapier.

Beine und Füße

Übertragen Sie die Umrisse für die Teile B, C und D auf ein Stück Holz der richtigen Stärke, die zum Rumpf paßt. Bohren Sie die Achsen- und „Flecken"-Löcher, ohne die beiden Befestigungslöcher in jedem der Hinterbeine, die gemeinsam mit dem Rumpf gebohrt werden.

Leimen Sie wieder alle Rundhölzer für die „Flecken" ein. Nach dem Antrocknen des Leims werden die überstehenden Enden abgeschliffen und die Umrisse mit der Bandsäge ausgeschnitten. Alle Teile mit Sandpapier schleifen, dabei Kanten runden, Körnungen 80, 120, 180. Befestigen Sie die Vorderbeine in versetzter Anordnung, wobei eine Abstandslehre (s. allgemeine Hinweise, S. 23, Abb. 22) bei Bedarf benutzt werden kann. Wenn der Leim trocken ist, schleifen Sie die Innenseite der Schulterteile, um Leimreste zu entfernen.

Kopf

Zeichnen Sie die Umrisse für E, F und G auf Hartholzstücke. Schneiden Sie Teil G aus, danach die beiden Ohren, wobei Sie genau den Umrißlinien folgen sollten, um beide Ohren deckungsgleich zu halten. Bohren Sie die Dübellöcher in die Kopfseitenteile (E). Schneiden Sie ein E-Teil aus und legen es auf das andere, um sicherzugehen, daß die Löcher und Umrisse deckungsgleich sind. Schleifen Sie die Teile mit 80er Körnung. Verleimen Sie jetzt die Nase (G) und die beiden Kopfseiten (E), unter

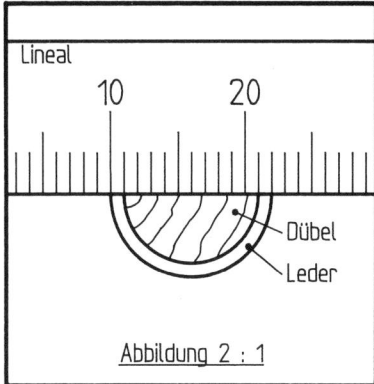

Abb. 1 Wickeln Sie das Leder für den Schwanz um einen ⌀ 10-mm-Dübel, und messen Sie, wie groß der Durchmesser für das Befestigungsloch sein muß. Der Bohrdurchmesser sollte ein wenig kleiner sein als das Maß von Dübel und Leder, damit der Schwanz richtig fest gehalten wird.

Verwendung der Spannvorrichtung (s. allgemeine Hinweise, S. 24, Abb. 24–26). Wenn der Leim getrocknet ist, schleifen Sie eventuell überstehendes Material ab, runden die Kanten und schleifen alle Unebenheiten glatt.

Zum Anleimen der Ohren fertigen Sie zunächst eine Schablone (aus Spanplatte oder Sperrholz) des Kopfes, wobei die Stelle, an der die Ohren aufliegen, ausgespart wird (s. Abb. 2). Schneiden Sie diese Schablone sehr sorgfältig aus. Mit Hilfe dieser Schablone kleben Sie die Ohren einzeln an, so daß sie sich genau in gleicher Position befinden.

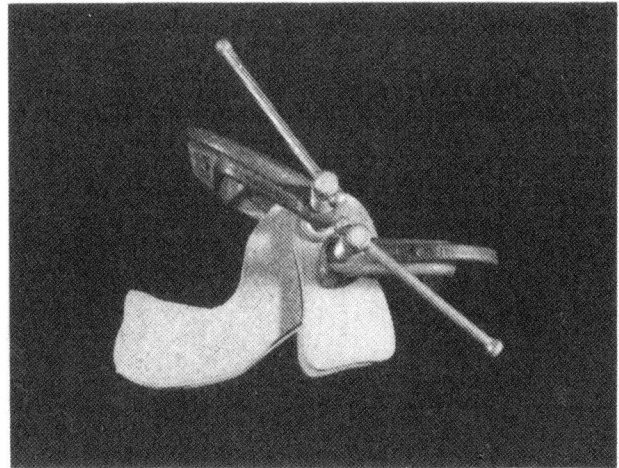

Abb. 2 Verwenden Sie diese Schablone, um die Position der Ohren festzulegen. Kleben Sie die Ohren einzeln nacheinander an.

Zusammenbau

Befestigen Sie den Kopf am Rumpf mit Hilfe der Abstandslehre (s. allgemeine Hinweise, S. 23, Abb. 22). Bereiten Sie die Montage der Vorderräder vor, indem Sie die Dübellöcher mit Hilfe der Bohrvorrichtung (s. allgemeine Hinweise, S. 14, Abb. 11) bohren. Kleben Sie nun ein Rad auf die Achse. Stecken Sie es durch den Rumpf, und kleben Sie das zweite Rad an. Stellen Sie sicher, daß die Dübellöcher sich um 180° versetzt gegenüberliegen, so daß der eine Fuß sich vorne befindet, wenn der andere hinten ist. Bringen Sie die Räder so nah wie möglich an den Rumpf, so daß sie zwischen die Ohren passen und der Kopf beim „Schnüffeln" ganz herunterklappen kann. Wenn die Räder nicht passen, schleifen Sie etwas von der Innenseite der Ohren ab, bis es geht.

Vorderbeine

Mit Hilfe der Abstandslehre befestigen Sie die beiden Schulterstücke am Rumpf. Befestigen Sie die Füße an den Rädern. Benutzen Sie eine Ecke der Werkbank, um die Räder beim Eintreiben der Dübel aufzulegen. Wischen Sie sorgfältig den überschüssigen Leim von der Radinnenseite, damit nichts an den Rumpf gelangt.

Um die erforderliche Länge der Hinterachse zu bestimmen, bringen Sie die Hinterbeine in Position, messen den Abstand über beide Füße, zuzüglich der Dicke der beiden Räder plus 3 mm Abstand, und schneiden die Hinterachse auf diese Länge. Befestigen Sie die Hinterachse an einem der Hinterräder. Schieben Sie den Dübel durch beide Hinterfüße, und verleimen Sie ihn mit dem zweiten Rad. Wenn der Leim angetrocknet ist, schleifen Sie die Dübelenden ab.

Hinterbeine

Um die Hinterbeine zu befestigen, sollte man eine Schablone fertigen, ähnlich der zum Anbringen der Ohren. Schneiden Sie die Form des Hinterkörpers aus, wobei die Umrisse des Hinterbeins ausgespart werden. Lassen Sie ein wenig Material zusätzlich um das Hinterteil herum stehen, damit es nicht bricht (s. Abb. 3). Verleimen Sie jetzt die Hinterbeine mit Hilfe der Vorrichtung, die Sie gerade hergestellt haben, damit sie genau positioniert werden. Achten Sie darauf, die Beine so anzuordnen, daß sich die Nase knapp *über* dem Boden befindet, sonst reibt sie

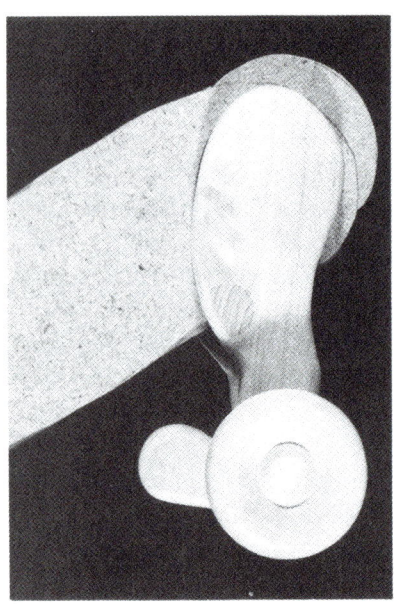

Abb. 3 Diese Schablone dient zum Ausrichten und exakten Angleichen der Hinterbeine beim Ankleben an den Rumpf. Damit das Material nicht ausbricht, wenn die Aussparung für das Bein ausgeschnitten wird, lassen Sie etwas mehr Material am Hinterteil stehen. Achten Sie darauf, daß die Achse rechtwinklig steht und sich leicht drehen läßt. Spannen Sie dann erst die Beine mit Zwingen fest.

später darüber. Prüfen Sie, ob die Achse winklig steht und die Räder frei laufen können. Wenn der Leim getrocknet ist, bohren Sie die Löcher durch den Rumpf und beide Beine. Denken Sie daran, ein Reststück Holz zu unterlegen, um das Ausbrechen zu vermeiden, wenn der Bohrer durchbricht. Leimen Sie jetzt die Dübel ein. Nach dem Trocknen schleifen Sie die überstehenden Dübelenden ab.

Der Schwanz

Geben Sie Leim in die Schwanzbohrung. Als nächstes wird etwa 2 cm von der Unterkante des Schwanzleders auf beide Seiten Leim gegeben. Rollen Sie das Leder auf, und stecken Sie es in die Bohrung. Den ⌀ 10-mm-Dübel plazieren Sie sorgfältig in der Öffnung im Leder und treiben ihn nun mit dem Abschnitt eines anderen 10-mm-Dübels ein, um das Leder nicht mit dem Hammer zu beschädigen. Wenn Sie den Hund ölen, lassen Sie kein Öl auf den Schwanz kommen; das Leder wird sonst steif, wenn das Öl trocknet. Befestigen Sie noch die Zugschnur, und auf geht's – der beste Freund eines Kindes!

Materialliste

(Maße in cm, soweit nicht anders angegeben)

Teil	Benennung	Anzahl	Dicke	Breite oder ⌀	Länge
A	Rumpf	1	4,4	10,2	29,2
B	Hinterbeine	2	1,9	6,4	15,2
C	Oberschenkel vorn	2	1,3	3,8	9,5
D	Unterschenkel vorn	2	1,3	3,8	9,5
E	Kopfseitenteil	2	1,3	6,4	15,2
F	Ohr	2	1,3	5,1	8,3
G	Nase	1	4,8	4,7	5,1
H	Vorderachse	1		⌀ 10 mm	7,9
J	Hinterachse	1		⌀ 10 mm	11,7
K	Dübel	1		⌀ 10 mm	8,3
L	Dübel	1		⌀ 12 mm	8,3
M	Kopfdübel	8		⌀ 6 mm	2,7
N	Rad	4	1,6	⌀ 6,0	
P	Schnur	1		⌀ 6 mm	65
Q	Knopf	1		⌀ 22 mm	
R	Schwanzleder	1		3,2	8,3

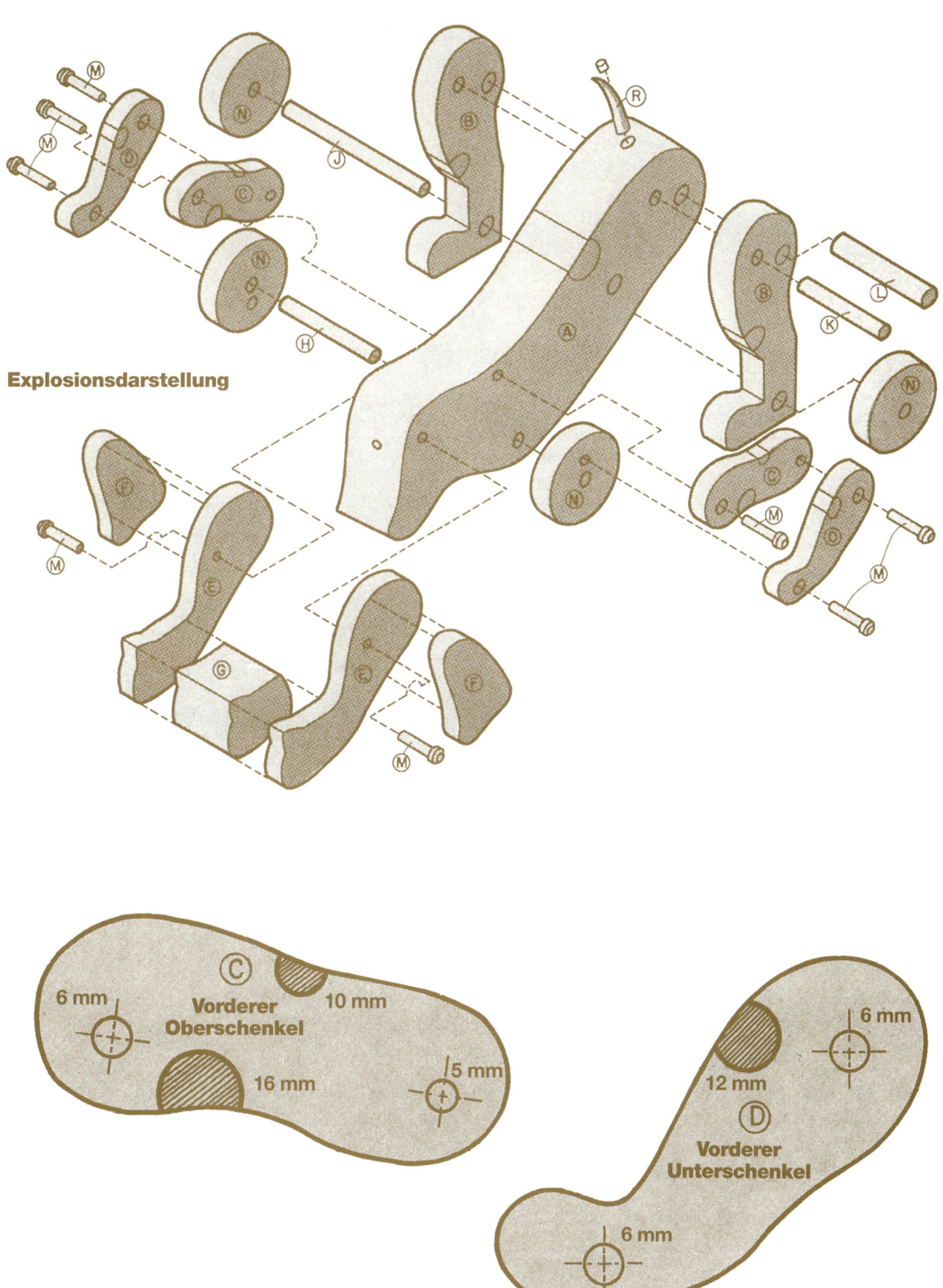

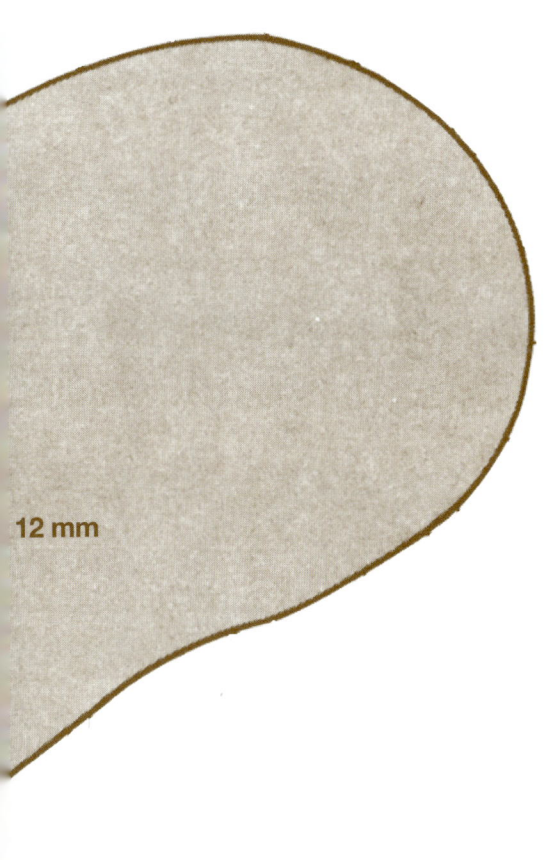
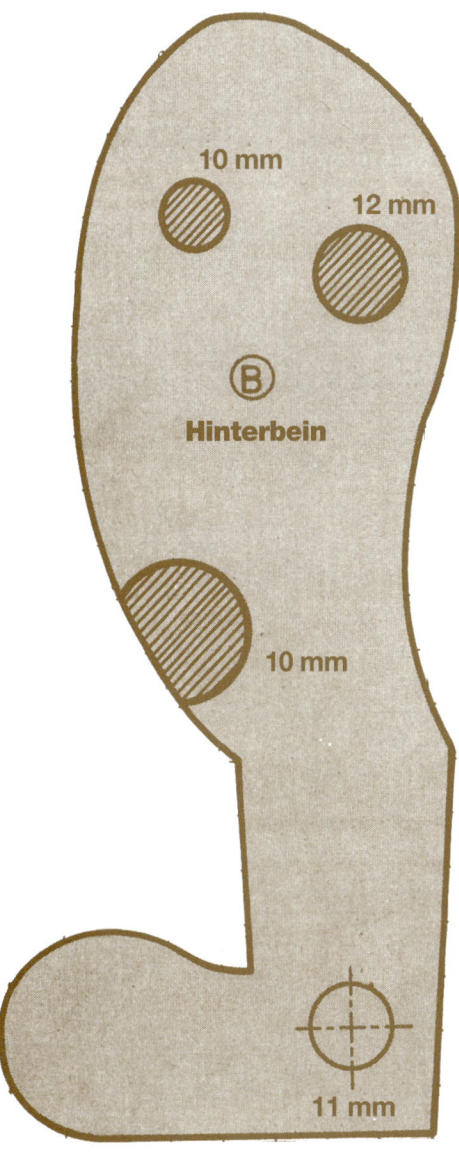

Draufsicht

Rad

Seitenansicht

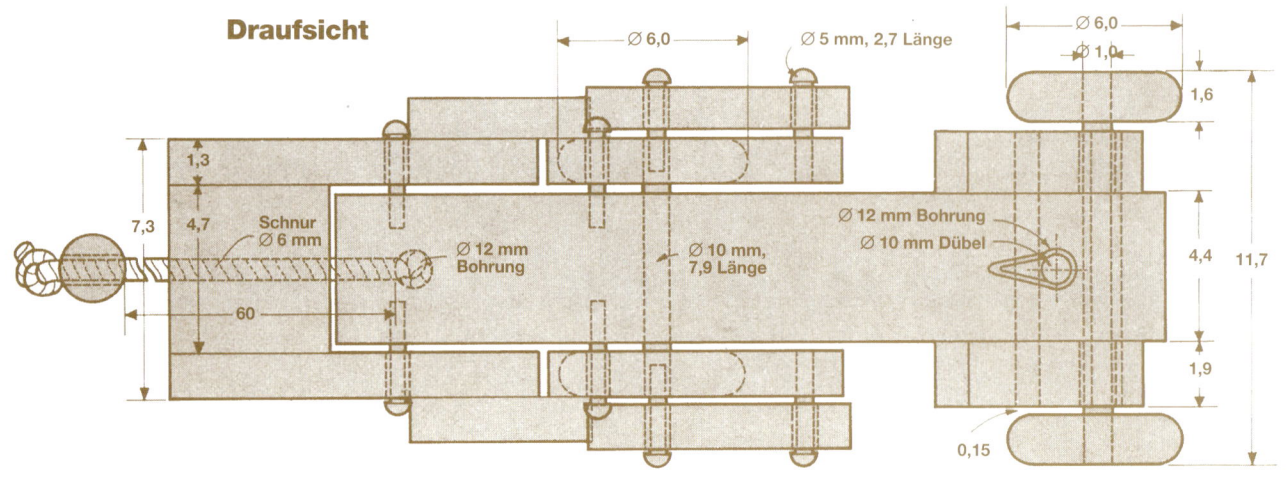

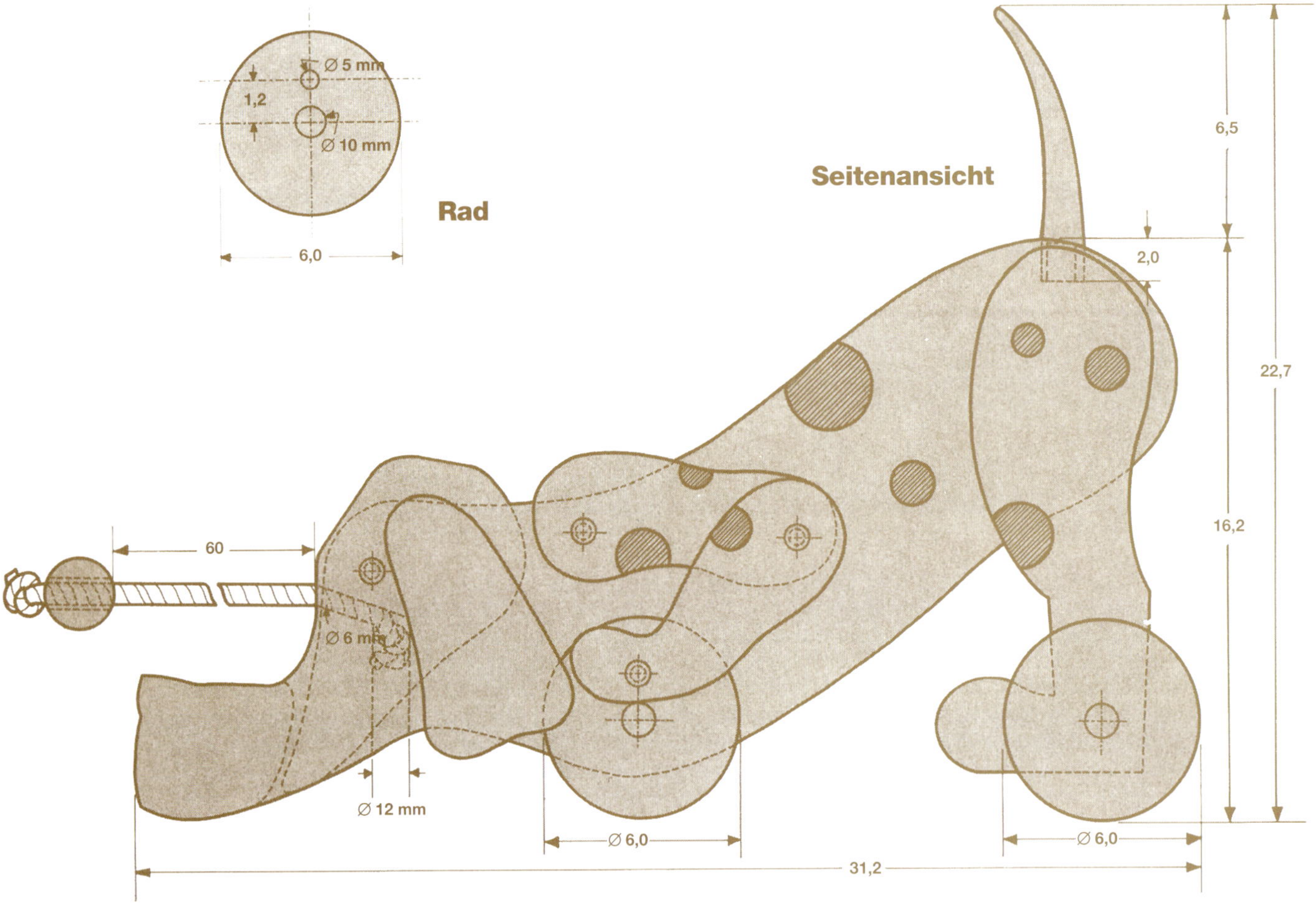

Phantasievolle Biester

Diese Phantasietiere sind einfach herzustellen und bieten eine gute Möglichkeit, Reststücke zu verwerten. Versuchen Sie, welche Holzsorte sich für die Brandmalerei am besten eignet, wobei grundsätzlich alle Holzsorten außer den dunkel gemaserten wie z. B. Walnuß geeignet sind.

Suchen Sie ein Reststück mit der passenden Größe für das gewählte Motiv. Ich verwende 2 cm dickes Material, weil die Proportionen dabei stimmen. Andere Dicken können aber auch verwendet werden. Schleifen Sie die Flächen des Teils (A) auf beiden Seiten. Übertragen Sie die Zeichnung mit Kohlepapier auf eine Seite. Bohren Sie die Achslöcher, verwenden Sie diese zum Ausrichten der Zeichnung auf der anderen Seite des Werkstücks, und übertragen Sie die Zeichnung mit Kohlepapier.

Brennen Sie die Muster mit dem Brennpeter auf beiden Seiten ein. Schneiden Sie das Teil mit der Bandsäge so aus, daß rundherum ein gleichmäßiger Rand stehenbleibt (s. Seitenansicht).

Schleifen Sie alle Sägekanten, und brechen Sie die Kanten leicht mit Schleifpapier. Befestigen Sie die Räder und Achsen. Schleifen Sie die Naben glatt, wenn der Leim getrocknet ist.

Ölen Sie das „Biest", und lassen Sie es laufen!

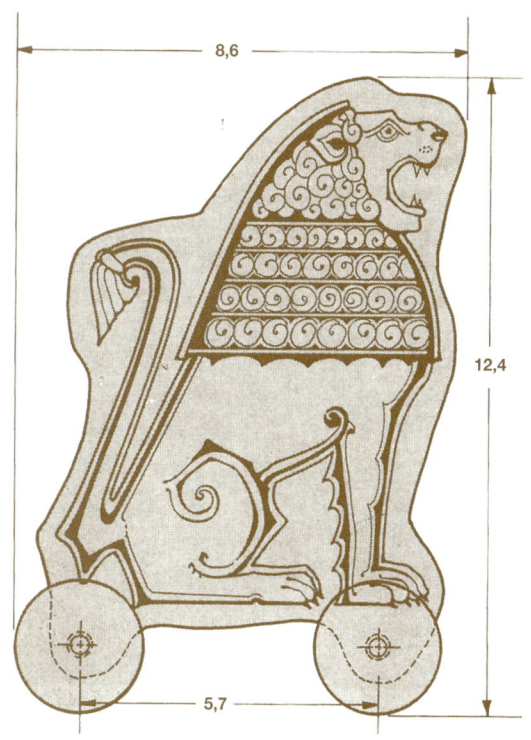

Seitenansicht

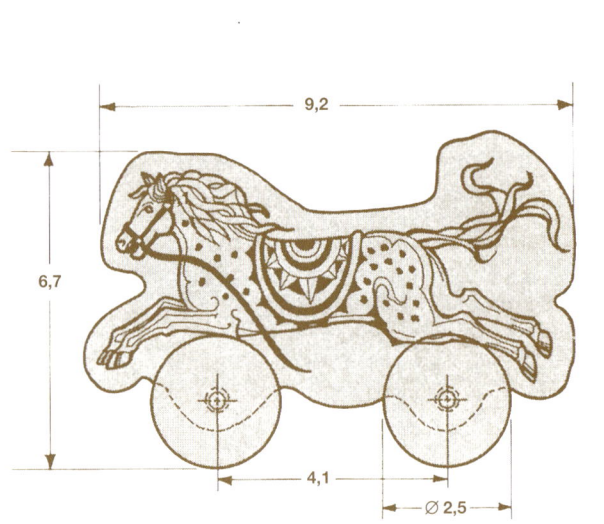

Seitenansicht    **Seitenansicht**

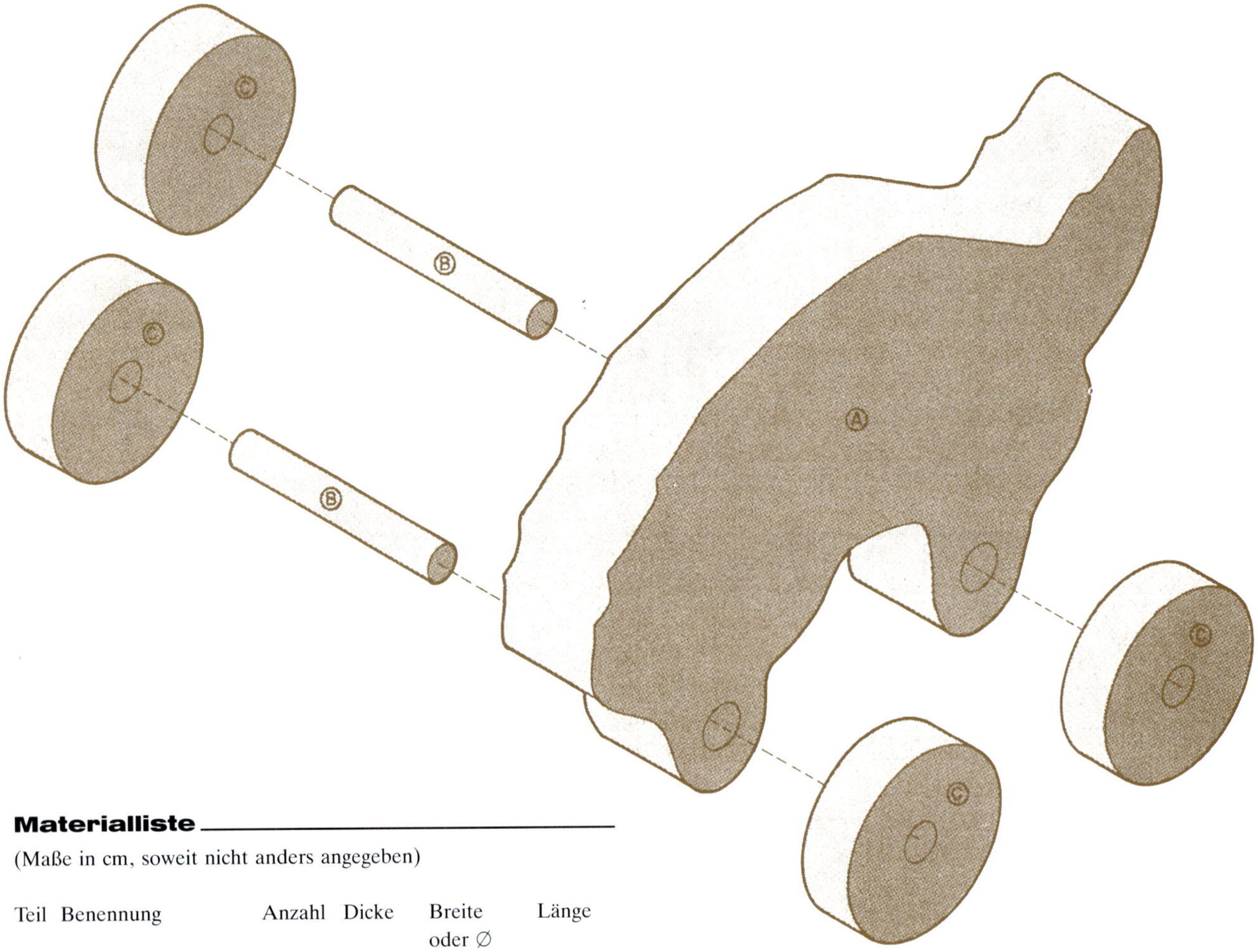

Materialliste

(Maße in cm, soweit nicht anders angegeben)

Teil	Benennung	Anzahl	Dicke	Breite oder ⌀	Länge
A	Rumpf	1	2,0–4,5	s. versch. Modelle	
B	Achse	2		⌀ 6 mm	Dicke +3 mm
C	Rad	4	1,0	⌀ 2,5	

Explosionsdarstellung

Seitenansicht

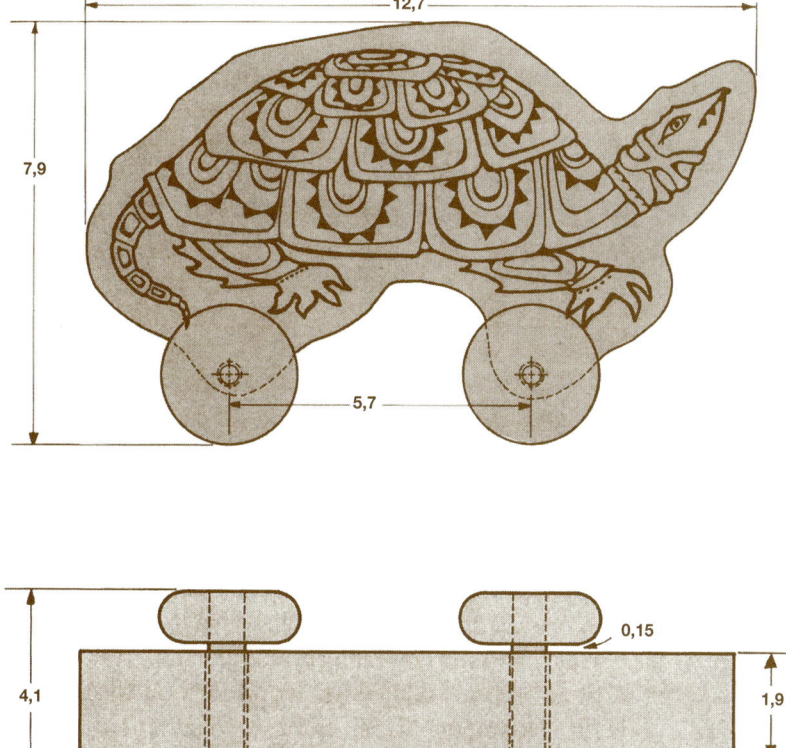

Draufsicht

Abb. 1 Alle Räder haben einen Durchmesser von 2,5 cm, eine Dicke von 10 mm und enthalten Löcher für die Achsen mit einem Durchmesser von 7 mm.

Vielfältige Fahr- und Flugzeuge

Der muntere Bus

Dieses Spielzeug ist recht einfach zu fertigen, trotzdem ist das Ergebnis schön anzusehen. Je ein Nocken auf der Vorder- und Hinterachse hebt ein verborgenes Holzteil, das den Fahrer und die Fahrgäste auf und ab bewegt, wenn der Bus hin und her geschoben wird. Die Passagiere und der Fahrer können herausgenommen werden, die Fensteröffnungen erleichtern kleinen Fingern das Greifen. Es ist ein tolles Spielzeug für kleine Krabbler.

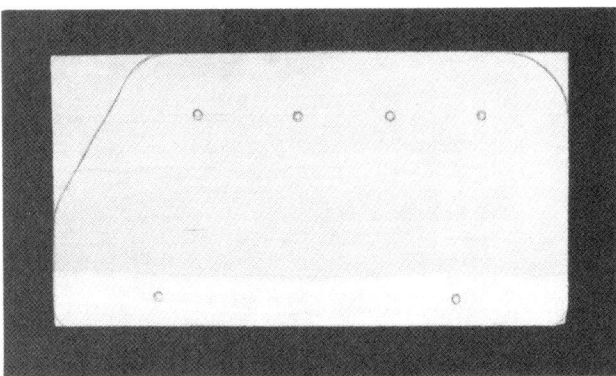

Abb. 1 Schneiden Sie einen rechteckigen Klotz in der Größe des Fahrzeugrumpfs aus. Die endgültige Form wird zugeschnitten, nachdem die Teile B und C eingeklebt werden.

Die meisten Holzsorten sind für dieses Spielzeug geeignet. Ein grobfaseriges Holz wie z. B. Pappel oder Espe sollte nicht verwendet werden, weil die großen Bohrungen rauh und ausgefasert würden.
Übertragen Sie die Umrisse (A) auf ein passendes Stück Holz. Schneiden Sie zunächst einen rechteckigen Korpus aus, um erst später die Schräge zu fertigen (s. Abb. 1). Die endgültige Form wird ausgesägt, wenn die beiden kleinen Füllstücke (B, C) eingeleimt sind. Zeichnen Sie die Löcher ⌀ 25 mm auf dem Busdach an, und bohren Sie sie mit einem Spiral- oder Forstnerbohrer, und zwar etwas tiefer als die Oberkante der Nut im Boden. Zeichnen Sie die Löcher ⌀ 30 mm an, so daß sie die Achsen der 25 mm-Bohrungen genau kreuzen.
Befestigen Sie das Werkstück auf dem Bohrtisch, und bohren Sie die Löcher ⌀ 30 mm mit einem Spiral- oder Forstnerbohrer, um glatt durch die anderen Löcher zu schneiden. Bohren Sie dann die Achslöcher.

Als nächstes schneiden Sie die Nut von 2,0 × 4,8 cm längs in den Boden. Dies ist mit einer Tischkreissäge möglich, am einfachsten mit einem Wanknutsägeblatt oder mit mehreren Schnitten mit einem normalen Sägeblatt (s. Abb. 2). Sägen Sie die Füllstücke (B, C) zurecht. Wenn Sie den Bus mit einer Zugschnur ausrüsten wollen, bohren Sie entsprechende Löcher in Teil B. Leimen Sie die Teile ein, und achten Sie darauf, daß Teil B vorne sitzt, mit der größeren Bohrung (12 mm) nach innen. Wenn der Leim angetrocknet ist, schneiden Sie die endgültige Form aus.

Abb. 2 Eine einfache Methode, den Schlitz zu fertigen, ist das Sägen mit einem Wanknutsägeblatt. Die volle Breite wird mit 2–3 Schnitten hergestellt.

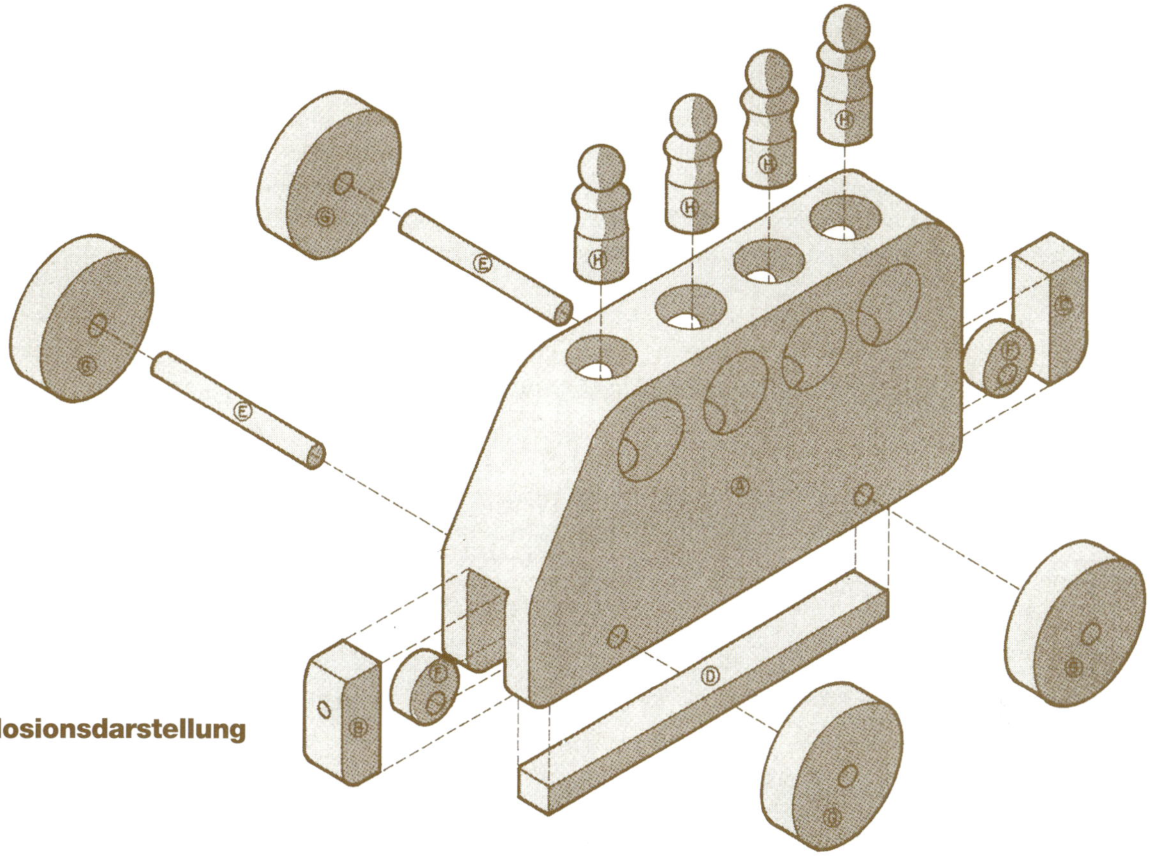

Explosionsdarstellung

Runden Sie alle Ecken und Kanten, einschließlich der großen Bohrungen oben (25 mm) und seitlich (30 mm) mit der Fräse (s. Abb. 3). Die Innenkanten der Nut werden beim Schleifen von Hand gebrochen. Schleifen Sie die Löcher mit einem kleinen zylindrischen Schleifkopf (Bohrmaschine) oder einem mit Schleifpapier umwickelten Stück Rundholz. Schleifen Sie alle Flächen und Fräskanten (80er, 120er und 180er Körnung).

Sägen Sie die Hubleiste (D) zurecht, und schleifen Sie die gesamte Oberfläche.

Materialliste

(Maße in cm, soweit nicht anders angegeben)

Teil	Benennung	Anzahl	Dicke	Breite oder ⌀	Länge
A	Karosse	1	4,5	10,2	22,2
B	Füllstück vorn	1	2,0	2,0	4,8
C	Füllstück hinten	1	2,0	2,0	4,8
D	Hubleiste	1	1,3	1,6	17,5
E	Achsen	2		⌀ 10 mm	8,0
F	Nocken	2	1,3	⌀ 2,5	
G	Räder	4	1,6	⌀ 6,0	
H	Figuren	4		⌀ 2,2	5,7
J	Zugschnur (wahlweise)	1		⌀ 6 mm	60
K	Bommel (wahlweise)	1		⌀ 22 mm	

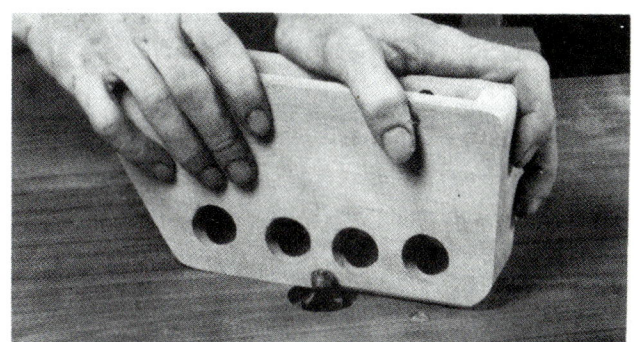

Abb. 3 Zum Fräsen der Oberkante verwenden Sie die Seitenfläche als Kante für die Anschlagrolle. Wenn Sie den Bus auf die Seite legen, rutscht die Anschlagrolle in die Löcher auf der Oberseite, und der Fräser zerstört die Kanten.

Zusammenbau

Legen Sie den Bus mit der Oberseite nach unten auf die Werkbank, und legen Sie die Hubleiste D an ihren Platz. Um die Achsen abzulängen, messen Sie die tatsächliche Breite des geschliffenen Werkstücks, addieren die Dicke der 2 Räder, 3 mm als Abstand und einen kleinen Überstand, um später Achse und Nabe gemeinsam abschleifen zu können. Positionieren Sie vor dem Einsetzen der Achsen die Nocken in der Nut; diese sollen genau in der Mitte der Achsen sitzen. Bohren Sie die 3-mm-Dübellöcher durch Nocken und Achsen (s. Abb. 4), und kleben Sie die Dübel ein.

Danach werden die Räder angeleimt. Wenn der Leim angetrocknet ist, schleifen Sie die Radnaben glatt.

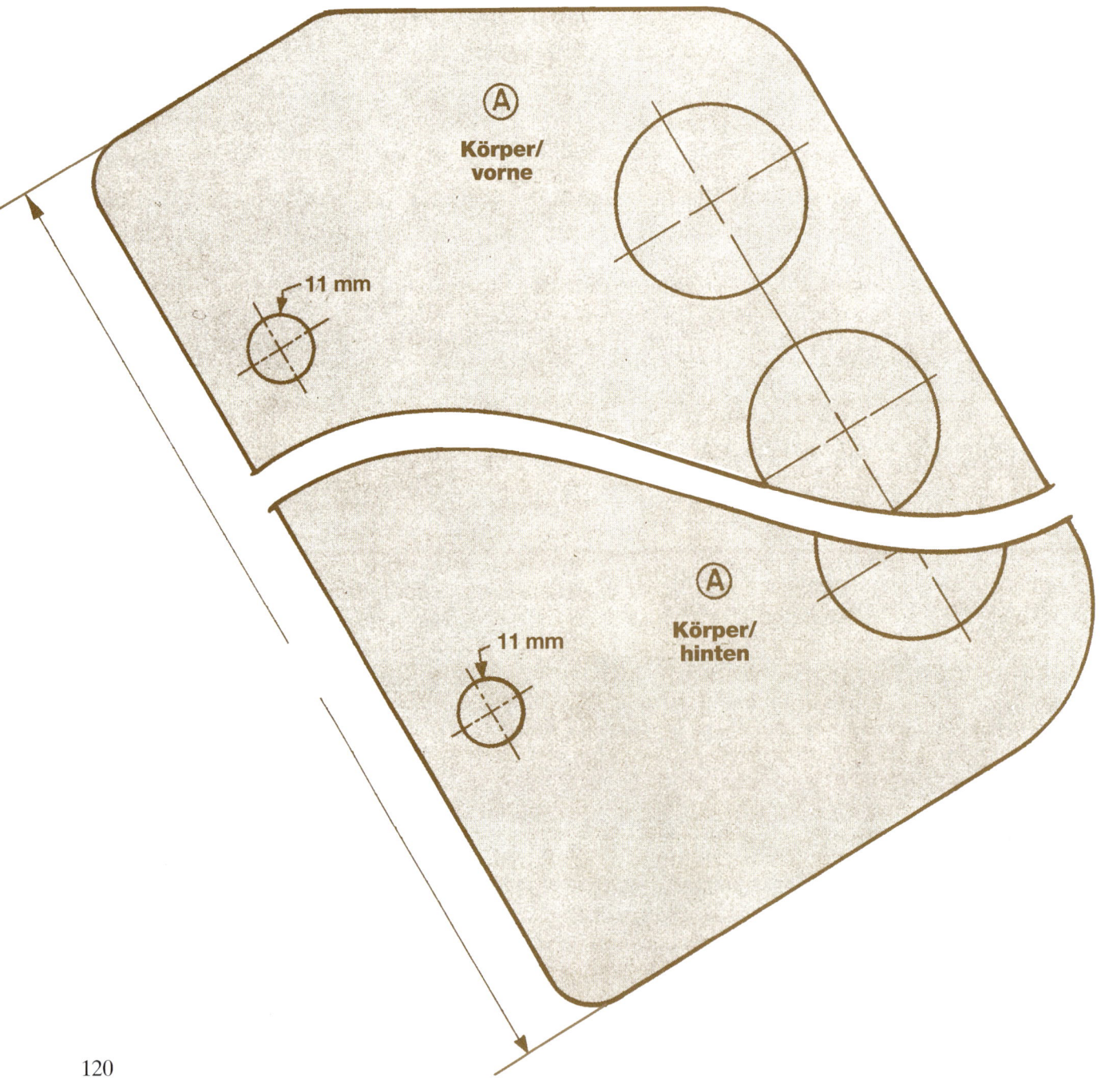

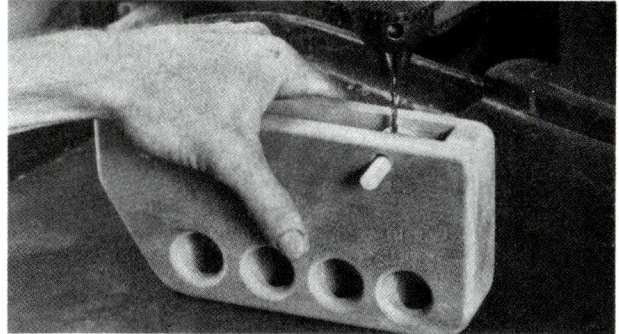

Abb. 4 Bohren Sie die 3-mm-Dübellöcher durch die dünnste Stelle der Nocken.

Finishing

Als Finish können Sie Danish Oil, Latexfarbe oder Lebensmittelfarbe (anschließend Danish Oil) verwenden. Ein mit leuchtender Farbe bemalter Bus mit farbigen Figuren ist sicher ein sehr attraktives Spielzeug.

Wenn die Oberfläche trocken ist, befestigen Sie die Zugschnur, wenn Sie eine wollen – und auf geht es zur nächsten Bushaltestelle, um die Fahrgäste aufzunehmen.

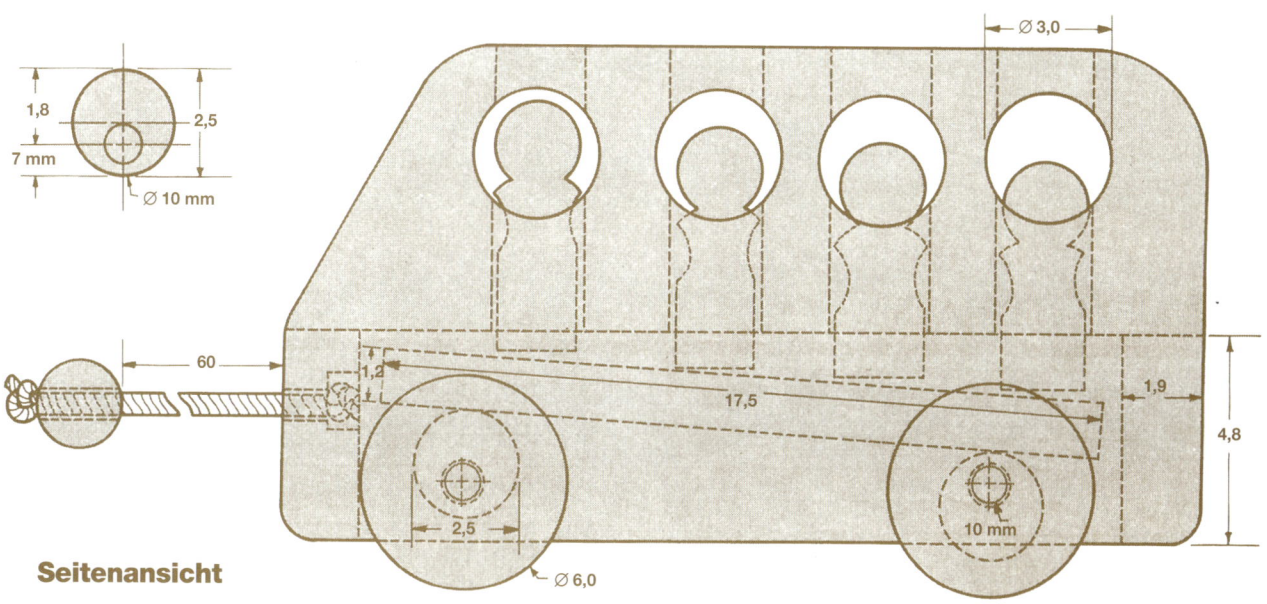

Seitenansicht

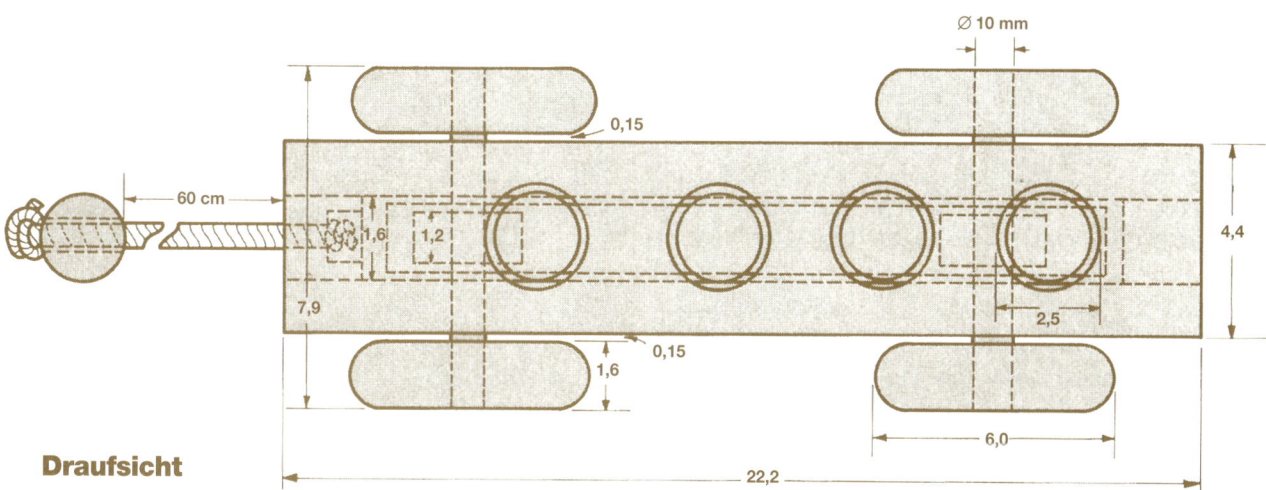

Draufsicht

Die Draisine aus vergangenen Tagen

Ich glaube, jeder hat irgendwann einmal staunend eine Draisine beobachtet. Es grenzt an Zauberei, wie sie durch Menschenkraft getrieben über die Gleise fliegt.

Die schönen Einbrennmuster und die zierlichen Teile in Verbindung mit der fließenden Hin- und Herbewegung lassen diese Draisine ganz oben in der Hitliste meiner Spielzeuge erscheinen.

Die beiden Figuren auf der Draisine sehen auch farbig bemalt ganz toll aus.

Der Wagen

Schneiden Sie aus einem 4,4-cm-Brett einen Quader von 7,6 × 28,6 cm zu. Die Kanten müssen genau rechtwinklig abgerichtet sein. Markieren Sie die Radien, Achsmittelpunkte und die Löcher für die Zugschnur, und bohren Sie alle Löcher.

Die Radien werden ausgeschnitten, die Abfallstücke beiseite gelegt, um später die Figuren damit zu spannen. Bohren Sie das Loch für den Knoten der Zugschnur mit ⌀ 12 mm in die Oberseite. Der Durchbruch für den Antrieb kann entweder mit einem Kreisschneider oder mit 4 Löchern ⌀ 12 mm in den Ecken vorgearbeitet werden. Die Öffnung wird dann mit einer Dekupier- oder Laubsäge auf die quadratische Form ausgearbeitet.

Glätten Sie die Flächen zunächst mit einer Raspel, anschließend mit grobem Schleifpapier (80er). Die Radien können auf der Walze des Bandschleifers geglättet werden.

Runden Sie alle Kanten, auch die des Durchbruchs, mit der Oberfräse. Geben Sie acht bei dem Bereich rund um das Loch für die Zugschnur, daß der Fräser nicht abrutscht. Markieren und bohren Sie anschließend das Befestigungsloch für das Drehlager (B). Schleifen Sie das Teil allseitig zunächst mit grober (80er), dann mit feinerer Körnung (120er, 180er).

Der Hebelarm

Zeichnen Sie den Umriß des Hebelarms (C) auf ein 1,9 cm dickes Brettstück, mit in Längsrichtung verlaufender Maserung. Bohren Sie die Löcher ⌀ 11 mm und ⌀ 7 mm, in denen sich die Antriebsdübel bewegen.

Das Teil wird mit der Bandsäge ausgeschnitten, dann vorgeschliffen, und die Kanten werden mit der Oberfräse gerundet. Schleifen Sie das Teil allseitig. Wenn Sie sich die Bearbeitung dieses kleinen Teiles mit der Oberfräse nicht zutrauen, fertigen Sie die Rundung mit der Raspel und Schleifpapier.

Das Drehlager

Schneiden Sie einen Klotz von 3,8 × 8,4 × 4,4 cm zu. Zeichnen Sie die Umrisse des Lagers (B) so auf, daß die gerade Unterkante auf einer Kante des Werkstücks liegt (s. Abb. 1). Markieren und bohren Sie die Löcher ⌀ 10 mm zur Befestigung auf der Unterseite und als Lager für den Hebelarm am oberen Ende.

Legen Sie den Klotz nun auf die Seite, und zeichnen Sie die Nut auf. Stellen Sie den Parallelanschlag auf 1 cm ein, und schneiden Sie das Gabelende bis zum Schlitzgrund ein, den Sie mit mehreren schrägen Schnitten fertigen. Danach wird die Außenform sorgfältig ausgesägt. Schleifen Sie das Teil rundum. Bei ausreichender Übung können Sie wiederum die Kanten mit der Oberfräse runden (mit Ausnahme der Unterkanten), anschließend die Rundungen schleifen. Andernfalls werden die Kanten mit der Raspel und Schleifpapier gerundet.

Die Pleuelstange

Zeichnen Sie die Pleuelstange (D) auf ein 4,4 cm dickes Brett. Bohren Sie die beiden Löcher, am oberen Ende mit ⌀ 10 mm, unten mit ⌀ 6,5 mm, und schleifen Sie das Teil dann.
Auch die Kanten der Pleuelstange können mit der Oberfräse gerundet werden, wenn Sie sich diesen Arbeitsgang zutrauen. Wenn nicht, warten Sie mit dem Bearbeiten der Kanten, bis das Teil fertig ausgeschnitten ist.
Schneiden Sie die Nut auf genau die gleiche Weise aus wie vorher beim Drehlager. Zeichnen Sie die Verjüngung auf, und schneiden Sie dann die Seiten mit Hilfe des Parallelanschlags zu. Anschließend schleifen Sie die Sägekanten glatt und runden die Kanten.

Die Figuren

Hobeln Sie ein Brett, ausreichend für die 4 Arme und 4 Beine auf 1,3 cm und für die beiden Körper eines auf 1,9 cm Dicke. Schleifen Sie die Flächen, bevor Sie die Zeichnungen auf das Holz übertragen. Bohren Sie die Löcher (⌀ 5 mm im Körper, ⌀ 5,5 mm in Schultern und Hüften und ⌀ 6 mm in den Händen). Brennen Sie die Zeichnungen zunächst auf einer Seitenfläche sorgfältig ein. Die zweite Seite wird erst nach dem Zuschneiden eingebrannt, damit die Ränder nicht beschädigt werden.
Schneiden Sie die Teile nun sehr sorgfältig aus, und versuchen Sie dabei, einen gleichmäßig breiten Überstand zu den Außenlinien stehenzulassen. Schneiden Sie also nicht genau entlang der Linien, das sieht nicht so gut aus. Die „Schuhsohle" muß möglichst gerade ausgeschnitten werden, damit die Klebstelle ausreichende Festigkeit erhält.
Befestigen Sie die Beine auf dem Bohrtisch, die „Schuhsohlen" parallel zur Tischfläche ausgerichtet. Markieren und bohren Sie die Befestigungslöcher ⌀ 6 mm auf der Fußunterseite.
Die Aussparung an den Beinen wird mit Hilfe des Parallelanschlags gefertigt. Schleifen Sie alle Flächen und (sehr vorsichtig) alle Kanten. Achten Sie hierbei darauf, die eingebrannten Linien nicht wegzuschleifen!
Für den Zusammenbau der Figuren schneiden Sie die Kopfdübel auf Länge (s. allgemeine Hinweise, S. 13, Abb. 8) und runden die Enden. Geben Sie Leim in die Löcher des Körpers, und befestigen Sie zunächst auf einer Seite Arm und Bein, unter Verwendung der Abstandslehre (s. allgemeine Hin-

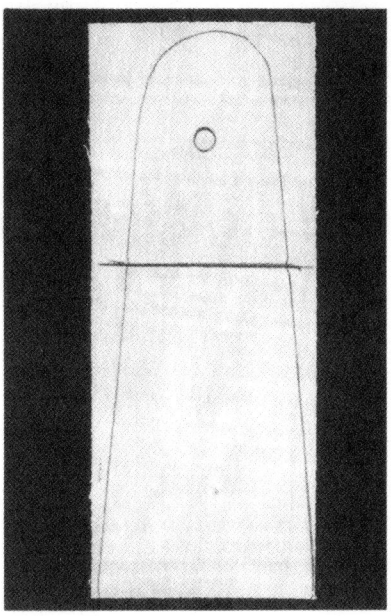

Abb. 1 Zeichnen Sie den Umriß des Lagerblocks rechtwinklig zur Hirnholzkante des Werkstücks. So kann das Loch ⌀ 10 mm für den Befestigungsdübel auf der Unterseite gebohrt werden, und das Ausschneiden der Nut geht einfacher.

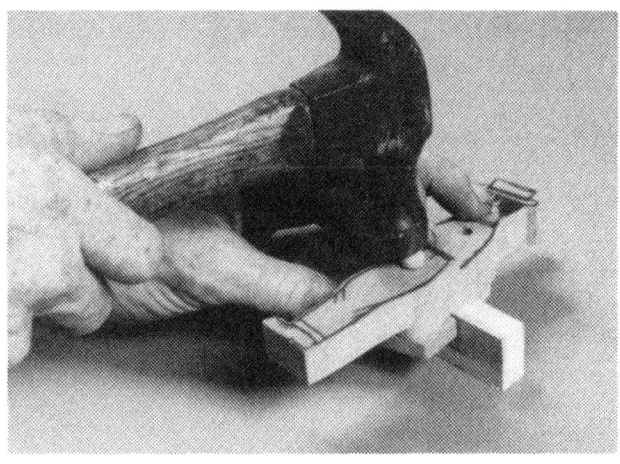

Abb. 2 Legen Sie ein Abfallstück unter den Körper, um die zweiten Arme und Beine zu befestigen, sonst werden die gegenüberliegenden Dübel dabei weiter eingetrieben.

weise, S. 23, Abb. 22). Treiben Sie die Dübel nicht ganz ein, sonst lassen sich die Teile nicht richtig bewegen. Legen Sie den Körper jetzt herumgedreht auf eine Unterlage, so daß die Dübel nicht aufliegen, wenn Arm und Bein auf der anderen Seite befestigt werden (s. Abb. 2).

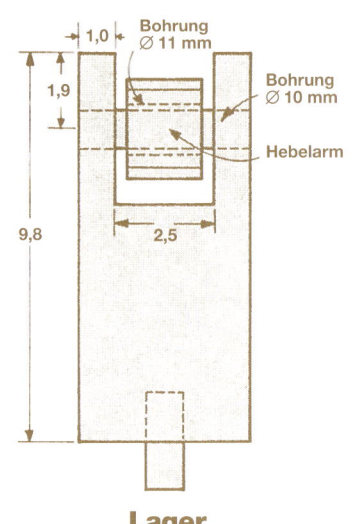
Lager

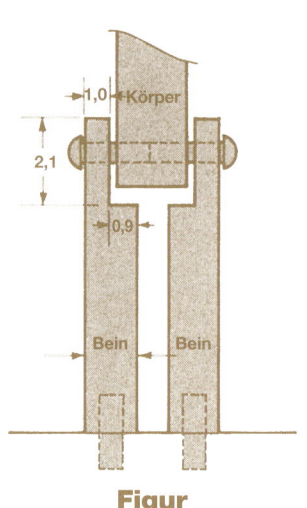
Figur

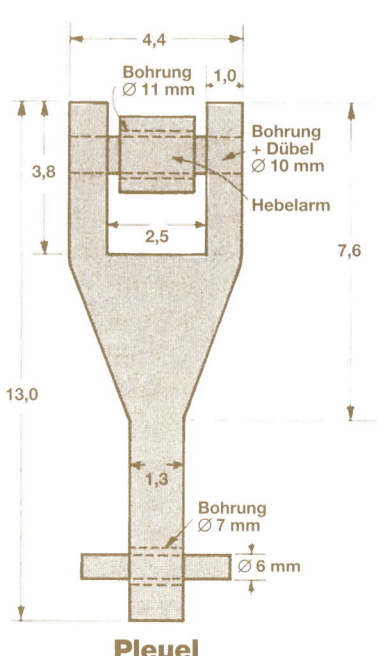
Pleuel

Zusammenbau

Stecken Sie Dübelmarker in die Befestigungslöcher der Figuren. Bringen Sie zunächst einen der Männer sorgfältig in Position, und markieren Sie die Dübellöcher durch Andrücken an den Wagen. Wiederholen Sie den Vorgang mit der zweiten Figur auf der anderen Wagenseite, und merken Sie sich, welche Figur auf welcher Wagenseite steht, da die Befestigungslöcher sicher nicht bei beiden deckungsgleich sind. Bohren Sie schließlich die 4 Löcher ⌀ 6 mm. Sie kleben nun die Dübel in den Wagen, geben etwas Leim in die Löcher in den Füßen und unter die „Schuhsohlen" und befestigen die Figuren auf dem Wagen. Spannen Sie die Figuren mit Hilfe der dafür zurückgelegten Radienabschnitte und zusätzlichen Unterlagen auf den Hüften fest; die Füße müssen dabei flach aufliegen.

Während der Leim trocknet, können Sie schon das Drehlager (B), den Hebelarm (C) und das Pleuel (D) zusammenbauen. Verwenden Sie die Bohrvorrichtung (siehe allgemeine Hinweise, S. 13, Abb. 11) zum Bohren der Löcher ⌀ 6 mm in den beiden Antriebsrädern (S); das mittige Achsloch wird auf ⌀ 10 mm aufgebohrt.

Kleben Sie den Dübel ⌀ 6 mm in ein Rad, stecken Sie das Pleuel darauf, und kleben Sie das zweite Rad an. Beide Räder müssen sich genau deckungsgleich gegenüberliegen. Legen Sie nun Pleuel, Drehlager und Hebelarm in richtiger Lage aus. Treiben Sie die beiden Dübel ⌀ 10 mm (J) so weit ein, bis sie die gegenüberliegende Bohrung der Lagergabel erreichen. Geben Sie nun etwas Leim um das noch herausragende Dübelende und in die Bohrung gegenüber. Treiben Sie dann die Dübel völlig ein. Wischen Sie herausgetretenen Leim ab, und schleifen Sie die Stellen, wenn der Leim trocken ist.

Wenn die Verleimung der Männer ausgehärtet ist, entfernen Sie die Zwingen und drehen die Oberkörper nach hinten. Kleben Sie den Dübel ⌀ 10 mm (P) zur Befestigung des Drehlagers in das Loch in der Wagenmitte. Geben Sie Leim auf die Unterseite des Drehlagers (nicht ganz bis an den Rand, um das Herausquellen zu vermeiden). Spannen Sie diese Anordnung fest, so daß das Drehlager allseitig dicht auf der Wagenoberseite aufliegt.

Wenn der Leim völlig ausgehärtet ist, kleben Sie die Räder (T) vorne an die längere Achse (L), hinten zunächst die beiden kürzeren Achsen (K) in die Exzenterräder (S), dann kleben Sie auch hier die Räder (T) an. Schleifen Sie die 4 Achsnaben glatt, wenn der Leim trocken ist.

Schneiden Sie die beiden Handgriffe (N) auf Länge, und runden Sie die Enden (s. allgemeine Hinweise, S. 18, Abb. 18). Die Handgriffe müssen nicht unbedingt verleimt werden, wenn sie einigermaßen stramm in den Handlöchern sitzen, hält es auch ohne Leim. Die Hände müssen so weit gespreizt werden, daß der Hebelarm sich frei dazwischen bewegen kann.

Nachdem der Leim völlig trocken ist (nach ca. 24 Stunden), ölen Sie die Draisine. Befestigen Sie noch die Zugschnur – damit haben Sie es geschafft! Ein schönes Exemplar eines hochwertigen Holzspielzeuges: raffinierte Linien, prägnante Illusion, eine einfache fließende Bewegung.

Antriebsrad

Seitenansicht

Draufsicht

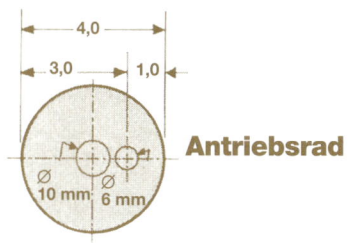

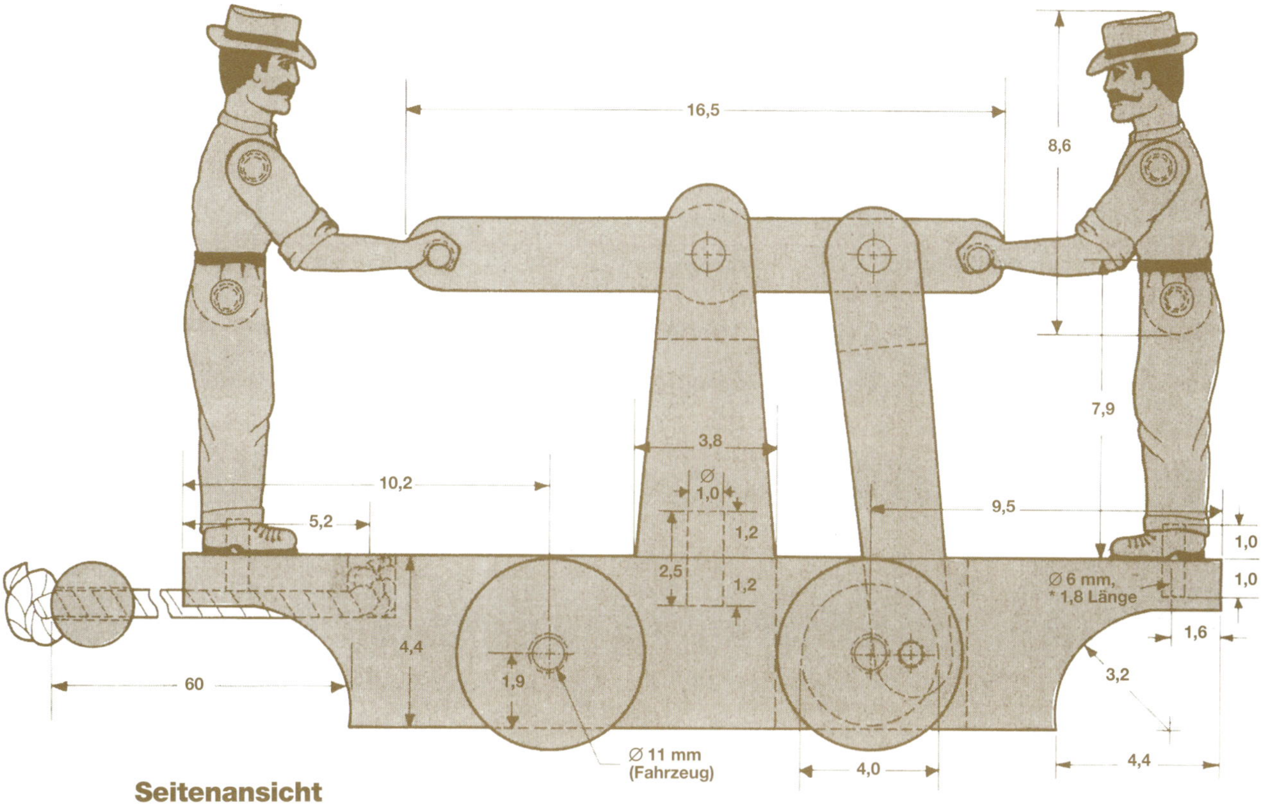

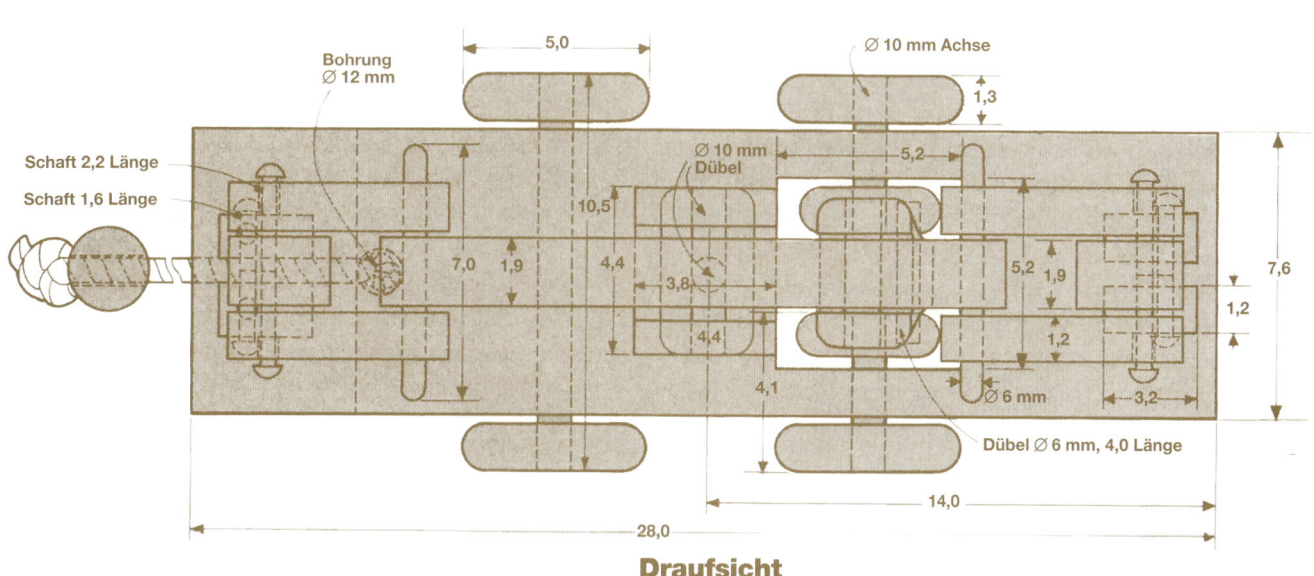

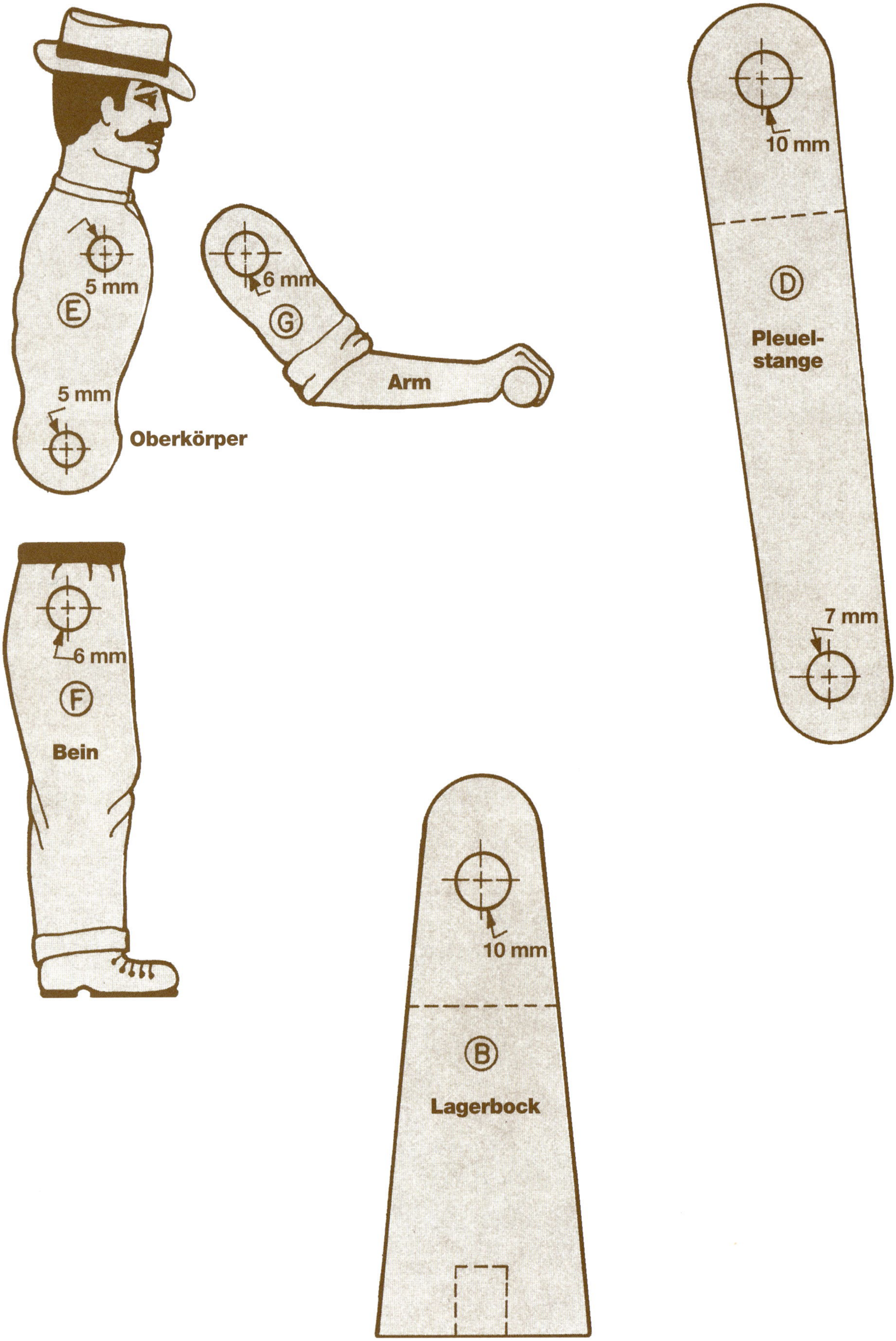

E 5 mm
5 mm
Oberkörper

G 6 mm
Arm

F 6 mm
Bein

D Pleuelstange
10 mm
7 mm

B Lagerbock
10 mm

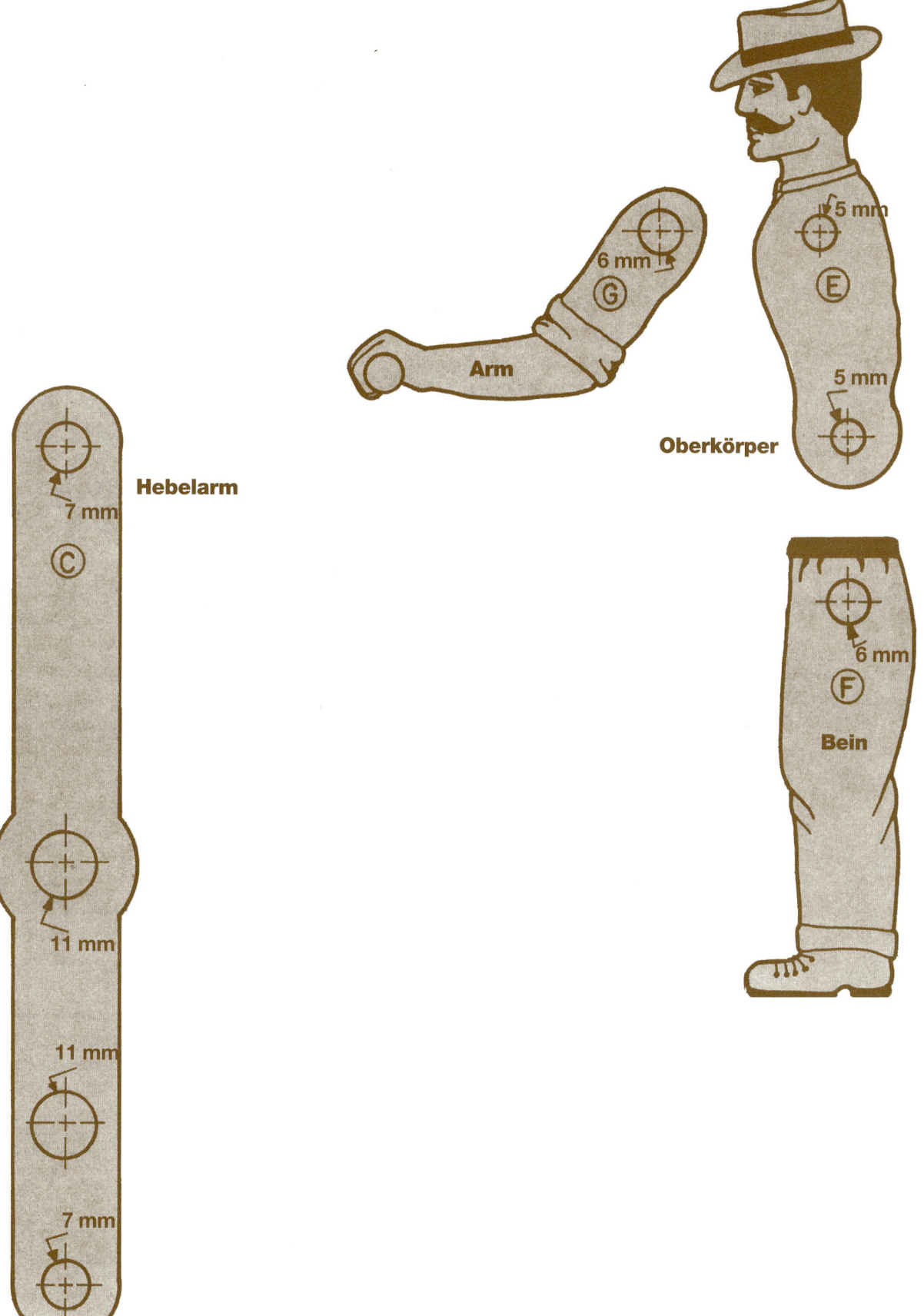

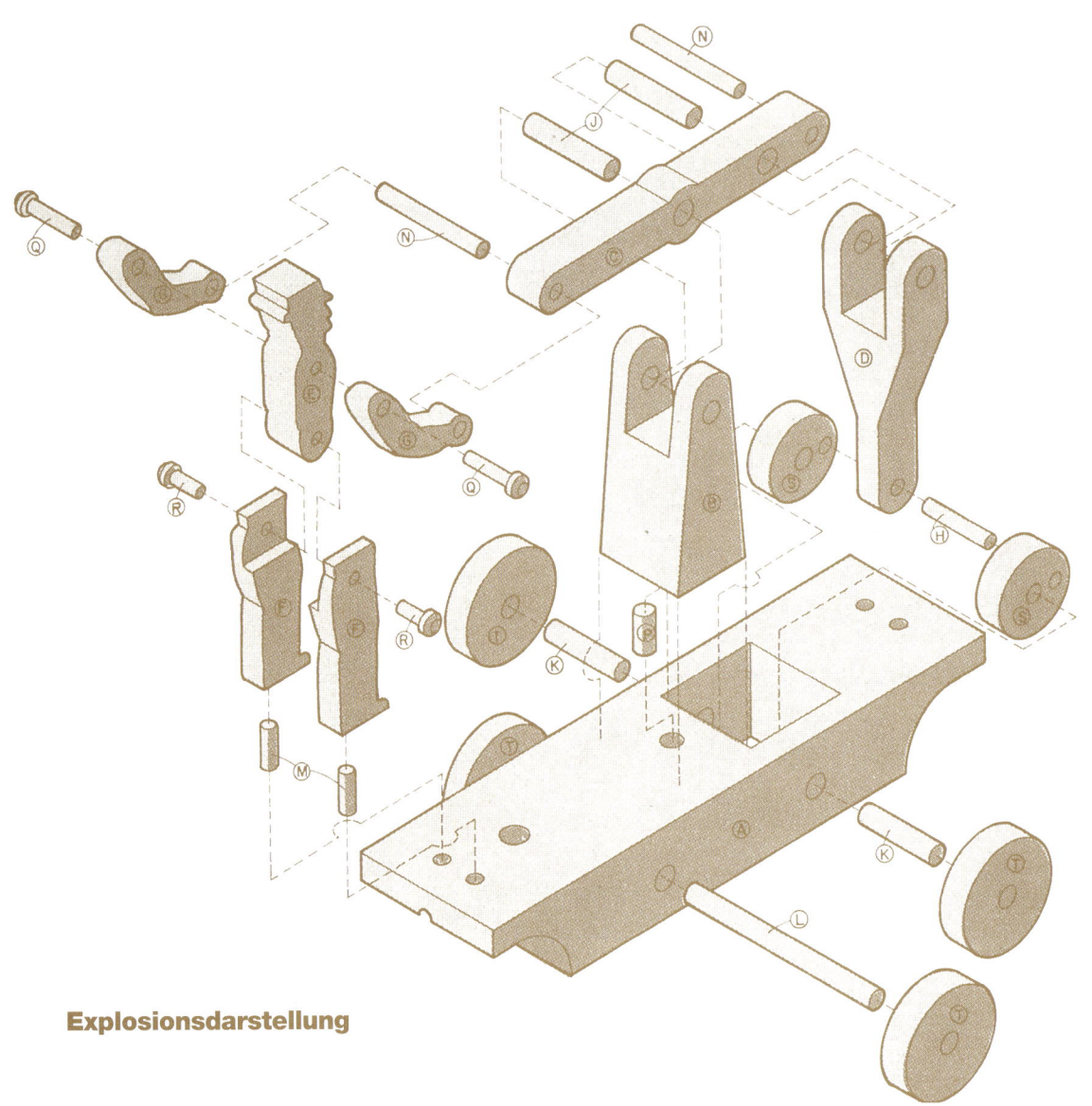

Explosionsdarstellung

Materialliste

(Maße in cm, soweit nicht anders angegeben)

Teil	Benennung	Anzahl	Dicke	Breite oder ⌀	Länge
A	Wagen	1	4,4	7,6	28,6
B	Drehlager	1	4,4	3,8	98
C	Hebelarm	1	1,9	2,5	16,5
D	Pleuelstange	1	4,4	2,5	13,0
E	Oberkörper	2	1,9	3,5	8,6
F	Bein	4	1,3	3,2	7,9
G	Arm	4	1,3	2,9	7,0
H	Dübel (Pleuel)	1		⌀ 6 mm	3,8
J	Dübel (Drehlager)	2		⌀ 10 mm	4,4
K	Achse (Antrieb)	2		⌀ 10 mm	4,1
L	Achse	1		⌀ 10 mm	10,5
M	Dübel (Befest.)	4		⌀ 6 mm	1,9
N	Handgriff	2		⌀ 6 mm	7,0
P	Dübel (Befest.)	1		⌀ 10 mm	2,5
Q	Kopfdübel	4		⌀ 5 mm	2,4
R	Kopfdübel	4		⌀ 5 mm	1,6
S	Antriebsrad	2	1,3	⌀ 4,0	
T	Rad	4	1,3	⌀ 5,0	
U	Zugschnur	1		⌀ 6 mm	65 cm
V	Bommel	1		⌀ 22 mm	

Die Lieferwagenkollektion

Diese Spielzeugwagen besitzen außer den Rädern zum Fahren keinen Bewegungsmechanismus. Die eingebrannten Logos und die dazugehörenden Frachtteile verleihen den Wagen ihre Merkmale. Hartholz ist für diese Teile am besten geeignet, weiches Holz neigt beim Bohren zu sehr zum „Ausfransen". Die dadurch entstehende Rauheit in der 25-mm-Bohrung im Heck behindert ein leichtes Hinein- und Herausgleiten der „Fracht". Auch die Fahrerkabine wird sehr viel sauberer aussehen, wenn Hartholz verwendet wird. Beachten Sie auch, daß die Holzbrennerei auf Walnußholz nicht gut wirkt.

Übertragen Sie die Umrisse (A) auf ein passendes Brett. Denken Sie daran, die Mitte der 25-mm-Bohrung, womit das Fahrerhaus geformt wird, anzuzeichnen. Bohren Sie das 25-mm-Loch und die Achslöcher. Schneiden Sie die Umrisse aus. Versuchen Sie, im Bereich der Fahrerkabine gleichmäßige, gerundete Übergänge zu schaffen. Spannen Sie das Werkstück zwischen 2 Brettstücke, um es zum Fertigen der schrägen 28-mm-Bohrung im Heck des Wagens in der richtigen Position zu halten. Lassen Sie das Teil nach dem Bohren zum Schleifen eingespannt. Schleifen Sie die Bohrung mit einem kleinen Walzenschleifer. Als nächstes zeichnen Sie die dazugehörende „Fracht" auf und schneiden sie aus. Lassen Sie Ihre Phantasie spielen – sie können viele verschiedene Gegenstände im „Frachtraum" unterbringen, solange sie in die 28-mm-Bohrung passen (beachten Sie dazu die Rückansicht der Frachtobjekte). Schneiden Sie die Fracht mit der Bandsäge aus. Wenn Sie sich das Zuschneiden solch kleiner Teile mit der Bandsäge nicht zutrauen, verwenden Sie eine Dekupiersäge (s. Abb. 1).

Das gleiche gilt fürs Schleifen. Am besten schleifen Sie die „Fracht" von Hand. Nachdem jetzt alle Teile ausgesägt sind, wird alles fertig geschliffen. Die Fensteröffnung kann mit einem kleinen Walzenschleifer oder einem mit Schleifpapier umwickelten Rundstab geglättet werden. Runden Sie jetzt die Kanten vorn und hinten am Dach, die Fahrerkabine und die Windschutzkante. Schleifen Sie die bearbeiteten Stellen.

Einbrennen

Übertragen Sie das gewünschte Logo (oder eigenen Entwurf) auf beide Seiten des Wagens mit Kohlepapier, und brennen Sie es mit einem „Brennpeter" ein.

Zusammenbau

Wenn das Logo fertig ist, kleben Sie die Räder auf die Achsen und schleifen die Naben nach dem Antrocknen des Leims glatt.

Ölen Sie jetzt das Fahrzeug und die Fracht – und es ist bereit für einen langen Arbeitstag im Spielzeugland.

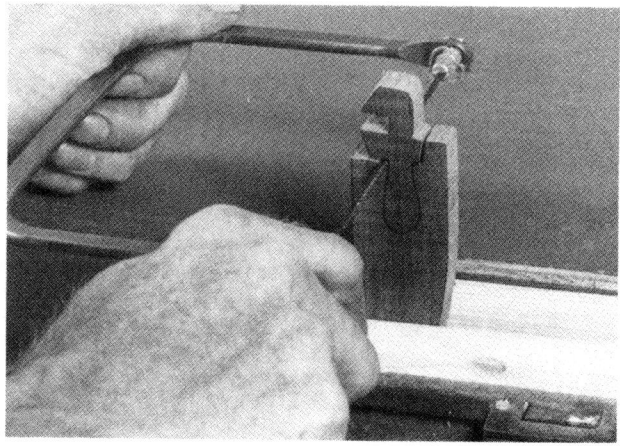

Abb. 1 Die kleinen Gegenstände können anstelle der Bandsäge auch mit einer Dekupiersäge ausgeschnitten werden.

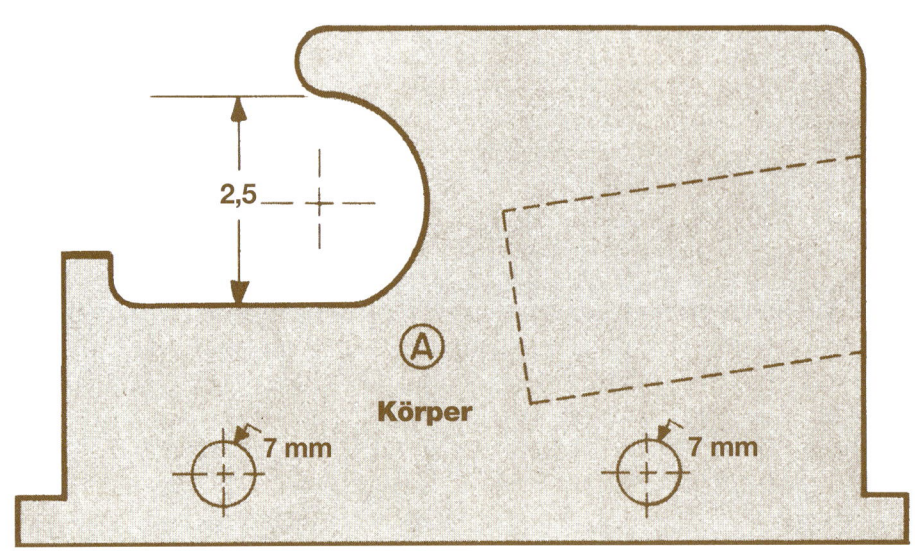

Brot für Bäckerwagen

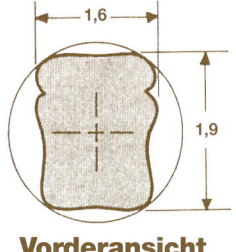

Vorderansicht

Schraubenschlüssel für Installateurwagen

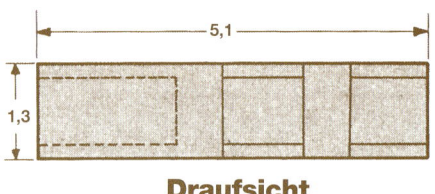

Draufsicht

Seitenansicht

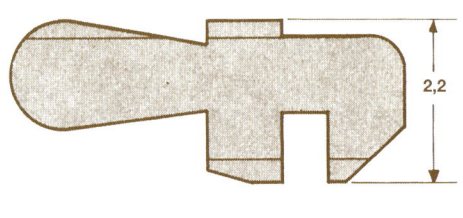

Seitenansicht

Explosionsdarstellung

Milchflasche für Milchwagen

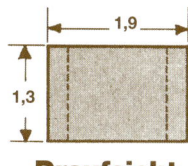
Draufsicht

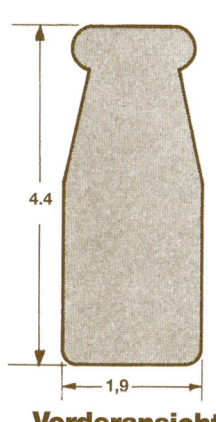
Vorderansicht

Materialliste

(Maße in cm, soweit nicht anders angegeben)

Teil	Benennung	Anzahl	Dicke	Breite oder ⌀	Länge
A	Karosserie	1	4,4	7,0	12,0
B	Werkzeug	1	1,3	2,2	5,0
C	Milchflasche	1	1,3	1,9	4,5
D	Brot	1	1,9	1,6	4,5
E	Figur	1		⌀ 22 mm	5,7
F	Achse	2		⌀ 6 mm	7,3
G	Rad	4	1,3	⌀ 3,8	

131

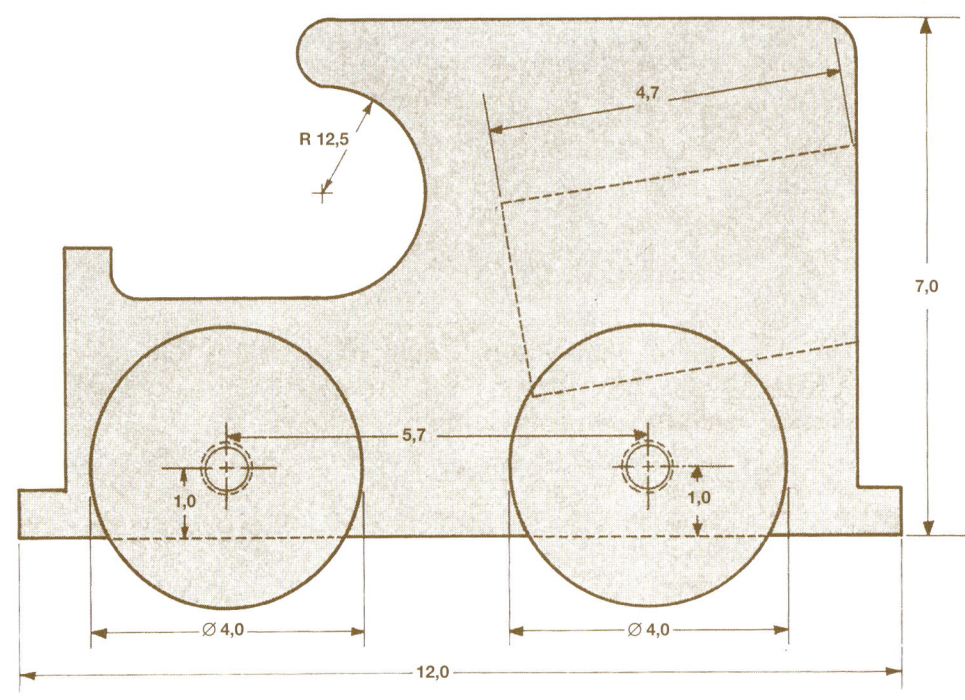

Seitenansicht

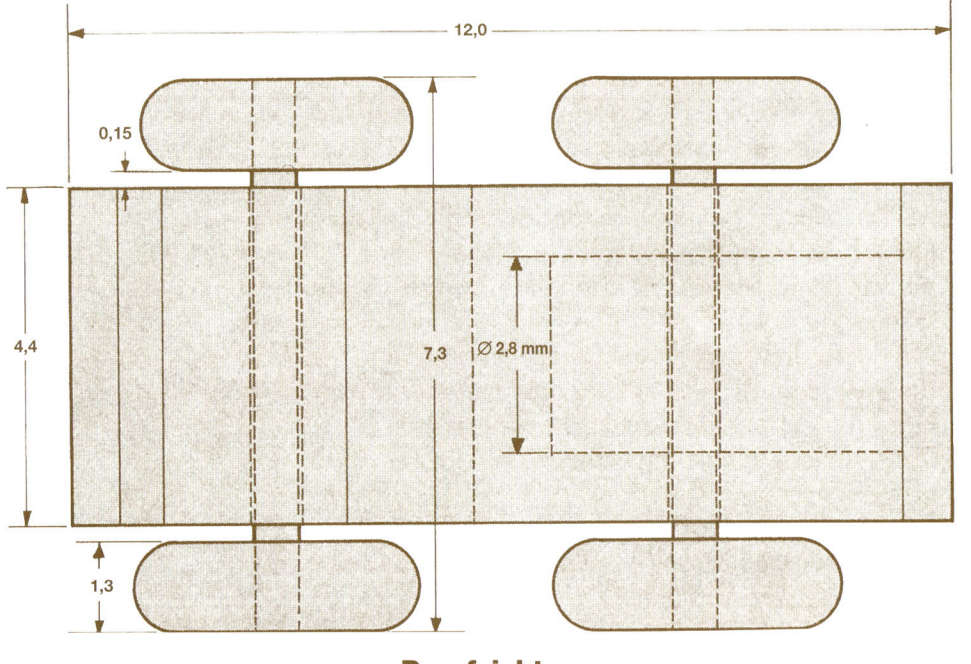

Draufsicht

Das U-Boot mit Ausguck

Der Periskop auf dem U-Boot-Turm wird nach oben ausgefahren, dreht sich zur Rundumbeobachtung und senkt sich wieder ab. Angetrieben wird es von einer Nocke auf der Achse und einem Antriebsrad auf der Periskopstange.

Dieses Spielzeug besitzt eine schöne Stromlinienform – aber es erfordert zur Herstellung mehr Arbeit, als es der erste Blick ahnen läßt – die gefrästen Radschlitze und die vielen Schrägen sind der Grund dafür.

Der U-Boot-Rumpf

Schneiden Sie einen rechtwinkligen Hartholzquader von 3,8 × 4,4 × 29,2 cm zu. Zeichnen Sie die Seitenansicht auf die 3,8 cm breite Seite. Der Mittelpunkt für das Periskoploch wird mit Hilfe des Anschlagwinkels auf der Bootunterseite markiert. In der Bohrung ⌀ 27 mm sitzt später das Antriebsrad. Zeichnen Sie außerdem den Schlitz für die Nocke und die Mittelpunkte der 3 Achsbohrungen auf.

Die beiden äußeren Achslöcher werden mit ⌀ 6 mm, das mittlere mit ⌀ 7 mm gebohrt. Das Periskoploch wird von der Unterseite aus mit ⌀ 27 mm ca. 2,8 cm tief gebohrt. Der Schlitz für die Nocke wird mit 2 Bohrungen ⌀ 10 mm an beiden Enden vorgearbeitet, anschließend wird es mit dem Stemmeisen ausgeräumt (s. Abb. 1).

Am Heck, wo das Ruder eingesetzt wird, fertigt man einen Schlitz von 1,2 cm Breite mit der Wanknutsäge oder mehreren versetzten Schnitten auf der Tischkreissäge. In dem Schlitz findet gleichzeitig das Hinterrad Platz. Die volle Breite wird in mindestens 2 Arbeitsgängen hergestellt. Vorn kann man genauso verfahren oder auch mit mehreren Bohrungen ⌀ 12 mm, die anschließend zum Schlitz ausgestemmt werden, das Einkleben des Füllstücks (D) sparen.

Wenn Sie sich für das Einsetzen eines Füllstücks vorn entschieden haben, warten Sie, bis der Leim ausgehärtet ist, und schneiden dann den seitlichen Umriß des U-Boots aus. Anschließend wird die Sägekante mit 80er Körnung geschliffen. Zeichnen Sie nun die Draufsicht auf, und schneiden Sie die Form aus. Schleifen Sie wieder mit 80er Körnung. Runden Sie, wo möglich, die Kanten mit der Fräse, den Rest mit der Raspel. Schleifen Sie das Teil allseitig (80er, 120er und 180er Körnung).

Kleben und spannen Sie das Ruder (C) in den Schlitz am Heck, die Hinterkanten bündig. Wenn der Leim ausgehärtet ist, schneiden Sie das Ruder in der gleichen Form zu wie das Heck (Draufsicht) und schleifen die Sägekante anschließend.

Der Turm

Zeichnen Sie die Seitenansicht auf, schneiden Sie das Teil aus, und lassen Sie dabei ca. 5 mm Material stehen, wo die beiden Linien sich kreuzen (s. Abb. 2). Danach zeichnen Sie den Umriß der Turmunterseite auf das Werkstück. Stellen Sie den Tisch der Bandsäge auf 5° Neigung, und schneiden Sie den Turmumriß aus. Mit der Feinsäge wird das zur Unterstützung stehengelassene Material entfernt. Schleifen Sie die Kanten der ausgesparten Ecke. Stellen Sie die Auflagefläche der Schleifmaschine auf 5° Neigung, und schleifen Sie das Teil rundum glatt. Brechen Sie die Kanten von Hand.

Räder und Persiskop

Die Achsbohrung von Vorder- und Hinterrad muß auf ⌀ 7 mm aufgebohrt werden, damit sich die Räder frei auf der Achse drehen können.

Die Antriebsräder für das Periskop und die Nocke müssen möglichst ebene Seiten- bzw. Laufflächen haben, damit ausreichend Reibung entsteht.

Verdübeln Sie die mittige Bohrung der Nocke, und bohren Sie das exzentrische Achsloch.

Zur Fertigung des Periskops nur ein kleiner Tip: Das Befestigungsloch ⌀ 6 mm im Guckrohr sollte vor dem Ablängen dieses kurzen Rundstabs gebohrt werden.

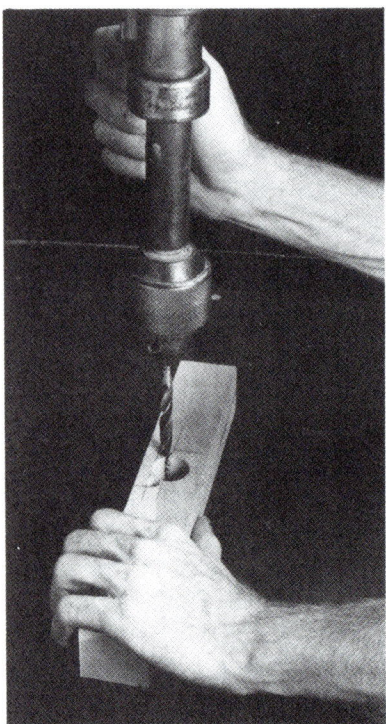

Abb. 1 Mit einem Bohrer ⌀ 10 mm kann der größte Teil der Nut für die Nocke herausgearbeitet werden.

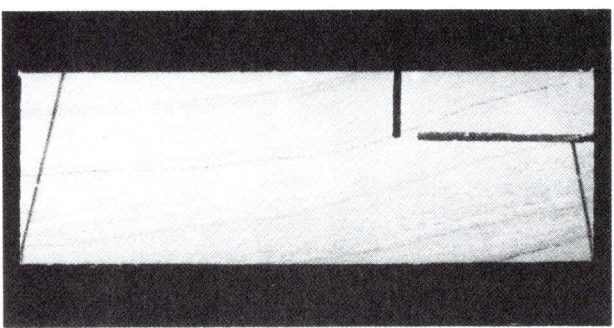

Abb. 2 Beim Ausschneiden der Seitenlinie vom Turm lassen Sie etwa 3 mm Material stehen, wo sich die beiden Kanten treffen. So bleibt zum Ausschneiden der Draufsicht das Klötzchen als Unterlage erhalten.

Zusammenbau

Positionieren Sie den Turm sorgfältig beim Kleben und Spannen. Wenn der Leim trocken ist, legen Sie das U-Boot mit der Unterseite nach oben auf den Bohrtisch. Die Unterkante muß genau parallel zur Tischfläche ausgerichtet sein. Verwenden Sie die Markierung, die die Zentrumsspitze des 27er Bohrers hinterlassen hat, als Körner für das ⌀ 7-mm-Loch, das ganz durch den Turm gebohrt wird. Eine Unterlage verhindert das Ausreißen der Bohrungskante.

Als nächstes werden das Vorder- und Hinterrad befestigt. Bringen Sie das Rad in Position, und treiben Sie die Achse so weit ein, bis sie gerade das Loch auf der gegenüberliegenden Seite erreicht. Geben Sie dann Leim in das gegenüberliegende Loch und auf den herausragenden Achsstummel (s. Abb. 3). Treiben Sie jetzt die Achse ein, bis sie auf beiden Seiten etwas übersteht. Wischen Sie den Leim sofort ab, und wiederholen Sie den Vorgang für das andere Rad. Nach dem Trocknen schleifen Sie die Achsenden glatt ab.

Kleben Sie den Periskopstab auf das Antriebsrad. Entfernen Sie herausgequetschten Leim, und stecken Sie das Teil an seinen Platz. Kleben Sie nun das Guckrohr (H) auf den Stab. Legen Sie das U-Boot kopfüber auf die Werkbank, und halten Sie die Nocke an ihre Position.

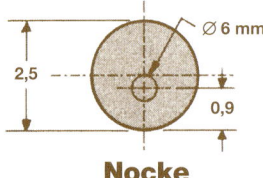

Nocke

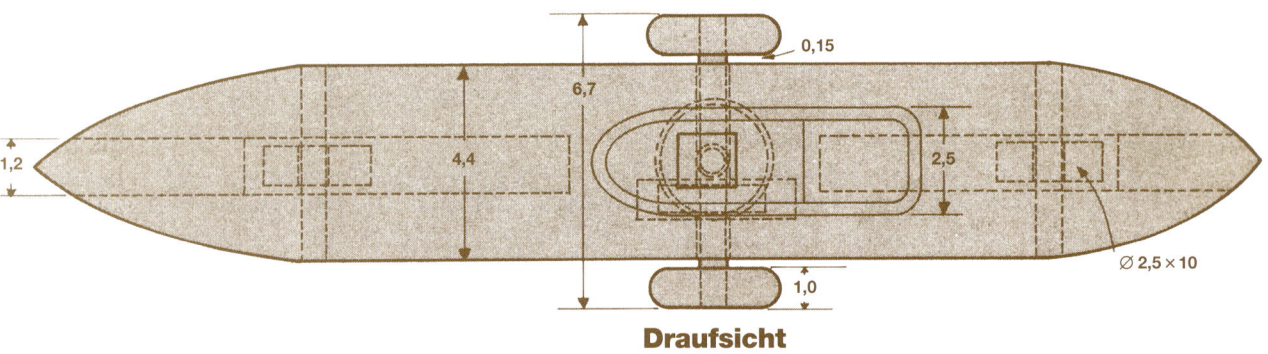

Draufsicht

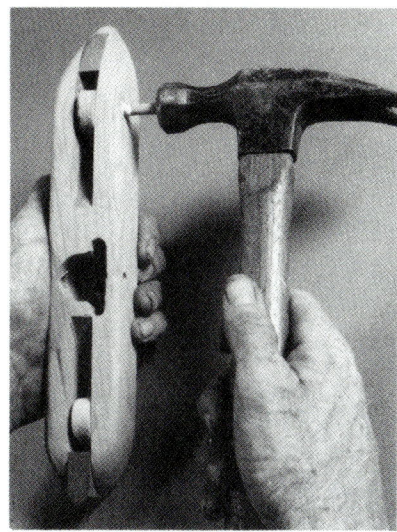

Abb. 3 Zum Befestigen der Räder an Bug und Heck treiben Sie die Achsen zunächst nur so weit ein, bis sie das Loch auf der gegenüberliegenden Seite gerade erreichen. Geben Sie dann Leim in das freie Achsloch und um den herausragenden Achsteil. Treiben Sie nun die Achse ein, bis sie auf beiden Seiten etwas übersteht.

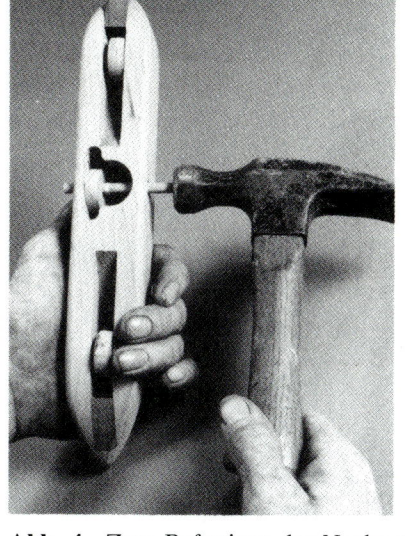

Abb. 4 Zum Befestigen der Nocke treiben Sie die Achse durch Nocke und Bootsrumpf, bis sie etwa 3 mm auf der anderen Seite herausragt. Geben Sie dann etwas Leim um die Achse (direkt vor der Nocke), und treiben Sie sie so weit ein, bis sie – bei mittig in der Nut stehender Nocke – auf beiden Seiten gleich weit übersteht.

Treiben Sie die Achse von der dickeren Seite durch Achsbohrung und Nocke, bis die Achse etwa 3 mm auf der gegenüberliegenden Seite herausragt. Geben Sie etwas Leim auf die Achse rund um die Bohrung in der Nocke (s. Abb. 4), und treiben Sie die Achse weiter, bis sie auf beiden Seiten gleich weit herausragt und die Nocke mittig im Schlitz sitzt. Entfernen Sie restlichen Leim. Kleben Sie die beiden Antriebsräder auf die Achsenden, und schleifen Sie die Naben glatt, wenn der Leim trocken ist.

Ölen Sie das U-Boot, und es ist bereit, an der Wasseroberfläche jedes Schiff zu erspähen, das sich nähert.

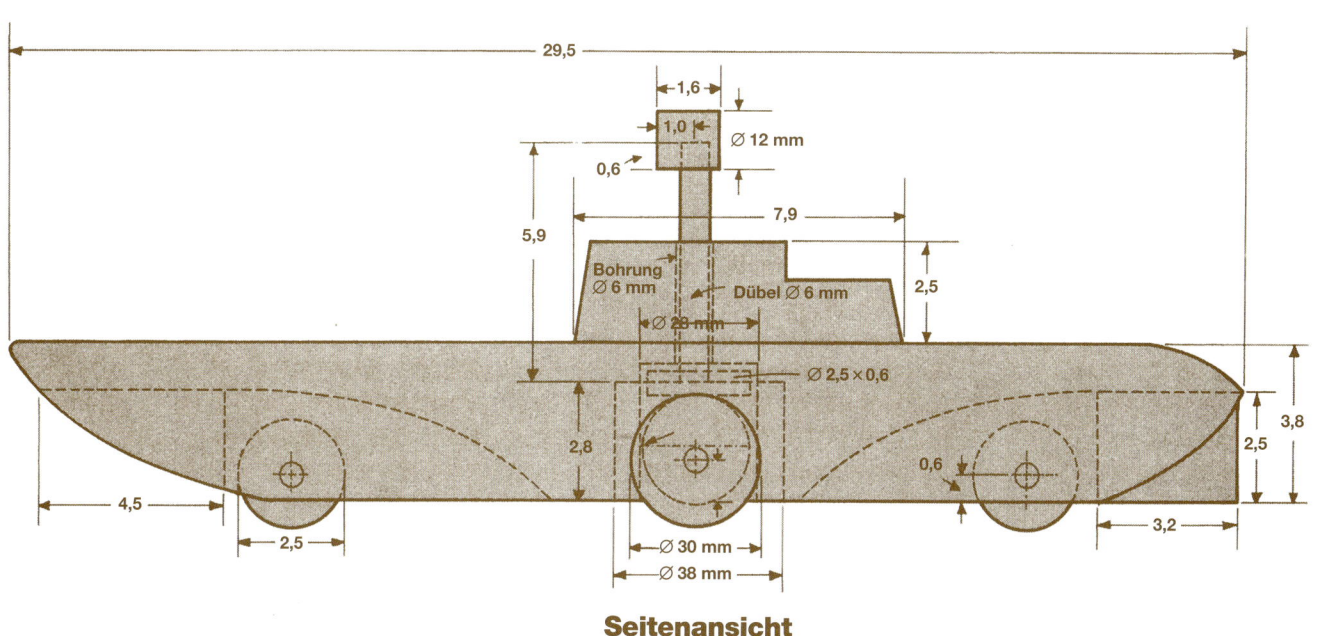

Seitenansicht

Materialliste

(Maße in cm, soweit nicht anders angegeben)

Teil	Benennung	Anzahl	Dicke	Breite oder ⌀	Länge
A	Rumpf	1	3,8	4,4	29,5
B	Turm	1	2,5	2,5	7,9
C	Ruder	1	1,3	2,5	3,2
D	Füllstück	1	1,3	2,5	4,4
E	Antriebsachse	1		⌀ 6 mm	6,7
F	Bug- u. Heckachse	2		⌀ 6 mm	4,4
G	Periskop-Stange	1		⌀ 6 mm	5,9
H	Periskop-Guckrohr	1		⌀ 12 mm	1,5
J	Antriebsrad	2	0,6	⌀ 2,5	
K	Bug- und Heckrad	2	1,0	⌀ 2,5	
L	Rad (Mittschiffs)	2	1,0	⌀ 3,0	

Explosionsdarstellung

Der schaukelnde Schlepper mit Lastkahn

Die gegeneinander versetzten, exzentrischen Räder geben dem Schlepper und dem Lastkahn eine einfache, schaukelnde Bewegung, die jedes Spielzimmer in ein wogendes Meer verwandelt.

Die Zugschnur können Sie auch weglassen, oder Sie können auch einen ganzen Zug von Lastkähnen fertigen.

Der Schlepperrumpf

Zeichnen Sie die Seitenansicht vom Rumpf (A) auf ein Stück Hartholz von 4,4 × 7,6 × 17,8 cm Kantenlänge, wobei sich die Bodenlinie mit der Holzunterkante decken muß (s. Abb. 1). Markieren Sie die Position der Achs-, Zugschnur- und Pflocklöcher. Die Mittellinie der Vorderachse wird auf die Unterseite übertragen und die Mitte der beiden Bohrungen ⌀ 27 mm markiert. Diese Löcher sollten mit einem Forstnerbohrer gefertigt werden (s. Abb. 2).

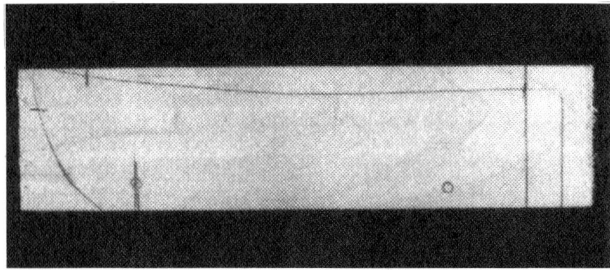

Abb. 1 Zeichnen Sie die Seitenansicht des Lastkahns mit der Unterkante bündig zur Werkstückkante. Markieren Sie die Positionen der Bohrungen für die Zugschnur, die Achsen und den Pfosten am hinteren Ende.

Stellen Sie das Teil auf die Hinterkante, um das Loch für die Zugschnur zu bohren. Zum Bohren der Achslöcher legen Sie das Teil auf die Seite; das Loch ⌀ 10 mm für den Pflock wird in aufrechter Lage gebohrt. Danach drehen Sie den Rumpf auf den Kopf und fertigen die beiden 27er Löcher.

Als nächstes schneiden sie die Seitenansicht mit der Bandsäge aus. Schleifen Sie die Schnittkanten, und versuchen Sie, beim Deck eine gleichmäßige Krümmung zu erzielen.

Zeichnen Sie die Draufsicht auf die Rumpfoberseite. Schneiden Sie den hinteren Bereich (bis zum Beginn des Radius am Bug) mit senkrechten Kanten zu. Stellen Sie dann den Tisch der Bandsäge auf 10° Neigung ein, und schneiden Sie den vorderen Teil aus. Schleifen Sie alle Flächen und Kanten, und schaffen Sie dabei gleichmäßige Übergänge zwischen den senkrechten Heck- und den schrägen Bugkanten.

Wenn Sie vorsichtig an den hinteren Achslöchern vorbeifahren, kann die Heckunterkante bis zum Beginn der schrägen Bugkante mit dem Fräser gerundet werden. Alle anderen Kanten müssen wegen der vielen Bohrungen und Radien von Hand mit Raspel und Schleifpapier gerundet werden.

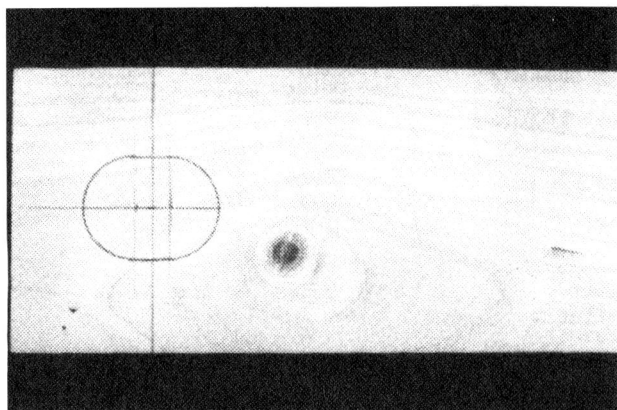

Abb. 2 Übertragen Sie die Position der Vorderachse mit Hilfe eines Anschlagwinkels auf die Unterseite des Werkstücks, und markieren Sie dann die Mittelpunkte der beiden Bohrungen ⌀ 27 mm, die mit einem Forstnerbohrer gefertigt werden.

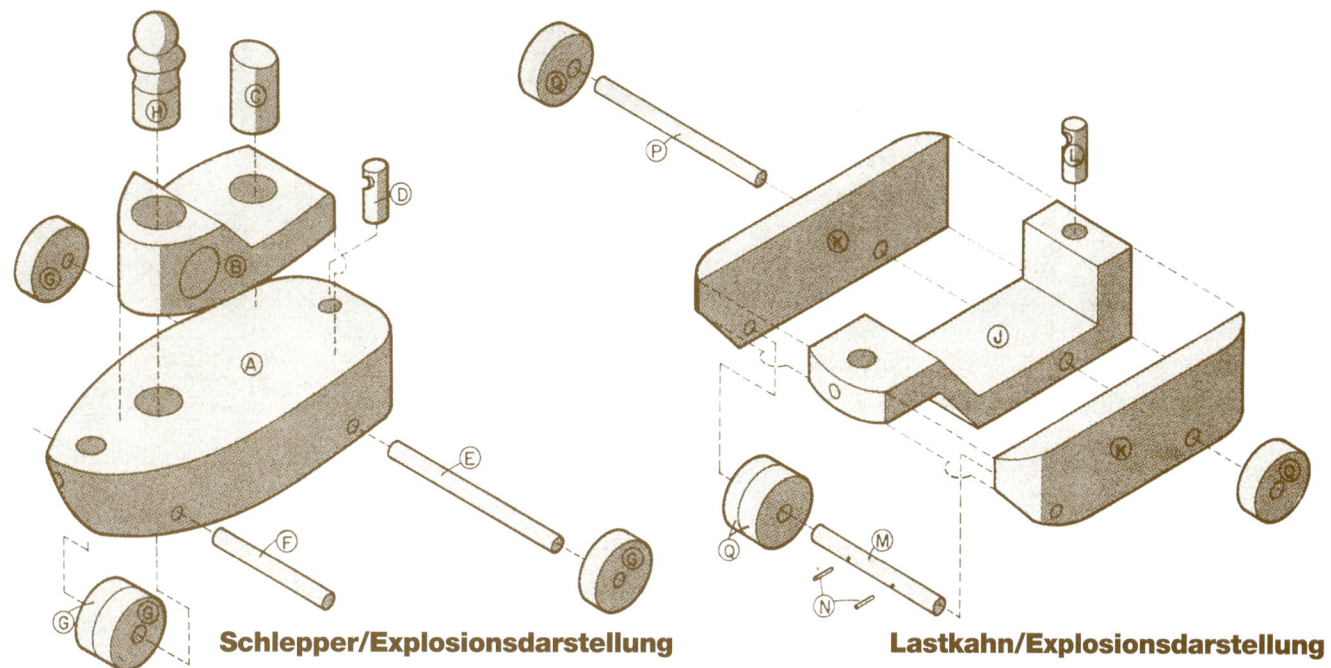

Schlepper/Explosionsdarstellung　　**Lastkahn/Explosionsdarstellung**

Die Schlepperkajüte

Schneiden Sie einen rechtwinkligen Klotz von 4,4 × 5,7 × 10,8 cm Kantenlänge zu. Zeichnen Sie die Seitenansicht (B) mit der Oberkante bündig zur Holzkante auf (s. Abb. 3). Markieren Sie die Fensterbohrungen. Die senkrechte Bohrung (⌀ 25 mm) wird zuerst gefertigt, am besten mit einem Forstnerbohrer. Spannen Sie das Teil auf den Bohrtisch, um die waagrechte Bohrung (⌀ 27 mm) mit einem Forstnerbohrer zu fertigen (mit einem Spiralbohrer geht's auch, ein Flachbohrer läßt sich wegen der sich kreuzenden Bohrungen aber nicht einsetzen).

Wenn Sie keinen entsprechenden Bohrer besitzen, fertigen Sie nur die waagrechte Fensterbohrung. Auch ohne Kapitän sieht der Schlepper noch gut aus. Das Teil wird nun wie der Turm vom U-Boot ausgeschnitten. Lassen Sie beim Schneiden der Aussparung im Eckenbereich und bei der Bodenkante mittig von jeder Seite ca. 3 mm stehen (s. Abb. 4).

Übertragen Sie die Draufsicht auf die Oberseite der Kajüte, und schneiden Sie den Umriß mit der Bandsäge aus. Schleifen Sie die Sägekante. Danach entfernen Sie mit der Handsäge die stehengelassenen Abschnitte oben und unten.

Schleifen Sie den Boden, wobei die untere Rundung an den Schiffsrumpf so gut wie möglich angepaßt werden muß. Schleifen Sie alle Flächen und runden Sie danach die oberen Kanten mit Raspel und Schleifpapier. Das Loch für den Schornstein wird nach dem Zusammenbau gebohrt.

Materialliste

(Maße in cm, soweit nicht anders angegeben)

Teil	Benennung	Anzahl	Dicke	Breite oder ⌀	Länge
A	Schlepper-Rumpf	1	4,4	7,9	17,5
B	Kajüte	1	4,4	5,1	10,2
C	Schornstein	1		⌀ 1,8	3,2
D	Pfosten	1		⌀ 10 mm	2,5
E	Heckachse	1		⌀ 6 mm	9,6
F	Bugachse	1		⌀ 6 mm	7,0
G	Rad	4	1,0	⌀ 3,0	
H	Kapitän	1		⌀ 1,8 mm	5,7
J	Lastkahn-Mittelteil	1	4,4	3,8	14,9
K	Lastkahn-Seitenteil	2	1,3	4,4	14,9
L	Pfosten	1		⌀ 10 mm	2,5
M	Bugachse	1		⌀ 6 mm	6,4
N	Arretierungsstift	2		⌀ 1,5 mm	1,3
P	Heckachse	1		⌀ 6 mm	8,6
Q	Rad	4	1,0	⌀ 3,0	
R	Zugschnur	1		⌀ 6 mm	65
S	Verbindungstau	1		⌀ 6 mm	20
T	Bommel	1		⌀ 22 mm	

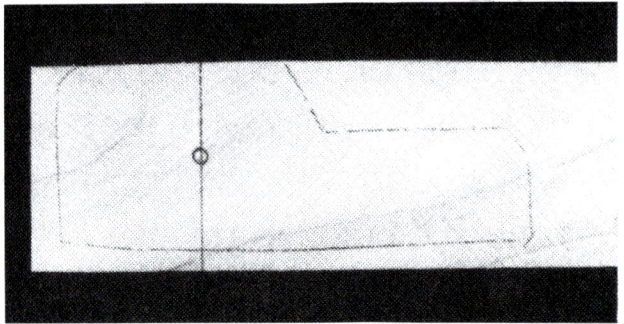

Abb. 3 Zeichnen Sie die Seitenansicht der Kajüte mit der Oberkante bündig zur Werkstückkante.

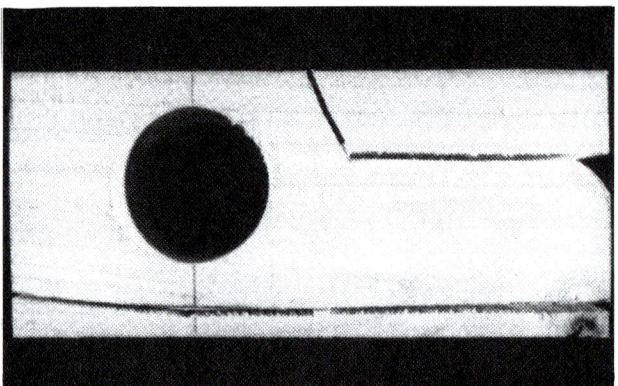

Abb. 4 Lassen Sie beim Ausschneiden der Kajüte zunächst etwa 3 mm Material im Schnittpunkt der beiden Linien stehen, damit das Ausschneiden der Draufsicht besser geht.

Die Räder des Schleppers

Bohren Sie die exzentrischen Achslöcher der Hinterräder mit Hilfe der Bohrvorrichtung (s. allgemeine Hinweise, S. 14, Abb. 11). Verdübeln Sie die mittigen Bohrungen. Die beiden Vorderräder werden Rücken an Rücken miteinander verleimt; danach wird das Achsloch auf ∅ 7 mm aufgebohrt.

Zusammenbau Schlepper

Kleben und spannen Sie die Kajüte auf das Deck des Rumpfs (A). Kleben Sie den Pfosten (D) in die Bohrung. Wenn der Leim getrocknet ist, bohren Sie ein Loch ∅ 18 mm für den Kapitän. Markieren und bohren Sie das Loch für den Schornstein (C), und kleben Sie ihn ein. Kleben Sie die Hinterräder auf die Achse, und achten Sie darauf, daß die Räder um 180° versetzt angeordnet sind. Nach dem Trocknen des Leims schleifen Sie die Naben glatt.
Halten Sie das Vorderrad in das Langloch, und treiben Sie die etwas zu lang abgeschnittene Achse so weit ein, bis sie das gegenüberliegende Loch erreicht. Geben Sie nun Leim in das gegenüberliegende Achsloch und auf den vorstehenden Achsstummel, und treiben Sie die Achse so weit ein, daß sie auf beiden Seiten etwas übersteht. Nachdem der Leim ausgehärtet ist, schleifen Sie die Überstände glatt ab.

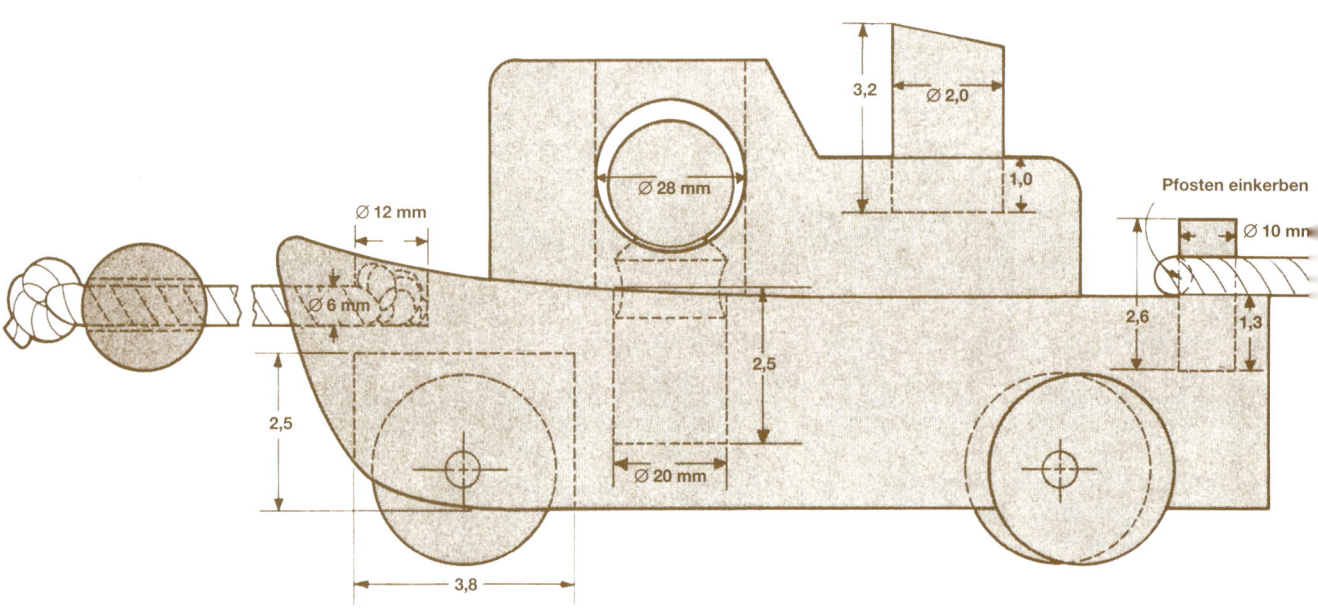

Schlepper/Seitenansicht

Ölen oder bemalen Sie das Schiff. Mit oder ohne Zugschnur ist es jetzt bereit zum Dienst in allen Häfen der Welt.

Der Lastkahn

Zeichnen Sie das Mittelstück (J) auf einen Klotz von 3,8 × 4,4 × 15,2 cm. Markieren und bohren Sie das Loch ∅ 10 mm im Heck für den Pfosten (L) und das Loch ∅ 12 mm im Bug für das „Tau". Stellen Sie das Teil dann auf die Hinterseite, und bohren Sie das Loch ∅ 6 mm bis zu der großen Bohrung.

Legen Sie das Teil auf die Seite, und bohren Sie 2 Löcher ∅ 12 mm an den beiden Bodenecken innen, um so die Herstellung der Radien beim Aussägen der Ladefläche zu erleichtern. Schneiden Sie die Umrisse mit der Bandsäge aus, und schleifen Sie das Teil. Die Seitenflächen müssen genau winklig zur Bodenfläche bearbeitet sein; das ist notwendig zum Bohren der Achslöcher nach dem Ankleben der beiden Seitenteile.

Zeichnen Sie die beiden Seitenteile (K) auf, und schneiden Sie sie mit der Bandsäge aus (bohren Sie die Achslöcher noch nicht!). Kleben Sie die Seitenteile an das Mittelstück. Wenn der Leim getrocknet ist, markieren und bohren Sie die Achslöcher.

Danach zeichnen Sie die Draufsicht auf und schneiden den Umriß mit der Bandsäge aus. Schleifen Sie das Werkstück. Runden Sie die obere Innen- und Außenkante und soviel vom Boden wie möglich mit dem Fräser. Schleifen Sie alle runden Kanten, wobei evtl. Brandspuren vom Fräsen entfernt werden.

Kleben Sie den Pfosten ein, den Sie vorher mit der Einkerbung und dem gerundeten Ende versehen haben. Kleben Sie die Hinterräder an, die um 180° versetzt angeordnet werden. Vor dem Befestigen der Vorderräder werden 2 Bohrungen ∅ 1,5 mm mit einem Abstand von 2,5 cm (je 12,5 mm von der Achsmitte) in die Achse gebohrt. Befestigen Sie nun die Vorderräder, wie schon beim Schlepper beschrieben.

Nach dem Zusammenbau sollten die 1,5-mm-Löcher schräg von vorn oben nach hinten unten verlaufen. Zuletzt kleben Sie zwei Zahnstocherabschnitte auf beiden Vorderradseiten als Arretierung in die Achse.

Nachdem der Leim völlig getrocknet ist, ölen oder bemalen Sie den Kahn (oder gleich mehrere).

Befestigen Sie das Verbindungstau – und der Lastkahn verwandelt den Schlepper in einen Frachtzug auf dem Wasser.

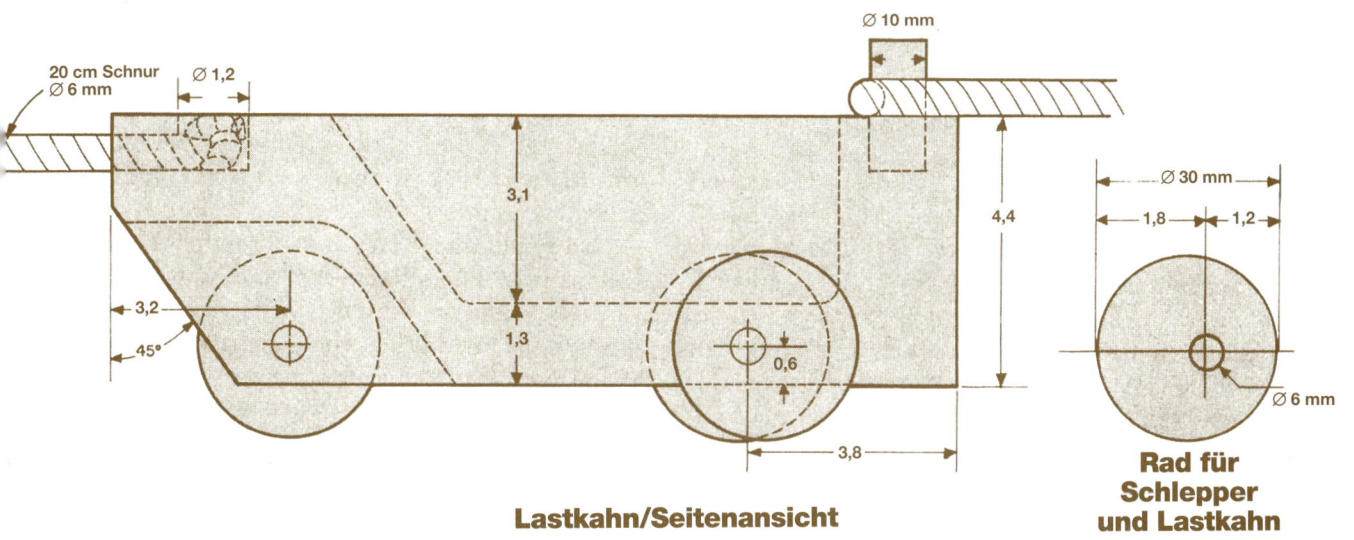

Lastkahn/Seitenansicht

Rad für Schlepper und Lastkahn

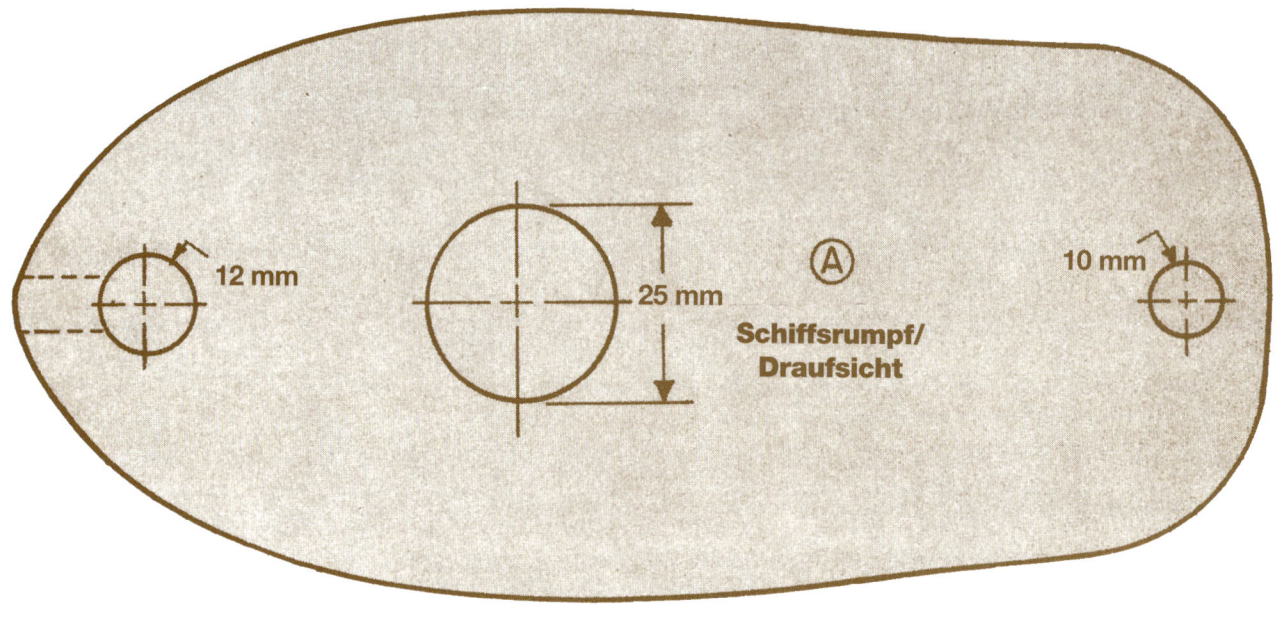

Schiffsrumpf/Draufsicht

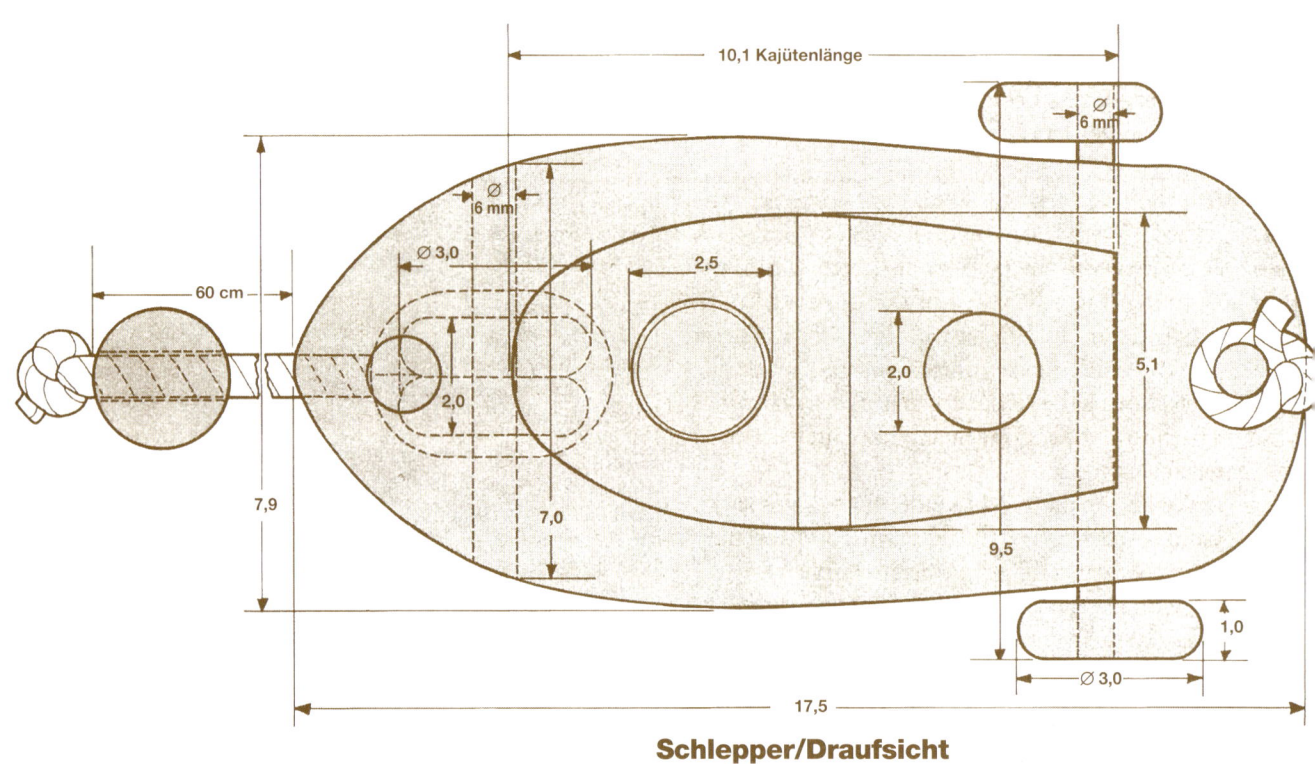

Schlepper/Draufsicht

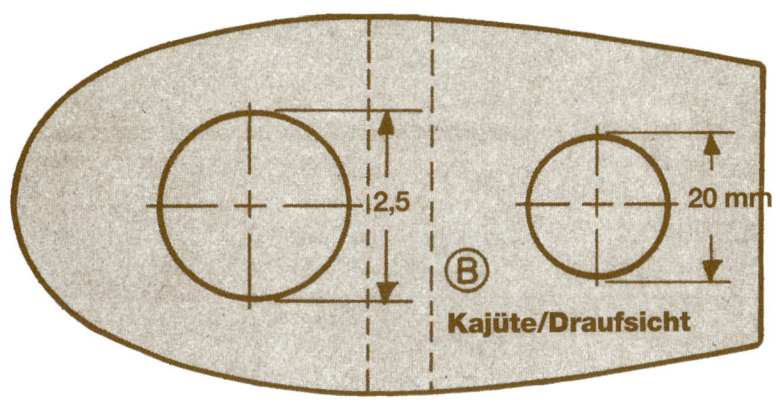

Ⓑ **Kajüte/Draufsicht**

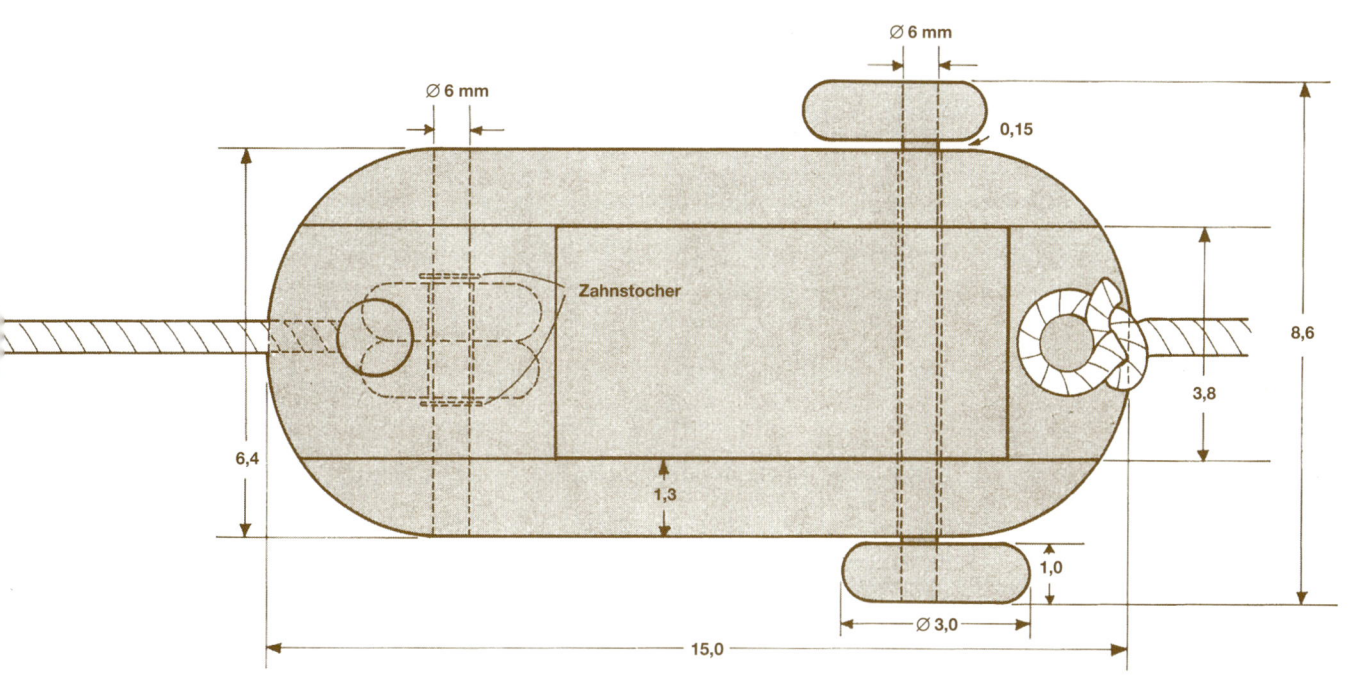

Lastkahn/Draufsicht

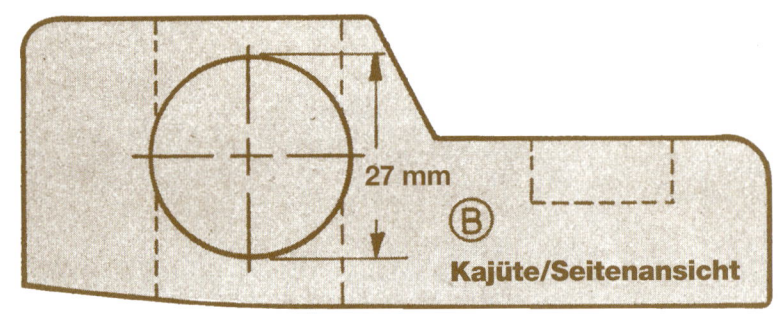

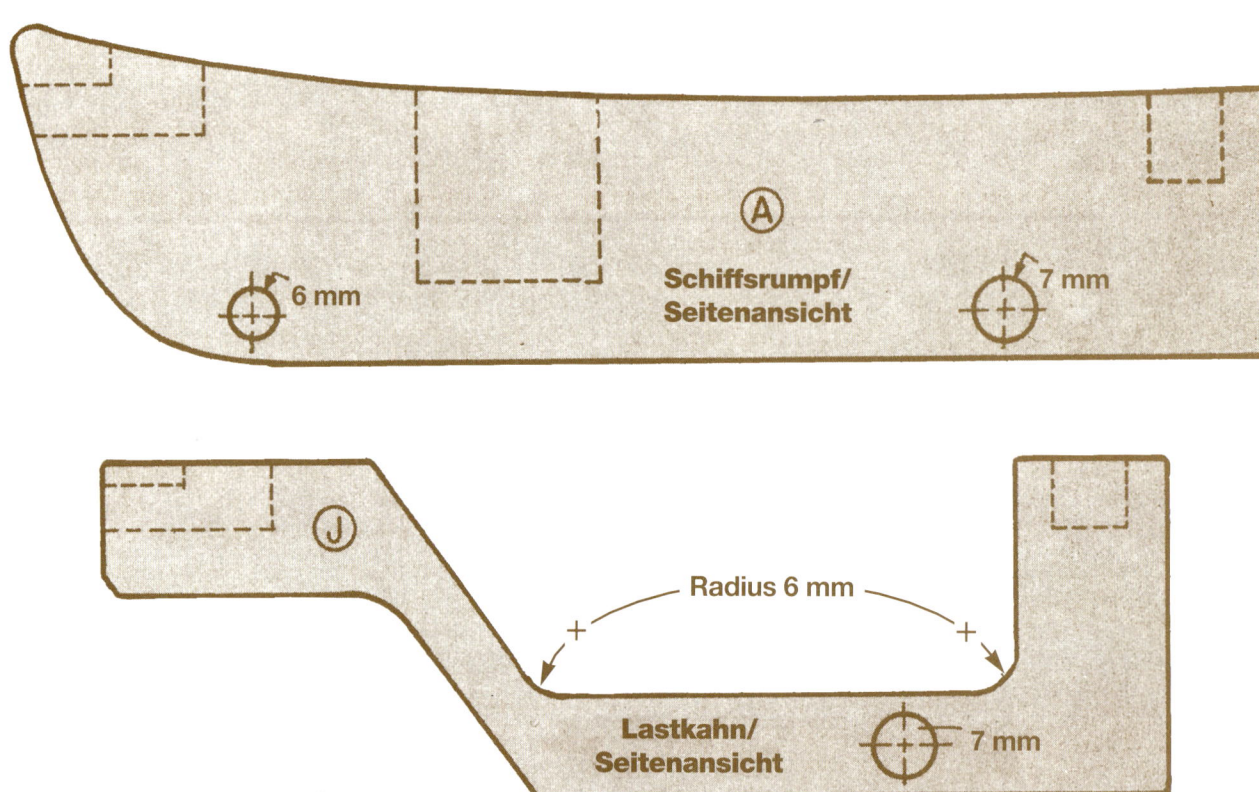

Die „River Queen"

Bei diesem Raddampfer wird das Schaufelrad mit Hilfe eines Gummibands angetrieben, das auf dem Antriebsrad läuft. Das Boot sieht sehr wirklichkeitsgetreu aus, mit seinem gewölbten Oberdeck, der Kapitänskajüte, den Schornsteinen und den vom verborgenen Mechanismus angetriebenen Schaufelrädern. Die Herstellung dieses Spielzeugs ist aufgrund der vielen Bohrungen, die sehr genau gefertigt werden müssen, und den vielen kleinen Einzelteilen, aus denen die Schaufelräder zusammengesetzt werden, recht schwierig und zeitaufwendig. Wenn Sie aber reichlich Geduld aufbringen, wird Ihnen die Fertigung und das Spiel damit große Freude bereiten.

Der Schiffsrumpf

Schneiden Sie einen rechtwinkligen Klotz von 31,8 × 10,2 × 2,5 cm zu. Markieren Sie die Achsbohrungen auf der Seite, und bohren Sie die Löcher sorgfältig. Das Teil muß genau senkrecht auf dem Bohrtisch stehen. Wenn das nicht der Fall ist, spannen Sie einen großen rechtwinkligen Klotz als Anschlag auf den Bohrständer (s. Abb. 1).
Zeichnen Sie die beiden Schlitze für die verborgenen Balanceräder und den Durchbruch für die Antriebsräder auf die Rumpfunterseite. Für die Schlitze bohren Sie an den Enden Löcher von Ø 16 mm ca. 20 mm tief und stemmen den Rest mit dem Stechbeitel aus. Um den Durchbruch für die Antriebsräder zu fertigen, bohren Sie ein Loch in jeder Ecke und sägen die Kanten mit der Dekupiersäge aus.
Zeichnen Sie jetzt die Bohrungen für die Säulendübel auf der Oberseite des Rumpfs so exakt wie möglich auf. Bohren Sie die Löcher mit Ø 6 mm (unter dem Achslager befinden sich keine Löcher!). Nun werden die Radien R = 2,5 cm auf die 4 Ecken gezeichnet und mit der Bandsäge ausgeschnitten. Zeichnen Sie dann eine Linie um Bug und Heck in einem Abstand von 6 mm von der Oberkante. Stellen Sie den Bandsägetisch auf 40° Neigung, und beginnen Sie den Schnitt bei einem Achsloch um Heck bzw. Bug bis zum gegenüberliegenden Lochende. Schleifen Sie alle Flächen und Kanten des Teils. Runden Sie die Außenkante und die Kante des Durchbruchs mit der Oberfräse. Achten Sie darauf, daß der Fräser bei den Achsbohrungen nicht ins Material frißt. Schleifen Sie alle Rundungen; die nicht mit dem Fräser bearbeiteten Kanten werden dabei von Hand mit Raspel und Schleifpapier gerundet.

Das Zwischendeck

Schneiden Sie ein Brett von 10,2 × 31,8 × 1,3 cm Kantenlänge zu. Markieren Sie alle Löcher deckungsgleich zu denen im Rumpf. Diesmal bohren Sie nur die 4 Ecklöcher und die beiden über dem Schaufelrad mit Ø 6 mm, die übrigen mit Ø 6,3 mm. Das erleichtert später den Zusammenbau erheblich.
Schneiden Sie auch hier wieder die Ecken mit einem Radius von R = 2,5 cm zu. Schleifen Sie alle Kanten und Flächen. Runden Sie die Ober- und Unterkante mit der Oberfräse – aber Achtung: Je nach Fräser-Radius kann nicht die volle Schnittiefe zugestellt werden, da sonst die Anschlagrolle beim zweiten Durchgang keine Anschlagfläche mehr trifft. Schleifen Sie anschließend die gefrästen Kanten.

Das gewölbte Oberdeck

Schneiden Sie ein Brett von 10,2 × 36,8 × 4,4 cm Kantenlänge zu. Es wird zunächst etwas länger als Rumpf und Zwischendeck, damit die beiden Wölbungen an den Enden gebohrt werden können. Die richtige Länge wird erst später zugeschnitten.
Markieren Sie die Bohrungen für die „Säulen" genauso exakt wie bei den vorher bearbeiteten Teilen. Wie beim Zwischendeck werden auch diesmal wie-

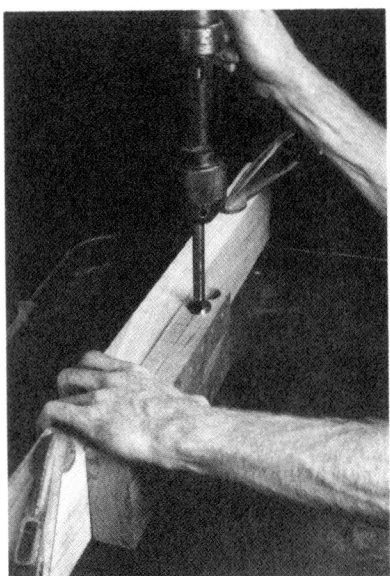

Abb. 1 Befestigen Sie ein rechtwinklig abgerichtetes Holzstück auf den Bohrtisch, um das Werkstück zum Bohren der Löcher genau senkrecht auszurichten.

der nur die 4 Ecklöcher und die beiden über der Achse mit ⌀ 6 mm gebohrt, alle übrigen mit ⌀ 6,3 mm etwa 24 mm tief.

Markieren Sie nun die Löcher für die Schornsteine und die Säulen der Kapitänskajüte, und bohren Sie alle Löcher ca. 10 mm tief (die Säulenbohrungen für dieses Teil alle mit ⌀ 6 mm).

Entlang der Längsseite zeichnen Sie eine Linie im Abstand von 2,2 cm von oben. Übertragen Sie die Mittelpunktlinien der Löcher ⌀ 6 und ⌀ 6,3 mm exakt auf die Seite, und messen Sie jeweils genau die Mitte zwischen 2 Linien aus. Dort liegen die Mittelinien für die Löcher ⌀ 27 mm. Fertigen Sie die Bohrungen mit einem Forstner- oder Spiralbohrer (ein Flachbohrer tut's zur Not auch). Spannen Sie dazu einen rechtwinkligen Klotz als Anschlag auf den Bohrtisch (s. Abb. 1). Legen Sie beim Bohren ein Abfallbrett unter, um das Ausreißen beim Durchbruch des Bohrers zu vermeiden. Wenn Sie einen Flachbohrer verwenden, bohren Sie nur so tief, daß die Zentrumsspitze gerade durchkommt, drehen das Teil um und bohren den Rest mit dem kleinen Mittelloch als Zentrierung.

Achten Sie darauf, daß keine Späne die senkrechte Lage des Werkstücks beeinträchtigen.

Befestigen Sie den Parallelanschlag am Bandsägentisch, um das Werkstück zu teilen, so daß der benötigte Teil 2,2 cm dick bleibt.

Markieren Sie die endgültige Länge und die Rundung der Ecken R = 2,5 cm, und schneiden Sie alles mit der Bandsäge aus. Schleifen Sie alle Flächen und

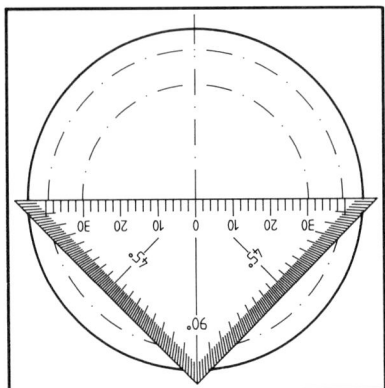

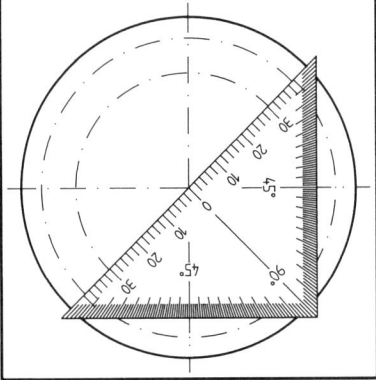

Abb. 2 u. 3 Verwenden Sie ein Geo-Zeichendreieck, um die ⅛-Einteilung für die Schaufeln auf die Scheiben zu zeichnen.

Kanten, die Wölbungen am besten mit einem entsprechenden Walzenschleifer.

Stellen Sie die Oberfräse so ein, daß der Anschlagzapfen nicht in die Wölbungen abrutschen kann, und runden Sie die obere Außenkante. Schleifen Sie Riefen und eventuell Brandmarken, die beim Fräsen entstanden sind, ab. Runden Sie die Kanten der Wölbungen von Hand.

Die Kapitänskajüte

Das Dach der Kapitänskajüte wird auf die gleiche Weise hergestellt, wie das Oberdeck, mit Ausnahme der 6 „Säulen"-Bohrungen, die alle mit ⌀ 6 mm gebohrt werden.

Die Schaufelräder

Die Anfertigung der Schaufelräder erfordert etwas Zeit und Geduld, aber sie ist nicht allzu schwierig: Zeichnen Sie die 4 Scheiben (E) mit ⌀ 9,0 cm auf ein bereits beidseitig geschliffenes Brett von 6 mm Dicke. Stechen Sie dabei die Zirkelspitze tief ein – als Mittenmarkierung für später. Auf 2 der Scheiben wird ein weiterer konzentrischer Kreis von ⌀ 7,0 cm

gezeichnet und mit Hilfe eines Geo-Zeichendreiecks in 8 gleiche Teile aufgeteilt (s. Abb. 2 und 3).
Schneiden Sie die 4 Scheiben aus, wobei ca. 1–2 mm rundherum als Überstand stehenbleiben. Legen Sie nun je 1 Scheibe mit und 1 Scheibe ohne ⅛-Teilung deckungsgleich übereinander. Bohren Sie zunächst 2 sich gegenüberliegende Löcher ∅ 3 mm, um die beiden Teile mit 3-mm-Dübeln gegen Verschieben zu sichern. Zeichnen Sie eine Markierung auf die Kanten beider Teile, um beim Zusammenbau die gleiche Lage zu erhalten (s. Abb. 4).
Als nächstes sind die Schaufeln an der Reihe (F). Schneiden Sie 2 Brettstücke von 30,5 × 2,5 × 1 cm zu. Schleifen Sie alle Flächen und Kanten. Brechen Sie die langen Kanten mit Schleifpapier von Hand. Stellen Sie den Parallelanschlag der Bandsäge auf 2,5 cm Schnittbreite ein, und befestigen Sie eine Zulage am Anschlag, die an der Sägeblattkante endet, um das Klemmen der Abschnitte zu vermeiden (s. allgemeine Hinweise, S. 10, Abb. 2). Schneiden Sie die Leisten in 2,5 cm lange Abschnitte; das ergibt ein paar überzählige Teile, die bei möglichen Fehlern beim Bohren benötigt werden.
Brechen Sie alle Kanten mit Schleifpapier. Spannen Sie alle Teile mit der zu bohrenden Seite (= Hirnholzkante) nach oben zwischen 2 Latten zusammen. Markieren Sie die Mittelpunkte aller Bohrungen, und stellen Sie die Anordnung auf den Bohrständer (s. Abb. 5). Achten Sie darauf, daß alles flach auf dem Tisch aufliegt.
Während der Bearbeitung muß die mittlere Zwinge umgespannt werden, damit alle Teile gebohrt werden können. Nehmen Sie nun ein Paar der zuvor gefertigten Seitenscheiben. Legen Sie die Scheibe mit den Mittelpunktmarkierungen zur Seite. Für den Zusammenbau der beiden Schaufelräder werden noch 16 Dübel ∅ 3 mm × 2,5 cm benötigt. Der ∅ 3 mm Rundstab kann mit einer kräftigen Schere oder einem Seitenschneider getrennt werden.
Geben Sie nun Leim in alle 8 Bohrungen der nicht markierten Scheibe, und treiben Sie die Dübel hinein. Geben Sie Leim auf die Dübelenden und die Löcher in den Schaufeln, und setzen Sie sie vorsichtig ein. Drücken Sie die Schaufeln fest an die Scheibe. Wenn die Bohrung in der Schaufel nicht genau mittig sitzt, drehen Sie die größere Seite nach außen, damit beim Abschleifen des 1,5-mm-Überstandes die Kante ausgeglichen wird. Nachdem so alle Schaufeln auf der Scheibe befestigt sind, geben Sie nur wenig Leim auf die gegenüberliegenden Schaufelenden und in die Löcher der zweiten Scheibe. Bringen Sie die Markierungen auf den beiden Scheiben zur Dek-

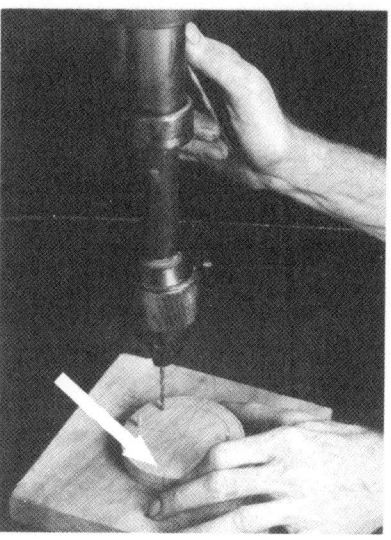

Abb. 4 Bohren Sie 2 gegenüberliegende Löcher in 2 aufeinander angeordnete Scheiben. Stecken Sie 3-mm-Dübel in die Löcher, um Verschiebungen zu verhindern.
Zeichnen Sie eine Linie am Umfang beider Seiten als Markierung für die richtige Einbaulage (s. Pfeil).

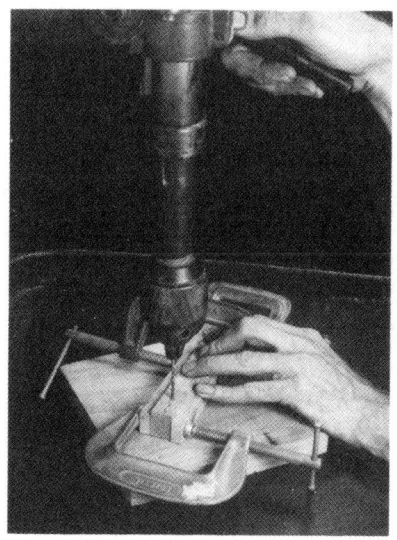

Abb. 5 Spannen Sie alle Paddel zusammen, die Hirnholzkante nach oben. Zeichnen Sie eine Mittellinie auf, und legen Sie die Anordnung auf ein Brettstück als Unterlage. Die Teile müssen flach auf dem Bohrtisch aufliegen.

kung, und stecken Sie die Dübel durch Scheibe und Schaufeln, ohne die Teile jedoch gleich fest zusammenzudrücken. Erst wenn Sie sicher sind, daß alle Schaufeln richtig sitzen, drücken Sie die Scheibe an. Treiben Sie die Dübel jetzt so ein, daß sie auf beiden Seiten gleich weit herausragen. Spannen Sie die Anordnung mit 8 kleinen Schraubzwingen zusammen.
Nachdem der Leim bei beiden Schaufelrädern völlig ausgehärtet ist, schleifen Sie die überstehenden Dü-

belenden auf der Seite ohne Anrißlinien in Richtung der Maserung ab. Legen Sie das Rad mit der Anrißseite nach oben auf den Bohrständer, und fertigen Sie die Achsbohrung mit einem Forstner- oder Holzbohrer ⌀ 10 mm. Vergessen Sie nicht eine Unterlage, um das Ausreißen der Bohrung zu verhindern.
Schneiden bzw. schleifen Sie jetzt die endgültige Form zu. Achtung: Beim Übergang von einer Schaufel zum Zwischenraum wird leicht zuviel Material abgetragen! Schleifen Sie dann die Dübelenden auf der zweiten Seite bündig ab, und schleifen Sie die Teile allseitig, dabei die Kanten brechend.

Die Antriebs- und Balanceräder

Sie können fertig gekaufte Räder als äußere Antriebs- und als Balanceräder verwenden (R u. P), nur das mittlere Antriebsrad (Q) sollte eine flache Lauffläche haben, damit der Antriebsriemen gut aufliegt. Kleben Sie die 3 Antriebsräder zusammen, und achten Sie darauf, daß alle Räder genau zentrisch zueinander liegen; entfernen Sie den Zentrierstift wieder, bevor der Leim abbindet. Spannen Sie die Anordnung zusammen. Wenn der Leim trocken ist, bohren Sie das Achsloch mit ⌀ 10 mm auf.
Die kleinen Räder (P) vorn und hinten mit ⌀ 2,5 cm sollen das Schiff in der Balance halten. Die Achslöcher werden mit ⌀ 7 mm aufgebohrt, damit die Räder auf der Achse frei beweglich sind.

Der Achsträger für das Schaufelrad

Schneiden Sie eine Leiste von 2,5 × 1,3 × 20,5 cm zu. Schleifen Sie die Flächen, und brechen Sie die Kanten von Hand. Schneiden Sie 7 Stücke von 2,5 cm Länge zu. Beim Zusammenbau werden 4 dieser Teile als Abstandhalter zwischen Rumpf und Zwischendeck benötigt, ein Teil dient als Reserve, falls beim Bohren ein Teil beschädigt wird.
Markieren Sie die Mittelpunkte der Löcher auf 3 Klötzchen, und bohren Sie anschließend Löcher mit ⌀ 11 mm. Brechen Sie alle Kanten.
Schneiden Sie alle Dübel auf Länge, die als Säulen den Rumpf, das Zwischen- und Oberdeck und das Kajütendach zusammenhalten. Schleifen Sie die Enden etwas konisch zu. Nehmen Sie 4 Dübel für die Ecken, und quetschen Sie das Material im Bereich zwischen 3,5 und 4,7 cm vom unteren Ende mit der Kombizange etwas zusammen, damit in dieser Ausbuchtung Leim angesammelt wird.
Treiben Sie die 4 Dübel in die Eckbohrungen des Zwischendecks. Halten Sie ein, wenn die gequetschte Zone sich gerade vor der Bohrung befindet. Geben Sie etwas Leim in die Ausbuchtung, und treiben Sie die Dübel dann bis auf die richtige Tiefe ein (s. Abb. 6).

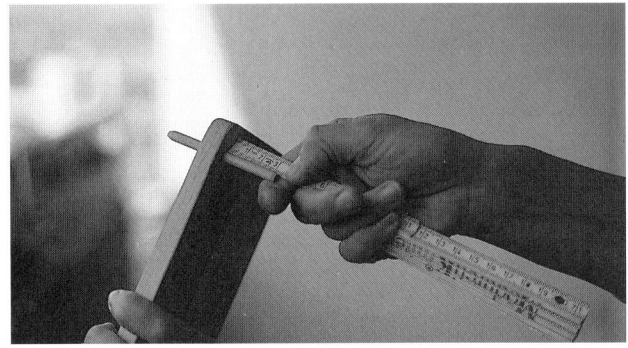

Abb. 6 Treiben Sie die 4 Eckdübel bis zu der mit Leim versehenen Mulde in die Löcher. Die Dübel müssen auf der Unterseite genau 35 mm herausragen.

Wenn die Verbindung ausgehärtet ist, geben Sie Leim auf die Ober- und Unterseiten der beiden Achsträger (G), und positionieren Sie sie sorgfältig auf dem Rumpf; dabei muß die Bohrung sich im oberen Teil des Achsträgers befinden. Stecken Sie einen ⌀ 10-mm-Rundstab durch, damit die Bohrungen genau fluchten. Geben Sie Leim in die 4 Ecklöcher. Nehmen Sie nun das Zwischendeck, und schlagen Sie die Dübel nur etwas ein. Legen Sie danach bei jedem Dübel ein Distanzklötzchen zwischen die Teile (s. Abb. 7), bevor Sie die Dübel vorsichtig so weit eintreiben, bis das Zwischendeck auf den Achsträgern und den Distanzklötzchen leicht aufliegt.

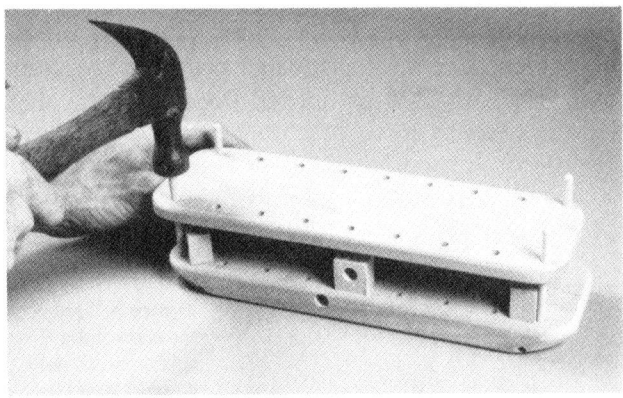

Abb. 7 Treiben Sie die 4 Dübel in die Ecklöcher des Unterdecks. Legen Sie einen Distanzklotz von 25 mm Dicke an jeder Ecke zwischen die Teile, und treiben Sie die Dübel ein, bis das Zwischendeck auf den Distanzklötzen und auf den Achsträgern aufliegt.

Spannen Sie die Anordnung über den Achsträgern zusammen, und entfernen Sie die Distanzklötzchen. Nachdem der Leim getrocknet ist, werden alle „Säulen" eingedübelt. Geben Sie wenig Leim in die Löcher im Rumpf (z. B. mit einem abgeknickten Streichholz), und stecken Sie die Dübel durch die etwas größer gebohrten Löcher des Zwischendecks. Wenn die Dübel die Rumpfoberkante erreichen, geben Sie etwas Leim um die Stelle gerade über der Zwischendeck-Oberkante und treiben sie dann ganz ein. Zur leichteren Montage des Oberdecks sollten die oberen Dübelenden etwas mehr angefast sein.

Materialliste

(Maße in cm, soweit nicht anders angegeben)

Teil	Benennung	Anzahl	Dicke	Breite oder ⌀	Länge
A	Rumpf	1	2,5	10,2	31,2
B	Zwischendeck	1	1,3	10,2	31,2
C	Oberdeck	1	2,2	10,2	31,2
D	Kajüte	1	2,2	6,4	10,5
E	Scheibe	4	0,6	⌀ 8,6	
F	Schaufel	16	1,0	1,9	2,5
G	Lager	2	1,9	2,5	2,5
H	Antriebsachse	1		⌀ 10 mm	10,2
J	Achse (Balancerad)	2		⌀ 6 mm	10,2
K	Stütze (Deck)	16		⌀ 6 mm	7,3
L	Stütze (Kajüte)	6		⌀ 6 mm	4,4
M	Achse (Schaufelrad)	1		⌀ 10 mm	18,4
N	Dübel	1		⌀ 3 mm	2,5
P	Balancerad	2	1,0	⌀ 2,5	
Q	Antriebsrad	1	1,3	⌀ 2,5	
R	Seitenteil	2	1,3	⌀ 5,0	
S	Schornstein	2		⌀ 16 mm	6,0
T	Gummiband	1	1,0		ca. 18,0
U	Dübel (Schaufel)	32		⌀ 3 mm	1,9

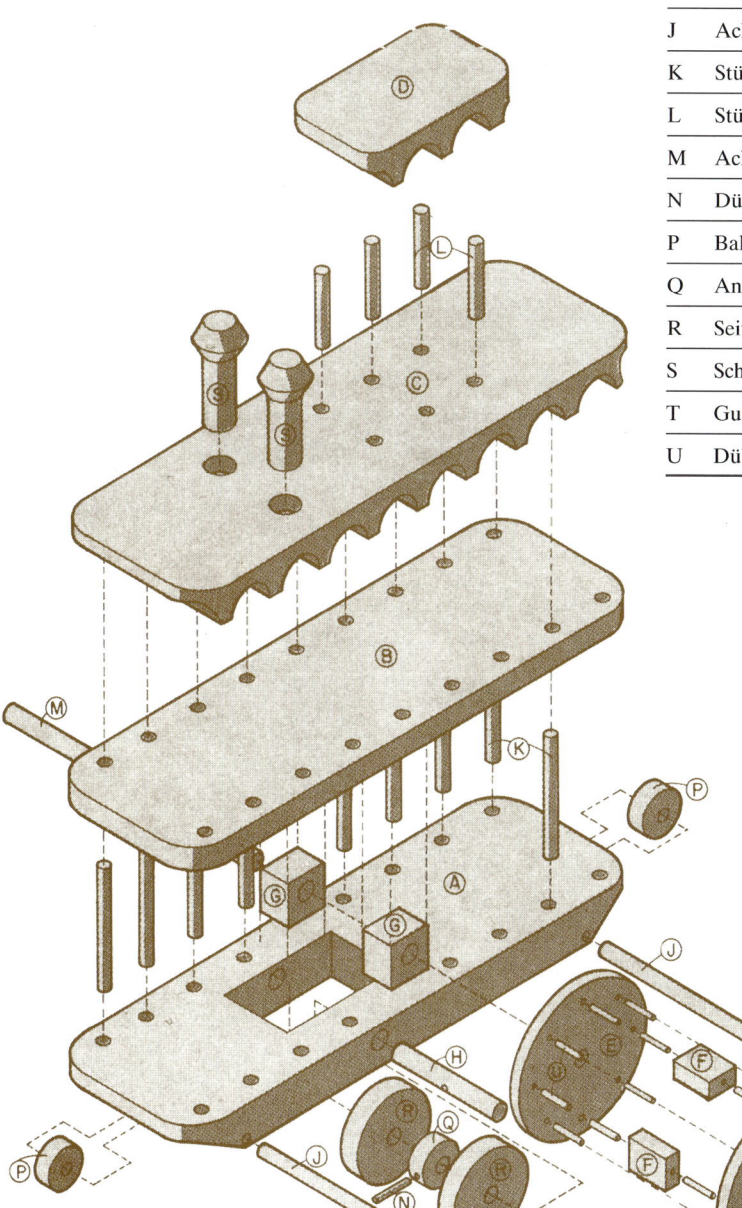

Explosionsdarstellung

Geben Sie nun etwas Leim in die Löcher des Oberdecks, und „fädeln" Sie die Dübel ein. Alle 3 Teile müssen deckungsgleich zueinander ausgerichtet sein. (Erscheint Ihnen das zu schwierig, bohren Sie die Löcher im Oberdeck ganz durch, treiben die Dübel von oben ein, lassen sie etwas überstehen und schleifen die Überstände nach dem Trocknen glatt ab.)

Nun wird das Antriebsrad montiert. Drehen Sie das Boot auf den Kopf, halten Sie das Antriebsrad in Position, und treiben Sie die Achse mit Hilfe eines Reststücks von Rundmaterial ⌀ 10 mm ein. Bohren Sie ein Loch ⌀ 3 mm durch das Antriebsrad, und befestigen Sie es mit einem Dübel.

Stellen Sie den Dampfer jetzt aufrecht auf Distanzklötze (zum Schutz des Antriebsrads), und kleben Sie die beiden Schornsteine (S) ein. Geben Sie Leim in die Bohrungen der Kajüte, und treiben Sie die Dübel (L) ein (beide Enden angefast). Nun wird Leim in die entsprechenden Löcher im Oberdeck gegeben und die Kajüte darin befestigt; legen Sie zum Eintreiben der Dübel ein Brettstück zum Schutz der Oberfläche auf das Kajütendach.

Halten Sie ein Balancerad in den Schlitz, und treiben Sie die etwas zu lang abgeschnittene Achse so weit ein, bis sie den gegenüberliegenden Lochrand im Schlitz erreicht. Geben Sie dann etwas Leim in die gegenüberliegende Bohrung und auf das herausragende Achsende. Treiben Sie die Achse jetzt so weit ein, daß sie auf beiden Seiten gleichmäßig übersteht. Wenn der Leim getrocknet ist, schleifen Sie die Achsenden bündig ab. Wiederholen Sie den Vorgang für das zweite Balancerad.

Schneiden Sie die Schaufelradachse (M) etwas zu lang ab. Treiben Sie die Achse in ein Schaufelrad, bis sie die Bohrung in der äußeren Scheibe erreicht. Geben Sie dann Leim in die Bohrung und um die herausragende Achse. Legen Sie das Rad auf Wachspapier oder Folie, und treiben Sie die Achse ganz ein. Leimreste abwischen! Stecken Sie die Achse durch die Lagerböcke (G). Legen Sie das Schiff seitlich auf das montierte Rad (auf ein Stück Teppich- oder Stoffrest).

Treiben Sie das zweite Rad auf die Achse, bis die Bohrung der äußeren Scheibe erreicht ist. Wiederholen Sie den Leimauftrag, und treiben Sie das Rad ganz auf die Achse (mit einer Auflage zum Schutz). Leimreste abwischen, und die Verbindung aushärten lassen.

Die überstehenden Achsenden können nun – sehr vorsichtig – mit dem Bandschleifer bündig geschliffen werden. Sollte Ihnen dies bei einem so arbeits-

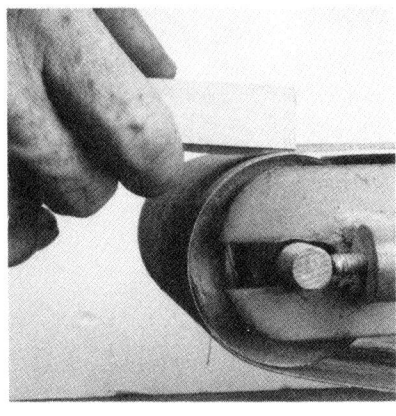

Abb. 8 Um die Enden des Gummibandes keilförmig anzuschleifen, halten Sie sie mit einem Stück Holz unter flachem Winkel auf die Rolle des Bandschleifers.

aufwendigen Spielzeug zu gefährlich erscheinen, erledigen Sie diese Arbeit von Hand.

Ölen Sie die „River Queen" jetzt ein. Schneiden Sie ein 1 cm breites Gummiband so lang ab, daß die Enden sich mindestens 2 cm überlappen. Schleifen Sie die Enden keilförmig (s. Abb. 8), kleben Sie sie mit Gummilösung zusammen, und geben Sie dem Band dabei ein bißchen Spannung.

Das wäre geschafft ... Alle an Land, die nicht mit auf die Reise wollen! Auf geht's ...

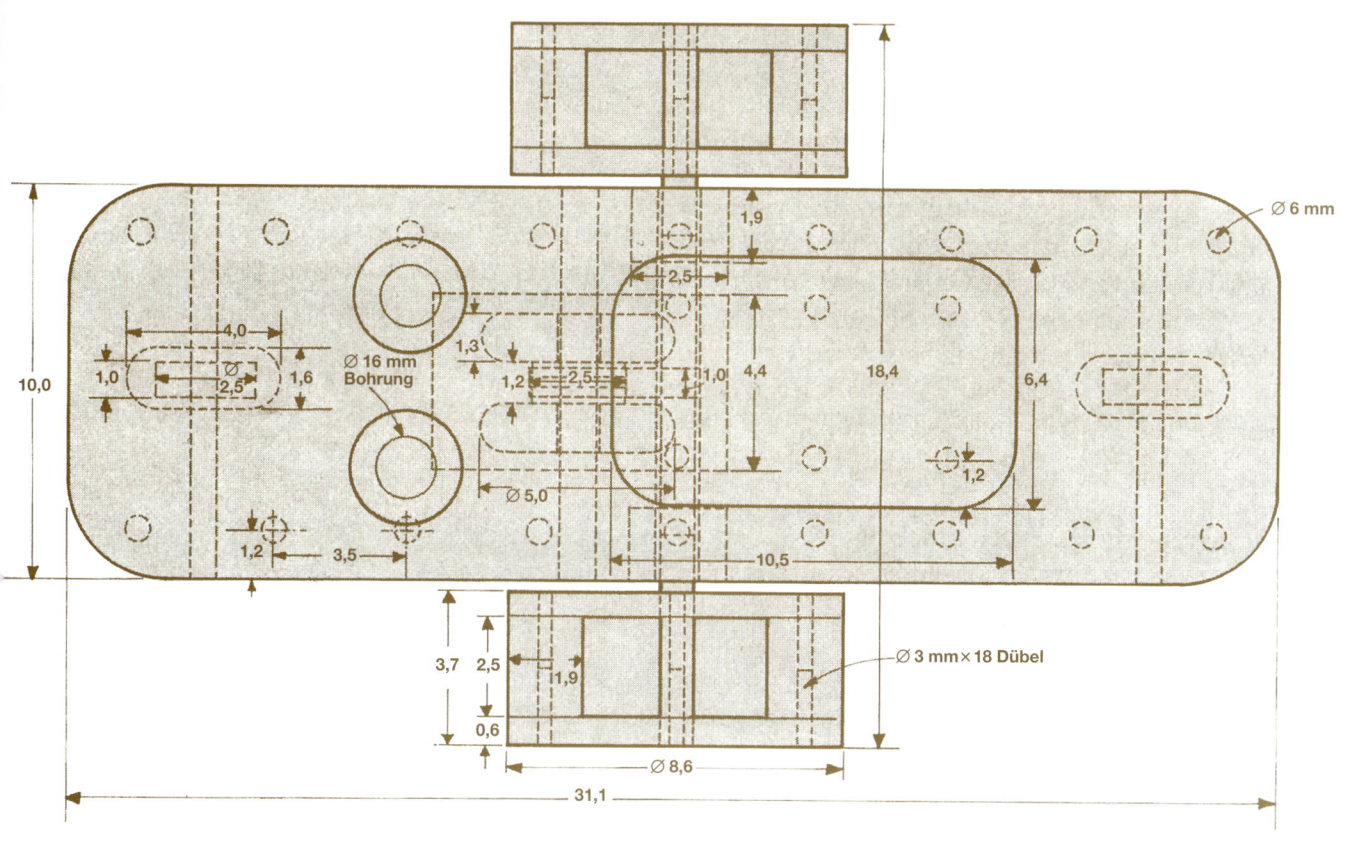

Der klassische Eindecker

Ich glaube, es gibt nur wenige Bastler von Spielzeugen, die sich nicht irgendwann im Entwurf eines hölzernen Flugzeugs versucht haben. Dieses hier ist das einzige, das ich bisher gesehen habe, bei dem sich der Propeller tatsächlich dreht, wenn man das Flugzeug schiebt.

Ein Gummiband läuft auf dem großen Antriebsrad auf der Vorderachse und dem kleineren Dübel auf der Propellerwelle. Durch die Übersetzung dreht sich der Propeller bei jeder Raddrehung zweimal. Das wirbelt ganz schön herum. Wenn das Kind das Flugzeug nicht über den Boden schiebt, um so den Propeller anzutreiben, wird es den Flieger durch die Luft bewegen. Deshalb schlage ich vor, das Spielzeug aus einem leichten Holz wie z. B. Pappel herzustellen. Wenn Sie möchten, eignet sich dieser Flieger gut zum Anmalen.

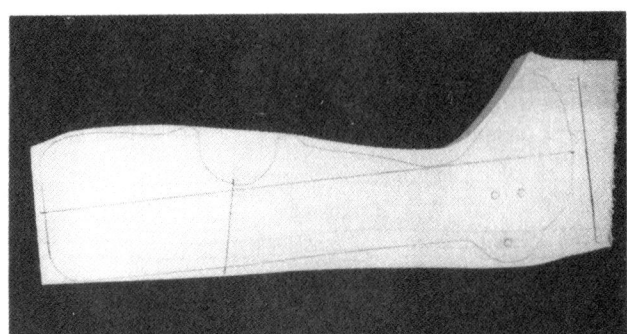

Abb. 1 Um die Löcher für den Propellerantrieb in der Nase des Flugzeugrumpfes zu bohren, zeichnen Sie zunächst auf eine Seitenfläche eine Linie, die dem Verlauf der Propellerachse entspricht. Zeichnen Sie eine weitere Linie im rechten Winkel dazu direkt hinter der Umrißlinie am hinteren Ende.

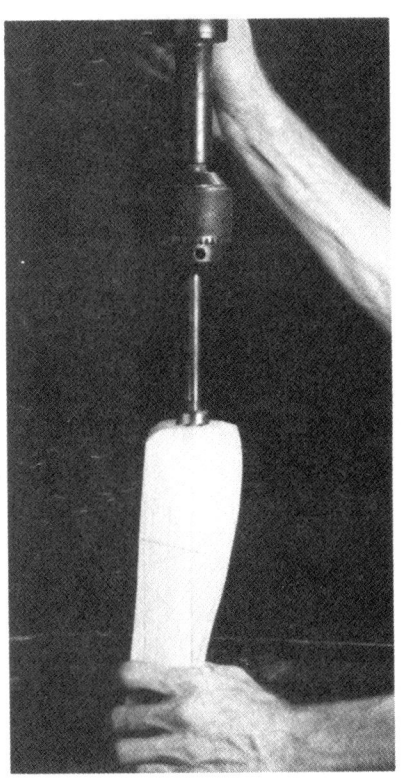

Der Rumpf

Zeichnen Sie die Umrisse auf (A). Als Hilfe zum Bohren der Propellerwellenbohrung sollten Sie hinter dem Flugzeugende eine Linie rechtwinklig zur Wellenachse anzeichnen und den Block entlang dieser Linie absägen (s. Abb. 1). Sägen Sie den vorderen Bereich entlang der Umrißlinie aus. Stellen Sie den Rumpf des Fliegers auf die hintere Fläche auf den Bohrständer, und bohren Sie das Loch $\varnothing$ 28 mm als Sitz für das Laufrad des Propellers (s. Abb. 2). In gleicher Position wird nun das Loch $\varnothing$ 8 mm für die Propellerachse gebohrt.

Abb. 2 Schneiden Sie sehr sorgfältig entlang dieser Linie ab. Zum Bohren stellen Sie das Werkstück auf die so erhaltene Fläche. Markieren Sie den Mittelpunkt exakt, und bohren Sie zuerst das Loch $\varnothing$ 27 mm, danach weiter mit $\varnothing$ 8 mm. Das große Loch ist nicht sehr tief zu bohren, deshalb muß das Teil nicht unbedingt festgespannt werden.

Bohren Sie danach das Loch für die Hinterachse und die zwei Dübellöcher zur Befestigung der Höhenruder. Sägen Sie die Form aus, mit Ausnahme der Aussparung für die Tragflächen; diese kommt erst später an die Reihe. Unterstützen Sie den Rumpf im richtigen Winkel auf dem Bohrständer, und bohren Sie das Loch für den Piloten. Schleifen Sie alle Schnittkanten; für das Cockpit benutzen Sie einen Walzenschleifer oder einen mit Schleifpapier umwickelten Dübelabschnitt.

Um die hintere Partie des Rumpfs auszuschneiden, zeichnen Sie die Dicke des Leitwerks auf, bis zu dem Punkt, wo der Rumpf sich zu verdicken beginnt. [Anm. d. Übers.: etwas vor der Vorderkante des Höhenruders]. Markieren Sie diesen Punkt. Von dort bis zu der Stelle kurz hinter der Tragfläche zeichnen Sie eine S-Kurvenlinie bis zur vollen Dicke des Materials. Befestigen Sie den Parallelanschlag auf dem Bandsägentisch und schneiden Sie auf beiden Seiten des Leitwerks bis zum Übergangspunkt in die Kurvenlinie ein (s. Abb. 3). Entfernen Sie jetzt den Parallelanschlag, sägen Sie entlang den Kurvenlinien aus, und schleifen Sie die Schnittkanten.

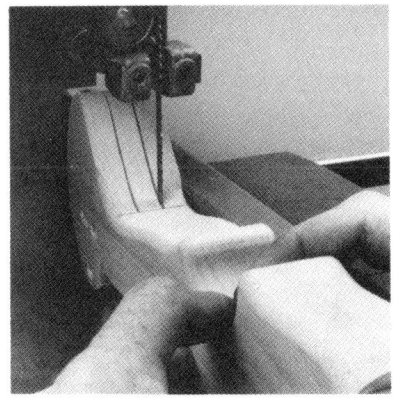

Abb. 3 Befestigen Sie den Parallelanschlag der Bandsäge auf einer Seite des Seitenruders, und schneiden Sie bis zur Markierung ein; danach verstellen Sie den Anschlag auf die andere Seite und wiederholen den Schnitt.

Spannen Sie den Flugzeugrumpf in einen Schraubstock, runden Sie alle Kanten des Leitwerks mit einer Raspel, und glätten Sie die Rundungen mit Schleifpapier. Im vorderen Bereich werden die Kanten mit der Fräse gerundet; stellen Sie den Rumpf zum Fräsen der Front auf die Nase, damit der Anschlagring des Fräsers nicht in die 28-mm-Bohrung abrutschen kann. Schleifen Sie jetzt den Rumpf komplett fertig.

Die Tragflächen

Schneiden Sie aus einem 1,9 cm starken, gehobelten Brett ein Stück von 8,3 × 38 cm zu. Auf ein rechtwinklig zugeschnittenes Ende zeichnen Sie die Umrisse des Tragflügelprofils auf. Schneiden Sie dieses Profil auf dem entsprechend geneigten Tisch der Bandsäge und unter Verwendung des Parallelanschlags zu. Schleifen Sie die Fläche glatt. Runden Sie die beiden Vorderkanten mit dem Fräser. Die Kanten der schmalen Hinterseite runden Sie von Hand. Schleifen Sie das Profil, so daß Sie saubere Umrisse erhalten, die Sie auf den Rumpf übertragen können. Legen Sie den Rumpf jetzt auf die Seite, und positionieren Sie das Ende des Tragflügels dort auf dem Rumpf, wo die Aussparung angebracht werden soll. Markieren Sie den Umriß mit einem spitzen Bleistift (s. Abb. 4). So werden Sie einen festen Sitz der Tragfläche erreichen.

Stellen Sie den Tisch der Bandsäge wieder auf exakt 90° ein, und sägen Sie die Aussparung aus. Lassen Sie die Anrißlinie stehen. Versuchen Sie nun, den Flügel in den Schlitz zu stecken. Wenn er nicht hineinpaßt, schleifen Sie nur ein wenig Material ab und versuchen dies solange, bis die Teile gut zusammenpassen. Schleifen Sie die Schnittkanten glatt. Zeichnen Sie jetzt den äußeren Umriß der Tragfläche auf die Oberseite des vorbereiteten Profils. Schneiden Sie es mit der Bandsäge aus. Schleifen Sie die hinteren Sägekanten vorsichtig, damit Sie eine saubere, gerade Kante erhalten. Runden Sie die Vorderkante mit der Fräse; die hintere, dünne Seite, wo der Anschlagring des Fräsers nicht am Material anliegen würde, runden Sie von Hand. Schleifen Sie dann alle Kanten.

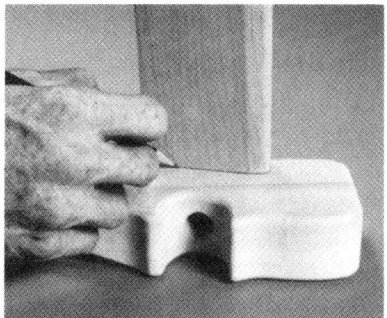

Abb. 4 Zum Anzeichnen der Tragflügelaussparung verwenden Sie am besten das vorgefertigte Profil, und nicht die gezeichnete Seitenansicht. Markieren Sie den Umriß mit einem gut gespitzten Bleistift. Lassen Sie die Linie beim Sägen stehen, und passen Sie die Aussparung durch Schleifen genau an.

Die Höhenruder

Zeichnen Sie die beiden Höhenruder auf, und schneiden Sie sie mit der Bandsäge aus. Wo die Teile auf den Rumpf treffen, ist eine genau gerade Kante notwendig. Schleifen Sie diese Kante sehr sorgfältig, brechen Sie rundum alle Kanten. Markieren Sie jetzt die Löcher für die 6-mm-Dübel. [*Anm. d. Übers.: am besten geht das mit Dübelmarkern, die für wenig Geld in jedem Baumarkt erhältlich sind; s. Abb. 5*].
Spannen Sie die beiden Teile so ein, daß die zu bohrenden Flächen parallel zur Tischfläche des Bohrständers liegen, und bohren Sie die Dübellöcher bis zur erforderlichen Tiefe.

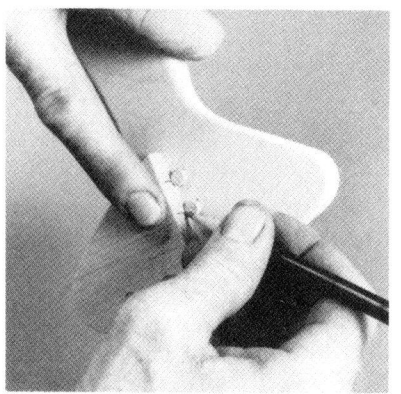

Abb. 5 Markieren Sie die Dübellöcher, indem Sie die Höhenruder unter die bereits ins Seitenleitwerk eingeklebten Dübel halten, mit einem Bleistift.

Der Propeller und die Antriebswelle

Schneiden Sie ein Stück Hartholz als Vierkant von 1,9 × 1,9 × 13,5 cm zu. Stellen Sie den Tisch der Bandsäge auf 30° Neigung ein. Befestigen Sie den Parallelanschlag rechts vom Sägeblatt so, daß der Einschnitt im Abstand von 6 mm von der linken oberen Kante erfolgt. Im Abstand von 5,7 cm von der Sägeblatt-Vorderkante befestigen Sie mit einer Schraubzwinge einen Tiefenanschlag. Schneiden Sie bis zum Anschlag ein (s. Abb. 6). Drehen Sie das Teil, und wiederholen Sie den Schnitt (s. Abb. 7). Drehen Sie das Teil über Kopf, und wiederholen Sie die beiden letzten Arbeitsschritte. Entfernen Sie die so entstandenen Keile mit einer Feinsäge, und runden Sie den stehengebliebenen Mittelteil mit einer Raspel zur Propellernabe. Die Enden des Propellers werden ebenfalls mit der Raspel gerundet.
Schleifen Sie dann das Teil allseitig glatt. Nach dieser Bearbeitung markieren Sie sorgfältig die Mitte und bohren ein Loch ⌀ 13,5 mm bis zur Tiefe von 13 mm.

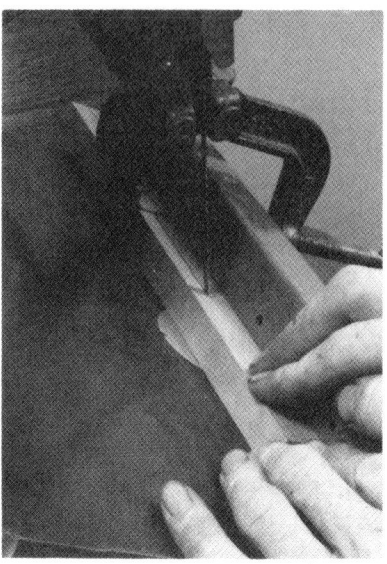

Abb. 6 Stellen Sie den Bandsägetisch auf 30° Neigung, und befestigen Sie am Parallelanschlag einen Lattenrest als Hinteranschlag 57 mm hinter der Sägeband-Vorderkante. Der Parallelanschlag wird so eingestellt, daß der Schnitt 6 mm neben der linken Ecke oben beginnt.

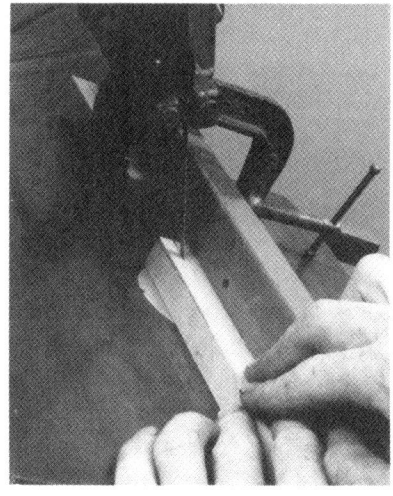

Abb. 7 Drehen Sie den Teil kopfüber, und wiederholen Sie den Schnitt.

Den Rest bohren Sie mit ⌀ 12 mm durch – legen Sie ein Brettstück unter, damit die Bohrung nicht ausreißt.
Bei dem Teil der Antriebswelle, der in der Nase des Flugzeugrumpfs steckt, erzeugt ein gekauftes Rad (mit der Nabe nach innen) nicht soviel Reibung wie ein selbst gefertigtes, flaches Rad, aber es funktioniert mit beiden. Mit der Achsbohrung als Zentrierung fertigen Sie ein Loch ⌀ 12 mm, 6 mm tief in die flache Seite des Rades (Außenfläche). Schneiden Sie nun den 12-mm-Dübel auf Länge (1,9 cm). Runden Sie beide Enden von Hand. Verkleben Sie den

Propeller, den Dübel und das Rad ⌀ 2,5 cm miteinander, und achten Sie darauf, daß Rad und Propeller genau parallel und der Dübel rechtwinklig zu beiden angeordnet sind. Der Dübel muß in beiden Löchern fest und tief genug sitzen.

Verdübeln Sie jetzt das Mittelloch vom Rad. Wenn der Leim vollständig getrocknet ist, markieren Sie sehr sorgfältig die Radmitte mit einem Körner. Legen Sie den Propeller genau rechtwinklig zur Bohrerachse auf den Bohrständer, und bohren Sie langsam das ⌀ 9-mm-Loch mit einem Forstner- oder Dübelbohrer (Spiralbohrer mit Zentrumsspitze) durch die ganze Anordnung (s. Abb. 8).

Achsantriebsrad

Fertigen Sie die 3 Räder für den Zusammenbau des Achsantriebsrades (mit Zentrumsbohrung ⌀ 6 mm). Stecken Sie einen 6-mm-Dübel durch die Teile, um diese genau zentriert zueinander auszurichten, und verkleben Sie sie so miteinander. Spannen Sie die Anordnung ein, entfernen Sie den Dübel wieder, bevor der Leim beginnt, abzubinden. Nach dem Antrocknen des Leims bohren Sie das Loch mit ⌀ 10,2 mm auf (etwas größer als der 10-mm-Rundstab).

Vorderradstreben

Zeichnen Sie beide Teile (D) auf. Legen Sie beide Teile zum Bohren der Achslöcher übereinander, sägen Sie sie auf der Bandsäge aus, schleifen Sie alle Schnittflächen, und brechen Sie alle Kanten.

Zusammenbau

Um einen leichten Lauf der bewegten Teile zu erzielen, können Sie etwas Paraffin auf die Laufflächen geben. Achten Sie darauf, daß kein Paraffin an Stellen gelangt, die noch verleimt werden müssen. [*Anm. d. Übers.: Sehr gut geeignet zum Erzielen eines leichten Laufs von Holzteilen ist auch Graphit. Wenn kein Graphit-Puder zur Verfügung steht – das es als Schmiermittel für Autotürschlösser gibt –, tut's auch ein weicher Bleistift, mit dem man die entsprechenden Flächen vollflächig bemalt.*]

Geben Sie etwas Leim in das Dübelloch in der Nase des Rumpfs, stecken Sie den Kopfdübel durch den Propeller, und treiben Sie ihn in die Bohrung. Benutzen Sie ein Stück 10-mm-Dübel, um den Dübelkopf in der Nabenbohrung zu versenken. Sie sollten dies sehr vorsichtig tun, damit der Dübel nicht zu tief

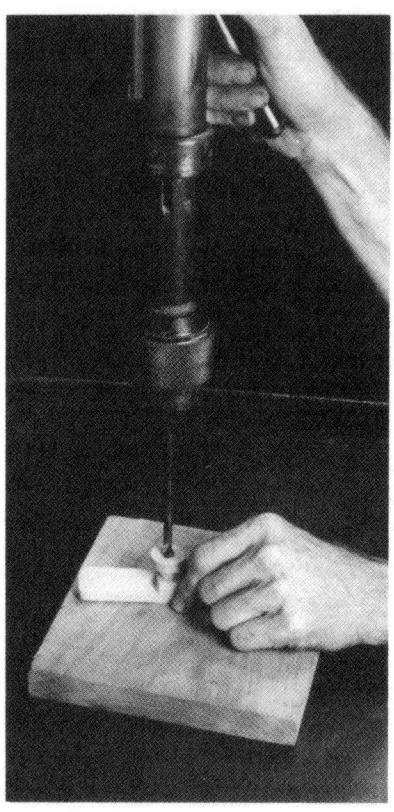

Abb. 8 Markieren Sie die Mitte der ⌀ 10-mm-Bohrung im Propeller sehr sorgfältig mit einem Körner, legen Sie die Anordnung genau rechtwinklig zur Bohrerachse auf den Bohrtisch, und fertigen Sie das Loch mit einem Forstnerbohrer.

eingetrieben wird. Der Propeller sollte etwa 2 mm Spiel haben.

Schneiden Sie etwas weniger als die Hälfte einer Holzkugel ab, schleifen Sie die Schnittstelle glatt, und kleben Sie die Kappe auf das Loch im Propeller. Halten Sie die Vorderradstreben (D) an ihrem Platz, und messen Sie den äußeren Abstand. Addieren Sie 2,6 cm für die Räder und 3 mm als Abstand, und schneiden Sie die Vorderachse auf diese Länge. Kleben Sie eines der Vorderräder an. Stecken Sie die Achse durch eine Strebe, das Antriebsrad und die zweite Strebe, und kleben Sie das zweite Rad an. Nach dem Antrocknen schleifen Sie die Naben glatt. Bevor Sie die Radstreben ankleben, sollten Sie die Anordnung provisorisch am Rumpf festklemmen; nehmen Sie zur Positionierung die Seitenansicht zu Hilfe. Nehmen Sie jetzt ein Stück 3-mm-Dübel (Rundmat.) und legen es auf der dem Rumpf zugewendeten Seite des Propellers und an der Vorderkante des Antriebsrades an. Prüfen Sie, ob der Propeller frei drehen kann, ohne an dem 3-mm-Stab anzustoßen. Korrigieren Sie die Position der Streben, wenn notwendig, um einen einwandfreien Lauf des Propellers zu erzielen (s. Abb. 9). Achten Sie darauf, daß die Achse rechtwinklig zum Rumpf verläuft und die Räder sich leicht drehen.

Markieren Sie mit spitzem Bleistift sorgfältig die Lage der Streben auf dem Rumpf. Kleben Sie beide Streben an, geben Sie nur wenig Leim mit Abstand zum Rand auf die Teile, damit nichts an den Seiten herausgequetscht wird. Positionieren Sie die Teile sorgfältig, und spannen Sie die Anordnung dann ein (unter Verwendung von Unterlagen, um Beschädigungen der Oberfläche zu vermeiden).

Wenn der Leim trocken ist, bohren Sie die 6-mm-Dübellöcher und kleben anschließend die Dübel ein, um den Streben zusätzlichen Halt zu geben. Schleifen Sie die Dübelenden ab. Drehen Sie den Flieger auf den Kopf, positionieren Sie das Antriebsrad, und bohren Sie das 3-mm-Dübelloch durch Rad und Achse. Schneiden Sie einen 3-mm-Dübel von 2,2 cm Länge zu, und kleben Sie ihn ein. Wischen Sie herausgequollenen Leim ab.

Um die Höhenruder zu befestigen, kleben Sie die beiden 6-mm-Dübel in die Löcher im Rumpf. Geben Sie etwas Leim in die Dübellöcher der kleinen Flügel und auf die Flächen, die mit dem Rumpf verklebt werden. Bleiben Sie beim Leimauftragen etwas vom Rand der Teile entfernt, damit nichts herausgequetscht wird. Spannen Sie die Höhenruder mit einer

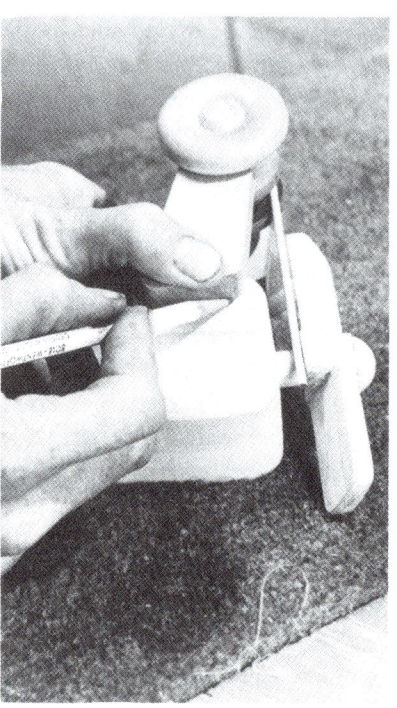

Abb. 9 Prüfen Sie, ob das Gummiband mit etwas Abstand zum Propeller läuft, indem Sie ein Stück 3-mm-Rundstab über die Laufflächen für das Band legen. Justieren Sie die Stützen entsprechend, wenn es notwendig ist, und zeichnen Sie ihre Position mit einem spitzen Bleistift leicht auf, um sie richtig ankleben zu können.

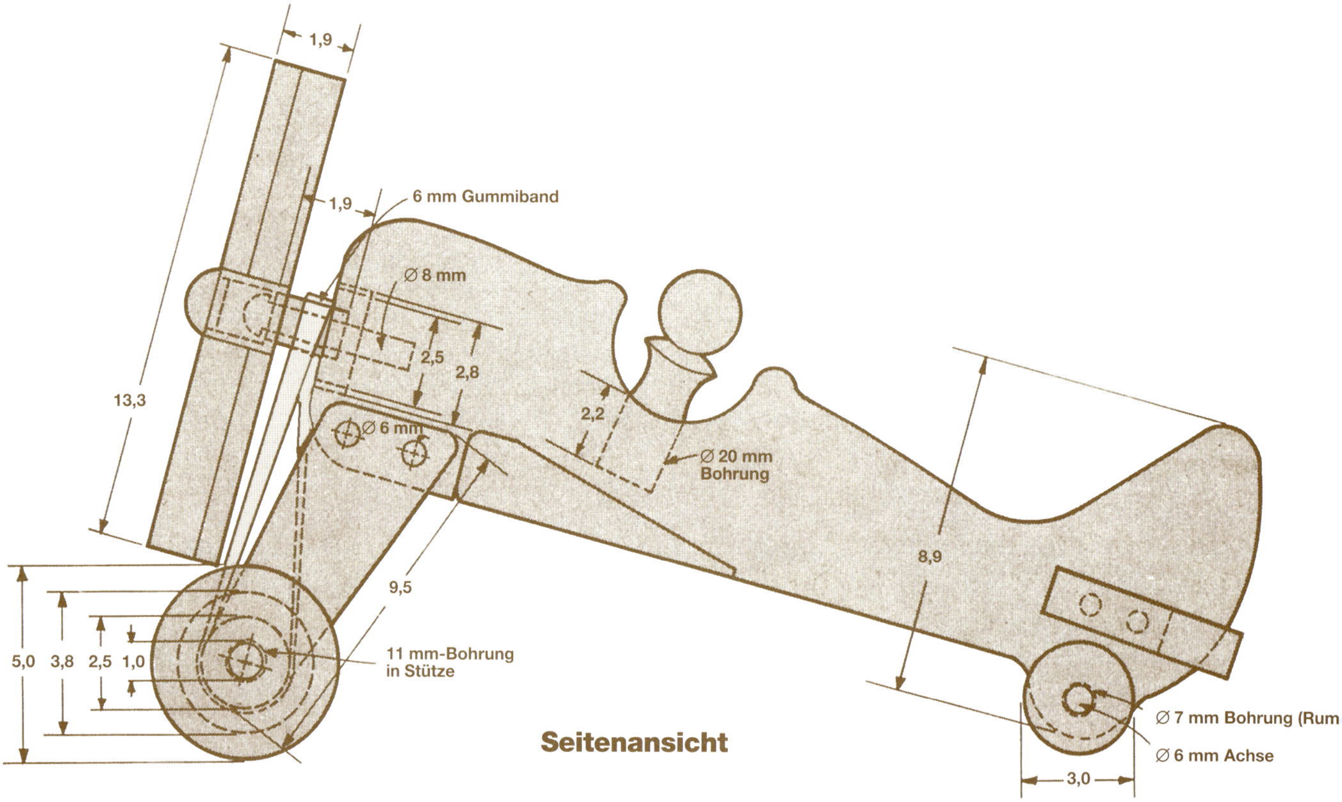

Seitenansicht

Zwinge gegen den Rumpf. Drücken Sie gleichzeitig das Flugzeug von seiner Nase her gegen eine Unterlage am Schwanz, um das Bestreben der Flügel, nach hinten auszuweichen, zu unterbinden.

Lassen Sie das Flugzeug eingespannt, bis der Leim völlig trocken ist. Kleben Sie danach die Hinterräder und -achse an. Streichen Sie Leim mit etwas Abstand vom Rand auf den herausgearbeiteten Schlitz, um die Tragfläche zu befestigen. Positionieren Sie die Tragfläche sorgfältig, und spannen Sie sie mit einer Zwinge und Unterlagen über dem Cockpit und unter dem Flügel ein.

Nachdem der Leim völlig getrocknet ist, ölen Sie Ihren Flieger oder malen ihn an (wenn Sie dies bevorzugen, denken Sie auch an den Piloten). Wenn die Oberfläche trocken ist, wird es Zeit, den Treibriemen herzustellen. Schneiden Sie einen geraden Streifen von 6 mm Breite und ca. 25 cm Länge aus einem alten Fahrradschlauch. Wickeln Sie ihn um beide Antriebsräder mit einer 90°-Verdrehung in

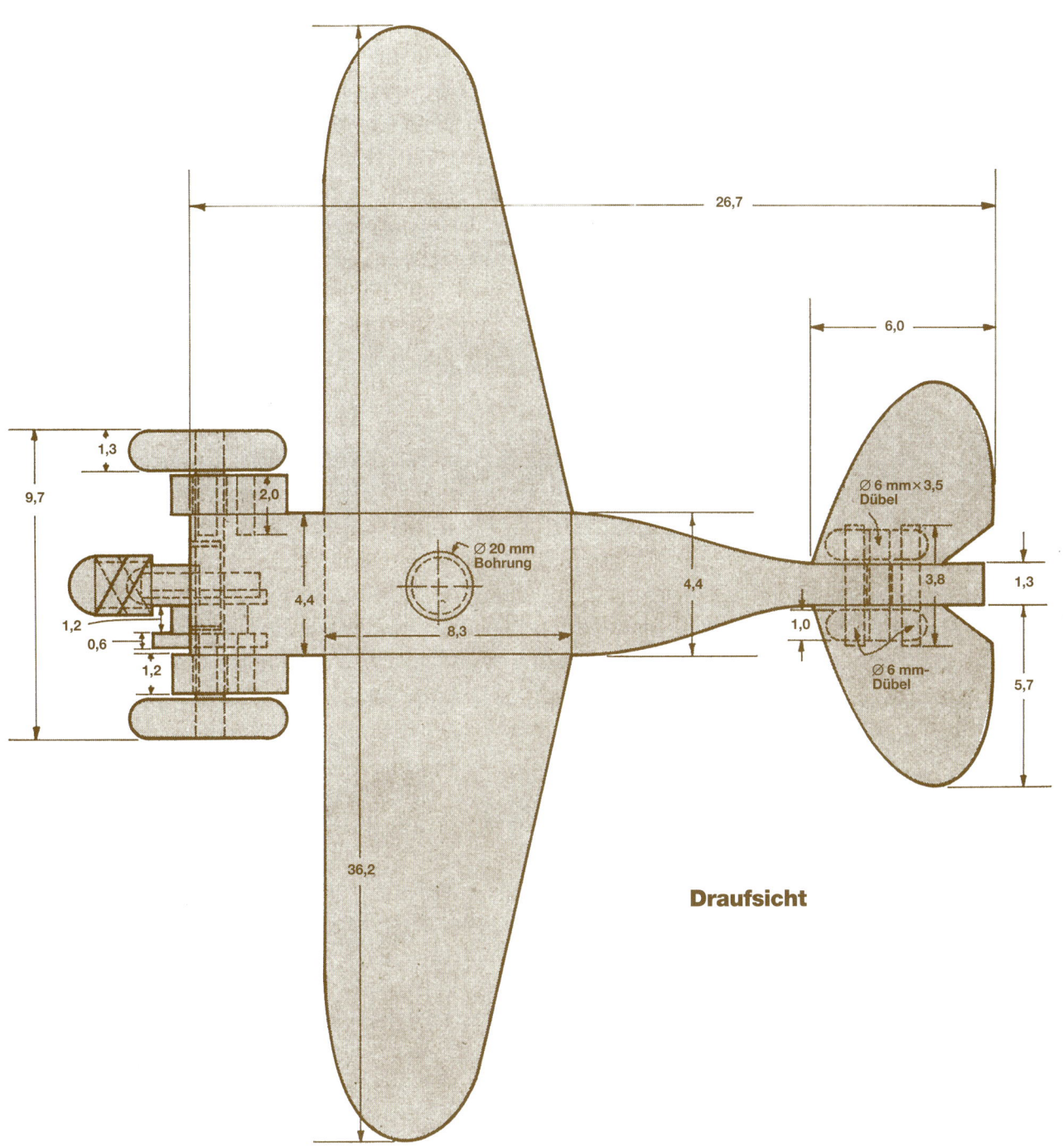

Draufsicht

Materialliste

(Maße in cm, soweit nicht anders angegeben)

Teil	Benennung	Anzahl	Dicke	Breite oder ⌀	Länge
A	Rumpf	1	4,4	8,9	26,7
B	Tragfläche	1	1,9	8,3	36,2
C	Höhenruder	2	1,3	6,0	5,7
D	Vorderradstrebe	2	1,3	3,5	9,5
E	Propeller	1	1,9	1,9	13,5
F	Antriebsrad	2	1,0	⌀ 2,5	
G	Antriebsradseite	2	0,6	⌀ 3,8	
H	Antriebswelle	1		⌀ 12 mm	1,9
J	Dübel f. Antriebsrad	1		⌀ 3 mm	2,5
K	Propellerkappe	1		⌀ 20 mm	
L	Kopfdübel	1		⌀ 8 mm	(Schaft) 3,3
M	Hinterachse	1		⌀ 6 mm	3,5
N	Pilot	1		⌀ 2,0	5,7
P	Hinterrad	2	1,0	⌀ 3,0	
Q	Vorderrad	2	1,3	⌀ 5,0	
R	Dübel für Strebe	4		⌀ 6 mm	1,9
S	Dübel f. Höhenruder	2		⌀ 6 mm	3,8
T	Vorderachse	1		⌀ 10 mm	9,8
U	Gummiband	1	0,6		25,0

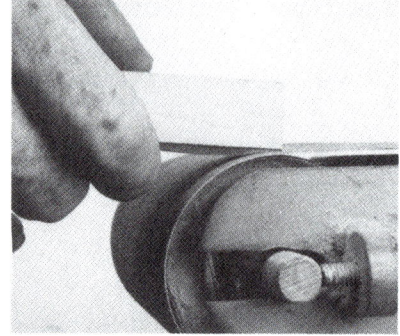

Abb. 10 Halten Sie die Gummibandenden mit einem Stück Holz auf die Walze des Bandschleifers, um sie keilförmig anzuschleifen.

der Mitte. Der Riemen läuft von der Propellerwelle zur Vorderseite des Antriebsrads – unter dem Rad her – und auf der anderen Seite wieder zurück. Ziehen Sie den Riemen stramm, ohne ihn zu dehnen. Schneiden Sie ihn dann mit ca. 12 mm Überlappung ab. Markieren Sie die Überlappung mit einem Stift, und ziehen Sie den Riemen wieder weg. Um die Enden zu verkleben, müssen sie im Bereich der Überlappung keilförmig angeschliffen werden. Nehmen Sie ein Stück Holz, und drücken Sie das Gummiband damit gegen die Rolle des Bandschleifers (s. Abb. 10). Beachten Sie die Gebrauchsanleitung des Klebers (z. B. Gummilösung für Fahrradreparatur). Achten Sie darauf, daß kein Staub und Schmutz auf die Klebstellen gelangt. Legen Sie das Band wieder um Achse und Antriebsrad, und pressen Sie die mit dem Kleber bestrichenen Enden leicht zusammen.

Damit ist Ihr neues Stück fertig. Das einzige Holzflugzeug, bei dem sich der Propeller tatsächlich dreht, wenn man es über die Rollbahn schiebt.

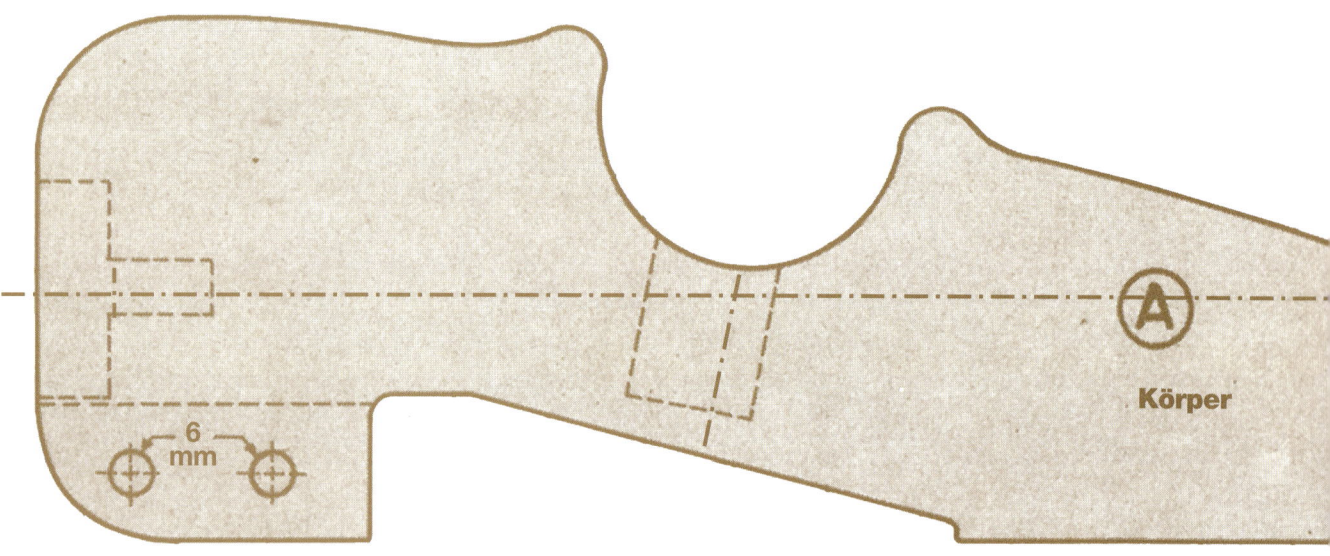

Körper

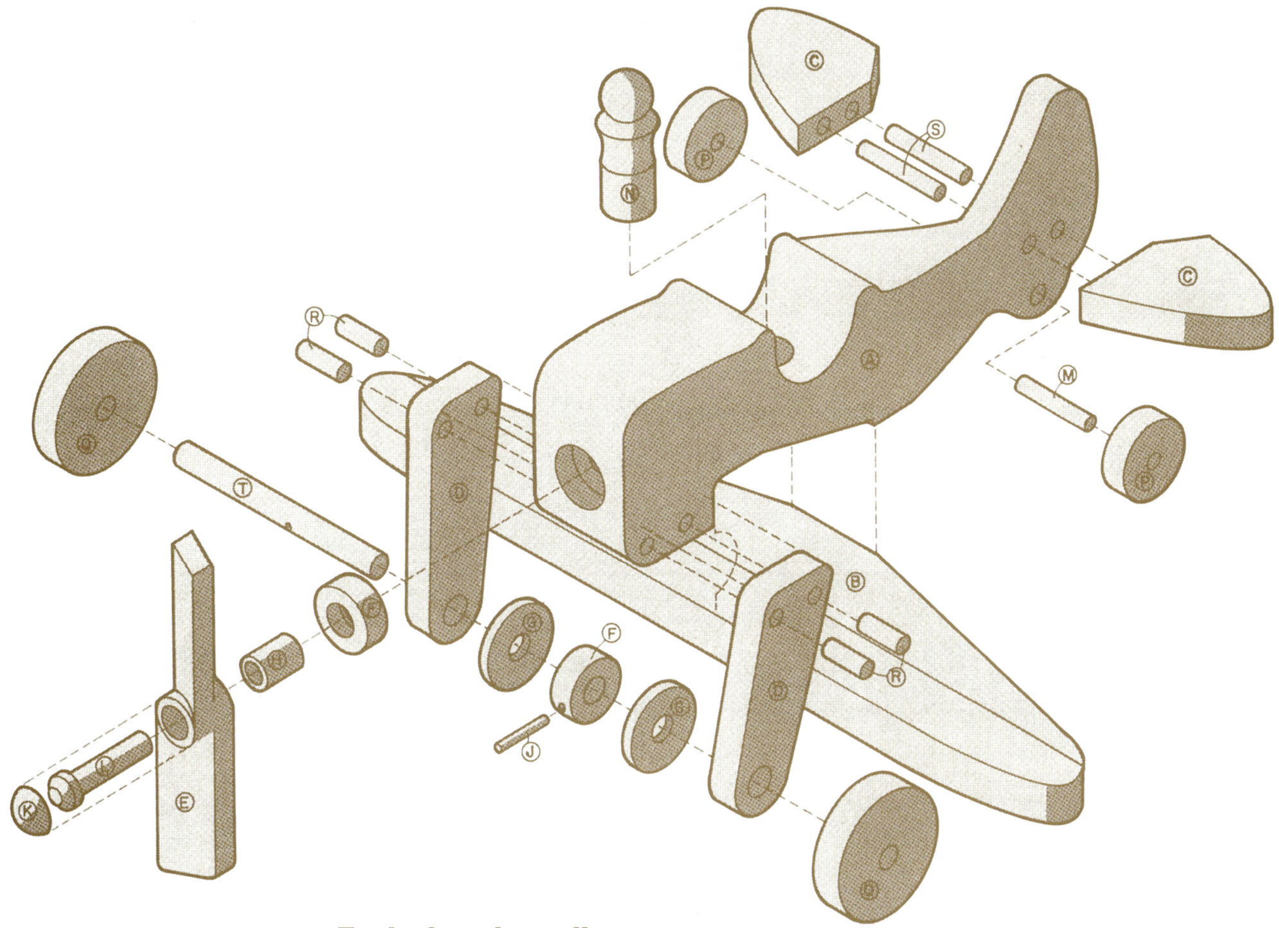

Explosionsdarstellung

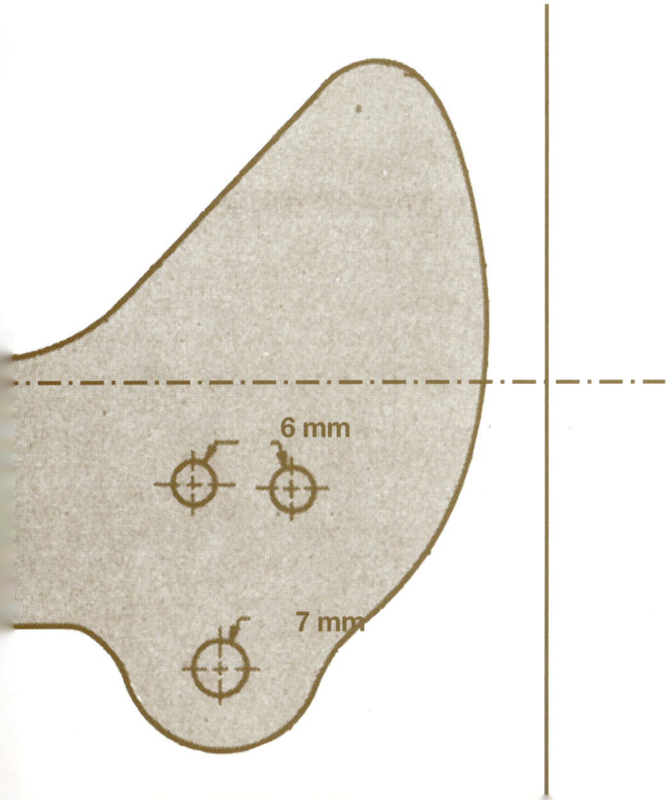

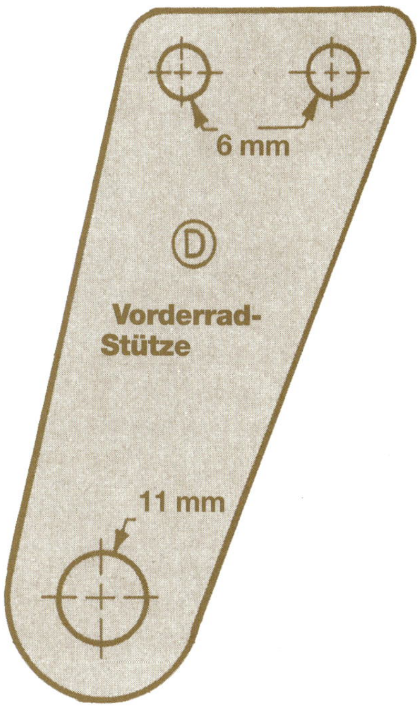

D
Vorderrad-Stütze

6 mm

11 mm

6 mm

7 mm

159

Hintere Tragfläche/
Draufsicht

Der quirlige Hubschrauber

Im Gegensatz zu den meisten Holzhelikoptern funktioniert dieses Spielzeug tatsächlich. Ein verborgenes Rad auf der Achse dreht sich gegen ein ebenfalls unsichtbares Rad auf der Rotorwelle und treibt diese an. Da der Antriebsmechanismus des Rotors im Innern verborgen ist, hat der Helikopter klare Außenlinien, und die Bewegung versetzt den Betrachter in Erstaunen. Der Korpus des Hubschraubers kann aus jeder beliebigen Holzart, der Rotor sollte jedoch aus leichtem harten Holz gefertigt werden.

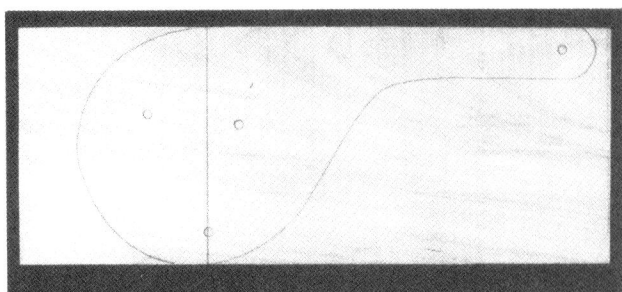

Abb. 1 Zeichnen Sie den Umriß so auf, daß Brettkante und Helikopteroberkante deckungsgleich verlaufen.

Der Korpus

Zeichnen Sie die Umrisse des Korpus (A) auf ein Brett, die Maserung in Längsrichtung. Das untere Ende der Zeichnung sollte an einem Brettrand liegen, der gegenüberliegende Brettrand parallel zur Oberseite der Zeichnung (s. Abb. 1). Dies ermöglicht es Ihnen, den Schlitz im Boden auf der Tischkreissäge zu schneiden.

Bohren Sie das Fenster-, Achsen- und das Dübelloch für den Heckrotor. Wenn Sie keinen Spiral- oder Forstnerbohrer besitzen, um das ⌀ 28-mm-Loch im Boden zu bohren, müssen Sie das Loch mit einem Flachbohrer vor dem Achsloch fertigen, sonst hakt der Flachbohrer beim Kreuzen der Achsbohrung.

Stellen Sie den Tisch der Bandsäge auf 25°, und sägen Sie einen Keil zurecht, um den Hubschrauber auf dem Bohrtisch im richtigen Winkel aufzulegen; bohren Sie das Loch für den Handgriff mit Stiel (s. Abb. 2 u. 3). Unter Beachtung der Seiten- und Draufsicht zeichnen Sie das Loch ⌀ 28 mm im Boden an und bohren dieses Sackloch, in dem später das Antriebsrad für die Rotorwelle sitzt. Verwenden Sie die Markierung, die durch die Zentrierspitze des 28er Bohrers entsteht, um die Durchgangsbohrung ⌀ 11 mm für die Rotorwelle zu fertigen. Denken Sie daran, ein Reststück Holz unter das Werkstück zu legen, um das Ausreißen der Bohrung beim Durchbruch zu verhindern.

Sägen Sie den Schlitz für das Achsantriebsrad mit der Tischkreissäge. Verwenden Sie das Wanknutblatt, wenn Sie eines besitzen; wenn nicht, machen Sie mehrere Schnitte mit dem normalen Sägeblatt. Schneiden Sie zwei Füllstücke (C, D) aus einem 1,3 cm dicken Brett, mit der Maserung parallel zu der vom Korpus (s. Abb. 4). Lassen Sie die Stücke etwas länger, sie werden später zusammen mit den Umrissen des Korpus ausgeschnitten. Geben Sie vorsichtig Leim auf die Seiten der Nut, nur soweit, wie die Füllstücke reichen. Bringen Sie die Teile in Position, wie in der Seitenansicht gezeigt. Spannen Sie die Teile mit Zwingen und unterlegen Sie sie dabei mit Reststücken, um die Oberfläche des Werkstücks nicht zu beschädigen (s. Abb. 5).

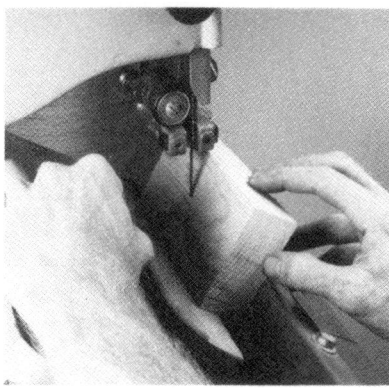

Abb. 2 Stellen Sie den Bandsägetisch auf 25° Neigung, und schneiden Sie einen Keil zu, mit dem das Werkstück zum Fertigen der schrägen Bohrung für den Handgriff unterlegt wird.

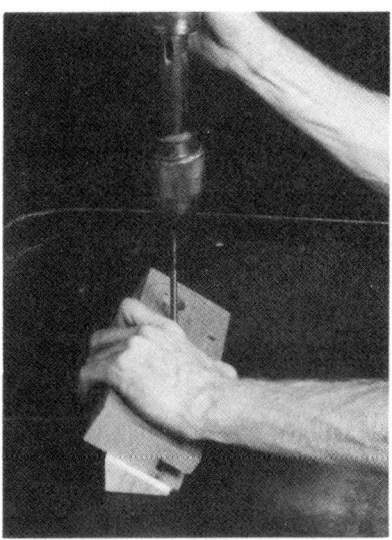

Abb. 3 Bohren Sie das Loch für den Handgriff mit Hilfe des Keils.

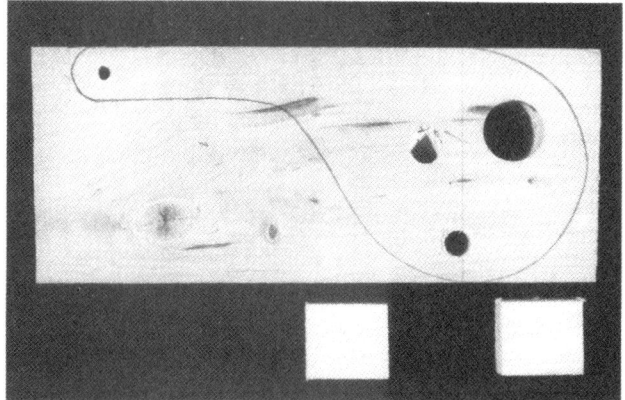

Abb. 4 Schneiden Sie die Füllstücke so zu, daß ihre Maserung gleich mit der des Rumpfs verläuft. Eine Hirnholzkante muß winklig bearbeitet sein, damit die Öffnung für das Antriebsrad sauber aussieht.

Wenn der Leim völlig trocken ist, sägen Sie die Umrisse des Korpus mit der Bandsäge aus. Legen Sie den Rumpf auf die Oberseite, und zeichnen Sie die Linien des hinteren Teils (Ausleger) auf die Unterseite. Sägen Sie es mit der Bandsäge aus. Runden Sie die Kanten mit der Fräse, den vorderen Bereich und die Fensterkanten mit auf der Seite liegendem Rumpf, wobei der untere Bereich um das Loch $\varnothing$ 28 mm im Boden ausgespart wird, sonst rutscht der Fräser an der Lochkante ab. Die oberen Kanten des Auslegers werden mit auf dem Kopf stehendem Rumpf gefräst. Alle restlichen Kanten werden mit einer Raspel und mit Schleifpapier von Hand gerundet. Schleifen Sie das gesamte Werkstück mit 80er, 120er und 180er Körnung, wobei Sie alle Unebenheiten und Riefen entfernen.

Die Rotorblätter

Sägen Sie das kleine Heckrotorblatt aus, und bohren Sie das $\varnothing$ 7-mm-Loch. Schleifen Sie das Teil gründlich, dabei alle Kanten rundend. Für den Hauptrotor schneiden Sie ein Stück leichtes, hartes Holz von $1,9 \times 1,9 \times 19$ cm zurecht. Stellen Sie den Tisch der Bandsäge auf 30°. Befestigen Sie einen Tiefenanschlag 8,6 cm hinter der Sägeblattvorderkante und einen Parallelanschlag so, daß 6 mm von der linken Ecke der Staboberseite eingeschnitten wird (s. Abb. 6). Schneiden Sie bis zum Anschlag, wenden Sie das Werkstück (um die Längsachse), und wiederholen Sie den Schnitt (s. Abb. 7). Drehen Sie das Teil (um die Querachse), und wiederholen Sie die beiden letzten Schnitte. Entfernen Sie die so entstandenen Keile mit einer Feinsäge, und runden Sie den Zentrumsbereich mit einer Raspel. Bohren Sie das Loch für die Rotorwelle, und schleifen Sie das ganze Teil gründlich.

Räder und Handgriff

Vorgefertigte Räder würden bei dem Antriebsmechanismus dieses Spielzeugs nicht gut funktionieren. Die Räder müssen eine flache Seiten- und Lauffläche besitzen. Fertigen Sie die Räder aus Hartholz mit einem Kreisschneider oder einer Lochsäge. Fertigen Sie einige Ersatzräder, da die kleinen Teile beim Aufbohren der Achslöcher splittern könnten. Verdübeln Sie die durch das Aussägen entstandenen Mittellöcher, und fertigen Sie die 10-mm-Bohrung mit einem Forstnerbohrer, um Aussplittern zu vermeiden. Sie können einen kurzen Abschnitt von passendem Rohr auf das Rad schieben und so mit

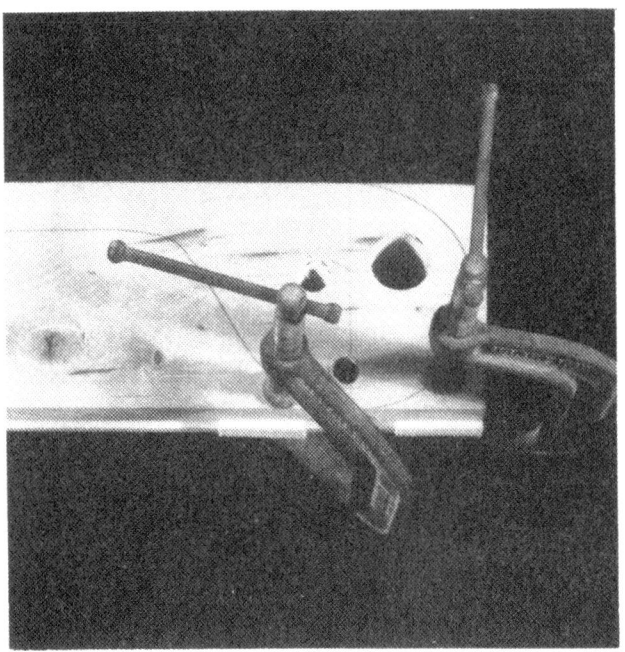

Abb. 5 Spannen Sie die Füllstücke mit Zwingen fest, legen Sie dabei Reststücke zum Oberflächenschutz zwischen Werkstück und Spannbacken.

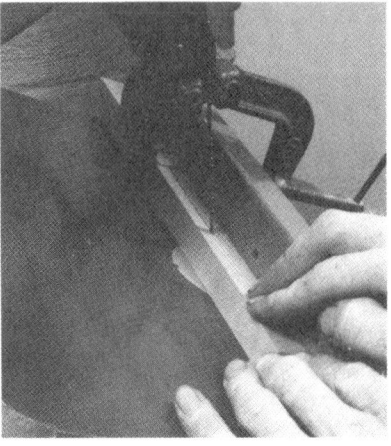

Abb. 6 Mit einer Tischneigung von 30° und einem Hinteranschlag bei 86 mm schneiden Sie den Rotor 6 mm von der linken oberen Ecke ein.

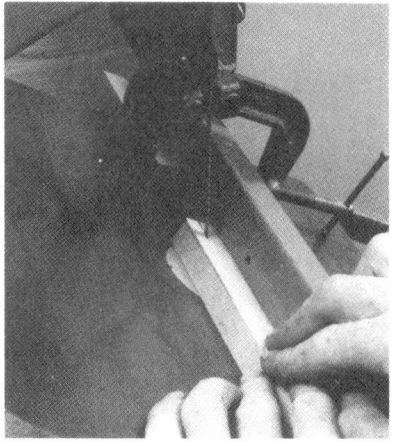

Abb. 7 Drehen Sie das Teil, und wiederholen Sie den Schnitt.

Zangen befestigen, daß das Mitdrehen beim Bohren verhindert wird.

Das Rad auf der Rotorwelle (N) muß zur Erzeugung der notwendigen Reibung Kerben auf der Seitenfläche erhalten, wogegen das Antriebsrad auf der Achse (P) Kerben auf der Lauffläche benötigt (s. Abb. 8). Schneiden Sie diese Kerben mit einer Feinsäge, das Rad im Schraubstock eingespannt. Je mehr Einschnitte (Kerben), um so gleichmäßiger wird sich der Rotor drehen.

Um den Handgriff zu fertigen, schneiden Sie ein 7,5 cm langes Stück von einem 25-mm-Rundstab und bohren ein ⌀ 12-mm-Loch in ein Ende. Schleifen Sie die Enden, die Kanten dabei rundend (s. allgemeine Hinweise, S. 18, Abb. 18). Geben Sie ein wenig Leim in das Loch, und treiben Sie den 12-mm-Dübel (mit gerundeten Enden) in den Handgriff.

Zusammenbau

Der Hauptrotor kommt zuerst an die Reihe. Kleben Sie das Reibrad (N) auf das Ende der Rotorwelle, mit der gekerbten Seite nach unten. Verwenden Sie als Unterlage ein rechtwinklig zugeschnittenes Brettchen, um den 10-mm-Dübel aufzulegen und das Reibrad winklig auszurichten, wenn Sie das 3-mm-Dübelloch durch das Rad bohren (quer zur Maserung, um Bruch zu vermeiden; s. Abb. 9). Geben Sie

Leim in das Loch, und kleben Sie den 3-mm-Dübel (2,2 cm lang) ein.

Nach dem Trocknen schleifen Sie allen überstehenden Leim oder die Dübelenden ab, die die Bewegung des Antriebs beeinträchtigen könnten. Stecken Sie jetzt die Welle in den Korpus. Bei aufrecht stehendem Korpus und mit einem Stück 25-mm-Rundstab als Unterlage für die Rotorwelle treiben Sie den mit Leim bestrichenen Rotor auf das obere Ende der Welle. Prüfen Sie, ob der Rotor parallel zur Oberseite des Rumpfes steht. Halten Sie das Antriebsrad in Position, während Sie die Achse durch die Bohrungen und das Antriebsrad treiben.

Verwenden Sie 2 Blöcke als Unterlage, damit der Rotor nicht auf dem Bohrtisch aufliegt, wenn Sie das 3-mm-Dübelloch bohren (wieder quer zur Maserung, s. Abb. 10). Schneiden Sie den 3-mm-Dübel etwas kürzer als der Raddurchmesser, so daß er nicht übersteht, und kleben Sie ihn ein. Entfernen Sie allen möglicherweise überstehenden Leim. Kleben Sie die Räder an, und schleifen Sie die Naben glatt, wenn der Leim getrocknet ist.

Geben Sie Leim in die Bohrung, und befestigen Sie den Heckrotor. Entfernen Sie überflüssigen Leim, und schleifen Sie die Stelle nach der Trocknung.

Geben Sie etwas Leim in die Handgriffbohrung, und treiben Sie den Griff ein, wobei ein untergelegter Block die Beschädigung des Rades verhindert.

Nun sind Sie in der Lage, die wildesten Kapriolen am blauen Himmel zu fliegen.

Materialliste

(Maße in cm, soweit nicht anders angegeben)

Teil	Benennung	Anzahl	Dicke	Breite oder ⌀	Länge
A	Korpus	1	4,4	9,5	21,0
B	Heckrotor	1	1,0	1,9	6,4
C	Füllstück hinten	1	1,3	2,5	3,8
D	Füllstück, vorn	1	1,3	2,5	3,8
E	Hauptrotor	1	1,9	1,9	19,0
F	Radachse			⌀ 10 mm	7,4
G	Rotorwelle	1		⌀ 10 mm	8,9
H	Dübel, Rad (N)	1		⌀ 3 mm	2,5
J	Dübel, Rad (P)	1		⌀ 3 mm	2,4
K	Stiel	1		⌀ 12 mm	43
L	Handgriff	1		⌀ 25 mm	7,5
M	Dübel, Heckrotor	1		⌀ 5 mm	2,5
N	Reibrad (Rotor)	1	1,0	⌀ 2,5	
P	Reibrad (Achse)	1	1,0	⌀ 2,5	
Q	Rad	2	1,3	⌀ 5,0	

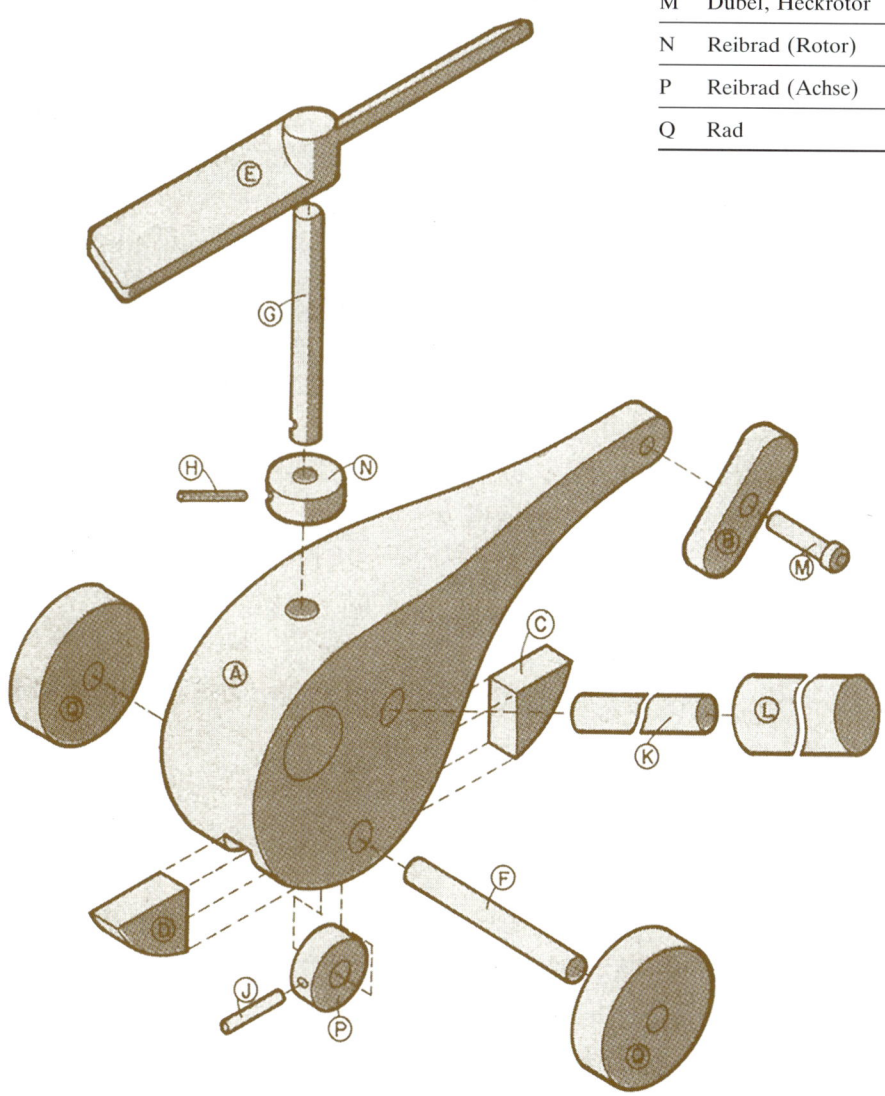

Explosionsdarstellung

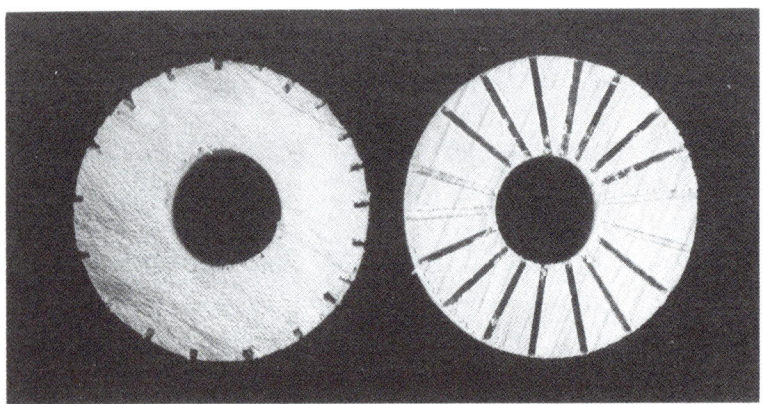

Abb. 8 Das Antriebsrad auf der Radachse wird am Umfang, das Antriebsrad auf der Rotorachse auf der Seitenfläche mit ca. 2 mm tiefen Schnitten eingekerbt. Je mehr Kerben, desto gleichmäßiger läuft der Rotor.

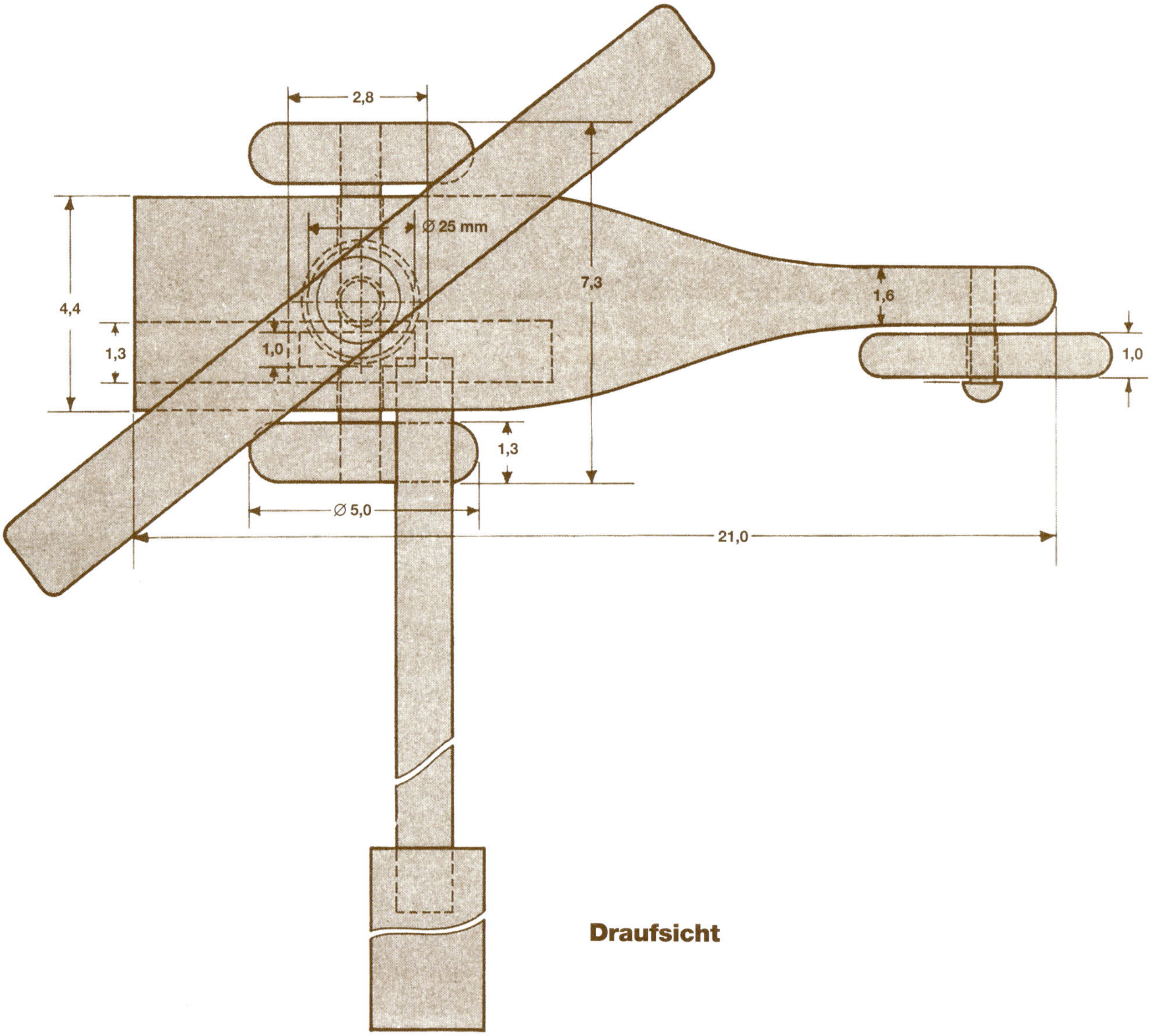

Draufsicht

Abb. 9 Zum Bohren legen Sie die Rotorachse auf ein Brettstück.

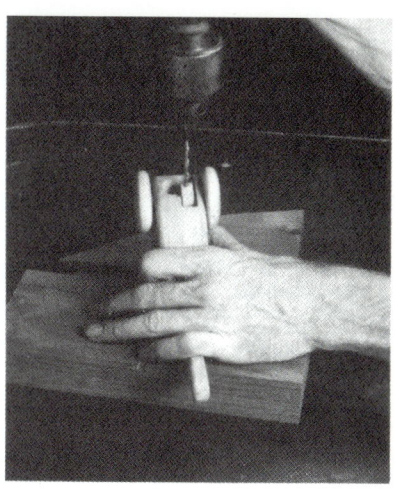

Abb. 10 Der Hubschrauber wird so unterlegt, daß der Rotor nicht aufliegt, wenn das 3-mm-Dübelloch gebohrt wird.

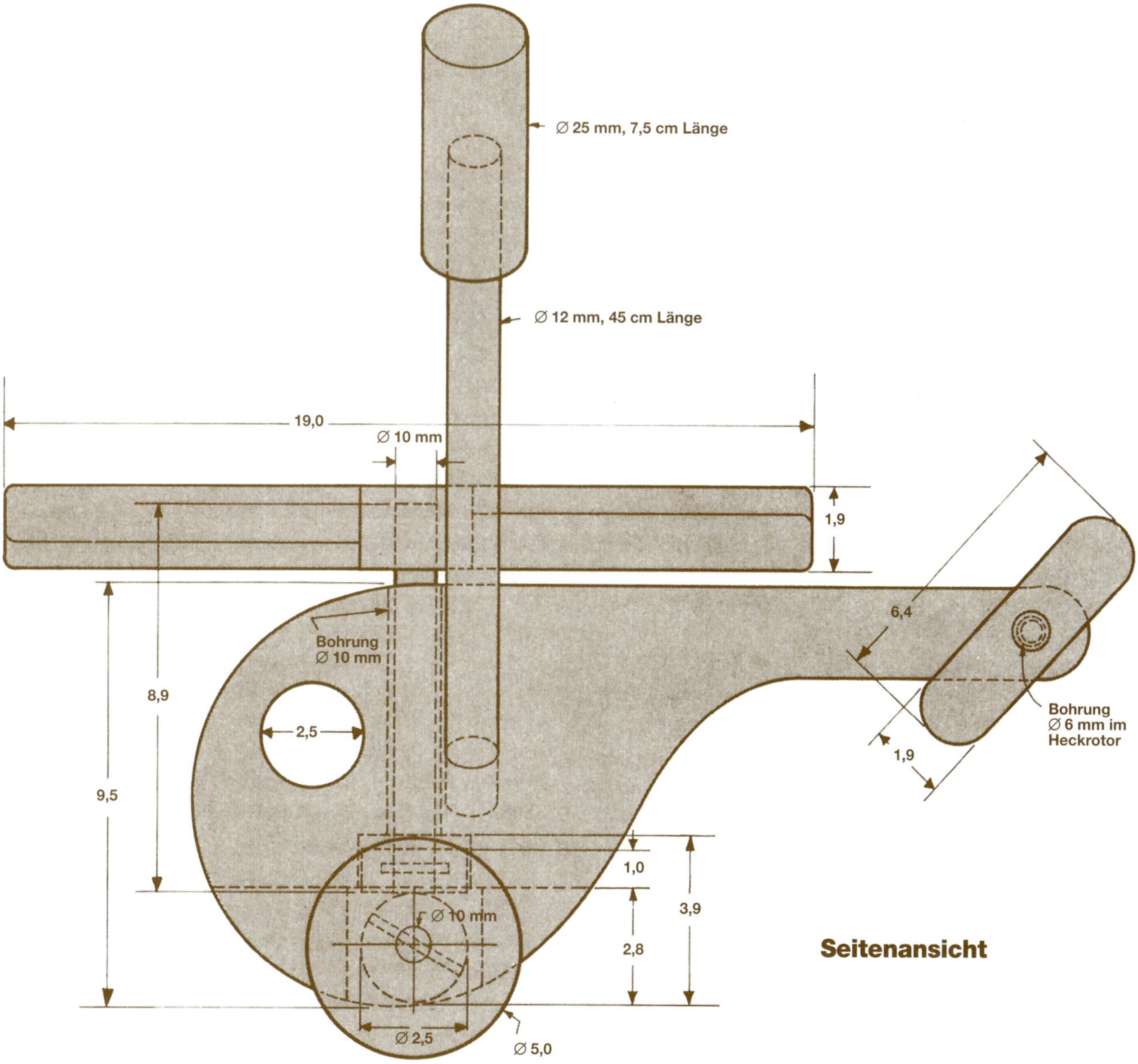

Ø 25 mm, 7,5 cm Länge

Ø 12 mm, 45 cm Länge

19,0

Ø 10 mm

1,9

Bohrung Ø 10 mm

8,9

2,5

6,4

Bohrung Ø 6 mm im Heckrotor

1,9

9,5

1,0

3,9

2,8

Ø 10 mm

Ø 2,5

Ø 5,0

Seitenansicht

167

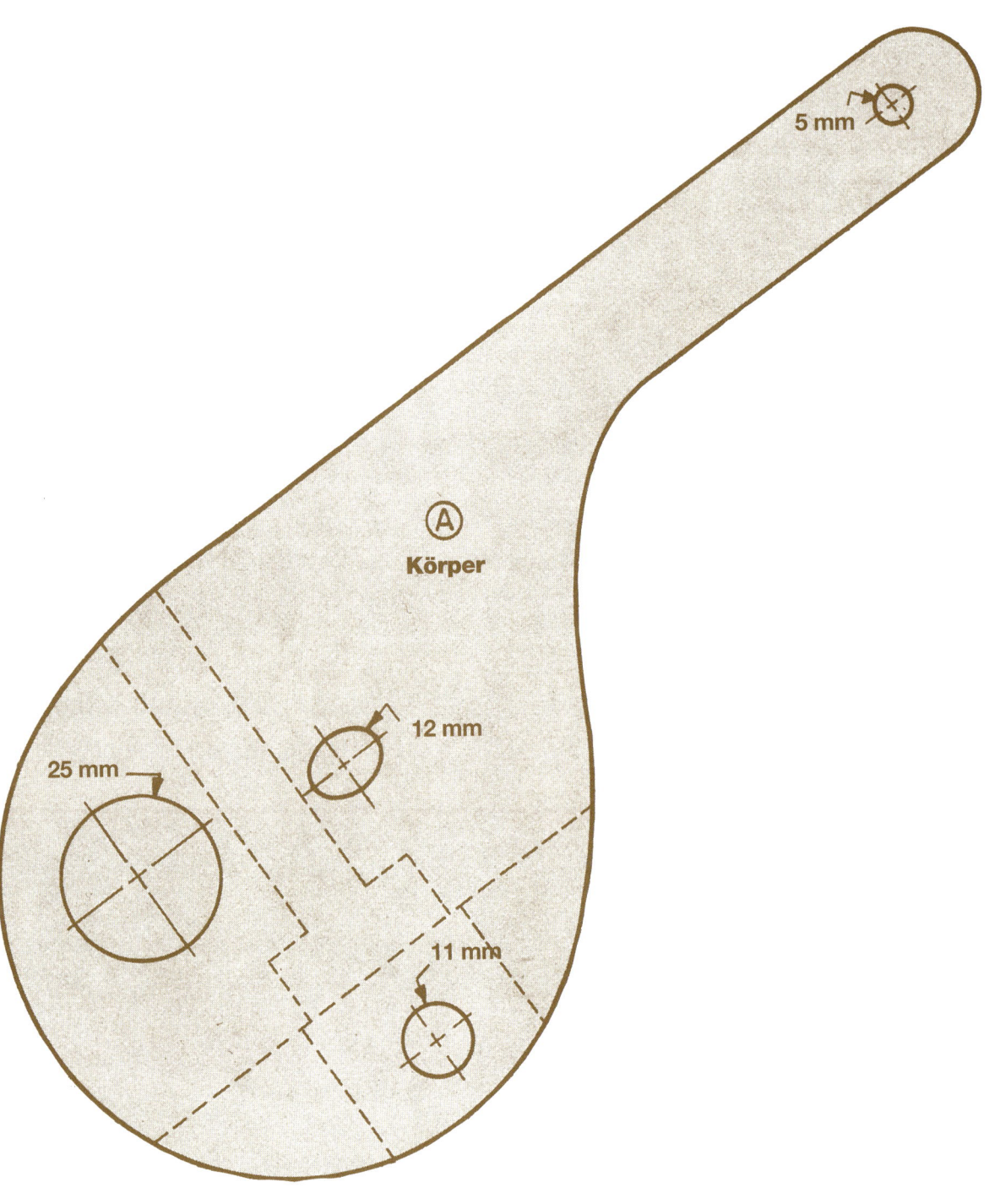

Das UFO auf Raumpatrouille

Dieses Spielzeug wirkt durch sein äußeres Erscheinungsbild. Die Konstruktion ist einfach, auch wenn die Herstellung nicht ganz so leicht ist wie das Spiel damit.

Die Kegelform erfordert bei einigen Bohrungen etwas Fingerspitzengefühl. Der unter dem Mittelpunkt angebrachte Dübel versetzt das UFO in eine taumelnde Bewegung, wenn es sich weiterdreht.

Die „Untertasse" sollte aus leichtem Holz gefertigt werden – dann dreht sie sich gut, und es ist leichter für ein Kind, sie anzutreiben.

Bei diesem Spielzeug können Sie Ihre eigenen Ideen einbringen, so kann es z. B. beliebig bemalt werden, und der Astronaut kann entweder eine einfache Figur oder ein phantasievoller Außerirdischer sein.

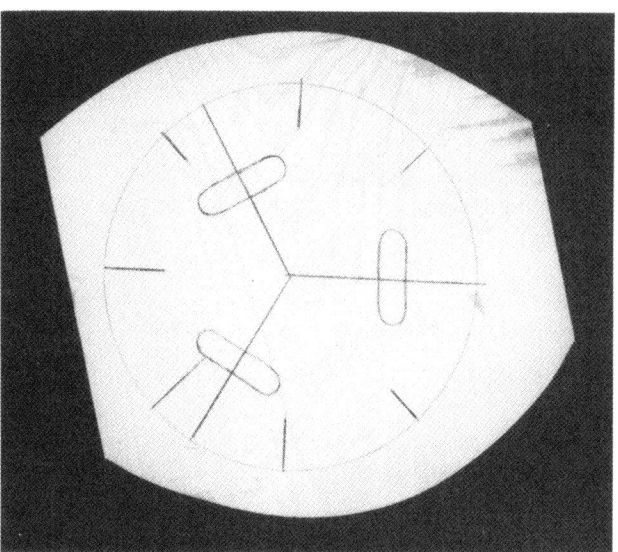

Abb. 1 Auf dem Boden der „Untertasse" werden die Positionen der Radschlitze, der Achsen (3) und der Lampen (8) aufgezeichnet.

Die UFO-Grundplatte

Zeichnen Sie einen Kreis von ⌀ 18 cm auf ein 3,2 cm starkes Brettstück. Übertragen Sie die Radschlitze und Achsmittellinien auf die Unterseite (mit der Kreislinie). Mit Hilfe dieser Linien wird die Kreisscheibe nach dem Ausschneiden auf dem Bohrtisch ausgerichtet. Außerdem wird der Kreis in 8 Teile unterteilt, um die Position der Lichter festzulegen (s. Abb. 1).

Nehmen Sie einen Forstnerbohrer mit ⌀ 13 mm, um die Radschlitze zu fertigen. Mit diesem Werkzeug können sich überlappende Bohrungen gefertigt werden, wodurch weniger Material ausgestemmt werden muß. Achtung: Bohren Sie nicht zu tief – sonst kommt der Schlitz beim Fertigen der Schräge durch. Bohren Sie das mittige Dübelloch ⌀ 12 mm in die Unterseite. Schneiden Sie die Kreisform zunächst mit senkrechter Kante mit der Bandsäge aus. Lassen Sie dabei die Anrißlinie für den Schrägschnitt stehen. Körnen Sie die Achslöcher an, befestigen Sie die Scheibe mit einer Zwinge an einem rechtwinkligen Block auf dem Bohrtisch, und richten Sie das Teil mit einem Winkel an der Mittellinie aus (s. Abb. 2). Bohren Sie so die Achslöcher ⌀ 6,2 mm.

Jetzt wird die „Untertasse" ausgeschnitten. Stellen Sie dazu den Bandsägetisch auf 45° Neigung ein. Nehmen Sie sich Zeit, um den Kreis so genau wie möglich auszuschneiden. Der Werkstück-Mittelpunkt sollte sich dabei immer in einer Linie mit der Sägeblatt-Vorderkante befinden (s. Abb. 3 u. 4).

Stellen Sie den Anschlag des Schleifgeräts auf 45°, und korrigieren Sie alle Unebenheiten vom Sägen. Mit Hilfe der ⅛-Teilung auf der Unterseite zeichnen Sie die Position der Lampen auf die Schräge, bevor auch die Untertasse geschliffen wird. Feuchten Sie Ihre Finger an, um dieses schlecht zu handhabende Werkstück sicher auf dem Bandschleifer halten zu können.

Abb. 2 Mit dem Anschlagwinkel wird das Werkstück anhand der Achslinien ausgerichtet und mit Zwingen an einem rechtwinkligen Block festgespannt, um die Achslöcher zu bohren.

Schneiden Sie einen 45°-Keil aus einem dicken Brett als Unterlage zum Bohren der Lampen-Löcher. Richten Sie Werkstück und Unterlage gemeinsam mittig zum Bohrer aus, und befestigen Sie beides mit Zwingen vor dem Werkstück und hinter der Unterlage. Für die Herstellung der Löcher ist ein Forstnerbohrer am besten geeignet.

Die Kommandozentrale

Schneiden Sie einen quadratischen Klotz von 10 × 10 × 1,9 cm zu. Schleifen Sie Ober- und Unterseite mit 80er Körnung vor. Zeichnen Sie einen Kreis mit ⌀ 10 cm auf den Klotz, und schneiden Sie ihn sorgfältig mit der Bandsäge unter 45°-Schrägstellung aus. Schleifen Sie die Sägekante zunächst grob (80er), dann fein (120er, 180er Körnung) – auch die Oberseite. Runden Sie die obere Kante mit Raspel und Schleifpapier.

Räder und Kreiselachse

Wenn Sie die Räder selbst fertigen, bohren Sie die Achslöcher auf ⌀ 7 mm. Fertig gekaufte Räder sind möglicherweise zu dick für dieses Spielzeug; sie können aber auf 1 cm Dicke abgeschliffen werden (achten Sie dabei auf Ihre Finger!). Einfacher ist es in diesem Fall, die Räder selbst zu fertigen.
Ein Ende der Kreiselachse wird zu einer gerundeten Spitze geschliffen (s. Abb. 6). Schneiden Sie den Rundstab 20 mm lang ab, und brechen Sie die

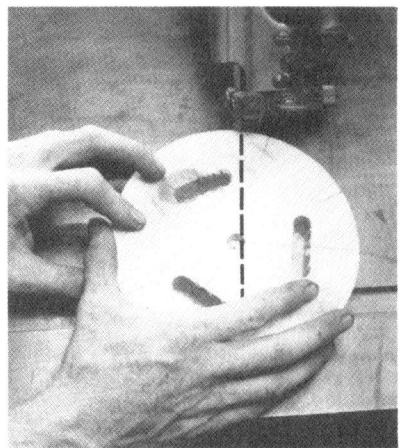

Abb. 3 Beim Aussägen der „Untertasse" achten Sie darauf, daß das Werkstück nicht zu weit vor...

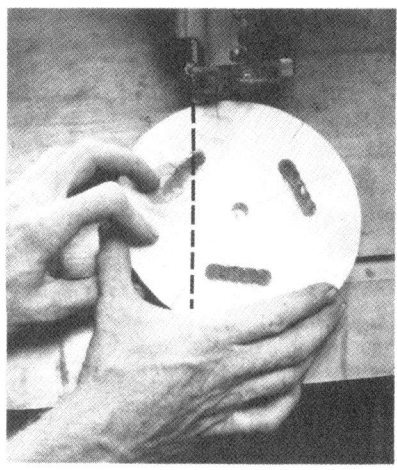

Abb. 4 ...oder zu weit hinter dem Sägeblatt liegt.

Schnittkante, damit er sich besser in die Bohrung treiben läßt.
Als nächstes werden die Räder und Achsen angebracht. Geben Sie etwas Leim in die Achslöcher (von der Innenseite des Radschlitzes an). Stecken Sie die 7,6 cm lange Achse durch das in seiner Position gehaltene Rad. Geben Sie dann etwas Leim auf den herausragenden Teil der Achse, und treiben Sie die Achse danach ganz ein. Wiederholen Sie diesen Vorgang für alle 3 Achsen und Räder, dabei darf kein Leim in die Radbohrungen gelangen. Nach dem Aushärten des Leims werden die Achsenden mit der Feinsäge bündig abgesägt und glattgeschliffen.
Schleifen Sie das Unterteil, runden Sie dabei die umlaufende Kante oben und unten. Kleben Sie die Lichter ein. Hierfür nehmen Sie einen Rundstab ⌀ 12 mm, runden das Ende auf dem Bandschleifer und schneiden ein kurzes Stück ab. Dieser Vorgang wird 8mal wiederholt.

Abb. 5 Zum Bohren der Lampenlöcher befestigen Sie einen 45°-Keil und davor eine Leiste als Anschlag auf dem Bohrtisch.

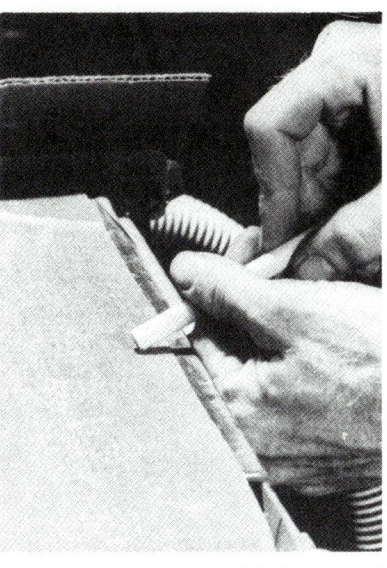
Abb. 6 Der Taumeldübel wird durch Abrunden eines Ø 12-mm-Rundstabs hergestellt.

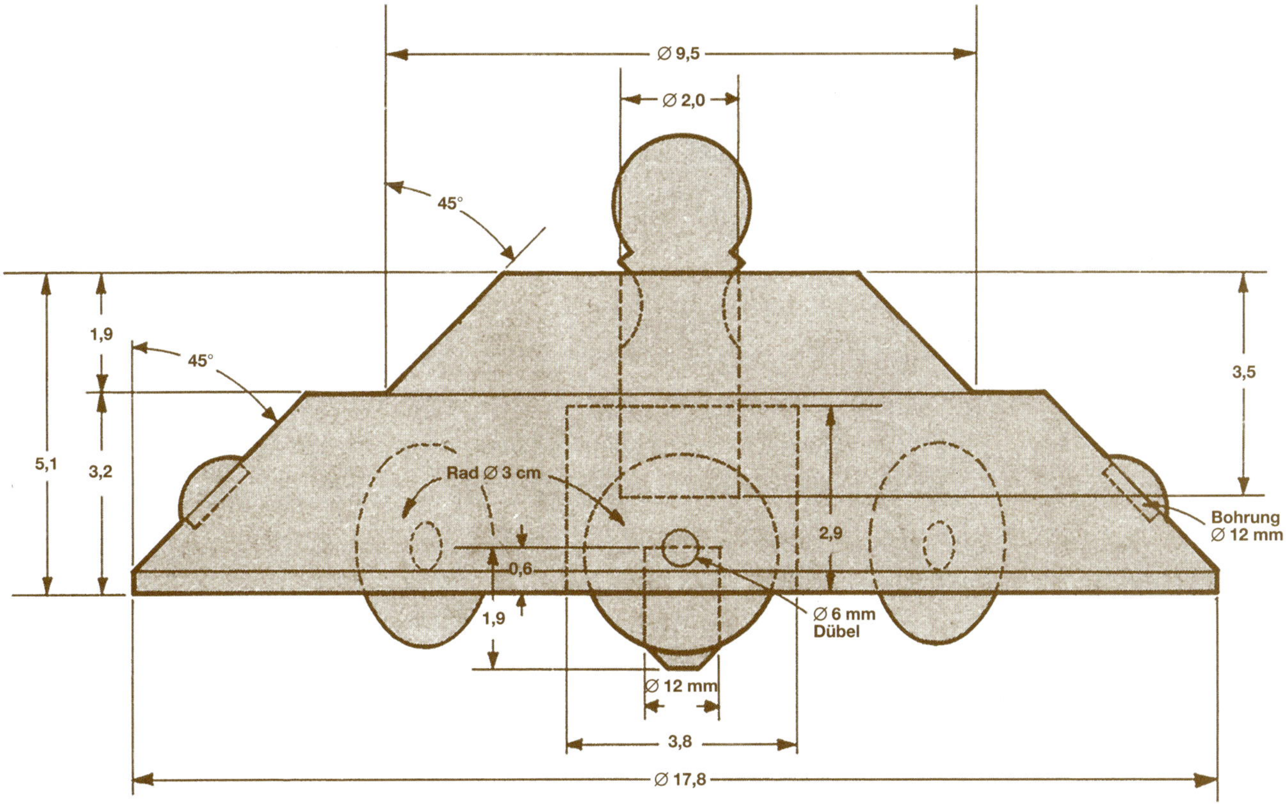

Seitenansicht

171

Materialliste

(Maße in cm, soweit nicht anders angegeben)

Teil	Benennung	Anzahl	Dicke	Breite oder ⌀	Länge
A	Unterteil	1	3,2	17,8	17,8
B	Kommandozentrale	1	1,9	9,5	9,5
C	Achse	3		⌀ 6 mm	5,7
D	Rad	3	1,0	⌀ 3,0	
E	Lampe	8		⌀ 12 mm	1,0
F	Astronaut	1		⌀ 2,0	5,7
G	Kreiseldübel	1		⌀ 12 mm	2,0

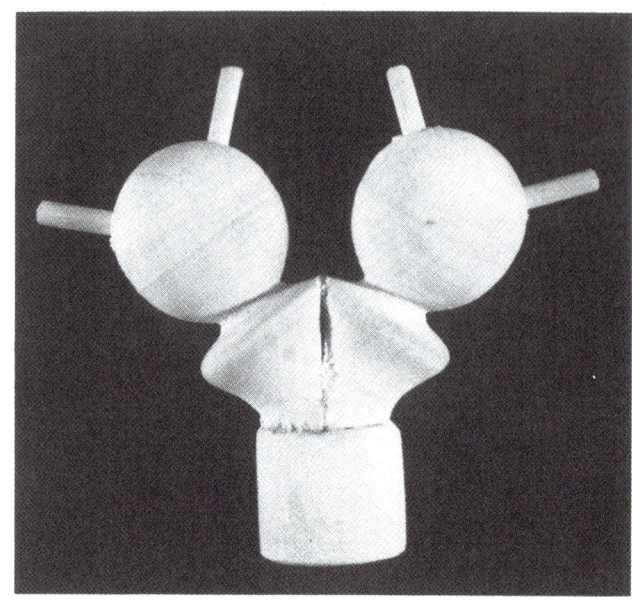

Abb. 7 Wie fremdartig mögen Sie Ihren Astronauten?

Explosionsdarstellung

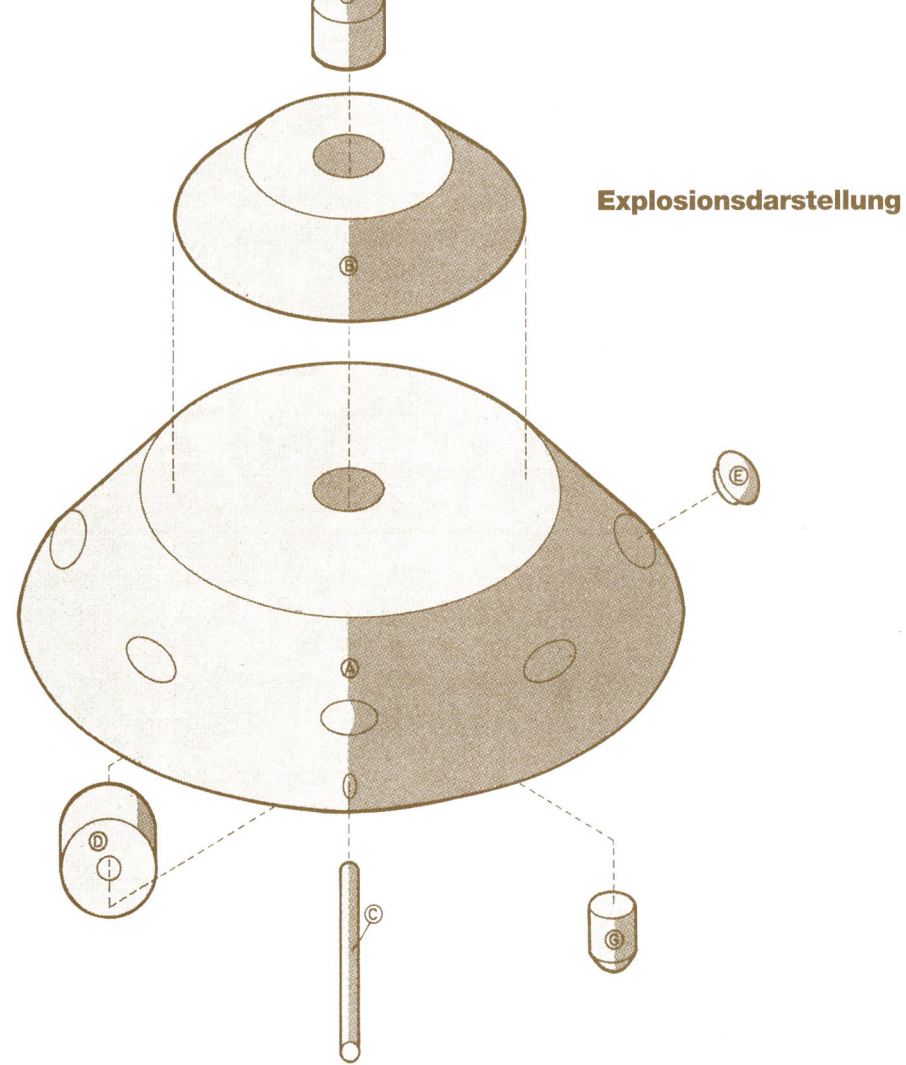

Kleben Sie nun die Kommandozentrale (B) auf das Unterteil (A). Nehmen Sie nicht zuviel Leim, und bleiben Sie ein Stück vom Rand weg, damit nichts herausgequetscht wird. Spannen Sie die Teile mit Zwingen und Unterlagen zusammen, und lassen Sie die Anordnung trocknen.

Legen Sie dann das UFO auf Klötze, um die Räder zu entlasten, und bohren Sie das Loch für den Astronauten. Kleben Sie den Kreiseldübel (G) ein.

Je nach Geschmack kann jetzt das UFO entweder bemalt oder geölt werden. Für das „außerirdische" Erscheinungsbild des Astronauten gibt es keine Maßstäbe auf dieser Welt – wie fremdartig wollen Sie es? (S. Abb. 7.)

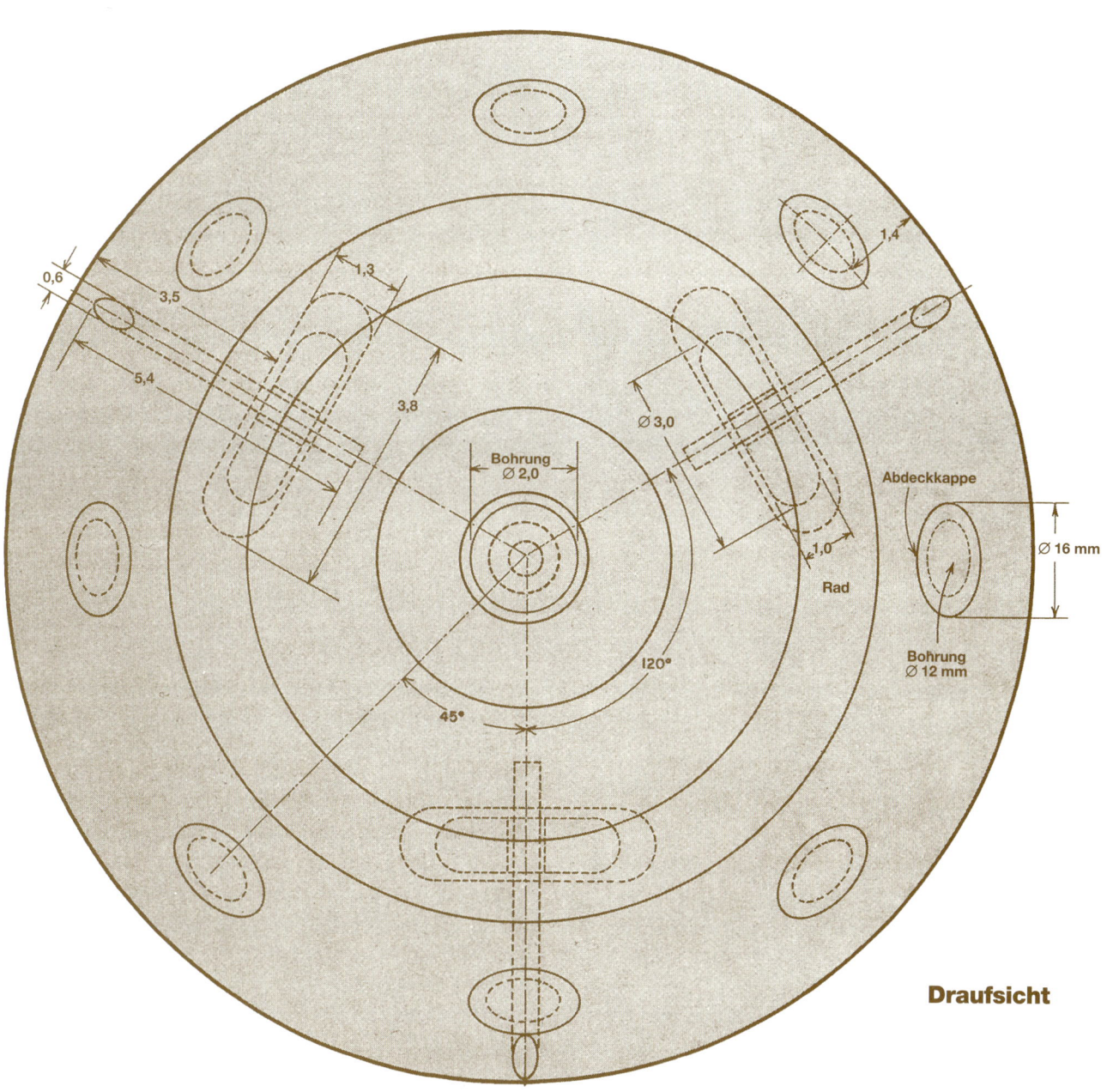

Draufsicht

Der arbeitswütige Bulldozer

Die sich immerfort wiederholende Bewegung des Planierschildes fasziniert Kinder wie Erwachsene. Das Schild ist so an den Hinterrädern befestigt, daß es sich vor und zurück bewegt, wenn der Bulldozer fährt. Sand, lockere Erde oder Kies kann mit dem Bulldozer wirklich bewegt werden. Außerdem ist es genau das richtige Gerät, um die Papierstapel auf meinem Tisch zusammenzuschieben.

Das Schild (B) und der Rumpf (A) werden aus einem Stück Holz gefertigt, so daß kaum Verschnitt auftritt. Wenn Sie die Teile aus unterschiedlichen Holzsorten fertigen wollen, stellen Sie gleich 2 her und vertauschen die Teile beim Zusammenbau.
Der Block von 4,4 × 10, 2 × 15,3 cm muß allseitig winklige Kanten aufweisen. Ist der Block vorbereitet, stellen Sie den Parallelanschlag der Bandsäge auf 13 mm Schnittbreite ein. Zeichnen Sie an der Längskante eine Linie bei 12,4 cm auf die Werkstück-Oberseite. Schneiden Sie bis zu dieser Linie ein (s. Abb. 1).
Wenn Sie den Block zurückziehen, achten Sie darauf, daß das Sägeblatt nicht aus seinen Führungen gezogen wird. Wenn es klemmen sollte, schalten Sie die Säge ab und ziehen das Werkstück danach heraus.
Drehen Sie das Werkstück jetzt herum, und wiederholen Sie den Schnitt auf der anderen Längsseite. Entfernen sie nun den Parallelanschlag, und schneiden Sie das Mittelstück so heraus, daß daraus noch der Rumpf gefertigt werden kann (s. Abb. 2).

[*Anm. d. Übers.: Ich halte es für besser, Schild und Hebel aus 3 einzelnen Teilen zu fertigen, die mit Holzdübeln verbunden werden. So wird erreicht, daß die Maserung sowohl bei den Hebeln wie beim Schild in Längsrichtung verläuft.*]

Der Rumpf

Übertragen Sie den Umriß von Teil A auf das herausgeschnittene Teil, ebenso die Lage der Achsbohrungen (s. Abb. 3). Schneiden Sie das Teil aus, und bohren Sie die Achslöcher. Markieren und bohren Sie das Loch für den Fahrer.
Schleifen Sie alle Flächen grob vor (80er Körnung), und achten sie darauf, daß die Winkligkeit erhalten bleibt. Runden Sie dann alle Kanten mit dem Fräser, und schleifen Sie alles mit feiner Körnung (120er) nochmals glatt.

Das Schild

Zeichnen Sie den seitlichen Umriß und das Befestigungsloch auf die Seitenfläche des vorbereiteten Werkstücks. Das hintere Ende des Schilds liegt dabei auch an der hinteren Kante des Teils (s. Abb. 4).
Stellen Sie den Durchlaß der Bandsäge auf ca. 11 cm Höhe ein, und schneiden Sie das Teil langsam und sorgfältig aus. Halten Sie es dabei stets gut fest. Beim Aussägen der Arme muß der obere gut unterstützt werden, damit das Werkstück nicht durch die Sägeblattbewegung reißt (am besten ein auf Maß geschnittenes Reststück zwischen die Hebelarme klemmen!).
Bohren Sie danach die Löcher ⌀ 7 mm in die Hebelarme. Wenn Sie einen Bohrer mit entsprechender Länge besitzen, bohren Sie von einer Seite durch beide Arme. Sie können aber auch beide Seiten markieren und einzeln bohren. Achten Sie in jedem Fall darauf, daß das Teil nicht durch zu großen Druck zerstört wird. Am besten unterstützen Sie den oberen Hebel wieder durch einen passenden Klotz zwischen den beiden Hebeln.
Der Radius vorn am Schild kann an der Laufrolle des Bandschleifers gefertigt werden. Halten Sie beide Hebelarme fest, und schleifen Sie die Wölbung mit

Abb. 1 Beachten Sie die Linie, 12,4 cm vor der Hinterkante des Werkstücks, stellen Sie den Parallelanschlag auf 1,2 cm Schnittbreite ein, und sägen Sie den Klotz bis zur Linie ein. Drehen Sie den Klotz, und schneiden Sie auf der anderen Seite genauso ein.

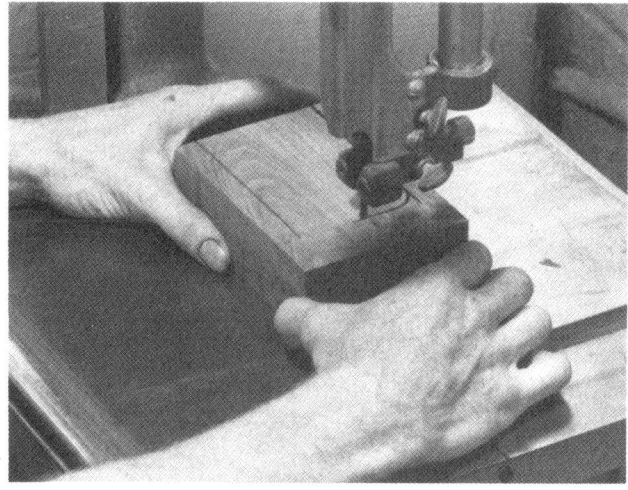

Abb. 2 Schneiden Sie den Radius, um dann entlang der Linie auszusägen.

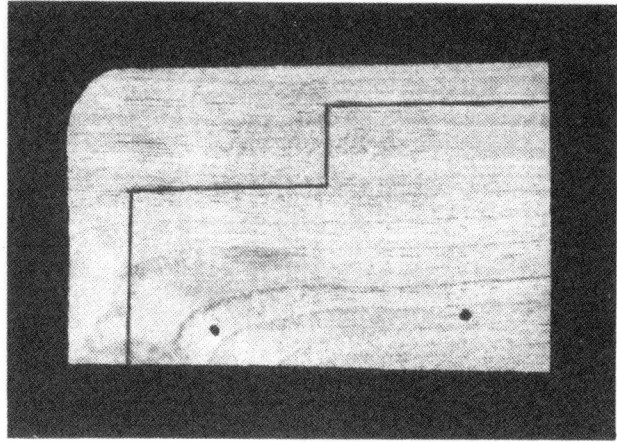

Abb. 3 Zeichnen Sie den Rumpfumriß (A) so auf, daß die Hinter- und Unterkante an der Werkstückkante anliegen.

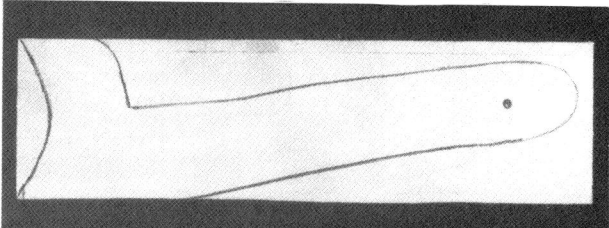

Abb. 4 Zeichnen Sie den Umriß der Schaufel (B) so auf, daß die Unterkante vom Schild auf der Werkstückkante verläuft.

80er Körnung unter leichtem Druck gegen die Rolle (s. Abb. 6). Achten Sie darauf, daß die Wölbung genau parallel zu den Kanten verläuft.
Nachdem auch alle anderen Flächen mit 80er Körnung vorgeschliffen wurden, wiederholen Sie den Schleifvorgang mit 120er Körnung. Runden Sie dabei die Kanten des Werkstücks. Beim Schleifen darf nicht zuviel Druck auf das Teil ausgeübt werden.

Zusammenbau

Bohren Sie die Löcher in den Hinterrädern (G) (s. allgemeine Hinweise S. 14, Abb. 11). Kleben Sie die Vorder- und Hinterräder auf ihre Achsen. Die Exzenterbohrungen in den Hinterrädern müssen genau fluchten, damit das Schild leicht beweglich ist. Ist der Leim trocken, schleifen Sie die Naben glatt.
Schneiden Sie dann 2 Rundstäbe ⌀ 6 mm etwa 2,5 cm lang ab. Geben Sie Leim in die Exzenterbohrungen der Hinterräder, halten Sie das Schild in Position, und treiben Sie die Rundstäbe in die Bohrungen. Sie müssen ganz bündig zur Radinnenkante sitzen, da sie sonst der Belastung nicht standhalten.
Wenn Sie die Dübel vorher etwas zu lang abgeschnitten haben, können Sie nun leichter Winkligkeit und Parallelität prüfen. Bewegen Sie den Bulldozer, um die Funktion zu testen, korrigieren Sie den Sitz der Dübel, wenn notwendig.
Wenn der Leim völlig ausgehärtet ist, schneiden Sie die überstehenden Enden der Dübel mit der Feinsäge ab. Schleifen Sie die Enden von Hand.
Ölen Sie den Bulldozer und den Fahrer, und es kann losgehen mit der schweren Arbeit – vom Planieren in der Sandkiste bis zum Wegschieben der Rechnungen auf Ihrem Schreibtisch.

Materialliste

(Maße in cm, soweit nicht anders angegeben)

Teil	Benennung	Anzahl	Dicke	Breite oder ⌀	Länge
A	Korpus	1	4,4	6,4	10,2
B	Schild	1	4,4	10,2	15,2
C	Achse vorn	1		⌀ 6 mm	7,3
D	Achse hinten	1		⌀ 10 mm	7,3
E	Dübel	2		⌀ 6 mm	2,2
F	Rad vorn	2	1,2	⌀ 4,0	
G	Rad hinten	2	1,2	⌀ 5,0	
H	Fahrer	1		⌀ 1,9	5,7

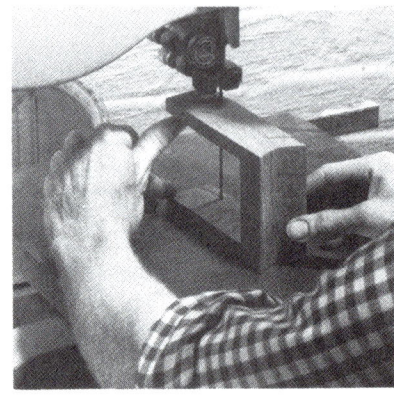

Abb. 5 Beim Ausschneiden der Hebelarme muß der obere gut unterstützt werden.
So wie auf dem Foto machen Sie es bitte *nicht*. Am besten schieben Sie ein passend zugeschnittenes Reststück zwischen beide Arme.

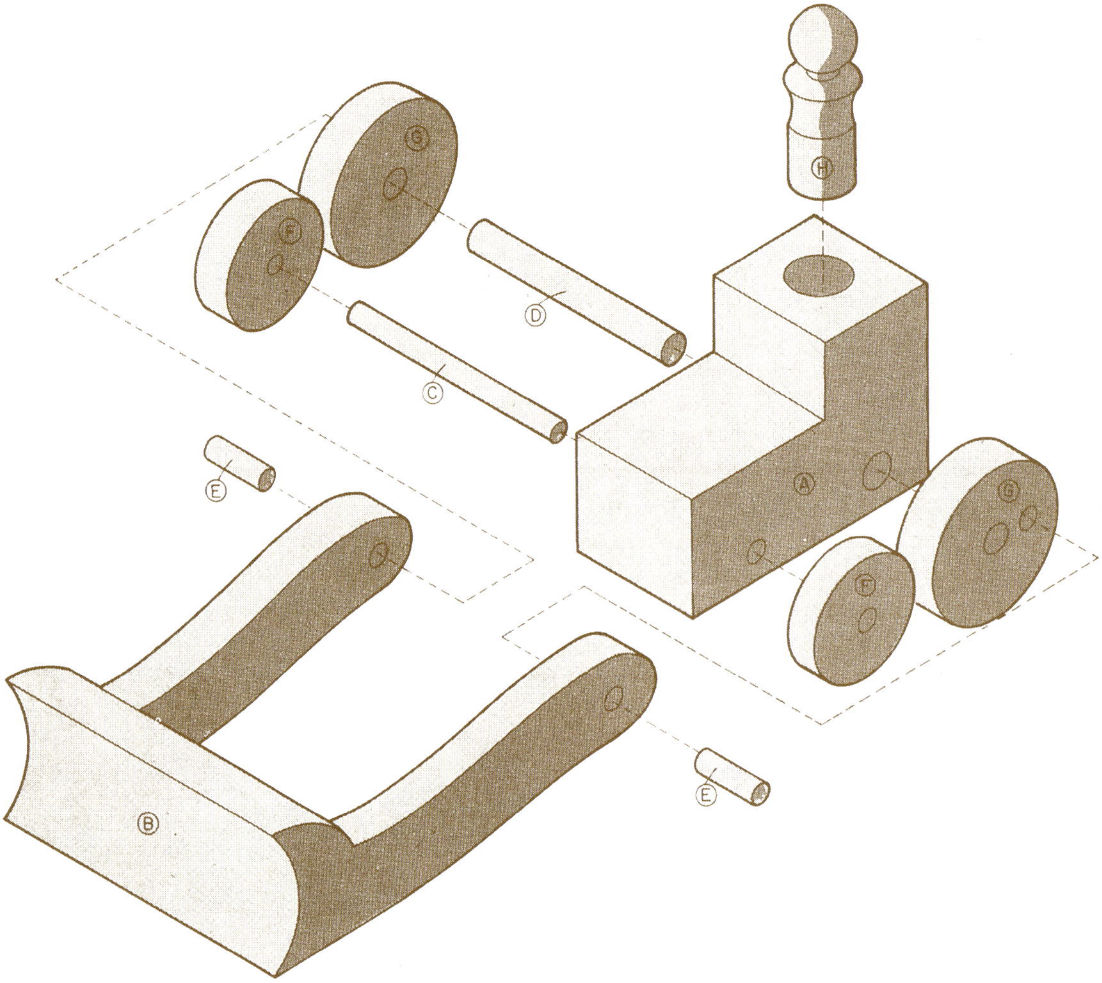

Explosionsdarstellung

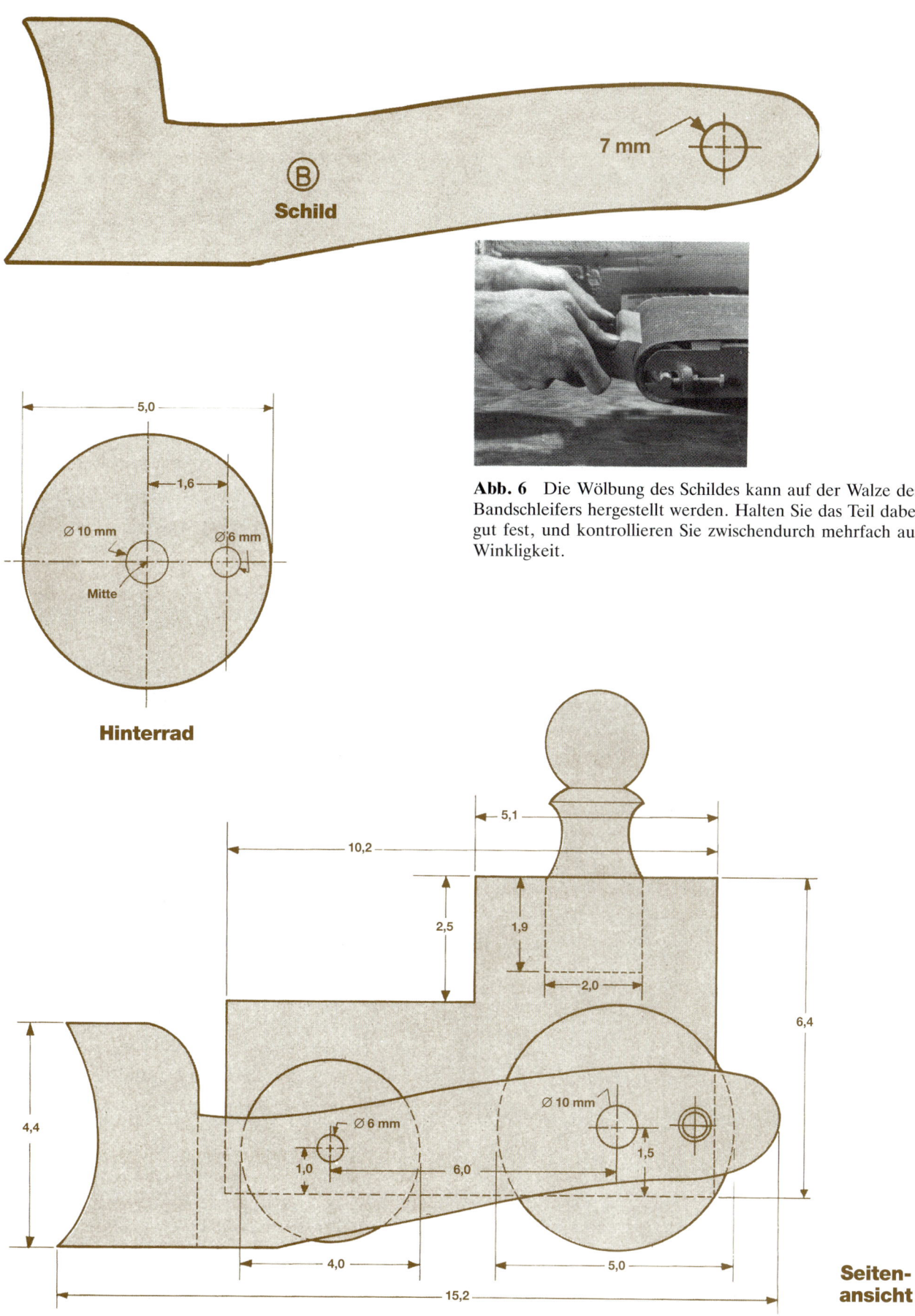

Abb. 6 Die Wölbung des Schildes kann auf der Walze des Bandschleifers hergestellt werden. Halten Sie das Teil dabei gut fest, und kontrollieren Sie zwischendurch mehrfach auf Winkligkeit.

177

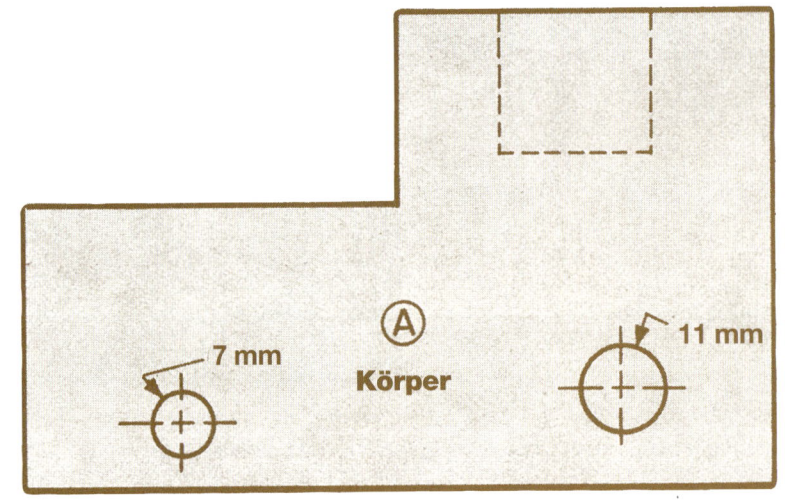

Ⓐ **Körper**

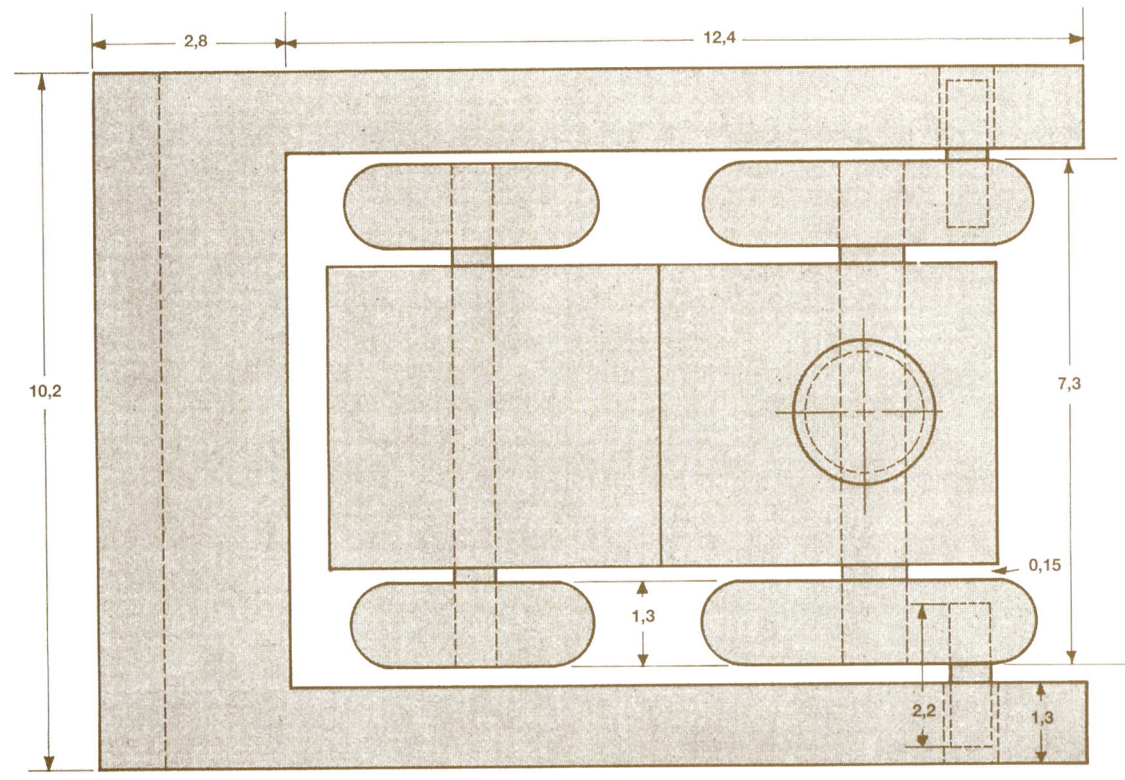

Draufsicht

Der rotierende Zementmischwagen

Bei diesem Mischwagen wird die Mischertrommel durch ein Gummiband angetrieben, wenn sich die Achse dreht. Es gibt eine Rutsche für den Zementtransport – und auch eine Schubkarre, wenn die Rutsche nicht bis zum Einsatzort reicht. Dieses Spielzeug ist, zusammen mit dem Bulldozer und dem Vorderlader, in der Lage, jede Baustellenarbeit zu erledigen.

Das Führerhaus

Zeichnen Sie den Umriß der Kabine (A) auf ein 4,4 cm dickes Brett. Bohren Sie Löcher in den Ecken von Windschutzscheibe und Kühler, um so die engen Radien zu erzeugen, bevor das Teil ausgesägt wird. Nach dem Ausschneiden markieren Sie das Loch auf der Rückseite für den Dübel, auf dem sich die Trommel dreht, und das Loch ∅ 25 mm für den Fahrer. Wenn Sie diese beiden Löcher gebohrt haben, zeichnen Sie das Fensterloch an und bohren es mit ∅ 28 mm. Verwenden Sie dazu einen Spiral- oder Forstnerbohrer; ein Flachbohrer würde beim Kreuzen der anderen Bohrung verhaken und das Teil herausschleudern.
Schleifen Sie die Flächen und Kanten mit 80er Körnung. Runden Sie die Kanten mit der Fräse. Bohren Sie nun noch die Befestigungslöcher für die Scheinwerfer. Schleifen Sie dann das ganze Teil mit 120er Körnung.

Das Fahrgestell

Schneiden Sie die beiden Achsträger (B) aus. Markieren und bohren Sie die Löcher deckungsgleich in beide Teile. Schleifen Sie die Teile mit 80er Körnung. Runden Sie die Kanten, zunächst an den Stirnseiten, danach alle restlichen Seiten mit der Fräse. Die Bohrungen sollten senkrecht zur Tischfläche liegen, damit der Fräser nicht darin abrutscht (s. Abb. 1 u. 2). Schleifen Sie die Rundungen.
Spannen Sie eines der Teile an einen rechtwinkligen Block auf den Bohrtisch, und richten Sie es mit dem Winkel senkrecht aus (s. Abb. 3). Bohren Sie nun die Löcher ∅ 10 mm zur Befestigung der Stoßstangen. Kleben Sie die Dübel ∅ 10 mm so ein, daß sie gleichmäßig überstehen.
Nun wird in beide Achsträger mit der Bandsäge eine Nut geschnitten, damit später das Gummiband frei läuft. Die Schnittkanten werden von Hand geschliffen.

Das Lager für die Mischertrommel

Zuerst den Umriß (C) aufzeichnen. Die Maserung muß in Längsrichtung verlaufen, damit der kleine Lappen nicht bei der kleinsten Belastung bricht. Bohren Sie das Loch ∅ 10 mm vor dem Zuschnitt mit der Bandsäge (die Rißlinie sollte beim Schnitt stehenbleiben).
Schleifen Sie nun das Teil bis gerade an die Anrißlinie. Bohren Sie die beiden Löcher für die Rücklichter. Brechen Sie alle Kanten von Hand, und kleben Sie die Rücklichter ein.

Die Stoßstangen

Die Stoßstangen (E) werden mit der Bandsäge ausgeschnitten und danach allseitig geschliffen. Nur wenn Sie sehr sicher im Umgang mit der Oberfräse sind, runden Sie alle Kanten der beiden Teile damit. Andernfalls werden die Stirnkanten mit der Raspel und Schleifpapier gerundet. Schleifen Sie die Fräskanten. Die Löcher werden erst später beim Zusammenbau gebohrt, damit sie genau passen.

Abb. 1 Runden Sie zuerst die oberen und unteren Hirnholzenden der beiden Chassisteile.

Abb. 2 Dann können die Kanten umlaufend bearbeitet werden, ohne daß das Anlauflager des Fräsers in die Achslöcher abrutscht.

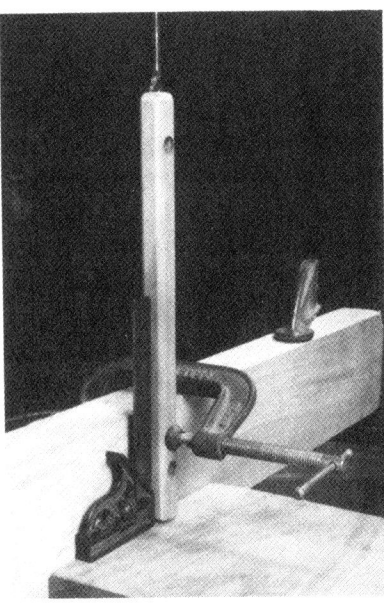

Abb. 3 Verwenden Sie einen Anschlagwinkel und einen rechtwinkligen Klotz, um die Chassisteile zum Bohren der Befestigungslöcher für die Stoßstangen auf dem Bohrtisch auszurichten.

Die Rutsche

Zunächst wird der Rundstab ⌀ 18 mm (F) auf Länge geschnitten. Fertigen Sie eine Vorrichtung zum Ausbohren des Kerns. Dazu wird ein Loch mit ⌀ 18 mm in ein Kantholz gebohrt, nicht tiefer als ca. 2,5 cm, sonst wird es schwierig, den Stab wieder herauszubekommen. Der Stab sollte stramm sitzen, vielleicht muß er sogar leicht eingeschlagen werden. Auf jeden Fall muß er genau senkrecht stehen. Wenn der Kern herausgebohrt ist, wird der Stab sich leichter herausnehmen lassen.

Markieren Sie die Mitte des Rundstabs mit Bleistift und Körner, und bohren Sie ganz durch, wobei die Späne mehrmals zwischendurch herausgeholt werden.

Zeichnen Sie eine Linie 18 mm von einem Ende. Schneiden Sie die Röhre mitten durch; der Schnitt endet mit einem Radius an der markierten Linie.

Schleifen Sie das Teil sorgfältig. Die Rinne wird innen einige Riefen aufweisen, so daß Sie einige Zeit zum Schleifen benötigen. Brechen Sie die Kanten beim Schleifvorgang.

Zur Anfertigung der Lagerböckchen für die Rinne werden zunächst die Umrisse für 2 Teile so aufgezeichnet, daß mit einem Bohrvorgang die Mulde zur Aufnahme der Rinne in beiden Teilen gleichzeitig hergestellt wird. Schneiden Sie die Teile mit der Bandsäge aus, die Oberseite zuerst, dann die Seiten, zum Schluß die Unterseite. Schleifen Sie die Teile allseitig. Die Kanten müssen winklig zueinander sein.

Legen Sie nun die Rinne in die Lagerböckchen, das Ganze dann auf einem Brett auf den Bohrtisch. Bohren Sie durch die Rinne und die Lagerböckchen mit ⌀ 3 mm. Schneiden Sie die 3-mm-Dübel zur Befestigung der Rinne auf Länge, und kleben Sie sie in die Lagerböckchen. Anschließend die Unterseite der Böckchen glattschleifen und die oberen Dübelenden runden.

Die Böckchen werden nun auf die Seite des Chassis geklebt und gespannt, legen Sie die Rinne zum Ausrichten der Teile darauf. Wenn der Leim ausgehärtet ist, wird die Rinne abgenommen und die Löcher ⌀ 3 mm durch Chassis und Böckchen gebohrt. Schneiden Sie die Dübel mit etwas Übermaß zu, und kleben Sie sie ein. Die überstehenden Enden werden bündig abgeschliffen.

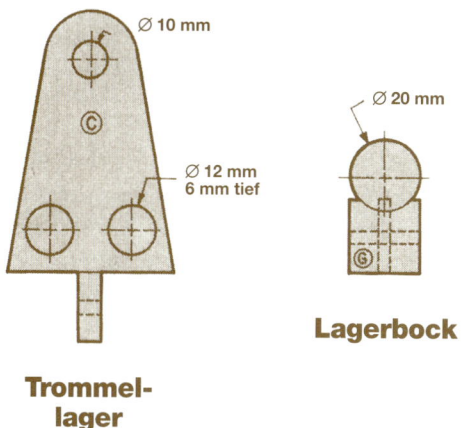

Trommellager

Lagerbock

Die Mischertrommel

Ich habe an dieser Stelle nicht vor, eine Anleitung zum Drechseln zu geben; dies würde den Rahmen meines Buches sprengen. Ich unterstelle, daß Sie mit der Drechselbank umgehen können oder vielleicht jemanden kennen, der diese Arbeit für Sie übernehmen kann.

Verwenden Sie leichte Holzsorten, damit sich die Trommel leicht dreht. Leimen Sie mehrere sauber abgerichtete Brettstücke zusammen, um die notwendige Dicke zu erreichen. Nehmen Sie reichlich Leim zum Verkleben, und spannen Sie die Bretter mit mehreren Schraubzwingen fest zusammen.

Die Trommel erhält ein besonders interessantes Aussehen, wenn zwei verschiedene Holzsorten (hell und dunkel) in Längsrichtung abwechselnd miteinander verleimt werden (s. Abb. 4). Sie können die Trommel aber auch aus einem Stück fertigen und mit einer Spirale bemalen.

Abb. 4 Sie können verschiedene Holzsorten miteinander verleimen, um der Trommel ein Streifenmuster zu geben. Die einzelnen Bretter müssen gut abgerichtet sein; verwenden Sie viel Leim und viele Zwingen. Spalten in der Verleimung sehen sehr unschön aus, wenn das Teil fertig bearbeitet ist.

Nach dem Drechseln werden die Löcher an beiden Enden sorgfältig markiert und gebohrt. Unterlegen Sie den Zylinder unter dem richtigen Winkel auf dem Bohrtisch und fertigen Sie das Loch für die Rinne – Achtung: Der Bohrer verläuft sehr leicht auf der Oberfläche, verwenden Sie einen Forstner- oder Holzbohrer mit Zentrumsspitze.

Abb. 5 Markieren Sie die Stirnseite des Bretts, stellen Sie den Bandsägetisch auf 9° Neigung, und stellen Sie den Parallelanschlag mit Hilfe der Linien ein. Trennen Sie das Teil in zwei Hälften, am besten mit einem Schiebestock.

Die Schubkarre

Schneiden Sie aus einem 1,9 cm dicken Brett ein Stück von 5,1 × 11,4 cm zu. Markieren Sie die Schnittlinie auf dem Brettende 6 mm von der linken Oberkante diagonal mit 6 mm Abstand zur rechten Unterkante (s. Abb. 5).

Stellen Sie das Brett hinter das Sägeblatt der Bandsäge, und neigen Sie den Tisch, bis das Sägeblatt und die markierte Linie sich decken (ca. 9°). Befestigen Sie nun den Parallelanschlag, und schneiden Sie das Werkstück in zwei gleiche Teile (s. Abb. 6).

Schleifen Sie die Sägekante mit 80er Körnung; auf diese Seite werden die Umrisse gezeichnet. Die Oberkante der Holzteile und der Umrisse verlaufen deckungsgleich.

Bohren Sie vorsichtig die Löcher ⌀ 6 mm für das Rad, und schneiden Sie die Teile sorgfältig aus. Zeichnen Sie das Mittelteil auf ein 1,9 cm dickes, beidseitig geschliffenes Brett von 7,6 × 7,6 cm Kantenlänge. Wie bei den Seitenteilen wird die Oberkante der Umrisse bündig mit der Brettoberkante angelegt.

Abb. 6 Stellen Sie die beiden Seitenteile der Schubkarre mit der Bandsäge her. Schneiden Sie entlang der Markierung.

Schneiden Sie es mit der Bandsäge aus, zuerst die Außenkanten, dann die Seiten, zum Schluß den Boden. So bleibt bis zum letzten Schnitt genug Material zum Festhalten. Schleifen Sie die Sägekanten.

Richten Sie die Achsbohrungen mit einem geschliffenen 6-mm-Rundstab aus. Mit Zwischenlagen aus Weichholz auf den Schraubstockbacken kann die Anordnung in der Mitte der schrägen Seitenflächen zusammengespannt werden. Sie können dazu auch 2 weitere, auf 9° Schräge zugeschnittene Brettstücke verwenden. Wenn der Leim trocken ist, wird die Schubkarre geschliffen, und die Kanten werden gebrochen.

Ein selbstgefertigtes Rad sieht in diesem Fall besser aus, da beide Seitenflächen sichtbar sind. Fertigen Sie das Rad mit einem Kreisschneider oder am besten mit einer Lochsäge, und bohren Sie das Achsloch mit ⌀ 7 mm auf. Geben Sie etwas Leim in eine der Achsbohrungen in der Schubkarre, halten Sie das Rad in seiner Position, und treiben Sie den etwas zu lang abgesägten Achsdübel von der anderen Seite bis durch das Rad, aber noch nicht durch das mit Leim bestrichene Loch.

Geben Sie nun Leim rund um den herausragenden Achsstummel, und treiben Sie ihn dann so weit ein, daß er auf beiden Seiten gleichmäßig übersteht. Lassen Sie den Leim trocknen, und schleifen Sie dann die Achsenden glatt.

Zusammenbau

Geben Sie Leim auf die Unterseite des Trommellagers und die Seitenflächen des kleinen Lappens. Richten Sie die Chassisteile exakt aus – mit einem 6 mm dicken Reststück oder einem 6-mm-Dübel als Abstandhalter am vorderen Ende. Setzen Sie das Trommellager sorgfältig ein, und verspannen Sie es mit dem Chassis von oben und von den Seiten (s. Abb. 7).

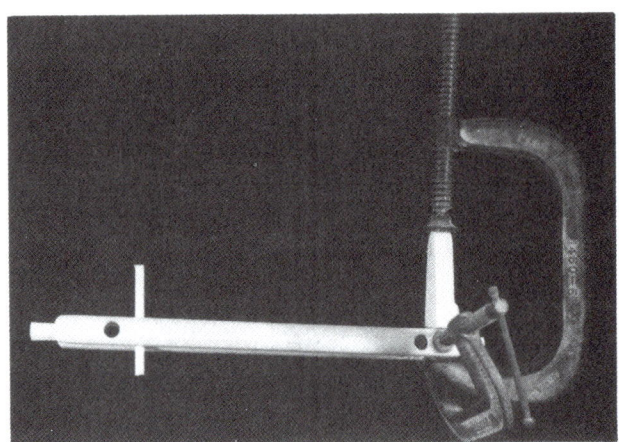

Abb. 7 Spannen Sie das Trommellager seitlich und von oben beim Verleimen ein. Beachten Sie das Distanzstück vorne, um die Chassisteile im richtigen Abstand zu halten.

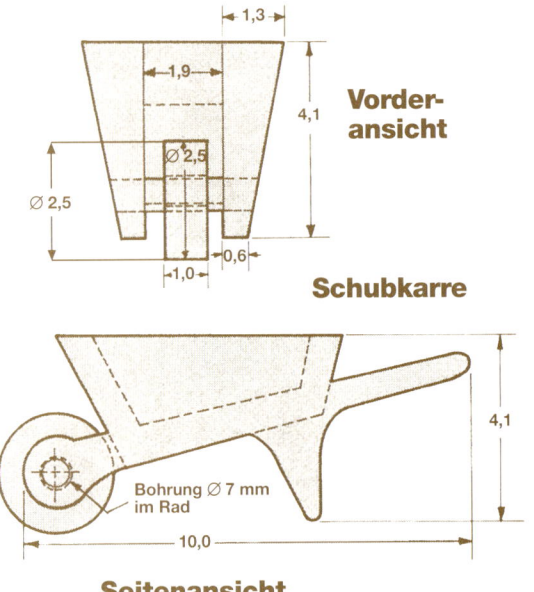

Wenn der Leim trocken ist, bohren Sie das Loch ∅ 3 mm durch die Chassisteile und den Lappen am Lager und kleben den Dübel ein. Die vorstehenden Enden werden bündig abgesägt und glattgeschliffen. Kleben Sie die Lampen in die Führerhausfront. Schneiden Sie den Lagerbolzen (J) auf Länge. Runden Sie beide Enden (s. allgemeine Hinweise, S. 21, Abb. 19) und kleben Sie ihn in die Führerhaus-Rückseite. Nehmen Sie nicht zuviel Leim, sonst sitzt der Dübel nicht richtig. Mit der 6-mm-Zwischenlage zwischen den Chassisteilen wird das Führerhaus darauf geleimt. Danach halten Sie die vordere Stoßstange gegen die Befestigungsdübel. Zentrieren Sie die Stoßstange sorgfältig, und markieren Sie die Position der Löcher darauf. Bohren Sie die Löcher mit ∅ 10 mm und wiederholen Sie den Vorgang für die hintere Stoßstange.

Geben Sie etwas Leim in die 4 Löcher, und spannen Sie die Stoßstangen mit einer Schraubzwinge fest, daß sie rechtwinklig zum Chassis sitzen. Verwenden Sie Unterlagen aus Resthölzern zum Schutz der Oberfläche. Kleben Sie Vorder- und Hinterräder auf die Achsen, und schleifen Sie die Naben glatt, wenn der Leim trocken ist.

Ölen Sie jetzt alle Teile, einschließlich Fahrer, Schubkarre, Trommel, Rinne und den Dübel für die Rückseite der Trommel. Wenn das Danish Öl trocken ist, stecken Sie die Trommel an der Vorderseite

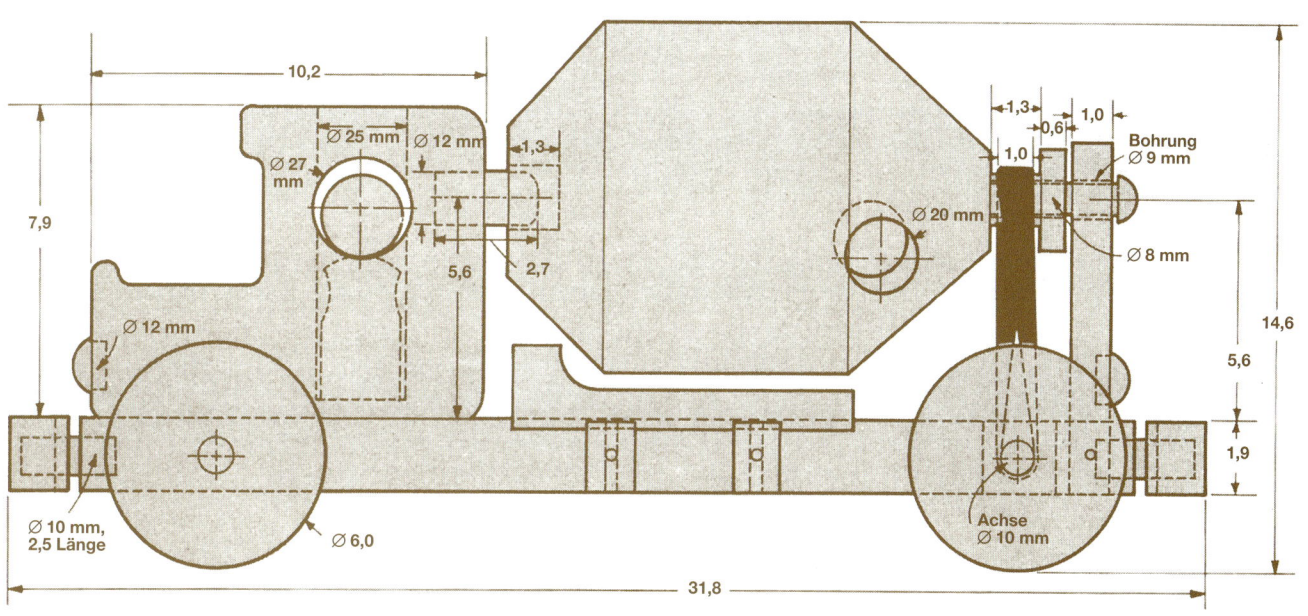

Seitenansicht

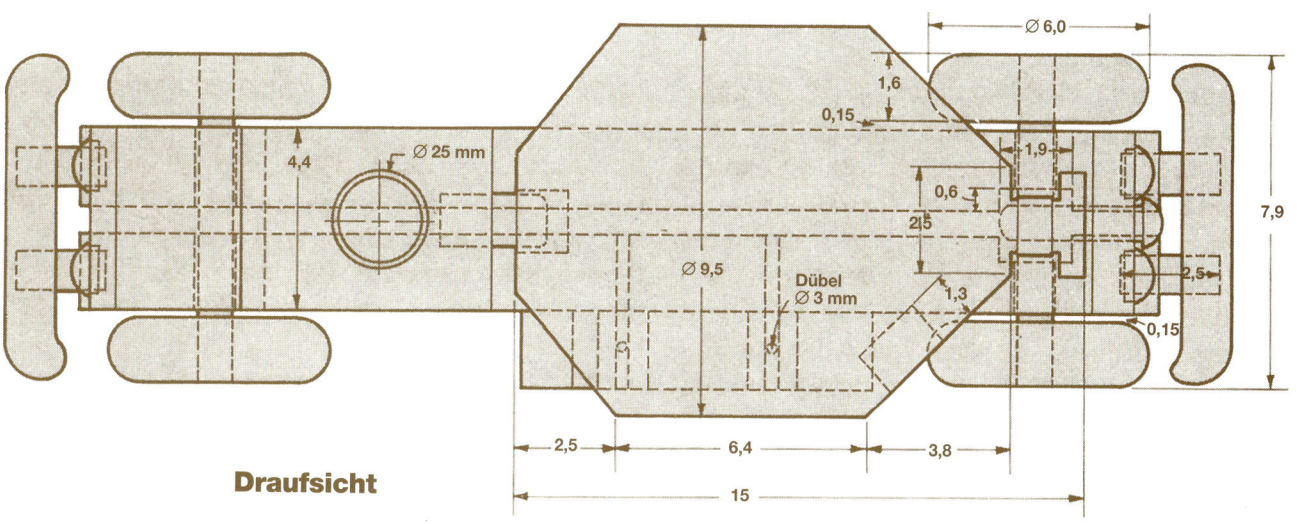

Draufsicht

Abb. 8 Legen Sie das Gummiband um Hinterachse und Trommelende, und schneiden Sie es mit ca. 20 mm Überlappung ab.

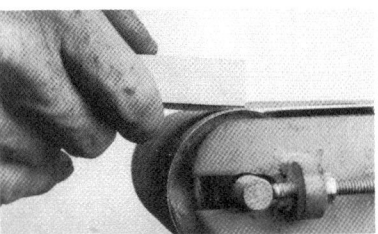

Abb. 9 Halten Sie die Gummibandenden mit einem Stück Holz auf die Walze des Bandschleifers, um sie keilförmig anzuschleifen.

Abb. 10 Verkleben Sie die Gummibandenden (Gebrauchsanweisung des Klebers beachten!). Dabei sollte das Band leicht gespannt sein.

Materialliste

(Maße in cm, soweit nicht anders angegeben)

Teil	Benennung	Anzahl	Dicke	Breite oder ⌀	Länge
A	Führerhaus	1	4,4	7,9	10,1
B	Chassis	2	1,9	1,9	27,9
C	Trommellagerbock	1	1,0	4,4	8,3
D	Mischtrommel	1	9,5	9,5	14,9
E	Stoßstange	2	1,9	1,9	7,9
F	Rinne	1		⌀ 18 mm	8,9
G	Lagerböckchen	2	1,2	1,9	1,9
H	Lampe	4		⌀ 12-mm Dübel	
J	Lagerbolzen	1		⌀ 12 mm	2,7
K	Dübel (Stoßstange)	4		⌀ 10 mm	2,5
L	Achse	2		⌀ 10 mm	7,9
M	Dübel (Lagerböckchen)	2		⌀ 3 mm	3,8
N	Dübel (Trommellager)	1		⌀ 3 mm	4,4
P	Dübel (Rinne)	2		⌀ 3 mm	1,9
Q	Dübel (Lagerung)	1		⌀ 8 mm	4,0
R	Fahrer	1		⌀ 1,9 (Kopf) ⌀ 2,7 (Körper)	5,7
S	Rad (Mischer)	4	1,6	⌀ 6,0	
T	Schubkarre-Seitenteil	1	1,9	4,1	10,1
U	Schubkarre-Mittelteil	1	1,9	2,9	6,4
V	Schubkarre-Achse	1		⌀ 6 mm	3,5
W	Schubkarre-Rad	1	1,0	⌀ 2,5	
X	Gummiband	1		1,0	20,5

auf den Achsbolzen ⌀ 12 mm. Halten Sie die Rückseite in Position, und kleben Sie den Dübel durch das Lager in die hintere Bohrung.

Schneiden Sie einen Streifen von 1 × 20,5 cm aus einem alten Fahrradschlauch. Führen Sie das Band unter der Hinterachse mit einer halben Drehung durch über das zylindrische Ende der Trommel. Bringen Sie beide Enden zusammen, ziehen Sie das Band straff (mit leichter Drehung), und schneiden Sie es mit ca. 2 cm Überlappung ab (s. Abb. 8). Schleifen Sie die Enden keilförmig an (s. Abb. 9). Geben Sie Gummilösung auf die Klebstellen. Wenn der Kleber angetrocknet ist, legen Sie das Band vorsichtig um Achse und Trommelende und pressen die Enden zusammen (s. Abb. 10). Beachten Sie die Verarbeitungsvorschrift des verwendeten Klebers! So, und jetzt: Weg von der Werkbank und hin zu sinnvollem Spiel!

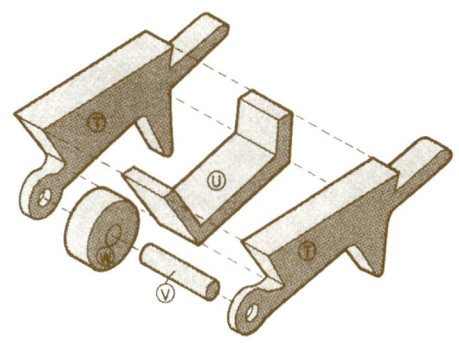

Schubkarre/Explosionsdarstellung

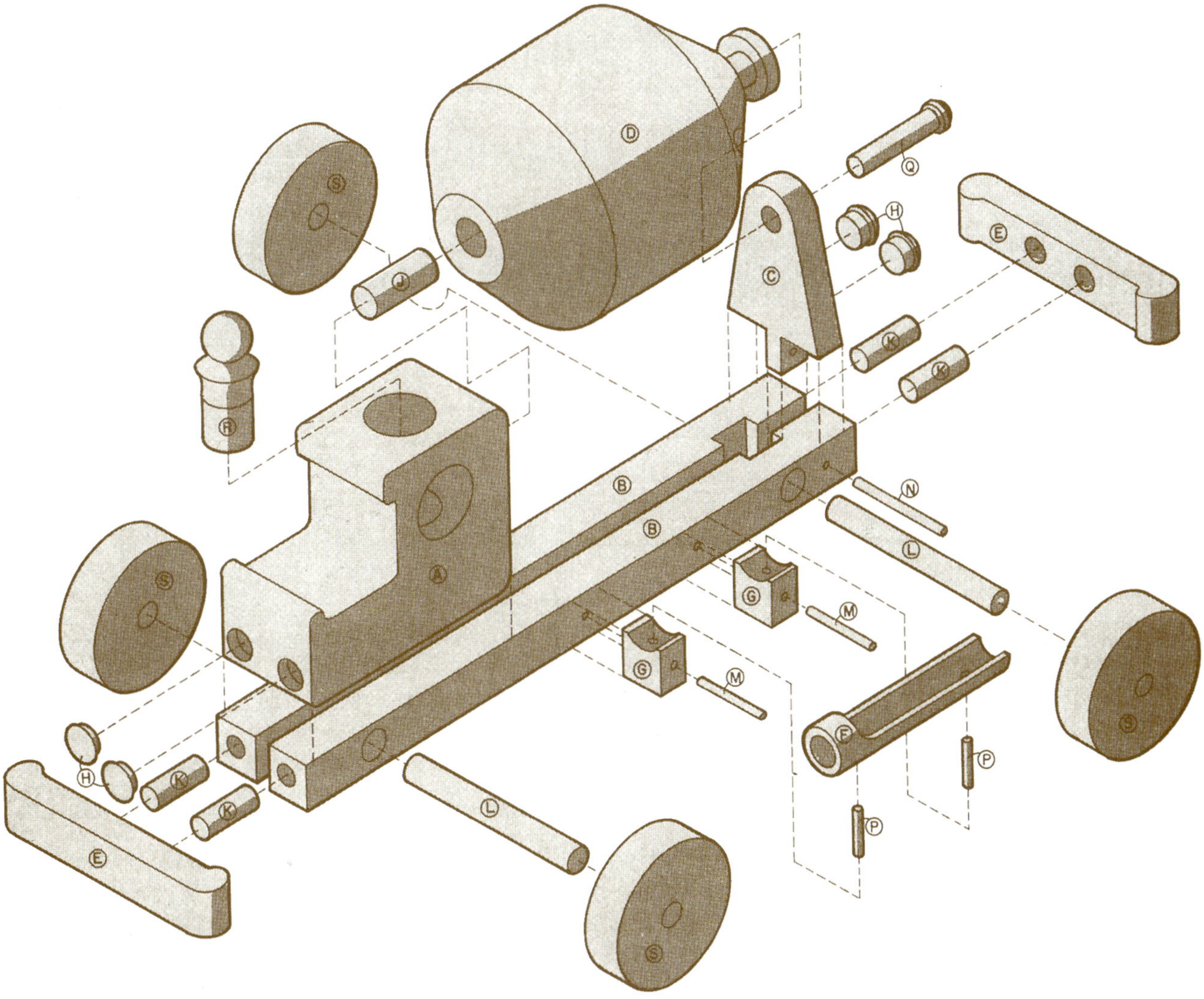

Zement-Mischwagen/Explosionsdarstellung

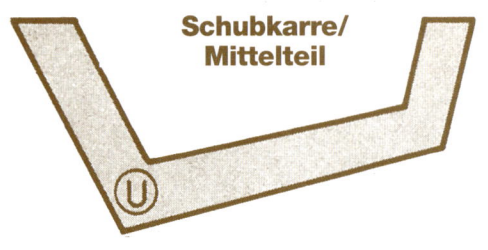

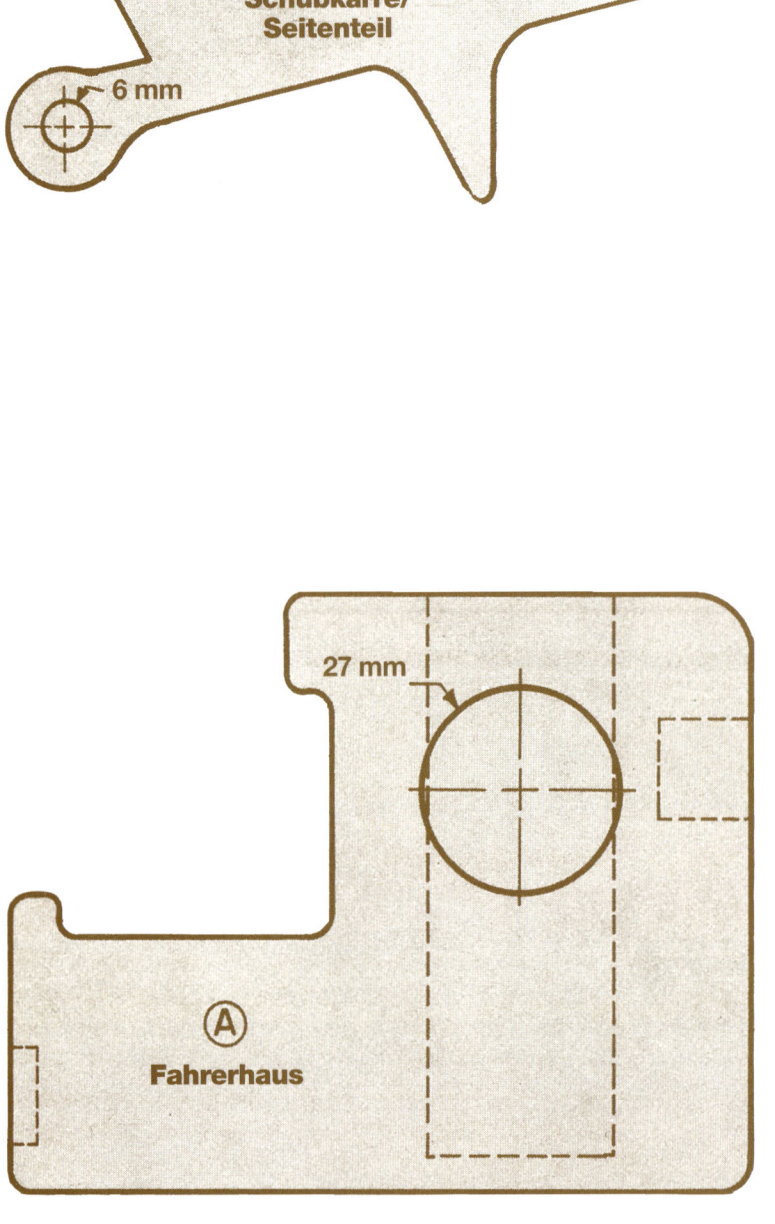
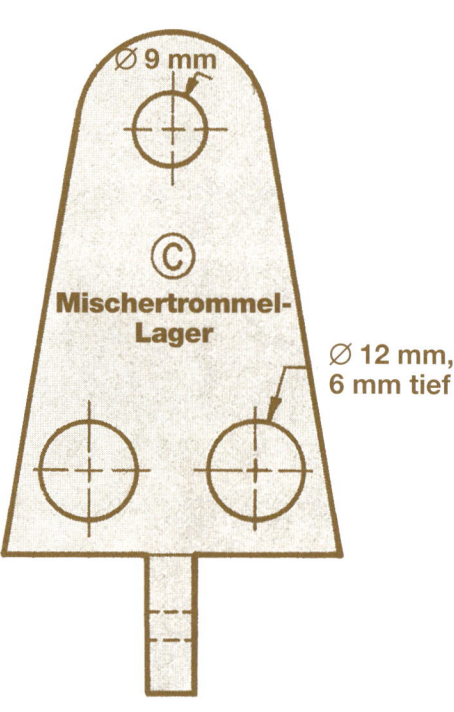

Der unaufhaltsame Vorderlader

Dieses Spielzeug ist ein echtes „Arbeitspferd", wenn es dazu eingesetzt wird, Sand, Erde oder irgend etwas anderes abzuräumen. Im Gegensatz zu den meisten anderen in diesem Buch beschriebenen Spielzeugen benötigt dieses ein paar Erläuterungen. Es funktioniert, was den Antrieb über die Hinterräder anbelangt, ähnlich wie der Bulldozer.

Wenn Sie den Lader einfach vorwärtsschieben, bewegt sich die Schaufel in einem fort auf und ab. Um richtig damit zu spielen, muß man die Hinterräder festhalten, damit die Schaufel in Ruhe gehalten wird. Erreicht der Lader das Ladegut, läßt man die Räder los, so gräbt die Schaufel sich in das Material und hebt es an. In der höchsten Stellung der Schaufel werden die Räder erneut festgehalten, während der Radlader zur Abladestelle manövriert wird. Läßt man dann die Räder wieder los, wird die Ladung abgelassen. Das hört sich vielleicht ein bißchen kompliziert an, aber wenn man erst sieht, wie alles funktioniert, wird es ganz klar.
Dieses Spielzeug sollte ganz aus Hartholz gefertigt werden. Bei den dünnen Teilen liegt der Grund auf der Hand, wogegen der Fahrzeugrumpf, an dem die Schaufel und das Dach befestigt sind, einige Schwachstellen aufweist.

Der Fahrzeugrumpf

Zeichnen Sie den Umriß (A) auf ein Stück Hartholz von 4,4 cm Dicke. Bohren Sie die Achslöcher, und schneiden Sie das Teil mit der Bandsäge aus. Die Befestigungslöcher für die Schaufel werden erst nach dem Anbringen des Dachs gebohrt.
Benutzen Sie den Parallelanschlag, um die Aussparungen für die Vorderräder zu fertigen. Schleifen Sie alle Flächen und Kanten. Runden Sie die Kanten, wo möglich mit dem Fräser, zuerst die Hirnholzkanten, danach die Kanten der Seitenflächen.
Bohren Sie die Löcher für den Fahrer und für die 4 Dachpfosten ⌀ 6 mm. Geben Sie besonders acht auf gleiche Tiefe dieser Löcher, damit das Dach später flach aufliegt.
Schleifen Sie das Teil, runden Sie alle nicht mit dem Fräser bearbeiteten Kanten mit der Raspel und glätten Sie mit Schleifpapier.

Die Schaufel

Zeichnen Sie die Umrisse der Seitenteile (B) auf, und markieren Sie die Bohrungen sehr sorgfältig. Körnern Sie die Mittelpunkte an, und bohren Sie die Löcher. Schneiden Sie die Teile aus. Schleifen Sie die Flächen und die Kanten der Hebelarme.
Schneiden Sie den Schaufellöffel (C) aus einem 4,7 cm dicken Brett mit der Bandsäge aus. Zeichnen Sie die Zähne auf, und schneiden Sie sie mit einem 3-mm-Blatt auf der Bandsäge aus (oder mit der Dekupiersäge). Schleifen Sie das Teil, die Zähne von Hand.
Fertigen Sie eine einfache Vorrichtung zum Verleimen der Schaufelteile. Schneiden Sie ein Stück Holz von 1,9 × 1,9 × 4,7 cm zu. Bohren Sie ein Loch ⌀ 5,5 mm mittig in die Stirnseiten. Schleifen Sie 2 Kopfdübel (M) etwas dünner, so daß sie in die Bohrungen im Schaufelarm passen. Zum Verkleben geben Sie Leim auf beide Seiten des Schaufellöffels (C) und stecken einen Rundstab ⌀ 6 mm durch die oberen Löcher in den Seitenteilen (B). Setzen Sie die kleine Vorrichtung bei den mittleren Löchern zwischen die Schaufelarme, und stecken Sie die abgeschliffenen Dübel durch die Seitenteile in die Vor-

Abb. 1 Bringen Sie den Hilfsklotz von 1,9 × 1,9 × 4,8 cm (mit Bohrung ⌀ 6 mm) zwischen die beiden Seitenteile der Schaufel. Treiben Sie die etwas dünner geschliffenen Dübel durch die seitlichen Löcher und in den Klotz. Stecken Sie einen Rundstab ⌀ 6 mm durch die oberen Löcher in den Seiten. Die beiden Schaufelseitenteile sollten sich beim Verleimen exakt gegenüberliegen.

Zusammenbau

Schneiden Sie die Rundstäbe für das Dach (F, G) exakt auf Länge, und runden Sie die Enden am Schleifband (s. allg. Hinweise, S. 18, Abb. 18). Geben Sie in alle 8 Löcher nur wenig Leim. Treiben Sie die Dübel in die Löcher im Dach (bestimmen Sie, welche Seite vorn liegt). Führen Sie die Dübel in die Löcher im Rumpf, und treiben Sie sie mit dem Hammer ein, so daß das Dach parallel zur Rumpfkante liegt (verwenden Sie ein Reststück als Zwischenlage, um Beschädigungen der Oberfläche zu vermeiden).

Legen Sie das Fahrzeug seitlich auf den Bohrtisch, und fertigen Sie das Dübelloch ⌀ 6 mm. Kleben Sie die Vorderräder an, danach die Hinterräder, deren Dübellöcher sich exakt gegenüberliegen müssen. Nach dem Aushärten des Leims werden die Naben glattgeschliffen. Befestigen Sie die Schaufel mit Hilfe der Abstandslehre (s. allgemeine Hinweise, S. 23, Abb. 22) am Fahrzeug. Befestigen Sie die Antriebshebel an den Hinterrädern. Wischen Sie herausgequetschten Leim ab, bevor er das Fahrzeug verschmiert.

Befestigen Sie die Antriebshebel an der Schaufel, und wischen Sie wieder herausgequetschten Leim ab.

Wenn der Leim getrocknet ist, ölen Sie das Fahrzeug (vergessen Sie den Fahrer nicht) – und der Vorderlader ist bereit zu harter Arbeit.

Wenn Sie das Spielzeug verschenken wollen, schreiben Sie die „Bedienungsanleitung" vom Anfang dieses Kapitels auf, und jedes Kind wird den Lader in eigener phantasievoller Art und Weise einsetzen.

richtung (s. Abb. 1). Dadurch wird die Anordnung beim Verleimen genau in der richtigen Lage gehalten. Spannen Sie die Teile zusammen, wobei der Schaufellöffel (C) so gut wie möglich ausgerichtet wird. Wenn der Leim getrocknet ist, schleifen Sie die Schaufel und brechen dabei alle Kanten.

Dach und Antriebshebel

Zeichnen Sie Dach und Antriebshebel auf. Bohren Sie die Löcher im Dach (E), schneiden Sie das Teil mit der Bandsäge aus, und schleifen Sie es anschließend, alle Kanten brechend (auch die der Bohrung ⌀ 25 mm).

Schneiden Sie die beiden Antriebshebel (D) aus, und bohren Sie die Löcher durch beide Teile gemeinsam, damit sie deckungsgleich gefertigt werden. Schleifen Sie die Teile und brechen Sie dabei die Kanten.

Die Räder

Bohren Sie die exzentrischen Löcher in den Hinterrädern mit Hilfe der Bohrvorrichtung (s. allgemeine Hinweise, S. 14, Abb. 11).

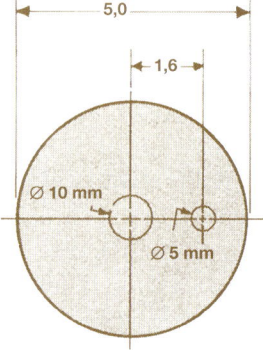

Hinterrad

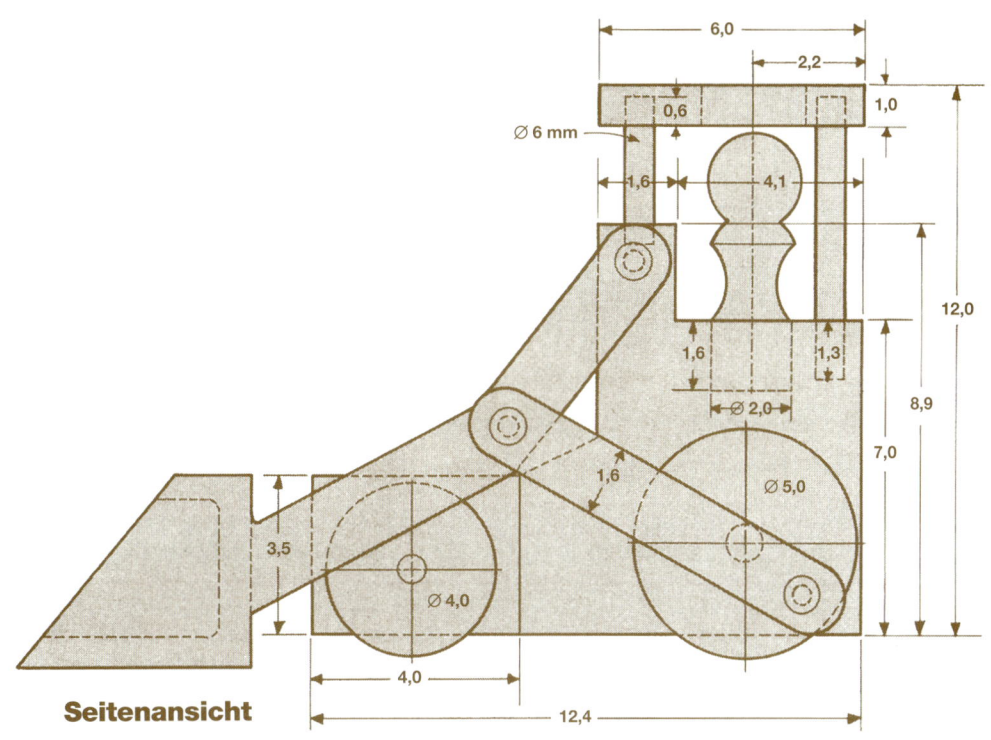

Seitenansicht

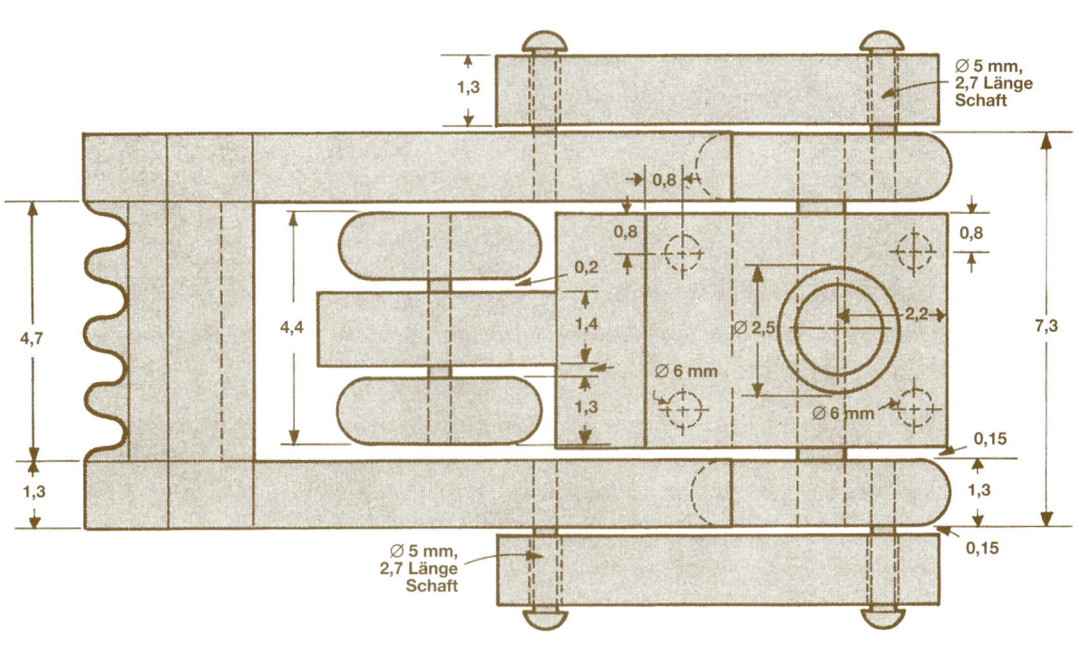

Draufsicht

Materialliste

(Maße in cm, soweit nicht anders angegeben)

Teil	Benennung	Anzahl	Dicke	Breite oder ⌀	Länge
A	Fahrzeugrumpf	1	4,4	8,9	12,4
B	Schaufelseitenteil	2	1,2	5,4	17,1
C	Schaufellöffel	1	4,8	4,4	5,1
D	Antriebshebel	2	1,2	1,6	9,5
E	Dach	1	1,0	4,4	6,0
F	Dachstütze hinten	2		⌀ 6 mm	6,0
G	Dachstütze vorn	2		⌀ 6 mm	3,2
H	Hinterachse	1		⌀ 10 mm	7,3
J	Vorderachse	1		⌀ 6 mm	4,4
K	Vorderrad	2	1,2	⌀ 4,0	
L	Hinterrad	2	1,2	⌀ 5,0	
M	Kopfdübel	6		⌀ 6 mm	2,7
N	Fahrer	1		⌀ 20 mm	5,7

Schaufel/Draufsicht

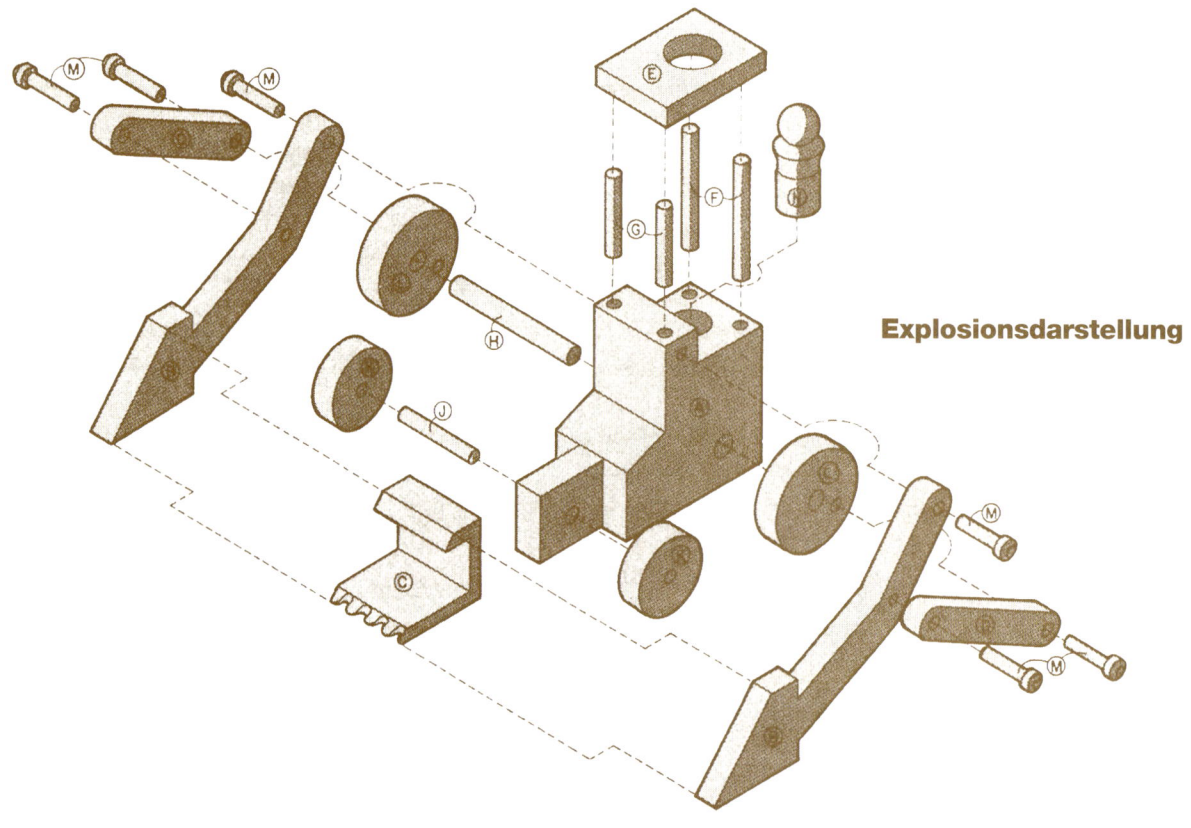

Explosionsdarstellung

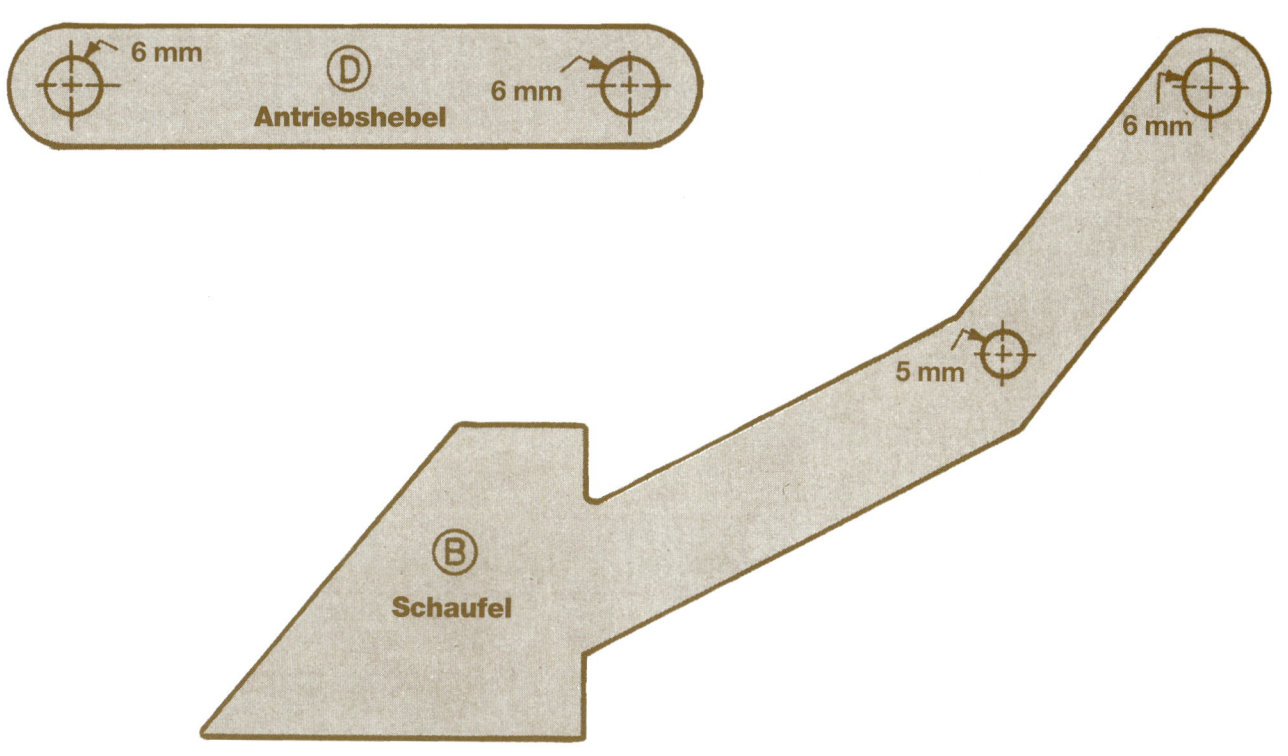
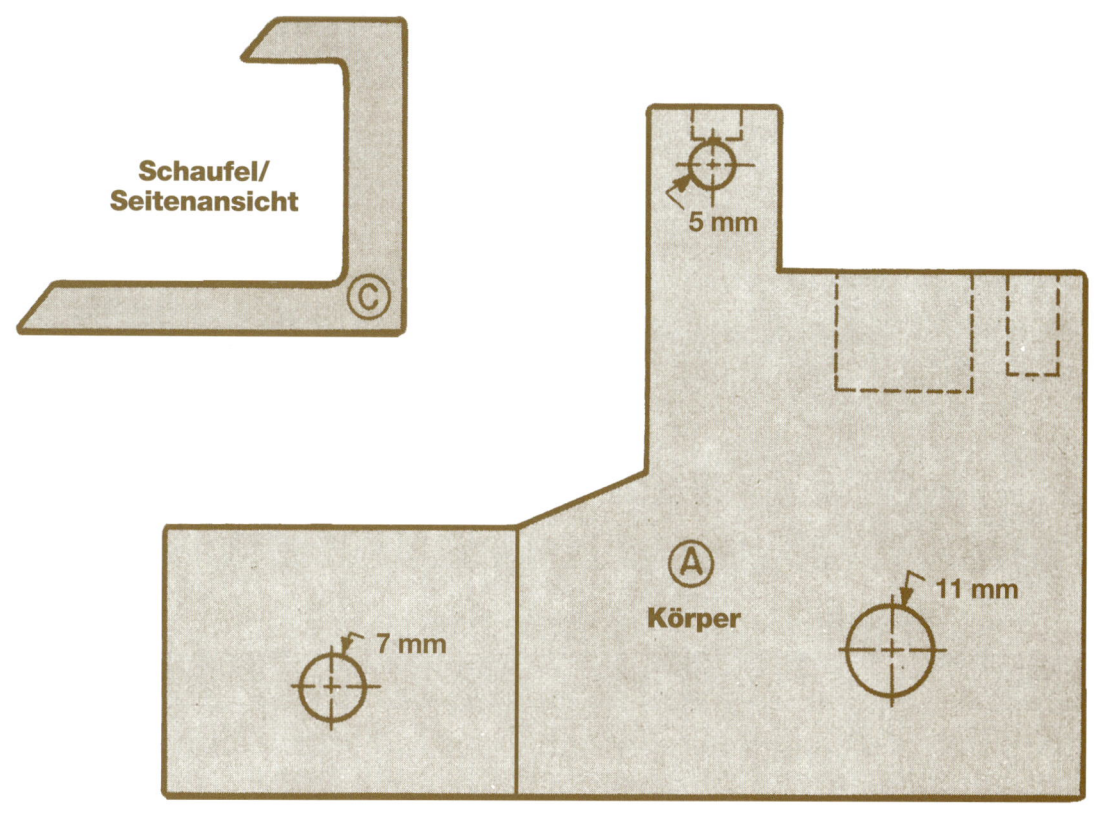

Prähistorische Monster

Der tyrannische Tyrannosaurus

Die versetzte Anordnung der exzentrischen Räder verleiht diesem monströsen Dinosaurier einen unheilverkündenden, schwankenden Gang, während Nocken und Stößel seine „tödlichen" Kiefer öffnen und schließen lassen. Die Arme sind nicht mit dem Körper verleimt, so daß sie in beliebige Position bewegt werden können. Der allseitig gewellt ausgeschnittene Schwanz gibt dem Gang ein überzeugend schlägelndes Aussehen. Sie können sicher sein, daß diese Kreatur nicht wegen mangelnden Willens zu räuberischer Barbarei ausgestorben ist.

Der Körper

Zeichnen Sie die Körperumrisse (A) so auf, daß der Nutgrund für den Nocken parallel zu einer Brettkante liegt (s. Abb. 1). Bohren Sie die Achs- und Dübellöcher. Mit mehreren versetzten Schnitten auf der Kreissäge oder einer Wanknutsäge fertigen Sie den Schlitz für den Nocken. Wenn das Sägeblatt nicht tief genug einschneidet, nehmen Sie Handsäge und Stechbeitel, um auf die richtige Tiefe einzuschneiden.
Schneiden Sie die Umrisse des Körpers mit Ausnahme der Zähne aus. Lassen Sie eine gerade Fläche entlang der Zahnspitzen stehen, das wird Ihnen Anzeichnen und Bohren des ⌀ 13-mm-Lochs erleichtern. Zeichnen Sie eine Linie auf den Rumpf, die parallel zur Mittellinie der Bohrung verläuft. Nehmen Sie diese Linie zu Hilfe, um das Werkstück zum Bohren im richtigen Winkel vorsichtig einzuspannen. Die Bohrung ist so tief, daß Sie einen sehr langen ⌀ 13er Bohrer oder einen Flachbohrer mit Verlängerung verwenden müssen. Das Anfertigen der Bohrung wird einige Zeit in Anspruch nehmen. Sie müssen den Bohrer jeweils ganz herausziehen, um die Späne zu entfernen; und die Tiefe der Bohrung ist größer als der Hubweg der meisten Tischbohrmaschinen. Nach dem Fertigen der Stößelbohrung werden die Zähne ausgeschnitten. Runden und schleifen sie alle Kanten, mit Ausnahme der Zähne (dort werden die Kanten nur leicht gebrochen). Übertragen Sie nun die Schwanzdraufsicht auf die Oberseite des Werkstücks und schneiden die Form mit einer Bandsäge aus. Runden Sie die neuen Schnittkanten mit einer Raspel, und schleifen Sie alle Kanten.

Der Kopf

Schneiden Sie die Nase (3 mm dicker als der Körper) und die beiden 1 cm dicken Kopfseitenteile aus. Schleifen Sie den hinteren unteren Bereich der Nase glatt; dadurch wird das Hakeln des Stößels verhindert. Schleifen Sie beide Seiten der Seitenteile. Bringen Sie die Teile sorgfältig in Position, um sie miteinander zu verkleben und zu spannen. Wenn die Leimverbindung trocken ist, markieren und bohren Sie das Augendübelloch. Zeichnen Sie die Verjüngung im vorderen Bereich der Nase auf, und schneiden Sie die beiden Keile ab. Runden Sie die Kanten mit Ausnahme der Zähne. Schleifen Sie den Kopf und stellen Sie dabei einen gleichmäßigen, gerundeten Übergang von der Verjüngung zum Hinterkopf her. Brechen Sie die Kanten der Zähne.

Arme und Beine

Zeichnen Sie die sechs Arm- und Beinteile (D, E, F) auf. Bohren Sie die Dübellöcher (alle ⌀ 6 mm, mit Ausnahme der unteren Löcher im Oberschenkel, die mit ⌀ 5 mm gebohrt werden). Schneiden Sie die Teile aus, und schleifen Sie sie allseitig. Brechen Sie alle Kanten.

Materialliste

(Maße in cm, soweit nicht anders angegeben)

Teil	Benennung	Anzahl	Dicke	Breite oder ⌀	Länge
A	Körper	1	4,4	18,5	32,5
B	Nase	1	4,7	2,5	5,7
C	Kopfseitenteil	2	1,0	4,7	10,2
D	Arm	2	1,3	3,5	9,5
E	Oberschenkel	2	1,3	4,7	8,6
F	Unterschenkel	2	1,3	4,7	8,6
G	Stößel	1		⌀ 12 mm	19,7
H	Achse	1		⌀ 6 mm	7,9
J	Kopfdübel	8		⌀ 5 mm	2,7 Schaft
K	Nocke	1	1,3	⌀ 3,2	
L	Rad	2	1,6	⌀ 6,0	
M	Dübel f. Nocke	1		⌀ 3 mm	2,2

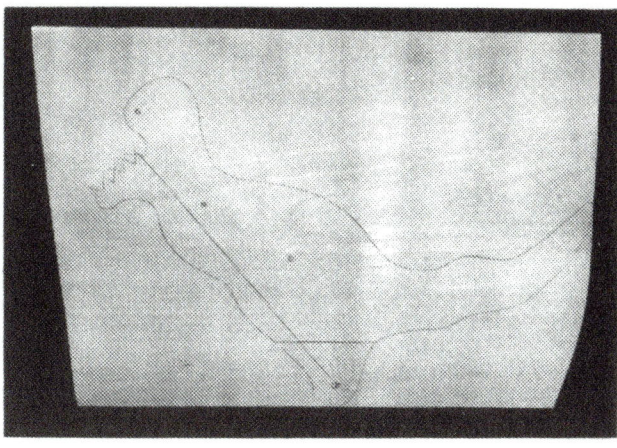

Abb. 1 Zeichnen Sie die Unterkante so auf, daß die Nut parallel zu einer gehobelten Kante verläuft und die Umrißlinie an dieser Kante anliegt.

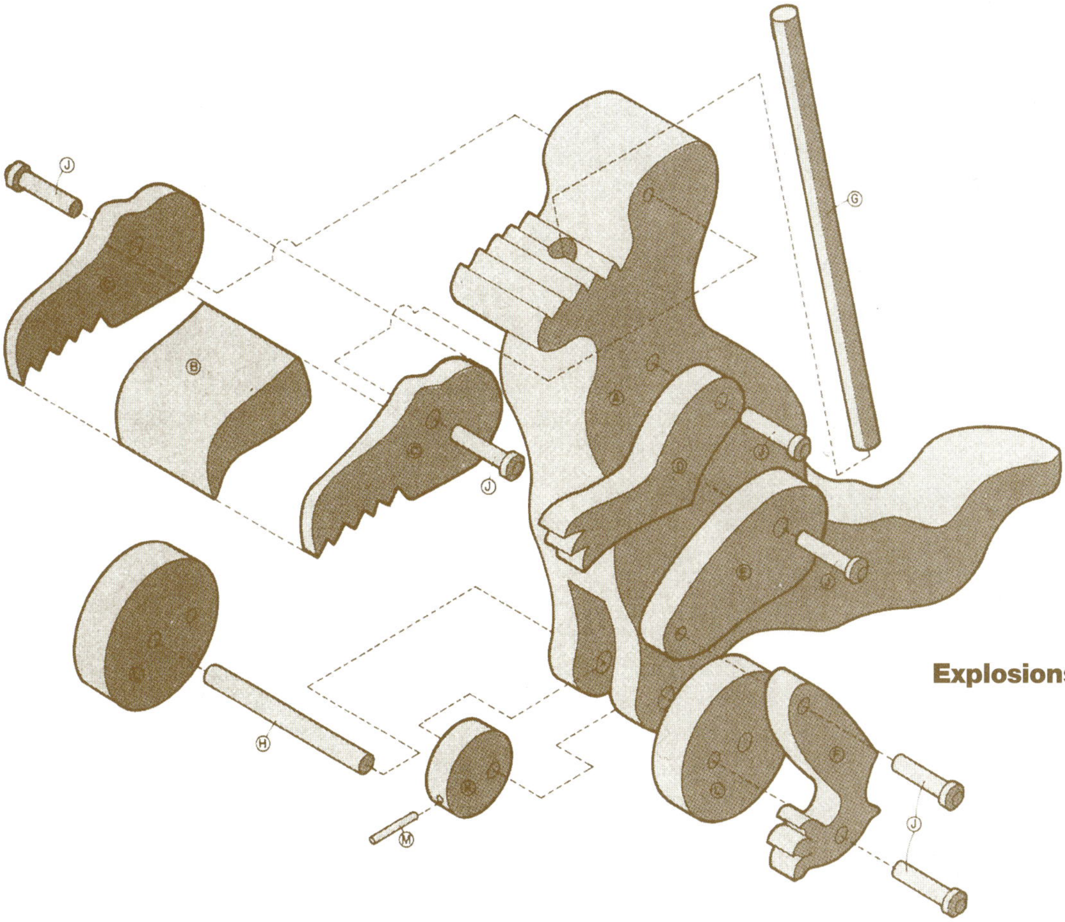

Explosionsdarstellung

195

Räder und Nocke

Bohren Sie die ⌀ 5-mm-Löcher mit Hilfe der Bohrvorrichtung (s. allgemeine Hinweise, S. 14, Abb. 11). Verdübeln Sie das mittige Achsloch, und bohren Sie nach dem Trocknen des Leims ein neues, etwas aus der Mitte versetztes Loch von ⌀ 10 mm. Fertigen Sie ein Nockenrad (⌀ 3,2 × 1,2 cm), verdübeln Sie die mittige Bohrung, und bohren Sie das exzentrische Loch.

Zusammenbau

Legen Sie die Beine in spiegelbildlicher Anordnung aus, und befestigen Sie die Unterschenkel an den Oberschenkeln mit Kopfdübeln. Kleben Sie ein Rad an die Achse. Stecken Sie die Achse durch die Bohrung und den Nocken, und kleben Sie das zweite Rad an. Achten Sie darauf, daß die Räder um 180° versetzt angeordnet sind, um die schwankende Bewegung zu erzeugen.

Schleifen Sie nach dem Trocknen des Leims die Achsnaben glatt. Bohren Sie das ⌀ 3-mm-Dübelloch durch die Nocke, und kleben Sie den Dübel ein. Befestigen Sie die Oberschenkel mit Kopfdübeln am Körper (wenn erforderlich, verwenden Sie die Abstandslehre; s. allgemeine Hinweise, S. 23, Abb. 22). Nehmen Sie die Kante der Werkbank als Unterlage für die Räder, und befestigen Sie die Füße daran. Befestigen Sie die Arme mit Kopfdübeln am Körper. Treiben sie die Dübel ganz ein, damit die Arme in jeder Stellung halten. Befestigen Sie den Kopf am Körper (wenn notwendig, verwenden Sie dazu die Abstandslehre). Schneiden Sie den Stößel auf Länge, und runden Sie beide Enden. Nachdem der Leim völlig getrocknet ist, ölen Sie das Monster (und den Stößel), stecken den Stößel an seinen Platz – und geben acht: Der unbesiegbare Tyrannosaurus ist wieder zum Leben erwacht.

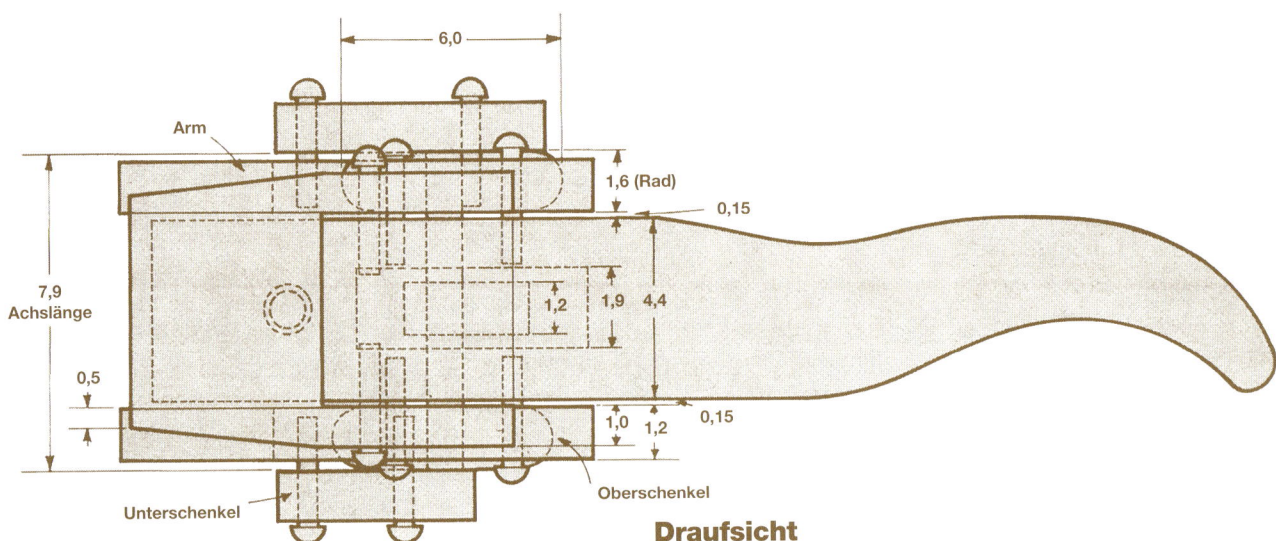

Draufsicht

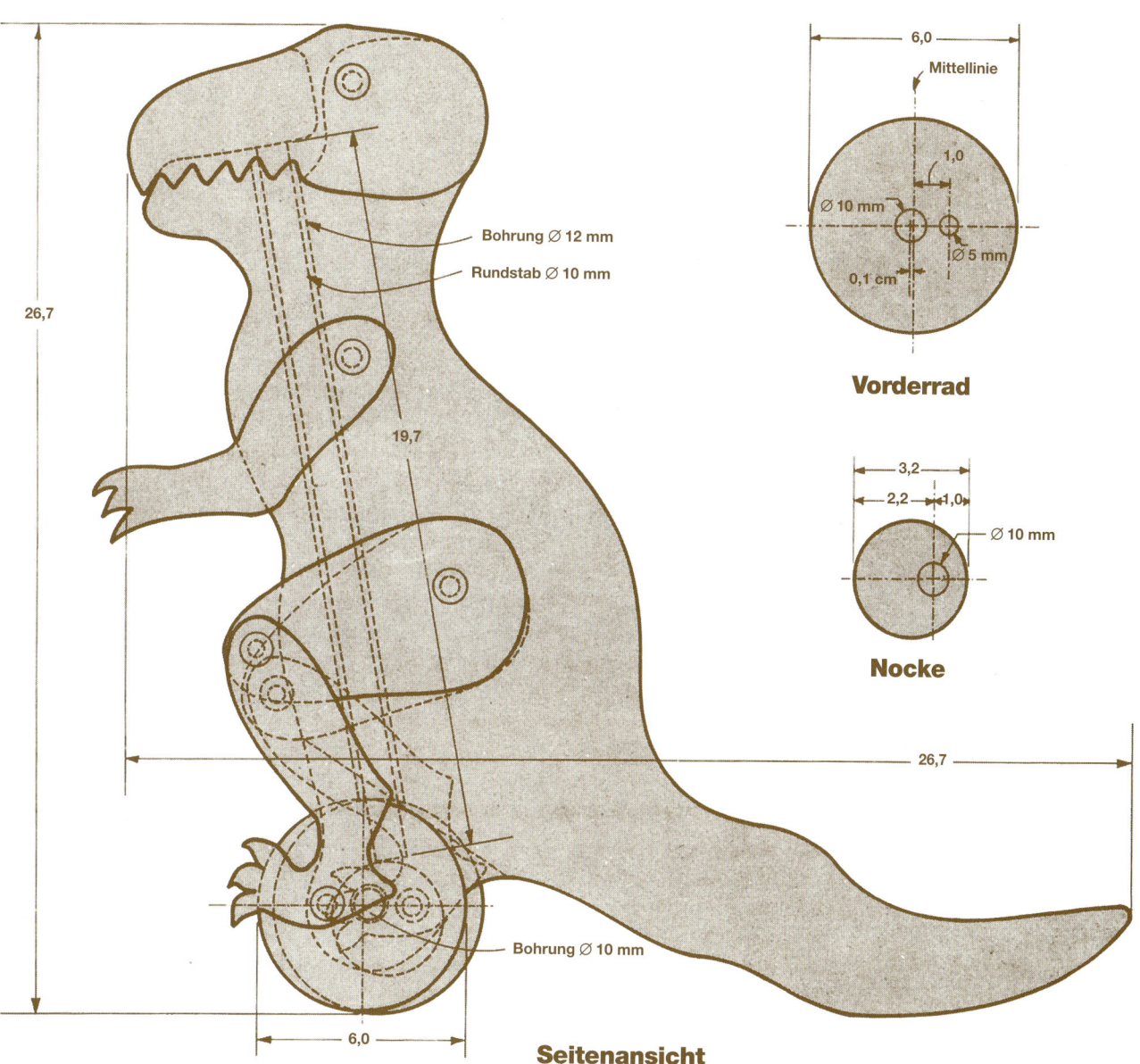

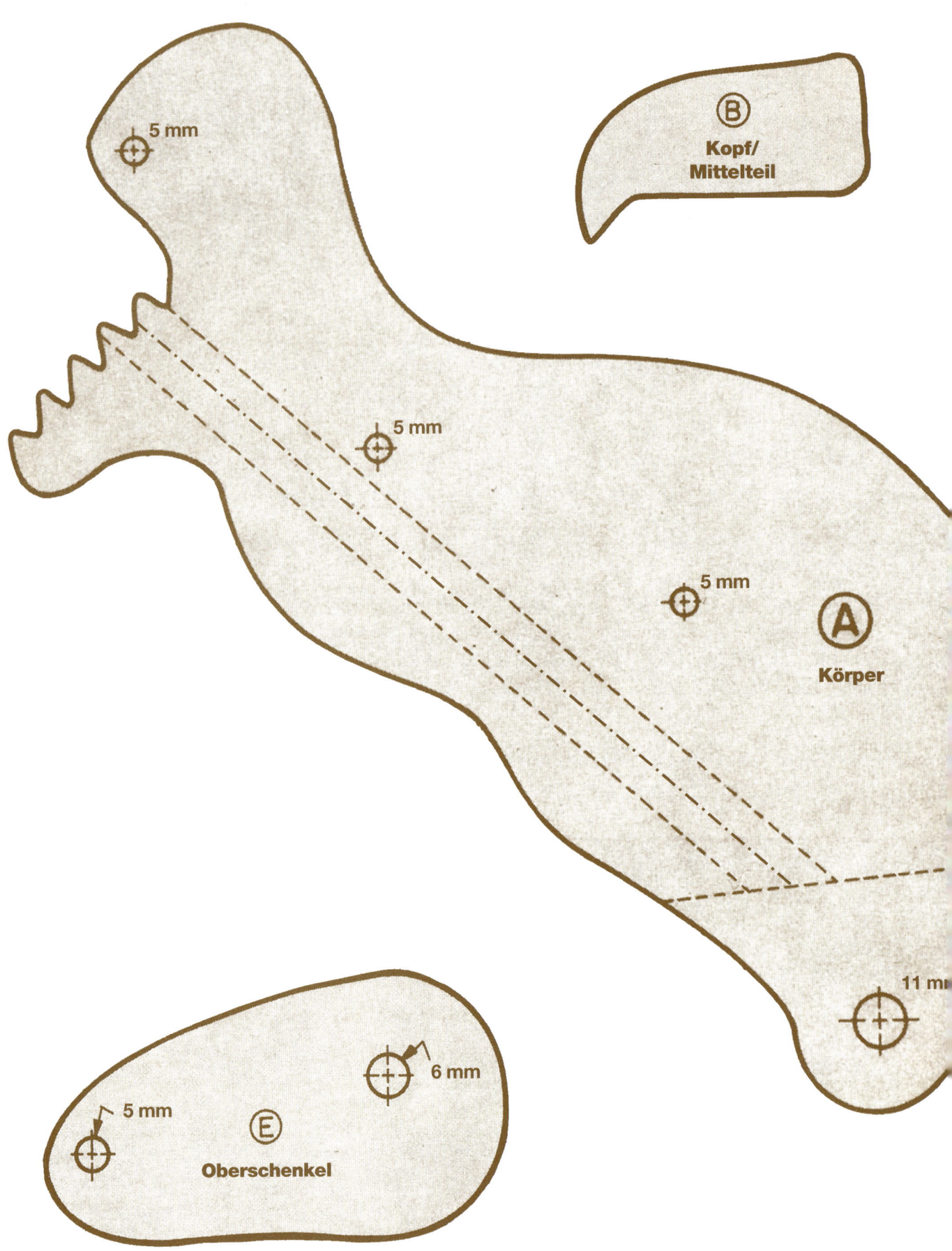

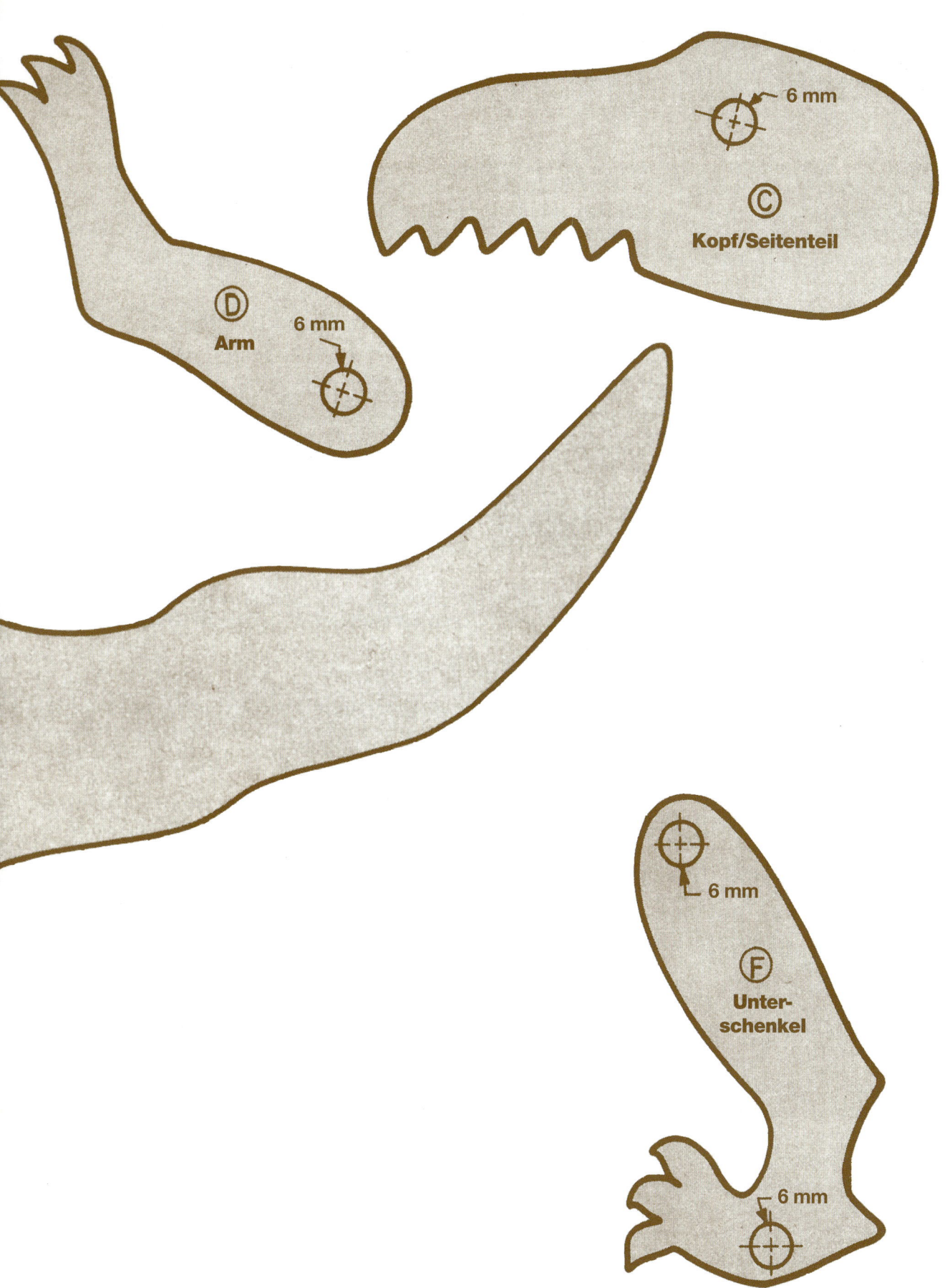

Der muskulöse Brontosaurus

Schau in den Garten – dort kommt der kräftige Brontosaurus. Dieser massige Vegetarier scheint ein Gehirn an beiden Enden seines Körpers zu haben, so daß einzig die gemächliche Auf- und Abbewegung von Kopf und Schwanz richtig dazu passen will, wenn er schwerfällig seines Wegs daherstampft. Die Bewegung der mächtigen Beine scheint ihn voranzutreiben, wenn er zum Rollen gebracht wird.

Kopf und Schwanz

Zeichnen Sie das Kopf-/Schwanz-Teil (A) auf ein Brett von 1,9 cm Dicke. Bohren Sie die beiden Löcher von 6 mm bzw. 10 mm Durchmesser, und setzen Sie das Auge als 6-mm-Dübel von 1,9 cm Länge ein (L). Schneiden Sie die Form jetzt mit der Bandsäge zurecht. Die kleinen Rundungen des Kopfes verleihen diesem Körperteil sein charakteristisches Aussehen; schneiden Sie diesen Teil besonders sorgfältig zu. Runden Sie die Außenkanten, und schleifen Sie das Teil glatt. Kleben sie den 10-mm-Dübel (J) in die Bohrung und achten Sie darauf, daß er auf beiden Seiten gleich weit übersteht.

Die Beine

Zeichnen Sie alle 8 Beinteile (E, F, G, H) auf ein Brett von 1,6 cm Dicke. Bohren sie alle Löcher und beachten Sie dabei, welche als Dübellöcher (unteres Loch im Oberschenkel) und welche als Gelenke (alle restlichen Löcher) vorgesehen sind. Schneiden Sie die Teile mit der Bandsäge aus, und schleifen sie die Kanten und Flächen glatt, dabei die Ecken rundend. Kleben Sie die Beine zu spiegelbildlichen Paaren zusammen, sinnvollerweise mit Hilfe der Abstandslehre (s. allgemeine Hinweise, S. 23, Abb. 22).

Der Rumpf

Sie werden mehrere Leisten von 1,3 cm Dicke verleimen müssen, um die für die Seitenteile (B) notwendige Breite zu erzielen. Achten Sie darauf, daß sich die Leisten beim Verleimen nicht seitlich gegeneinander verschieben. Zeichnen Sie die beiden Seitenteile auf, und schneiden Sie sie aus. Wählen Sie die jeweils beste Seite der Rohlinge als Außenseite. Markieren Sie die durchgehenden Bohrungen auf einem der Teile, und bohren Sie die Löcher gemeinsam, damit sie in beiden Teilen deckungsgleich sind. Legen Sie in jedem Fall beim Bohren ein Stück Brett unter, damit der Lochrand nicht ausreißt. Markieren und bohren Sie die beiden Löcher für die Lagerung des Kopf/Schwanz-Teils. Der vordere und hintere Bereich (wo Kopf und Schwanz aus dem Rumpf kommen) kann nach dem Zusammenbau nicht mehr geschliffen werden, schleifen Sie diese Kanten vorher glatt.

[*Anm. d. Übers.: Wenn die Lagerung des Kopf/Schwanz-Teils umgekehrt ausgeführt wird, kann die Befestigung nach dem Zusammenbau des Rumpfes erfolgen: Fertigen Sie im Kopf/Schwanz-Teil ein ⌀ 7-mm-Loch an der Stelle, wo in der Originalbeschreibung das ⌀ 6-mm-Dübelloch sitzt. In den Seitenteilen bohren Sie 6-mm-Dübellöcher, und zwar als Durchgangslöcher. So kann der 6-mm-Dübel nach dem Verleimen der Rumpfteile eingetrieben werden.*]

Schneiden Sie jetzt die Teile C und D aus einem 2,5 cm starken Brett. Legen sie eines der Seitenteile (B) mit der guten Seite nach unten auf einen Klotz – das ermöglicht, die Teile mit Zwingen zusammenzupressen –, geben Sie Leim auf beide Seiten der Teile C und D, und bringen Sie sie in Position. Legen Sie das Kopf/Schwanzteil (A) in richtiger Lage zwischen die Rumpfteile, mit dem ⌀ 6-mm-Dübel in der ⌀ 7-mm-Bohrung. Stecken Sie 2 10-mm-Dübel durch die Achslöcher, um sicherzustellen, daß die Teile deckungsgleich liegen. Spannen Sie die ganze Anordnung zusammen, mit 3 Zwingen über dem C-Teil und 2 Zwingen über dem D-Teil. Vergessen Sie nicht, Unterlagen zu verwenden, um Beschädigungen der Oberfläche zu vermeiden.

Wenn die Verleimung völlig trocken ist, sägen Sie zu große Überstände zwischen den Teilen B, C und D mit der Bandsäge ab. Schleifen Sie dann die Kanten, mit Ausnahme der Stellen, wo Kopf bzw. Schwanz aus dem Rumpf ragen. Runden Sie die Kanten der Außenlinien. Wenn Sie die Oberfräse dazu verwenden, heben Sie das Kopf/Schwanz-Teil beim Vorbeiführen am Fräser an. Schleifen Sie das ganze Teil glatt.

Materialliste

(Maße in cm, soweit nicht anders angegeben)

Teil	Benennung	Anzahl	Dicke	Breite oder ⌀	Länge
A	Kopf/Schwanz	1	1,9	11,8	64,1
B	Rumpfseitenteil	2	1,3	6,7	27,6
C	Rumpfoberteil	1	2,5	6,0	22,2
D	Rumpfunterteil	1	2,5	3,5	8,6
E	Oberschenkel hinten	2	1,3	5,7	8,9
F	Unterschenkel hinten	2	1,3	5,4	10,5
G	Oberschenkel vorn	2	1,3	3,2	7,6
H	Unterschenkel vorn	2	1,3	3,2	9,8
J	Gelenkdübel	1		⌀ 10 mm	4,1
K	Achse	2		⌀ 10 mm	8,3
L	Auge	1		⌀ 6mm	1,9
M	Kopfdübel	12		Kopf: ⌀ 10 mm Schaft: ⌀ 5 mm	2,7
N	Nocke	1	2,5	⌀ 3,8	
P	Rad	4	1,6	⌀ 6,0	

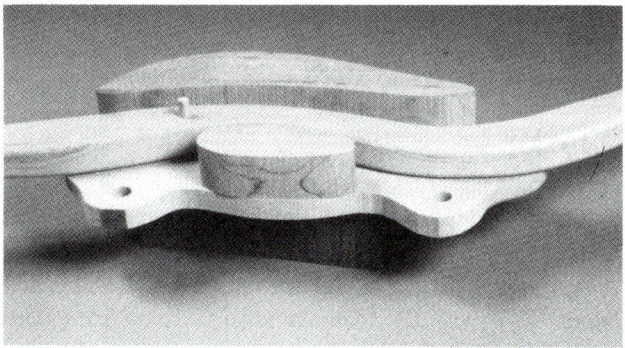

Abb. 1 Geben Sie Leim auf beide Seiten von Teil C und D. Legen Sie die Anordnung auf einen Klotz; so können Sie die Teile einfacher spannen. Bringen Sie dann das Kopf/Schwanzteil (A) in seine Position.

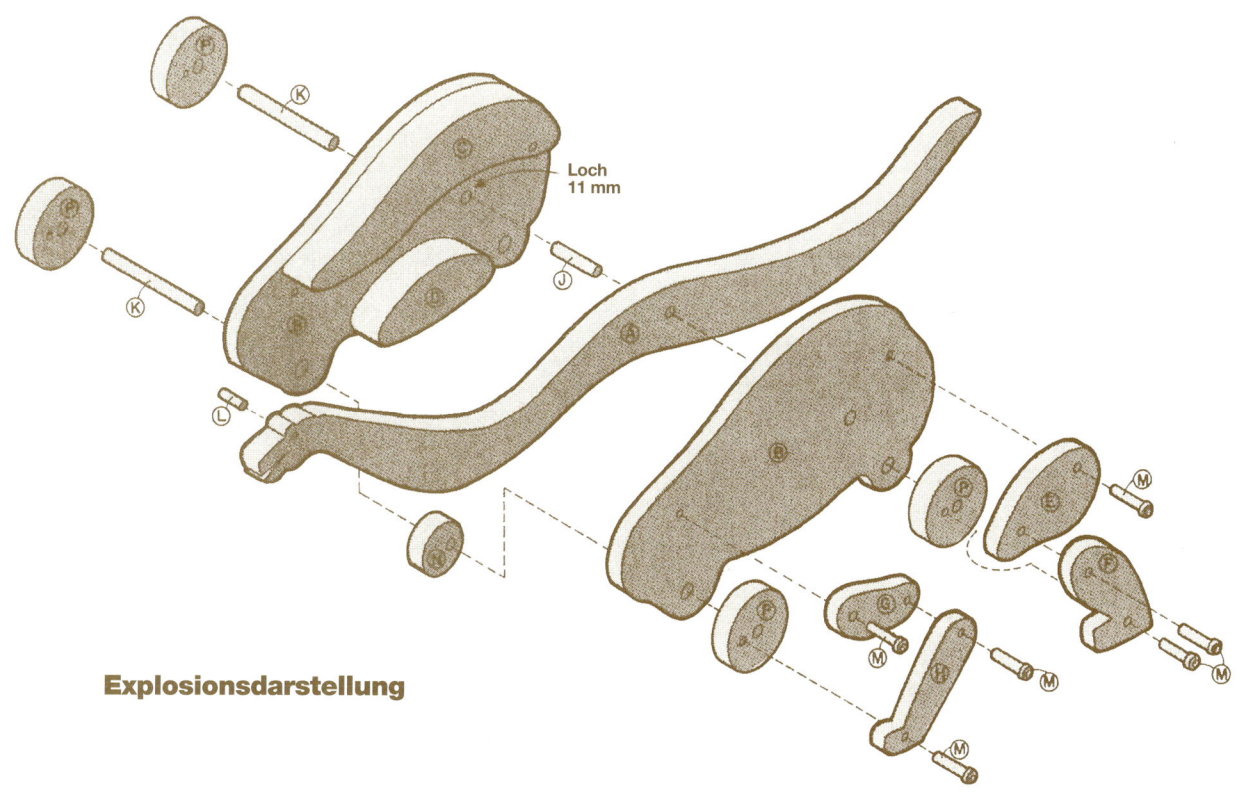

Explosionsdarstellung

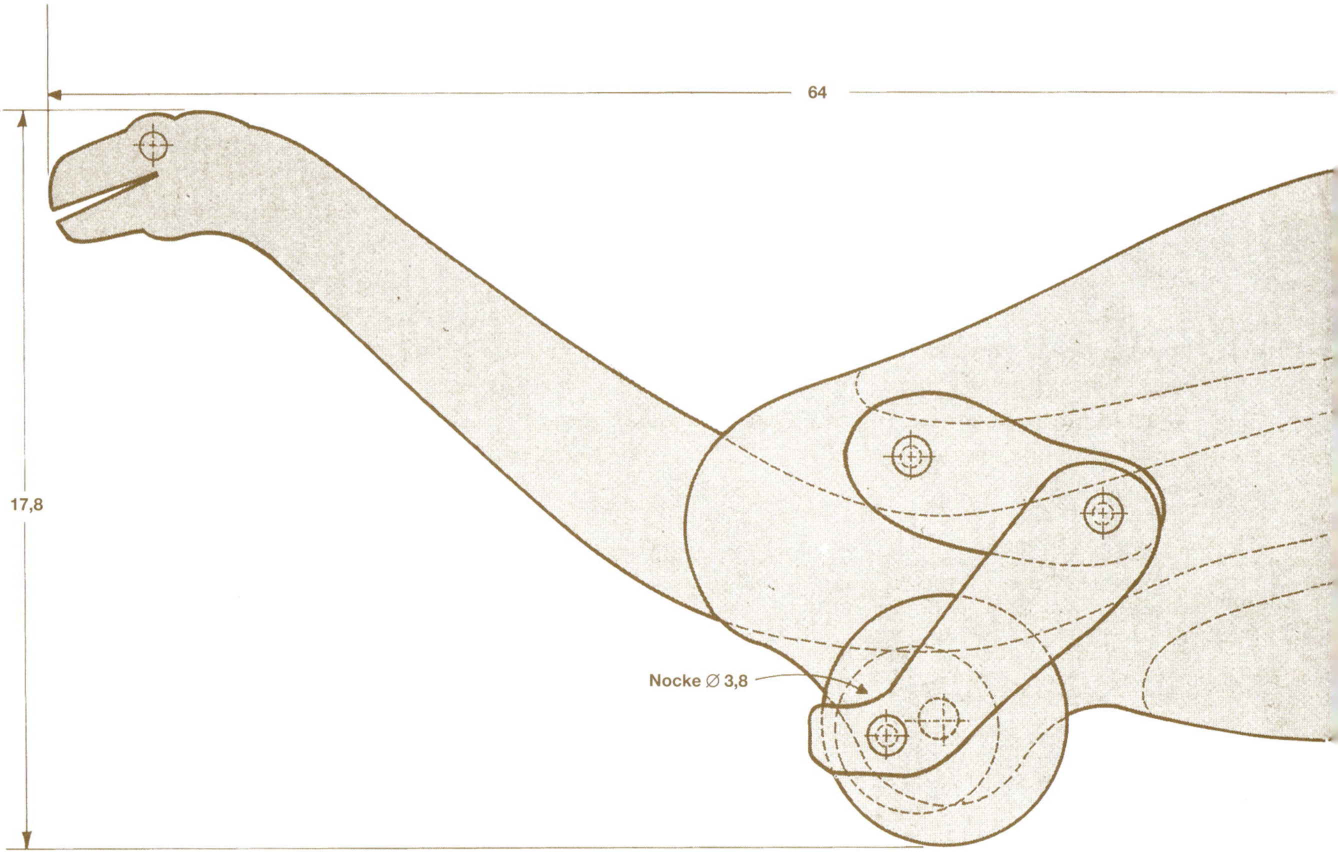

Seitenansicht

Draufsicht

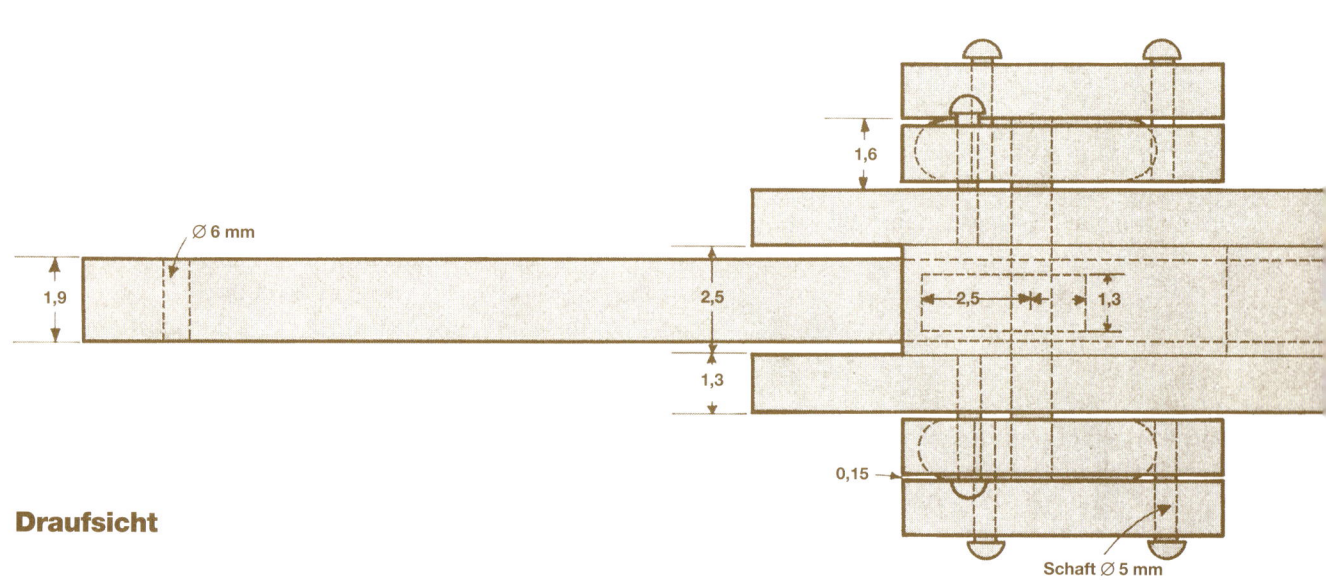

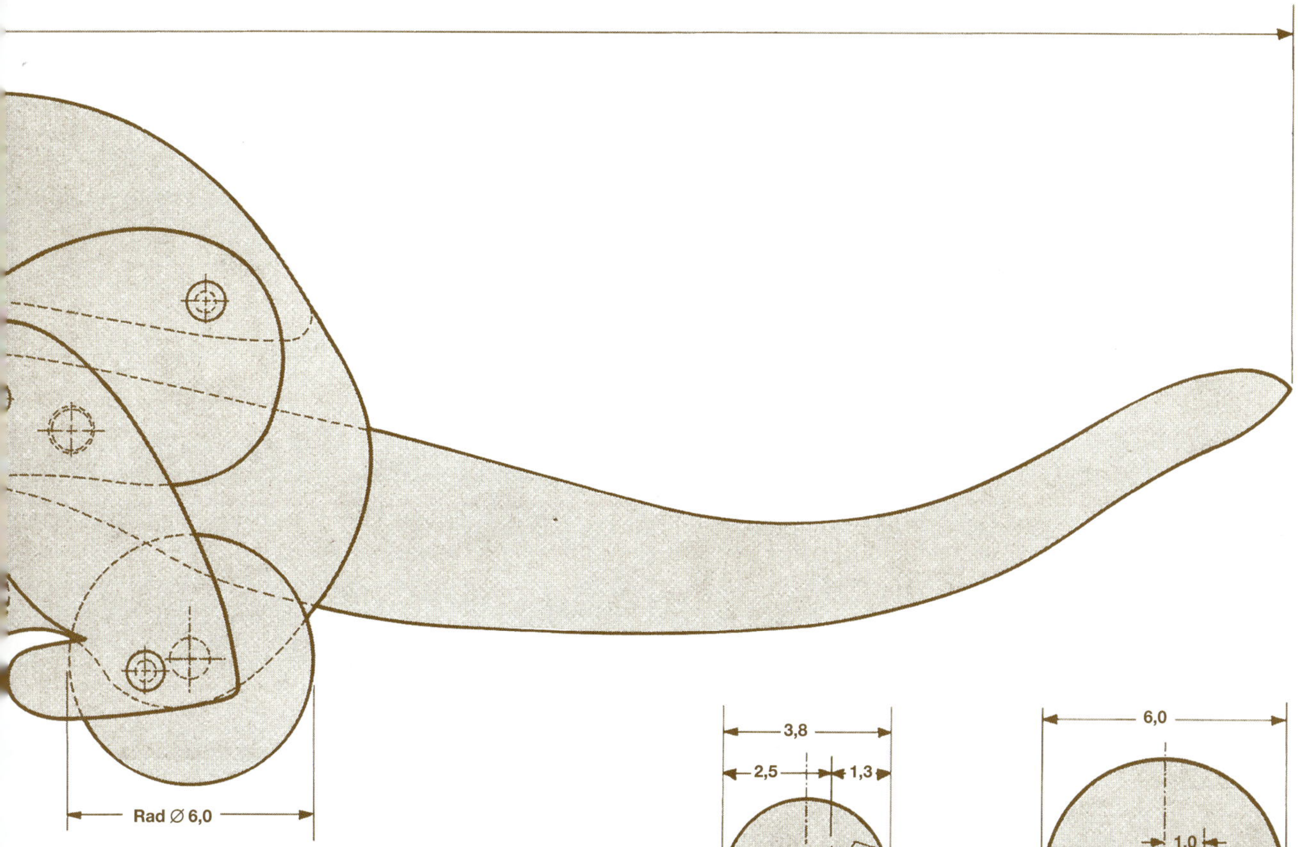

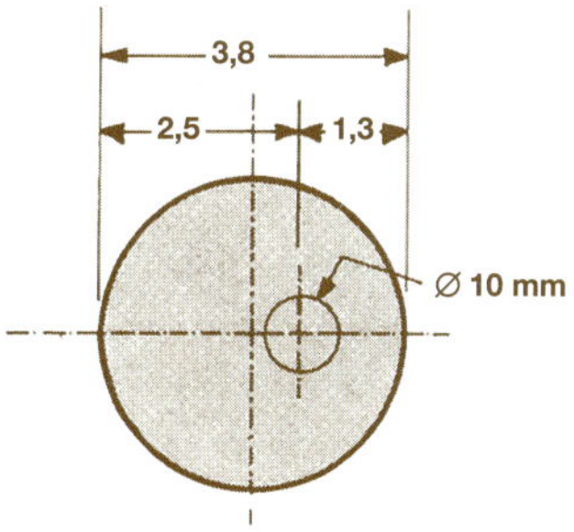

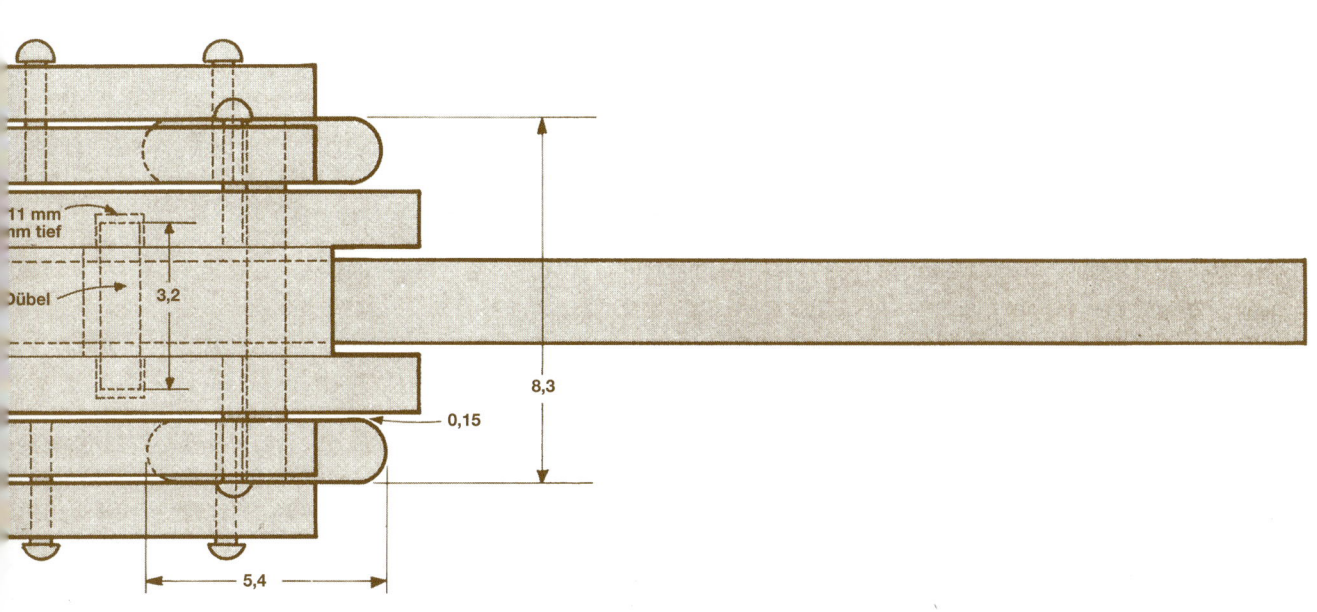

Nocke

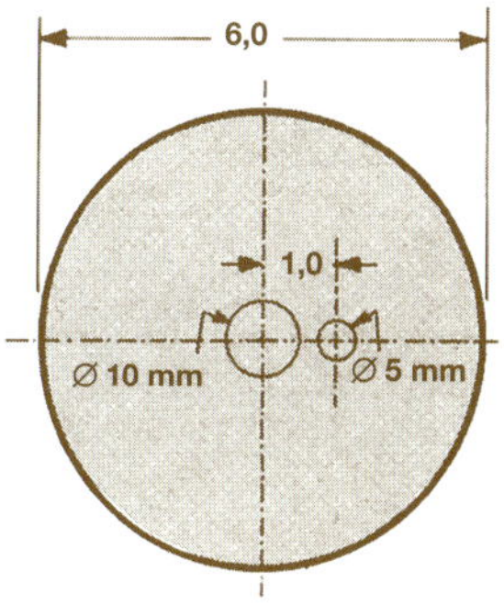

Rad

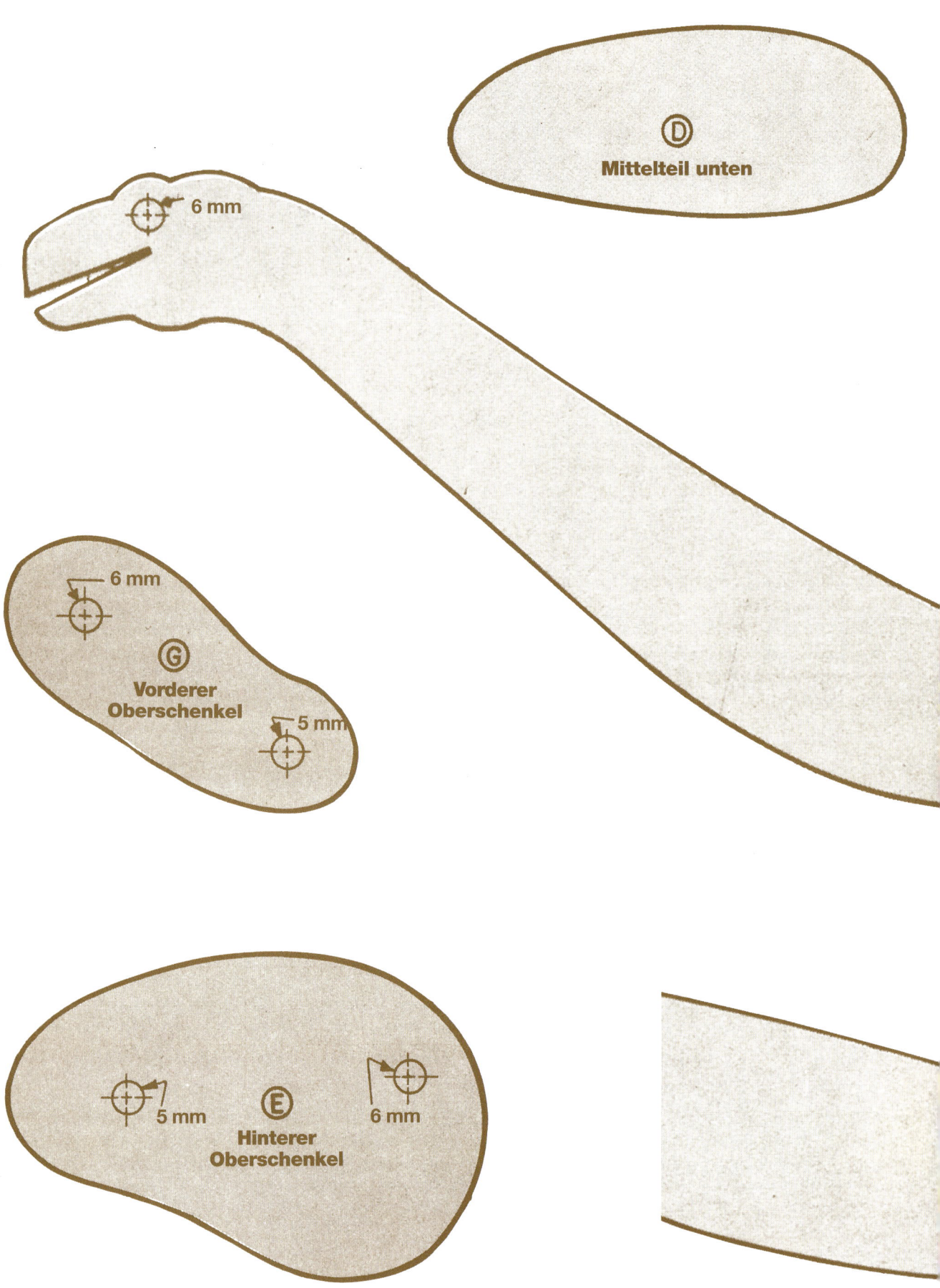

Räder und Nocke

Verwenden Sie die Bohrvorrichtung (s. allgemeine Hinweise, S. 14, Abb. 11) zum Bohren der ⌀ 5-mm-Löcher in die 4 Räder von 6 cm Durchmesser. Als Nocke ist ein gekauftes Rad genauso geeignet wie ein selbst angefertigtes. Verwenden Sie wieder die Bohrvorrichtung, um das exzentrische ⌀ 10-mm-Loch zu bohren. Ein Holzbohrer (= Spiralbohrer mit Zentrumsspitze) wird nicht so sehr zum Ausreißen der Bohrung führen. Verdübeln Sie die mittige Bohrung in der Nocke.

Zusammenbau

Schneiden Sie die beiden Achsen auf Länge (mit etwas Übermaß). Kleben Sie eines der Hinterräder auf eine Achse. Stecken Sie sie duch das hintere Achsloch. Die 5-mm-Dübellöcher müssen um 180° versetzt angeordnet werden, wenn Sie das zweite Rad auf die Achse treiben. Wiederholen Sie diesen Vorgang für die Vorderachse, wobei Sie die Nocke zusätzlich in Position bringen.

Drehen Sie den Brontosaurus auf den Rücken, um den ⌀ 3-mm-Dübel in der Nocke zu verbohren und zu verkleben. Entfernen Sie herausgequollenen Leim. Schleifen Sie die Radnaben glatt, wenn der Leim getrocknet ist. Befestigen Sie als nächstes den hinteren Oberschenkel mit einem Kopfdübel am Rumpf. Danach befestigen Sie den Fuß am Rad; benutzen Sie die Ecke der Werkbankplatte als Unterlage zum Einschlagen des Dübels. Verwenden Sie eine Abstandslehre, wenn notwendig. Nachdem der Leim völlig trocken ist, ölen Sie den Brontosaurus, und seien Sie auf der Hut vor ihm – und doch wird es für Sie und für Kinder eine große Freude bedeuten, wenn dieses prähistorische Monster heranstapft.

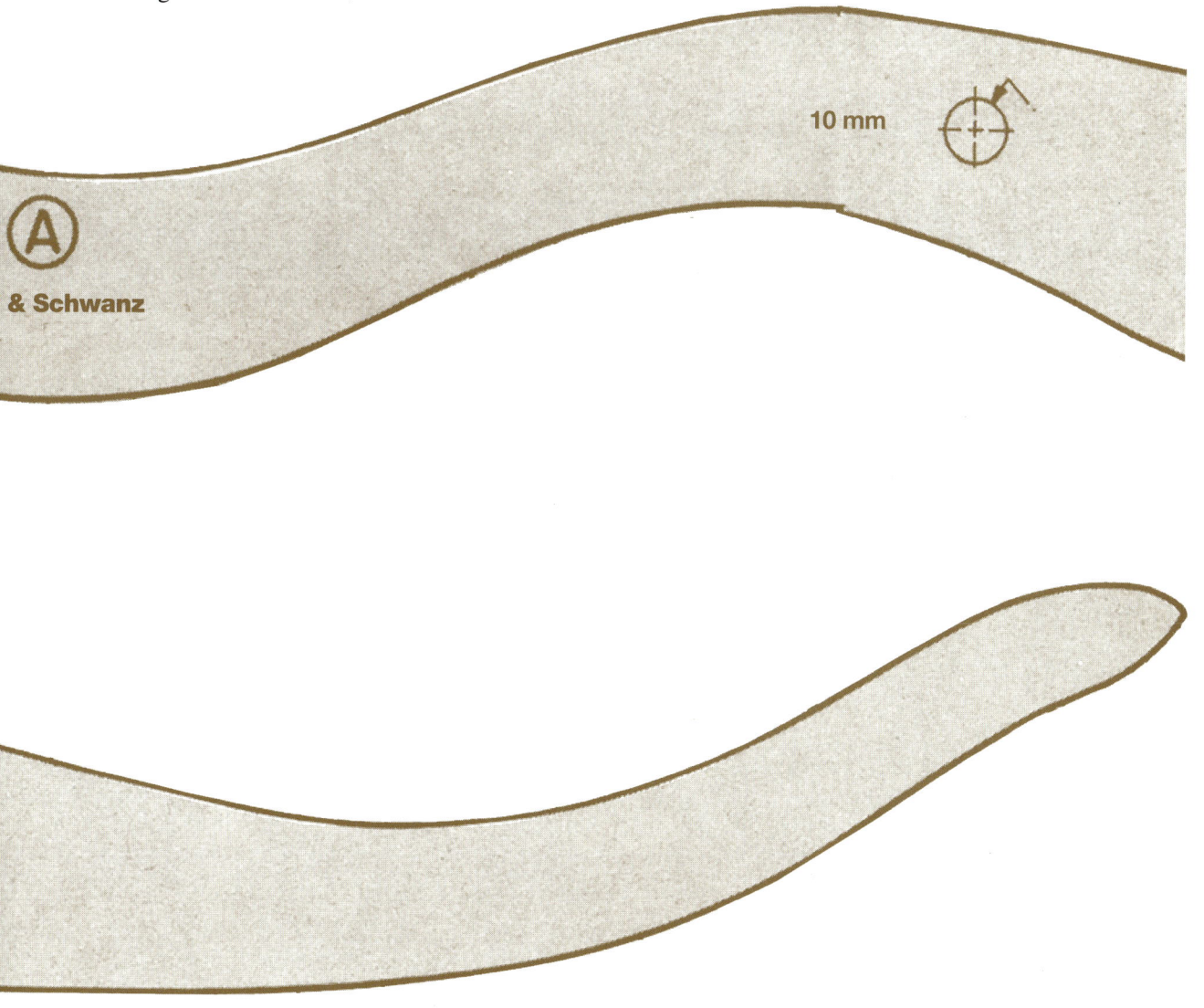

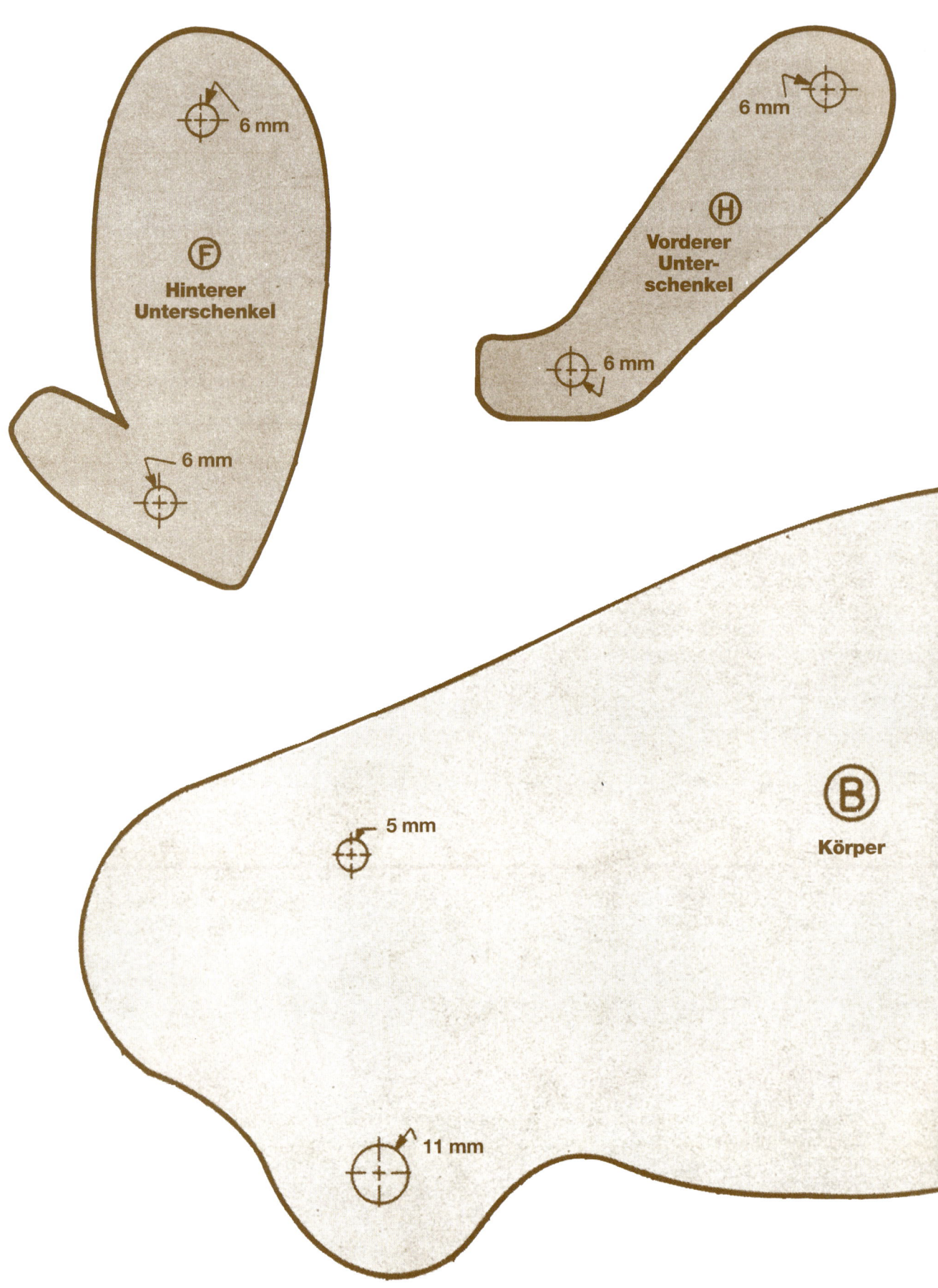

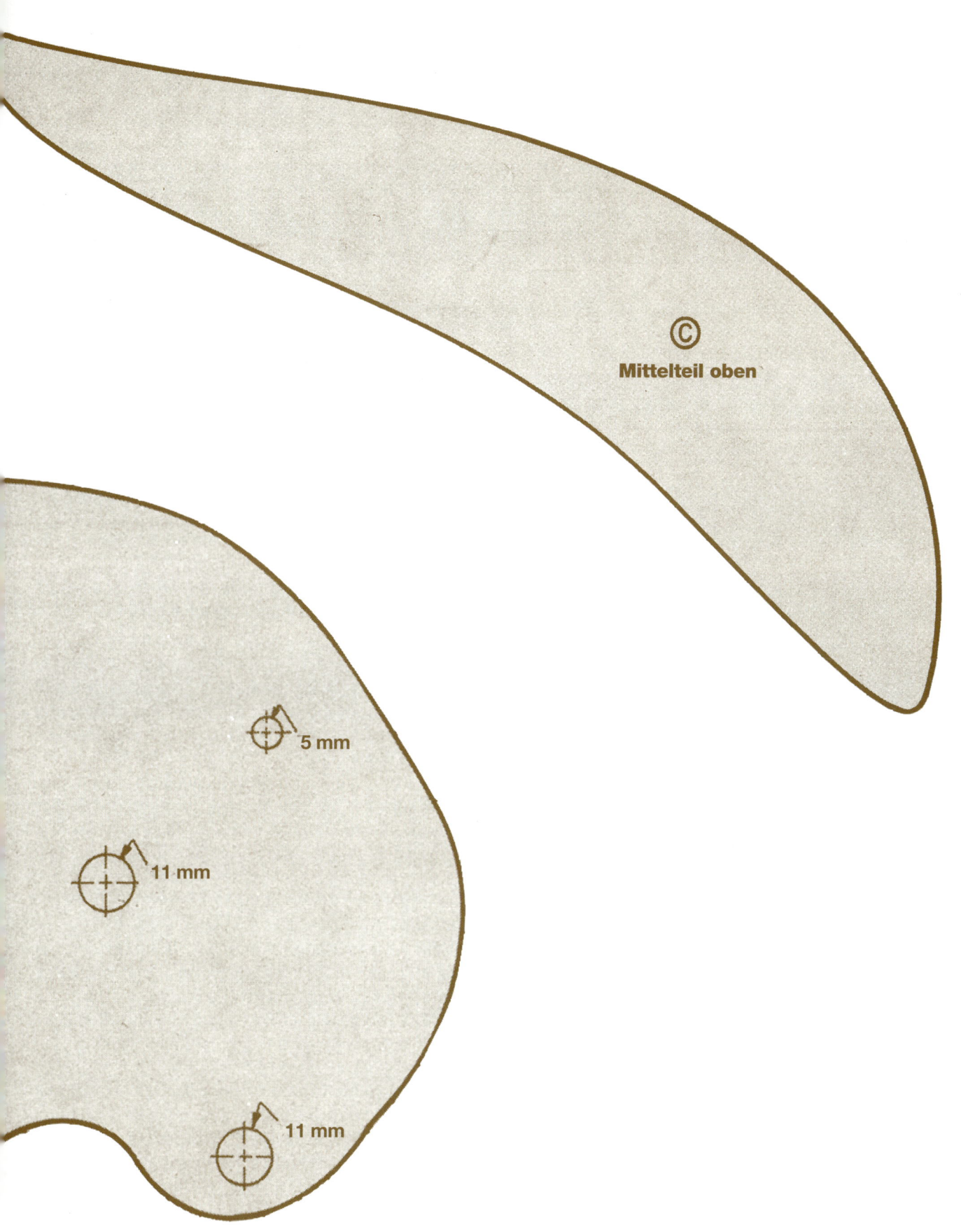

Der randalierende Triceratops

Die gehörnte Stirn dieses kräftigen Monsters bewegt sich in gefährlicher Manier auf und ab, während es, von einer Seite auf die andere wankend, daherpoltert. Es zeigt, wie man „nur" mit Elektrowerkzeug sehr schöne Formen ausarbeiten kann. Auch wenn es nach Angeberei aussieht, denke ich, daß dieses Spielzeug die Krönung des Buches ist, und hoffe, daß Ihnen die Herstellung genausoviel Freude bereitet wie mir das Entwerfen.

Ich schlage vor, Walnußholz zu verwenden. Es ist ziemlich hart, aber doch weich genug, um die vielen Rundungen zu schleifen und die Schleifspuren zu entfernen.

Der Rumpf

Zeichnen Sie den Rumpf (A) so auf, daß die beiden geschlitzten Bereiche an einer gehobelten Kante anliegen. Auf diese Weise können Sie die größtmögliche Schnittiefe mit der Wanknutsäge erzielen.

Bohren Sie die Löcher für die Vorderachse, für die Augendübel und zur Befestigung der vorderen Oberschenkel. Schneiden Sie die Schlitze für die Nocke vorn und das Rad hinten in 2 bis 3 Durchgängen mit einem Wanknutsägeblatt auf der Tischkreissäge. Achten Sie darauf, kurz vor dem Schwanz zu stoppen, der nicht mit geschlitzt werden soll.

Schneiden Sie den Rumpf aus, und schleifen Sie die Schnittkanten und die Seitenflächen. Runden Sie den Kopfbereich mit der Oberfräse, aber nicht die Stellen, wo die Seitenteile (B) angeklebt werden. Wenn nötig, arbeiten Sie die Schlitze mit Feinsäge und Stechbeitel auf die richtige Tiefe aus. Unterlegen Sie den Rumpf im passenden Winkel auf dem Bohrtisch, um das Loch ⌀ 12 mm im Nacken für den Stößel ⌀ 10 mm zu bohren.

Zeichnen Sie dann die beiden Seitenteile (B) auf. Schneiden Sie die Teile mit der Bandsäge aus, wobei Sie die Anrißlinie stehenlassen. Schleifen Sie die Flächen, kleben Sie die Teile an den Rumpf, und spannen Sie sie fest. Wenn der Leim trocken ist, markieren und bohren Sie die Löcher für die Hinterachse und zur Befestigung der hinteren Oberschenkel.

Schneiden Sie mit der Bandsäge überstehende Stellen der Teile (B) ab. Stellen Sie nun den Sägetisch auf 45° Neigung. Beginnen Sie an der vorderen Seite von Teil B, und schneiden Sie entlang der Verbindungslinie der Teile A und B an der Rumpfoberkante. Wiederholen Sie den Schnitt auf der anderen Seite. Am Bauch beginnen Sie zunächst am hinteren Ende der linken Seite, wo der Achsträger auf die Bauchkante trifft. Der Schrägschnitt trifft die Verbindungslinie von A und B ca. 2 cm vor dem Achsträger (s. Abb. 1). Der Schnitt verläuft weiter entlang der Verbindungslinie bis zum Ende von Teil B. Auf der rechten Seite beginnen Sie mit dem Schnitt am vorderen Ende von Teil B, schneiden bis zu dem Punkt gerade, wo auf der anderen Seite der Schnitt auf die Verbindungslinie trifft. Beenden Sie den Schnitt mit einem engen Radius nach außen. Das Schittende sollte am oberen Ende des Achsträgers und gegenüber dem Beginn des ersten Schnitts liegen (s. Abb. 2).

Stellen Sie nun den Tisch der Bandsäge wieder waagerecht ein (90°-Schnitt) und die obere Sägeblattführung auf maximalen Durchlaß. Zeichnen Sie die Draufsicht auf Körper und Schwanz. Benutzen Sie dazu die separat gezeichnete Ansicht des Schwanzes. Das Werkstück wird bei den auszuführenden Schnitten teilweise über den Rand des Sägetischs ragen und liegt dann wegen der Ausbuchtungen nicht mehr sicher auf. Spannen Sie, um diese Instabilität zu verhindern, eine dünne Sperrholzplatte zur Vergrößerung der Auflagefläche auf den Tisch. Die Zwinge befestigen Sie links in Höhe des Sägeblatts; an dieser Stelle stört sie nicht bei der Arbeit (s. Abb. 3).

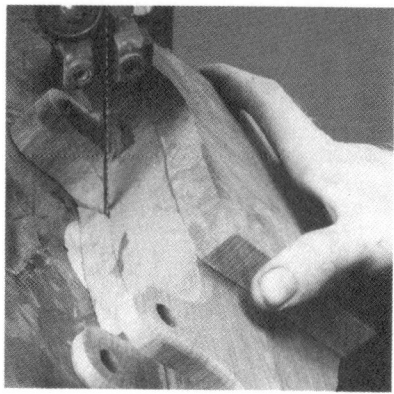

Abb. 1 Beginnen Sie den Schnitt auf der linken Bauchseite am hinteren Achsträger, und fahren Sie in einer engen Kurve bis auf die Trennlinie von Teil A und B.

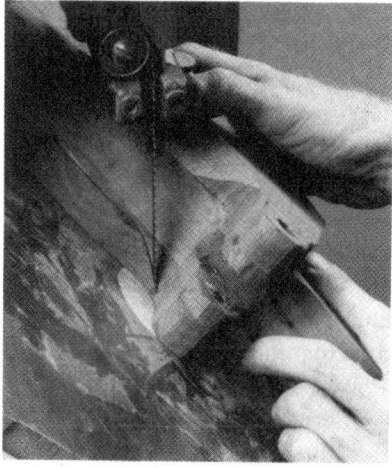

Abb. 2 Beginnnen Sie den Schnitt auf der anderen Körperseite vorne, und schneiden Sie entlang der Trennlinie von Teil A und B, bis die Stelle erreicht wird, an der beim Schnitt auf der gegenüberliegenden Seite der Radius auf die Trennlinie trifft. Schneiden Sie mit einem engen Radius weiter bis zur Außenkante am Achsträger.

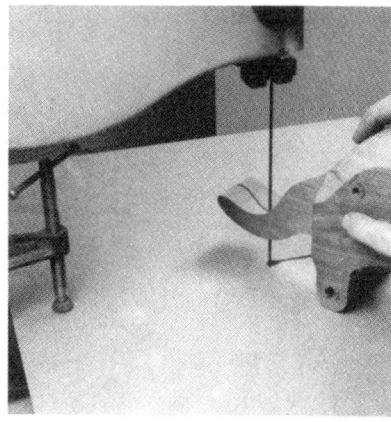

Abb. 3 Wenn die Fläche Ihres Bandsägetisches zu klein ist, können Sie ein Stück Sperrholz aufspannen, damit das Werkstück ausreichend unterstützt wird.

Beginnen Sie den Schnitt vorn am Teil (B), wo es den Rumpf berührt, und schneiden Sie schräg nach hinten. Das gleiche noch einmal auf der anderen Seite. Danach beginnen Sie an der Schwanzspitze und schneiden auf jeder Seite seine Kontur aus (s. Abb. 3). Jetzt gibt's eine Menge zu schleifen!

Den Tisch auf 45° Neigung gestellt, schleifen Sie zunächst die zuletzt hergestellten Sägekanten. Dann, mit waagerecht eingestelltem Tisch, schleifen Sie die seitlichen Flächen von Rumpf und Schwanz. Mit ein bißchen Gefühl geht es auch dann, wenn das Werkstück zeitweise nicht auf dem Tisch aufliegt.

Zum Abrunden der Übergänge an den Seitenteilen B können Sie die Raspel und Schleifpapier verwenden oder auch den Bandschleifer, wenn Sie freihändig (ohne Auflage) mit Hin- und Herbewegungen arbeiten (s. Abb. 4). Verwenden Sie die Raspel, um die Ecken am Schwanz und die Übergänge von Teil A zu den beiden Teilen B abzurunden.

Jetzt kommt die mühevolle Aufgabe, alle Schleifspuren, die bei der bisherigen Arbeit entstanden sind, zu entfernen. Schleifen Sie von Hand, immer in Richtung der Maserung, mit 80er, 120er und 180er Körnung, um die Kratzer zu beseitigen. Bei dieser Arbeit werden Sie froh darüber sein, ein nicht allzu hartes Hartholz ausgewählt zu haben.

Kopf und Panzerschild

Schneiden Sie das Kopfmittelteil C aus. Schleifen Sie die Kanten mit 80er und 120er Körnung. Spannen Sie das Teil in den Schraubstock und markieren Sie das mittlere Horn, um es mit der Feinsäge auf beiden Seiten auszuschneiden (s. Abb. 5).

Schleifen Sie die Sägekanten, um sie an die Rundungen der Seitenteile anzupassen. Schneiden Sie die beiden Seitenteile D aus. Schleifen Sie Flächen und Kanten (mit 80er und 120er Körnung).

Runden Sie vorsichtig die Innenseiten der beiden Hörner, beginnend und endend jeweils kurz vor derjenigen Stelle, an der sie auf das Mittelteil C treffen (s. Abb. 6).

Kleben und spannen Sie die C- und D-Teile zusammen, die Kanten so gut es geht bündig ausgerichtet. Wenn der Leim getrocknet ist, schleifen Sie alle Überstände ab.

Markieren Sie das Augenloch sorgfältig, und legen Sie zum Bohren (beide Seiten in einem Arbeitsgang) ein Reststück unter. Schleifen Sie beide Seiten (120er, 180er Körnung). Runden Sie beide Seiten mit Ausnahme der Hinterkante.

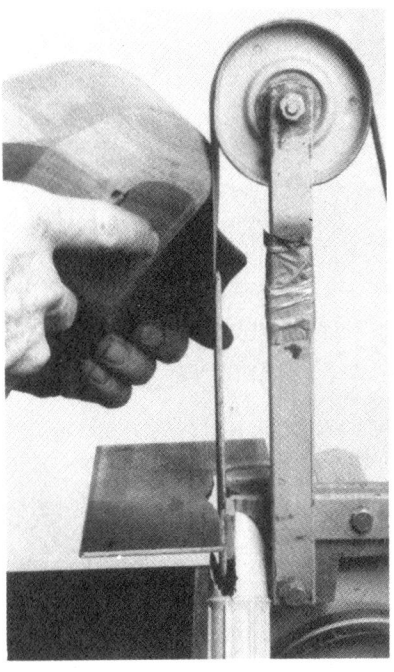

Abb. 4 Die Kanten oben, unten, vorn und hinten von Teil B können gerundet werden, indem es gegen das Schleifband frei gehalten hin und her bewegt wird.

Abb. 5 Verwenden Sie die Feinsäge, um das Material auf beiden Seiten des einzelnen Horns zu entfernen.

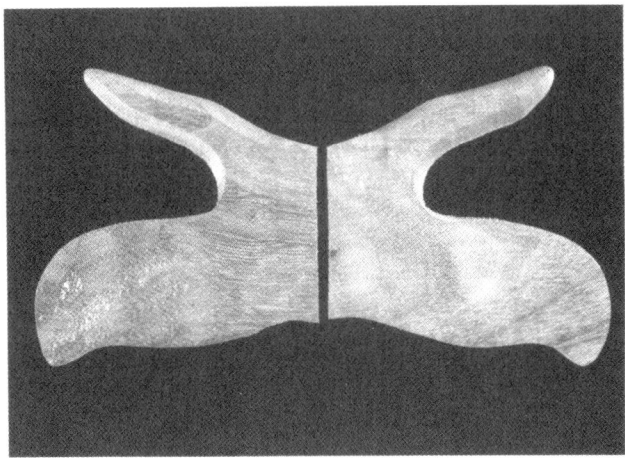

Abb. 6 Runden Sie die Innenseite der Hörner, achten Sie darauf, daß Sie kurz vor den Stellen, die ans Mittelteil stoßen, aufhören.

Abb. 7 Zeichnen Sie eine Linie 12 mm von der Kante des Blocks entfernt, und legen Sie den Kopf genau mittig darauf. Übertragen Sie den Umriß auf das Werkstück, aus dem der Schild gefertigt wird.

Markieren und körnern Sie die 4 Löcher ⌀ 6 mm auf der Rückseite sorgfältig. Spannen Sie das Teil zwischen 2 Holzklötze, so daß die Hinterkante parallel zum Bohrtisch ausgerichtet ist. Die Löcher werden mit ⌀ 6,3 mm etwas zu groß auf die passende Tiefe gebohrt.

Als Material für das Schild, das den Nacken bedeckt, wird ein Holzklotz von L 15,2 × B 7,6 × H 9,5 cm verleimt. Wenn Länge und Breite etwas größer vorbereitet werden, kann man den Klotz nachher exakt rechtwinklig zurichten. Alle 6 Seiten müssen rechtwinklig zueinander stehen.

Zeichnen Sie eine Linie 1,2 cm von der Unterkante auf das Teil. Legen Sie den Kopf genau mittig auf den Klotz, die Unterkante an der aufgezeichneten Linie, und übertragen Sie den Umriß vom Kopf auf das Werkstück (s. Abb. 7). Die Mittelpunkte der Dübellöcher werden am besten mit Dübelmarkern (Körnerspitzen) auf den Klotz übertragen. Es ist auch möglich, die Punkte auszumessen, aber die Genauigkeit läßt dabei zu wünschen übrig. Bohren Sie die Löcher mit ⌀ 6,3 (wieder etwas größer als der Dübeldurchmesser, damit das dünne Material nicht reißt) auf die richtige Tiefe.

Verlängern Sie die Linien vom Kopfumriß bis zur Außenkante des Werkstücks (obere und seitliche Flächen). Mit Hilfe dieser Linien zeichnen Sie die Drauf- und Seitenansicht in der richtigen Lage auf das Teil.

Der Bandsägetisch muß exakt senkrecht zum Sägeblatt stehen, um zunächst die Seitenansicht auszuschneiden. Lassen Sie bei den beiden erforderlichen Schnitten je ca. 6 mm Material stehen, einmal an der oberen und einmal an der unteren Seite (s. Abb. 8), damit das Teil für den nächsten Schnitt ausreichende Auflagefläche besitzt.

Danach schneiden Sie die Draufsicht aus und entfernen dann die beiden vorher stehengelassenen Teile vollständig. Stellen Sie den Tisch der Bandsäge auf 10° Neigung. Schneiden Sie das Innenteil entlang der inneren Kopfumrißlinie heraus (s. Abb. 9). Die beiden Ecken schneiden Sie zunächst mit möglichst engen Radien aus und arbeiten sie später entsprechend der Linie aus. Mit der Dekupiersäge werden die vorher an dünnen Stegen stehengelassenen Teile abgeschnitten.

Spannen Sie das Teil mit der Oberseite nach unten vorsichtig in den Schraubstock. Die Innenkanten werden mit der Dekupiersäge rechtwinklig ausgearbeitet.

Stellen Sie den Bandsägetisch wieder genau waagerecht, legen Sie das Schild auf die Rückseite, und schneiden Sie die geschwungene Oberseite aus. Die gewellten Außenkanten können anschließend mit einem kleinen Walzenschleifer bearbeitet werden. Bewegen Sie das Teil ständig am Schleifkörper vorbei, damit an keiner Stelle zuviel Material abgetragen wird. Prüfen Sie während des Schleifens immer wieder, ob nicht auf der einer Seite mehr Material abgetragen wird als auf der anderen.

Im Bereich der Vorderkanten sollte so wenig Material wie möglich abgeschliffen werden, damit das Schild beim Zusammenbau gut zu dem vorderen Kopfteil paßt.

Der Übergang von den Seiten zur Oberseite wird mit der Raspel gerundet. Danach schleifen Sie die so bearbeiteten Kanten und alle bisher noch nicht geschliffenen Stellen glatt, dabei alle Kanten brechend. Geben Sie nur wenig Leim in die 8 Löcher und auf die zu verbindenden Flächen von Kopf und Schild. Bleiben Sie mit dem Leim etwas vom Rand der Außenkanten weg, damit nichts herausquellen kann. Treiben Sie nun die 4 Dübel (mit gerundeten Enden) in das Kopfteil. Verbinden Sie die beiden Teile miteinander, und spannen Sie daraufhin die Anordnung ein.

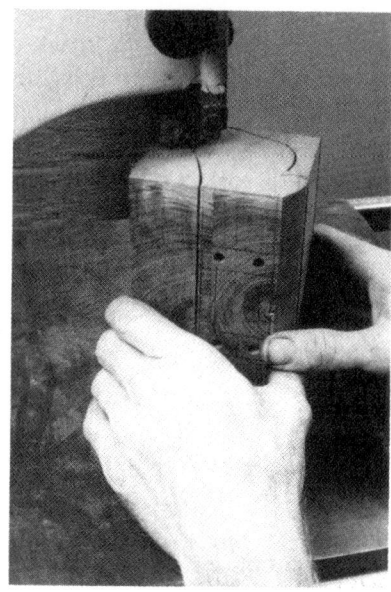

Abb. 8 Schneiden Sie die Seitenansicht aus, wobei oben und unten je ca. 6 mm stehenbleiben, damit das Teil für die weitere Bearbeitung zusammenhält.

Abb. 9 Stellen Sie den Bandsägetisch auf 10° Neigung, um die Innenseite des Schilds auszuschneiden. Die Ecken werden zunächst mit einem Radius entfernt und später ausgearbeitet.

Nach dem völligen Aushärten des Leims bearbeiten Sie die Übergänge zwischen beiden Teilen, zunächst mit der Raspel (wenn notwendig), dann mit Schleifpapier in Richtung der Maserung.

Die Beine

Zeichnen Sie alle 8 Beinteile (F, G, H, J) auf ein 1,2 cm dickes Brett, die Maserung in Längsrichtung. Bohren Sie alle Löcher, wobei zu beachten ist, daß in den Oberschenkeln die Löcher am Knie mit ⌀ 5 mm, alle anderen mit ⌀ 6 mm gefertigt werden müssen. Schneiden Sie die Teile mit der Bandsäge aus. Schleifen Sie danach alle Kanten und Flächen und Schnittkanten, und brechen Sie dabei die Kanten.

Geben Sie Leim in die Löcher an den Kniegelenken, und kleben Sie die Beine in 2 spiegelbildlichen Sets zusammen. Wenn dabei Leim hinten aus den Bohrungen tritt, schleifen Sie ihn nach dem Antrocknen glatt ab.

Räder und Nocke

Verwenden Sie die Bohrvorrichtung (s. allgemeine Hinweise, S. 14, Abb. 11) zum Fertigen der Befestigungslöcher in den Vorderrädern (V; ∅ 5 cm) und den Hinterrädern (T; ∅ 4 cm). Verdübeln Sie die mittigen Achslöcher der Vorderräder. Schleifen Sie die Flächen glatt, wenn der Leim trocken ist, legen Sie das Rad auf den Bohrtisch, und fertigen Sie das exzentrische Achsloch mit einem Holz- oder Forstnerbohrer ∅ 10 mm nur wenig außermittig (genau um 180° zum Dübelloch versetzt).

Als Nocke (S) schneiden sie mit der Lochsäge ein Rad von ∅ 3,2 cm aus einem 1,2 cm dicken Brett. Verdübeln Sie das Achsloch, und schleifen Sie die Flächen glatt, wenn der Leim trocken ist. Bohren Sie das exzentrische Loch mit ∅ 10 mm (6 mm außermittig).

Zusammenbau

Schneiden Sie die Hinterachse 3 mm länger als die Rumpfdicke plus die Dicke der Räder. Das Balancerad (U) im Schlitz positioniert, treiben Sie die Achse so weit ein, daß sie mittig sitzt. Bohren Sie ein ∅ 3-mm-Loch einseitig durch das Rad und die Achse, und kleben Sie den Dübel ein. Kleben Sie die Hinterräder an die Achse, wobei die Befestigungslöcher sich genau um 180° versetzt gegenüberliegen müssen.

Wiederholen Sie den ganzen Vorgang für die Vorderräder. Der einzige Unterschied liegt darin, daß die ∅ 3-mm-Dübelbohrung ganz durch die Nocke gebohrt wird.

Befestigen Sie nun die Beine einzeln; wenn nötig verwenden Sie die Abstandslehre dazu (s. allgemeine Hinweise, S. 23, Abb. 22). Legen Sie das Rad zur Unterstützung auf die Kante der Werkbankplatte, wenn Sie die Füße an den Rädern befestigen. Schneiden Sie den Stößel (M) auf Länge, runden Sie beide Enden, und stecken Sie ihn in die Bohrung. Geben Sie Leim in die Augenlöcher, positionieren Sie den Kopf, und treiben Sie die Dübel ein, so daß sich der Kopf noch leicht bewegen läßt.

Wenn der Leim völlig trocken ist, ölen Sie den Wegelagerer mit Danish Oil – und er ist bereit, dem Tyrannosaurus aufzulauern und ihm seine Brieftasche abzuknöpfen.

Materialliste

(Maße in cm, soweit nicht anders angegeben)

Teil	Benennung	Anzahl	Dicke	Breite oder ∅	Länge
A	Rumpf	1	4,4	11,7	38,4
B	Rumpfseitenteil	2	1,9	11,7	13,3
C	Kopfmittelteil	1	4,8	3,5	8,3
D	Kopfseitenteil	2	1,2	7,3	6,7
E	Schild	1	9,5	15,2	7,0
F	Oberschenkel, hint.	2	1,2	4,4	7,9
G	Unterschenkel, hint.	2	1,2	5,1	8,9
H	Oberschenkel, vorn	2	1,2	3,5	7,0
J	Unterschenkel, vorn	2	1,2	3,8	8,6
K	Dübel/Balancerad	1		∅ 3 mm	2,5
L	Dübel/Nocke	1		∅ 3 mm	3,2
M	Stößel	1		∅ 10 mm	10,8
N	Vorderachse	1		∅ 10 mm	7,3
P	Hinterachse	1		∅ 10 mm	11,1
Q	Dübel/Kopfverbind.	4		∅ 6 mm	1,0
R	Kopfdübel	14		∅ 5 mm	2,7
S	Nocke	1	1,2	∅ 3,2	
T	Hinterrad	2	1,2	∅ 4,0	
U	Balancerad	1	1,2	∅ 5,0	
V	Vorderrad	2	1,2	∅ 5,0	

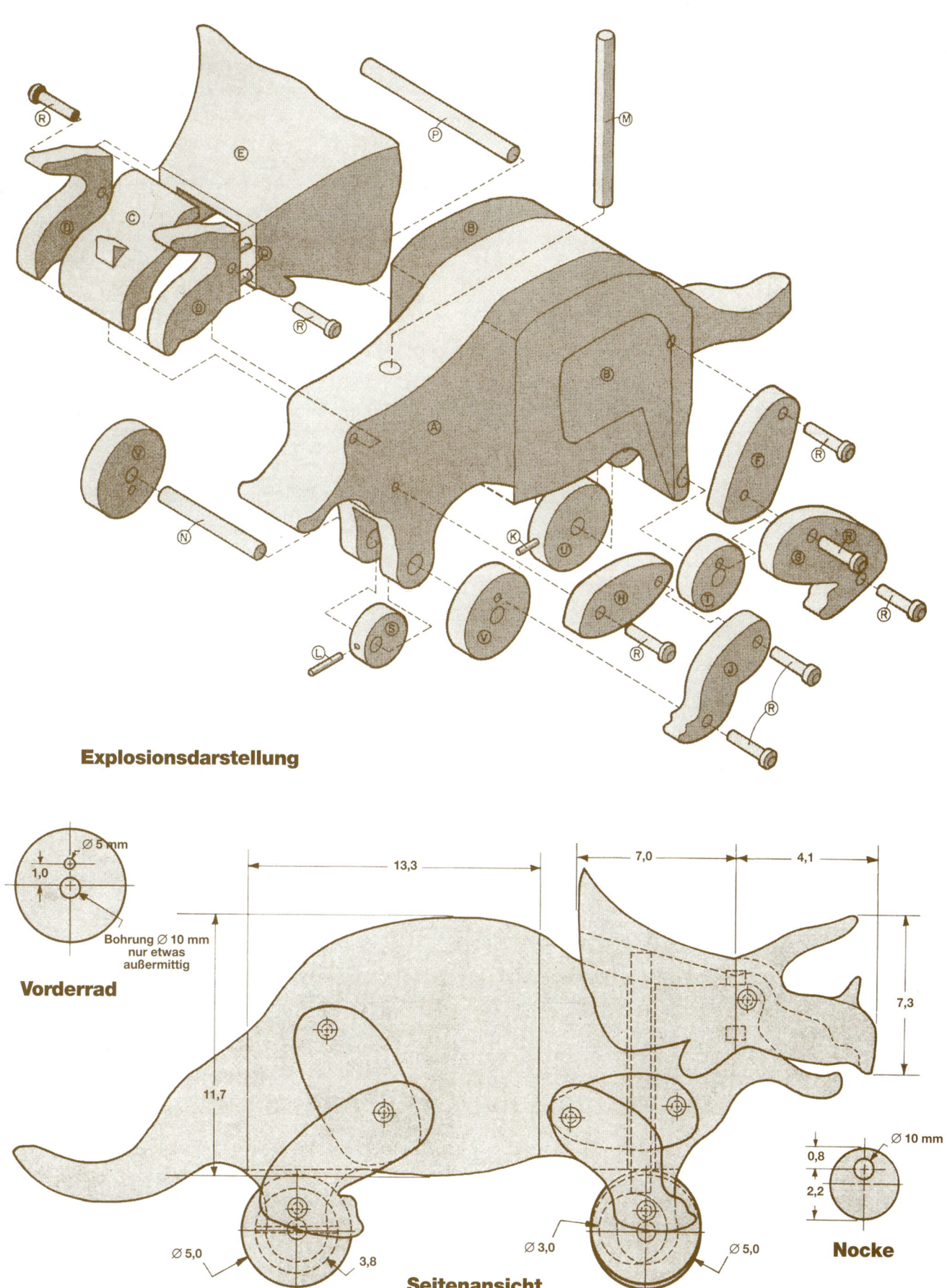

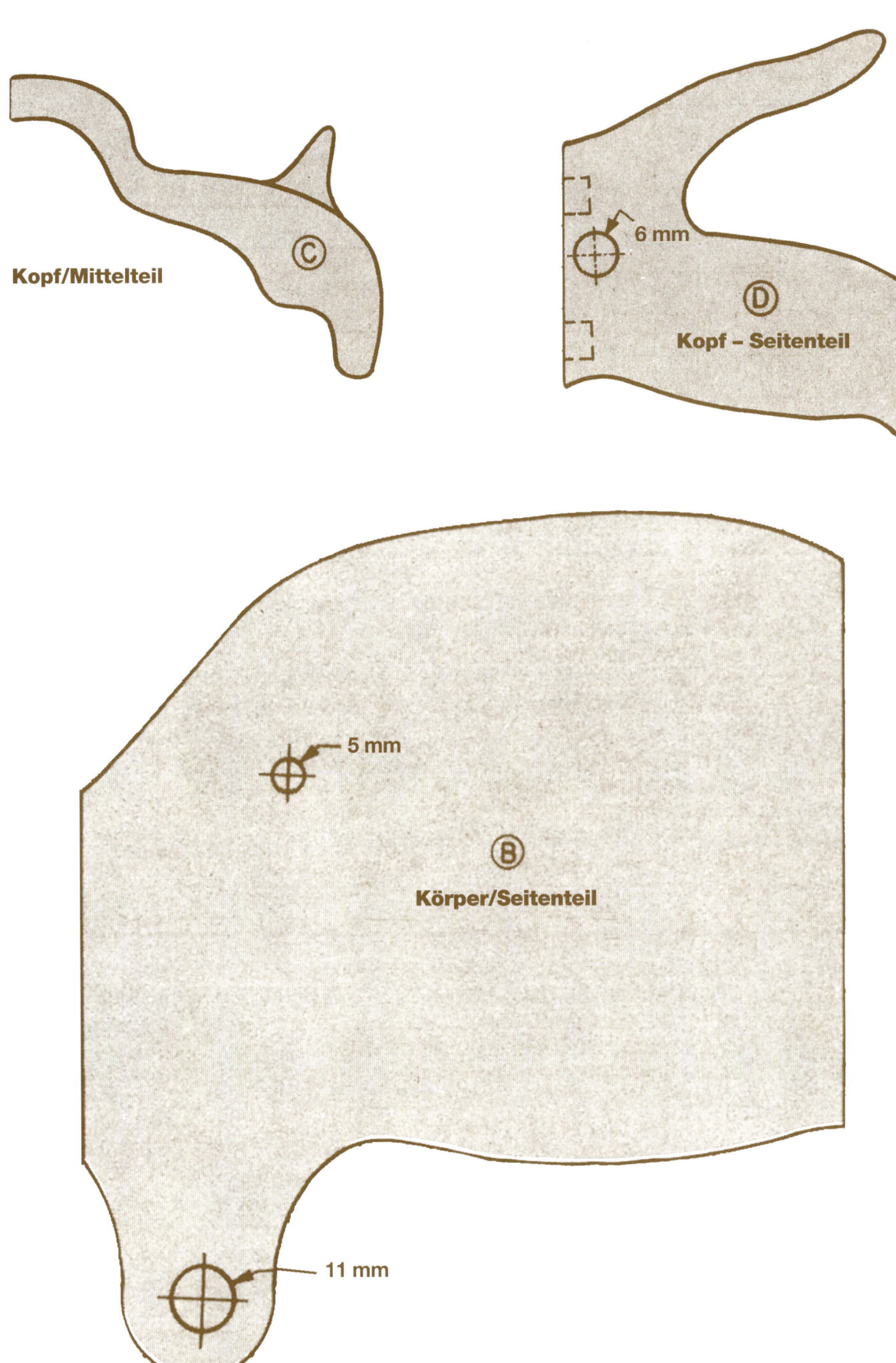

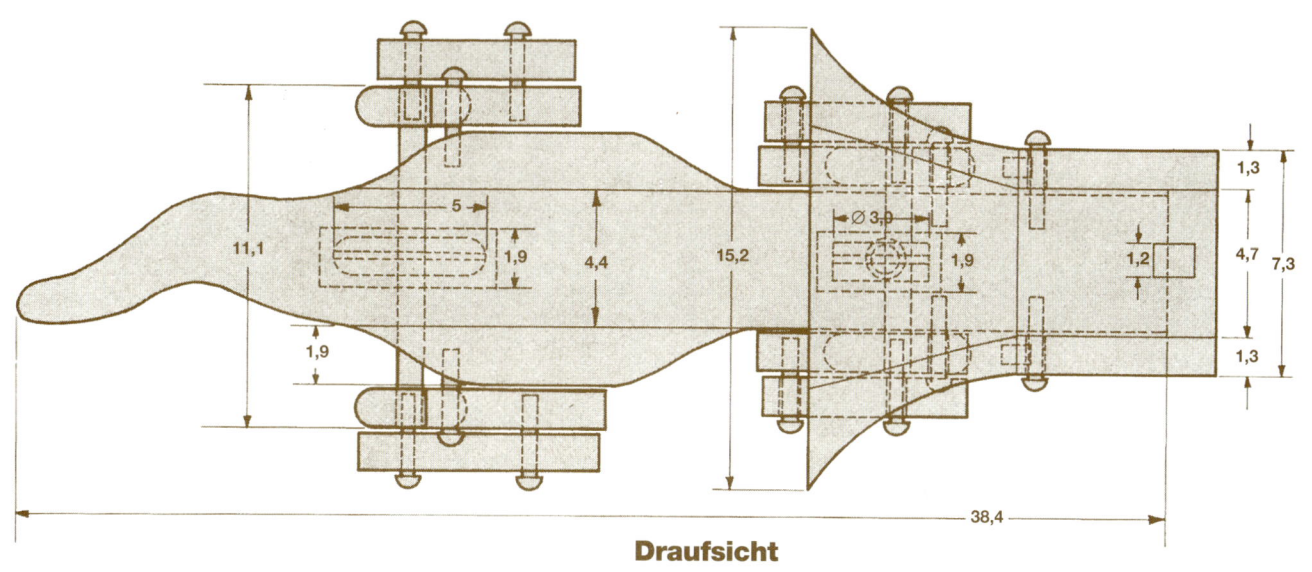

Draufsicht

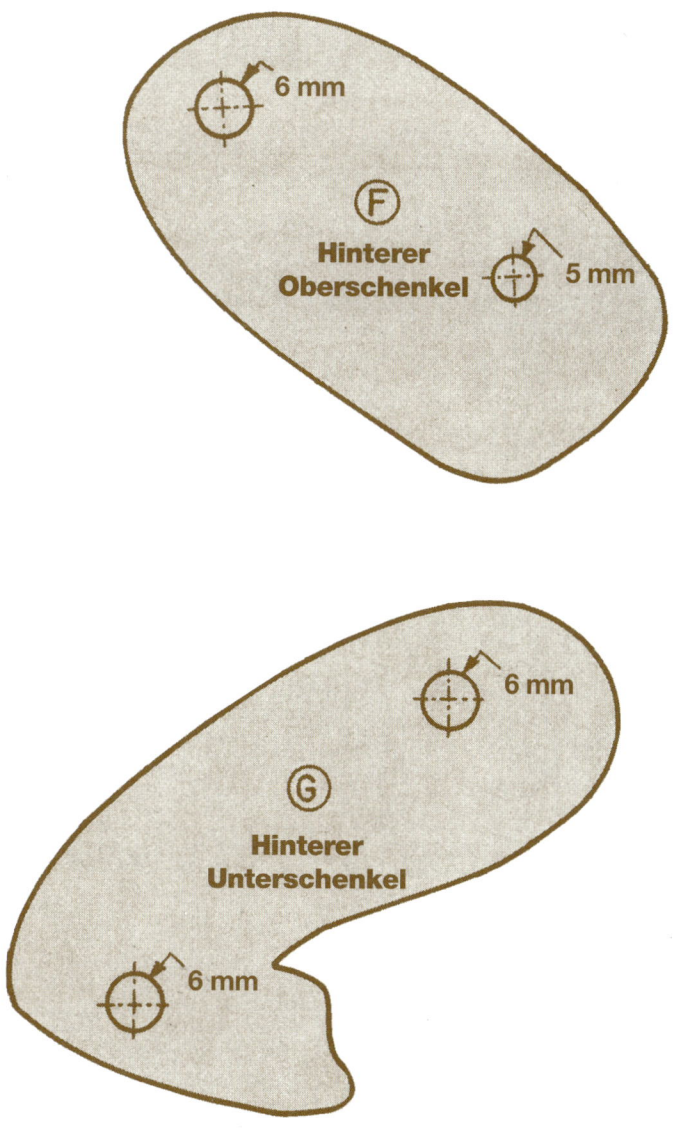

F — Hinterer Oberschenkel

G — Hinterer Unterschenkel

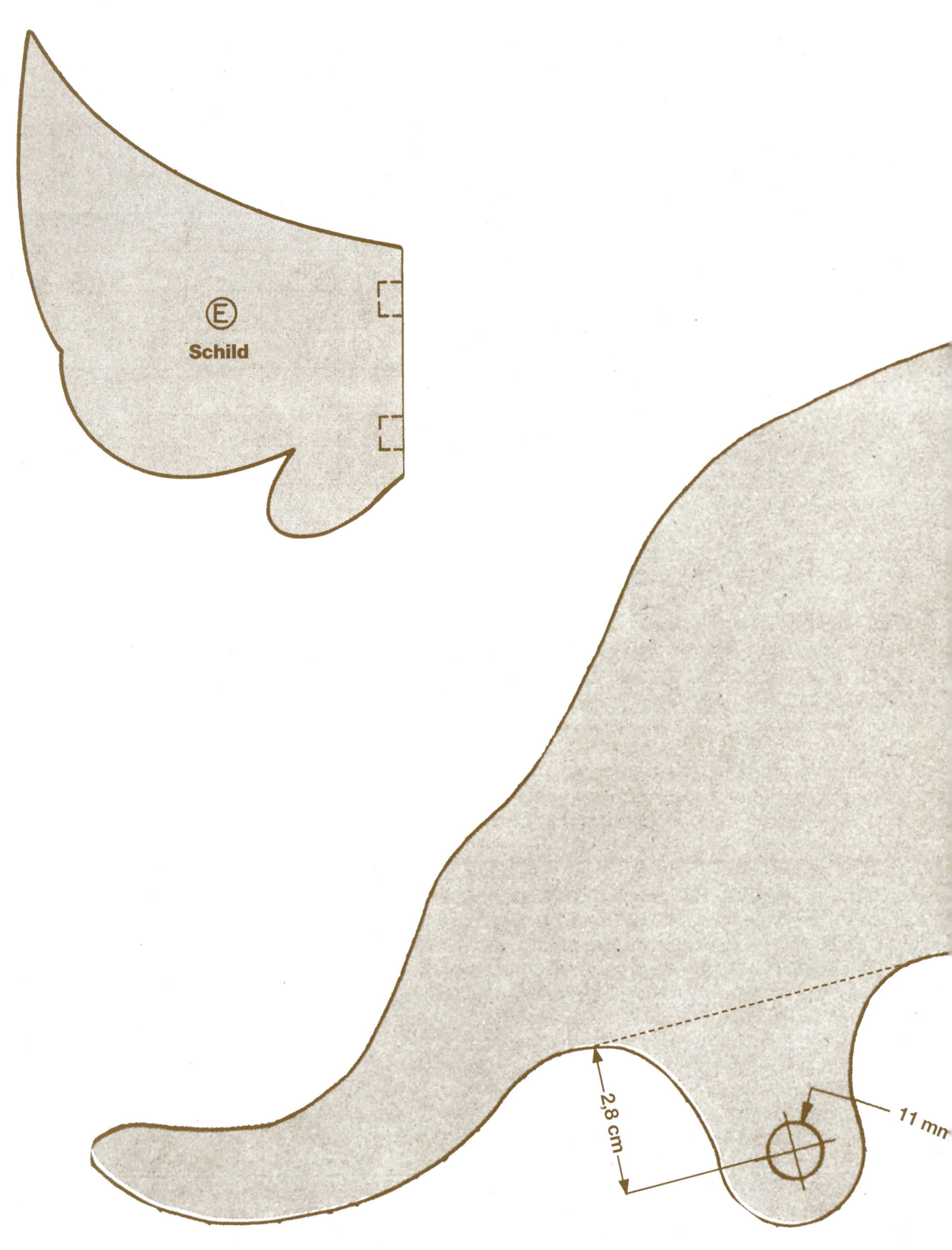

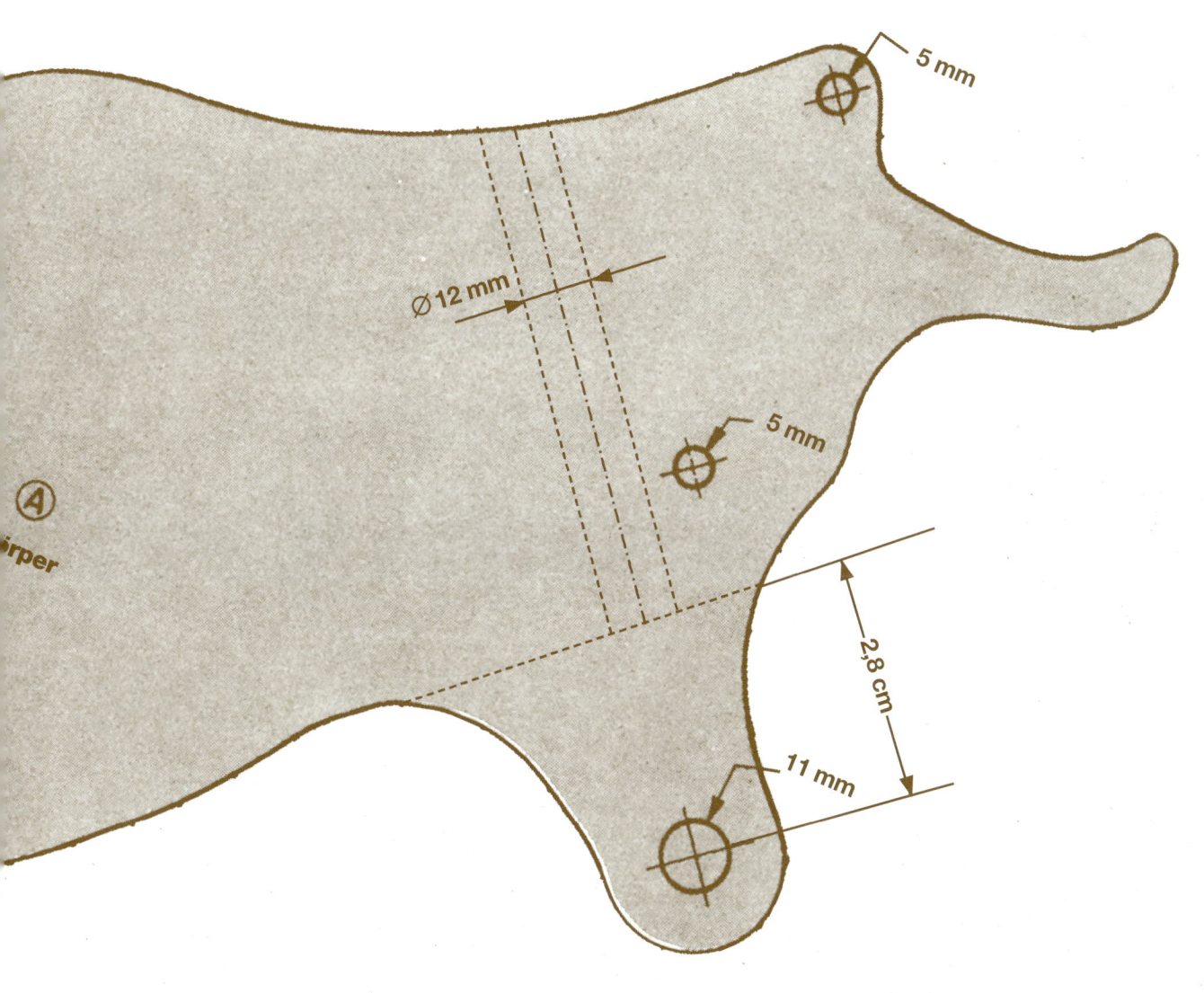

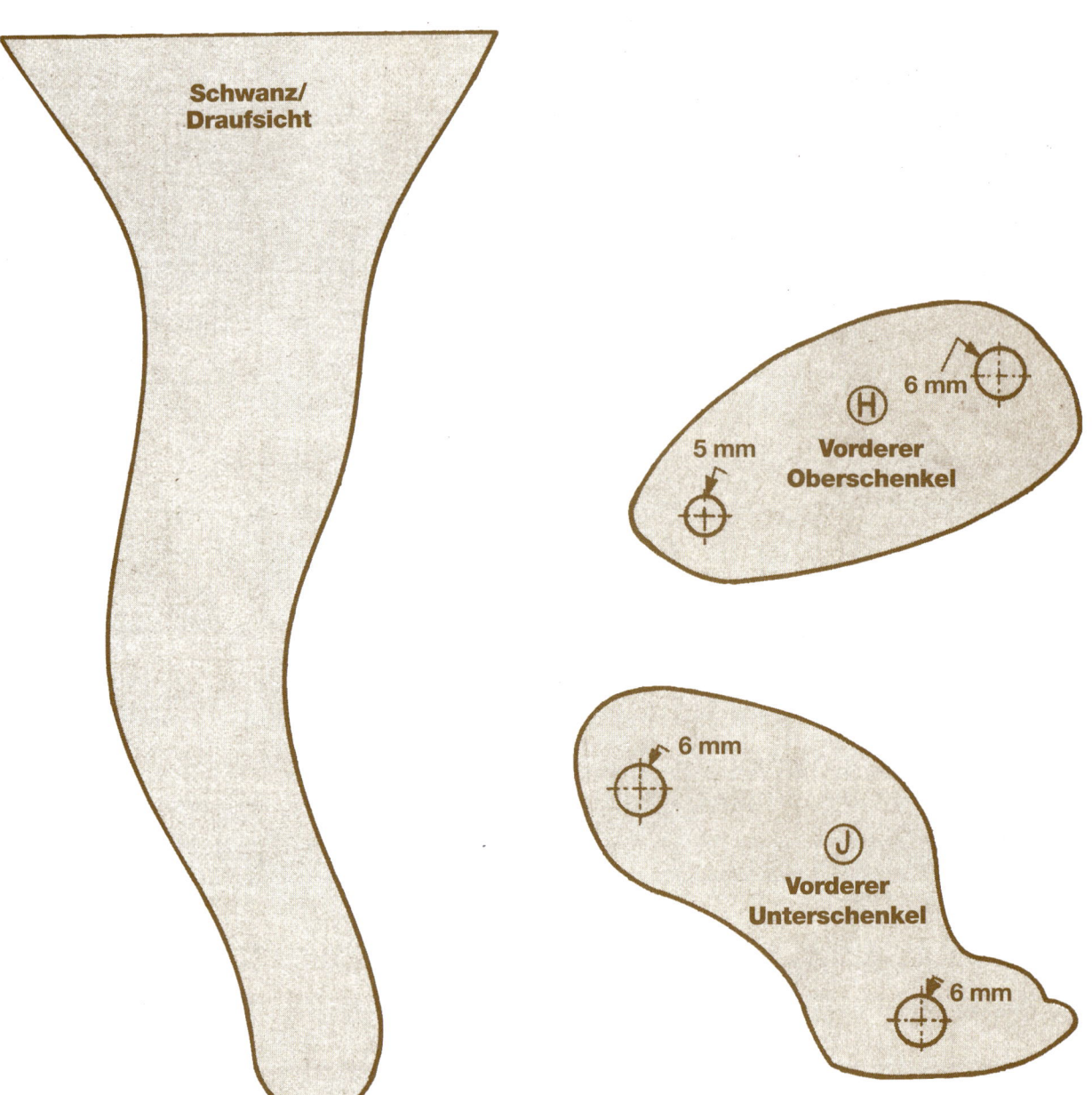

Bewegung pur

Eine tolle Klapper für Kinder

Die Klapper ist das einzige des in diesem Buch beschriebenen Spielzeugs, das nicht von mir entworfen wurde und für das ich keine Urheberrechte in Anspruch nehme. Es ist aber ein wirklicher Klassiker, so daß ich es zusammen mit meinen Spielzeugen vorstellen möchte.

Übertragen Sie entweder den Umriß (A) für die Seitenteile auf ein passendes Stück Holz (jede Holzsorte kann verwendet werden), oder zeichnen Sie einfach mit dem Zirkel Kreise von $\varnothing$ 11 cm auf das Holz.

Schneiden Sie die Scheiben mit der Bandsäge aus, folgen Sie der Kreislinie so gut wie möglich. Je perfekter die Kreisform, desto besser sieht das fertige Spielzeug aus – aber Perfektion ist nicht das Wichtigste beim Spielzeugmachen.

Bohren Sie die Löcher $\varnothing$ 10 mm, und schleifen Sie die Flächen (mit der Maserung) und die Kanten (80er und 120er Körnung). Runden Sie die Kanten mit der Oberfräse, und schleifen Sie anschließend die Fräskanten. Schneiden Sie die Rundstäbe auf Länge. Bohren Sie die Löcher $\varnothing$ 11,5 mm in die Rundstäbe $\varnothing$ 25 mm (s. allgemeine Hinweise S. 14, Abb. 11). Schleifen Sie die Enden, indem Sie die 25er Stäbe genau senkrecht zum Bandschleifer gut festhalten. Brechen Sie dabei die Ecken (s. allgemeine Hinweise S. 18, Abb. 18).

Schleifen Sie die Oberfläche in Längsrichtung von Hand, um alle eventuell vorhandenen Rauheiten und Splitter zu entfernen, besonders im Bereich der Bohrungen in den 25er Rundstäben.

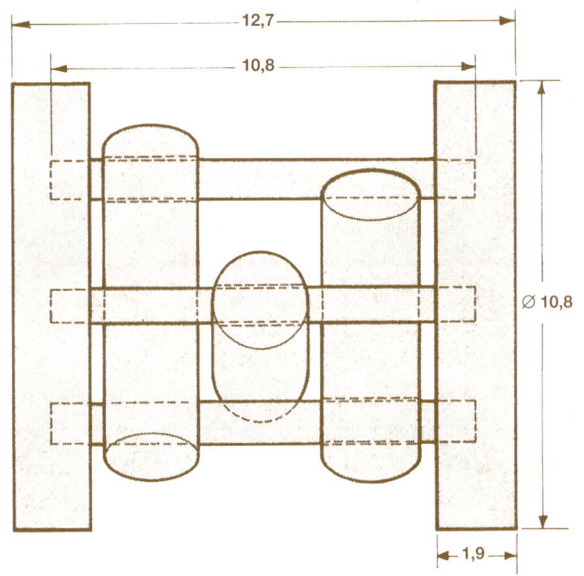

Seitenansicht

Vorderansicht

Geben Sie Leim in die Löcher eines Seitenteils (A), und treiben Sie die Verbindunsstäbe (C) hinein, bis sie fest sitzen. Wenn Sie die Klapperstäbe mit Lebensmittelfarbe (oder anderer, für Kinderspielzeug zugelassener Farbe) bunt einfärben wollen, ist dafür jetzt der Zeitpunkt gekommen. Lassen Sie die Farbe gut durchtrocknen, und ölen Sie die Teile vor dem Zusammenbau ein, sonst reibt sich die Farbe möglicherweise ab.

Stecken Sie einen der Klapperstäbe auf jeden der Verbindungsstäbe. Prüfen Sie, ob auf jedem der drei 10er Stäbe ein Stab Ø 25 mm sitzt und ob das frei bewegliche Ende zwischen den beiden anderen 10er Stäben liegt.

Geben Sie Leim in die Bohrungen des zweiten Seitenteils (A). Legen Sie ein Reststück Teppich oder Weichholz unter die Anordnung, damit die Unterseite beim Zusammenbau nicht beschädigt wird. Legen Sie auch auf die zweite Seite ein Reststück Holz, das mindestens die Größe der Scheibe haben sollte; damit verhindern Sie Beschädigungen oder gar Einreißen des Seitenteils, wenn Sie es mit dem Hammer bearbeiten (s. Abb. 1).

Die 3 Stäbe sollten bereits an den Kanten der Löcher anliegen, bevor Sie mit dem Hammer die Scheibe auftreiben. Hämmern Sie im Kreis, und schlagen Sie direkt über den Stäben, bis auch die zweite Scheibe

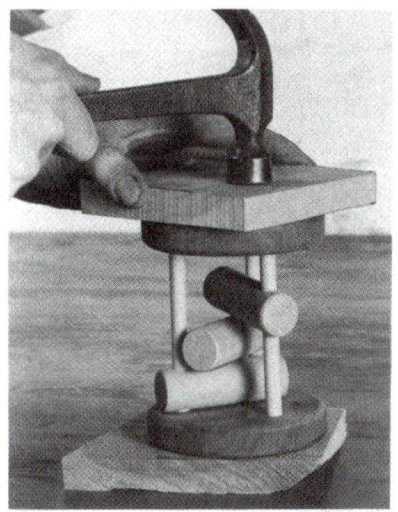

Abb. 1 Um Beschädigungen beim Zusammenbau mit dem Hammer zu vermeiden, legen Sie ein Reststück auf und unter das Spielzeug.

ganz auf den Stäben sitzt. Das Geräusch des Hämmerns verändert sich, wenn die Stäbe den Lochgrund berühren. Die Seitenteile sollten parallel zueinander stehen.

Wenn der Leim trocken ist, ölen Sie die Klapper mit Danish Oil, und sie ist bereit zum SHAKE, RATTLE 'N' ROLL!

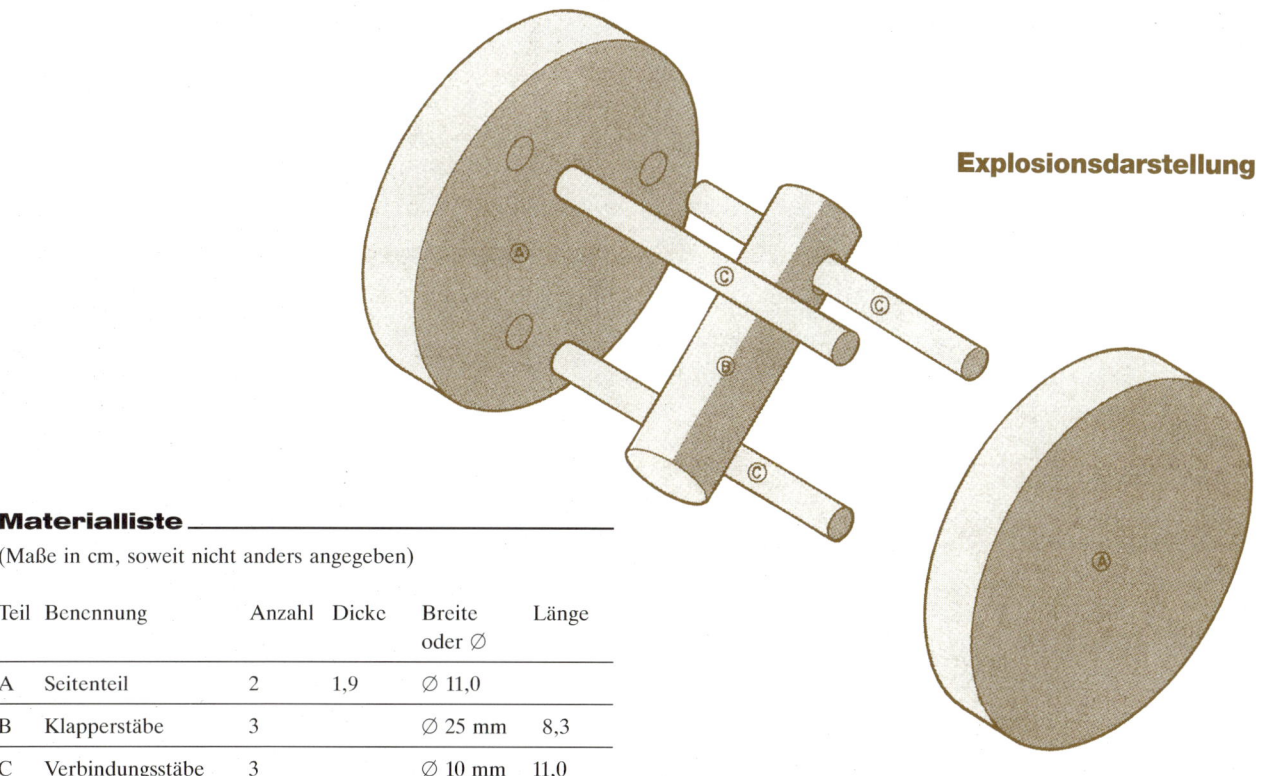

Explosionsdarstellung

Materialliste

(Maße in cm, soweit nicht anders angegeben)

Teil	Benennung	Anzahl	Dicke	Breite oder Ø	Länge
A	Seitenteil	2	1,9	Ø 11,0	
B	Klapperstäbe	3		Ø 25 mm	8,3
C	Verbindungsstäbe	3		Ø 10 mm	11,0

221

Die Illusion eines Perpetuum mobile

Gibt man der Achse nur einen leichten Dreh, so beginnt das Tier schon, sich entlang der Bande fortzubewegen. Der Körper ist nicht genau ausbalanciert, um der Drehung einen Stop-and-Go-Ablauf zu verleihen, als ob die Bewegung in sich anhalten würde und sich dann von selbst den Impuls zur Fortsetzung gibt.

Schnell kommt da die Versuchung auf, zu erkunden, wieviel – oder besser: wie wenig – Antrieb man der Achse mitgeben muß, damit das Tier gerade noch seinen Weg bis zum anderen Ende vollenden kann. Es ist außerordentlich amüsant, wie sehr man sich von der Suche nach dem richtigen Dreh in Beschlag nehmen läßt.

Die Grundplatte kann aus jedem beliebigen Holz, das gerade zur Verfügung steht, hergestellt werden. Das Tier wird aus 6 mm dickem Material gefertigt. Für den Wal sollte eine Holzsorte mit möglichst gleichmäßiger Maserung verwendet werden; beim Drachen oder Tukan soll die Brandmalerei gut zur Geltung kommen, weshalb einfaches Sperrholz geeignet erscheint; aber ein relativ helles Holz wie Pappel oder Kirsche sieht attraktiver aus.

Schneiden Sie die Grundplatte aus, und bohren Sie die 4 Pfostenlöcher. Schleifen Sie die Flächen und Seitenkanten mit 80er Körnung. Runden Sie zunächst die kurzen, senkrechten Ecken des Teils mit der Oberfräse (s. Abb. 1) und dann die obere Kante rundherum. Schleifen Sie fein mit 120er und 180er Körnung.

Schneiden Sie die Pfosten ⌀ 20 mm und die beiden Führungsstäbe ⌀ 6 mm auf Länge. Runden Sie beide Enden von allen Stäben (s. allgemeine Hinweise S. 18, Abb. 18). Bohren Sie die ⌀ 6-mm-Löcher in die Pfosten. Achten Sie dabei auf die mittige Lage der Bohrungen (s. allgemeine Hinweise, S. 11, Abb. 3). Schleifen Sie die Stäbe in Längsrichtung von Hand, um alle Rauheiten und eventuellen Splitter zu entfernen.

Bauen Sie Grundplatte, Pfosten und Führungsstäbe ohne Leim probeweise zusammen, um zu prüfen, ob alle Teile richtig zusammenpassen.

Geben Sie nur wenig Leim in die Löcher der Pfosten; zuviel würde verhindern, daß sich die Führungsstäbe ganz bis zum Lochgrund eintreiben lassen. Treiben Sie die Führungsstäbe (D) in die Pfostenlöcher, wobei die Pfosten parallel zueinander und rechtwinklig zu den Führungen stehen müssen (s. Abb. 2). Kleben Sie die beiden „Geländer" in die Löcher der Grundplatte, und richten Sie die Teile so aus, daß die Führungsstäbe parallel zur Grundplatte und die Pfosten rechtwinklig dazu stehen.

Übertragen Sie den gewählten Tierumriß aufs Material. Wenn Sie den Drachen oder Tukan fertigen wollen, zeichnen Sie die Vorlage für die Brandmalerei mit Hilfe von Kohlepapier auf die Werkstückoberfläche. Bohren Sie das ⌀ 6-mm-Loch, und schneiden Sie das Tier mit der Bandsäge aus.

Abb. 1 Runden Sie die Stirnkanten zuerst mit dem Fräser, dann die gesamte Außenkontur auf einmal.

Schleifen Sie die Sägekanten von Hand. Brennen Sie nun die Zeichnung vom Tukan oder Drachen ein. Schneiden Sie die ⌀ 6-mm-Achse (E) auf Länge, und runden Sie beide Enden auf dem Bandschleifer.
Stecken Sie das Tier auf den Rundstab, bis es fast in der Mitte sitzt. Geben Sie nun, auf der Seite mit dem größeren Achsüberstand, etwas Leim um die Bohrung rund um die Achse, und schieben Sie das Tier genau bis zur Achsmitte.
Legen Sie es auf die Führungsstäbe, und richten Sie das Tier genau rechtwinklig zur Achse aus. Dann lassen Sie den Leim gut duchtrocknen, ölen alles mit Danish Oil... und rotieren auf und davon.
Legen Sie das Gestell auf eine waagerechte Fläche, und denken Sie daran, daß die schwerste Aufgabe darin besteht, das Tier so langsam wie möglich rotieren zu lassen.

falsch   **falsch**

Abb. 2 Achten Sie darauf, daß die Pfosten parallel zueinander und rechtwinklig zu den Laufschienen stehen. Jede der gezeigten Abweichungen verursacht Probleme.

Materialliste

(Maße in cm, soweit nicht anders angegeben)

Teil	Benennung	Anzahl	Dicke	Breite	Länge
A	Tier	1	0,6	14,6	14,6
B	Grundplatte	1	2,0	10,2	32,5
C	Pfosten	4		⌀ 20 mm	12,0
D	Führungsstab	2		⌀ 6 mm	28,6
E	Achse	1		⌀ 6 mm	12,7

Explosionsdarstellung

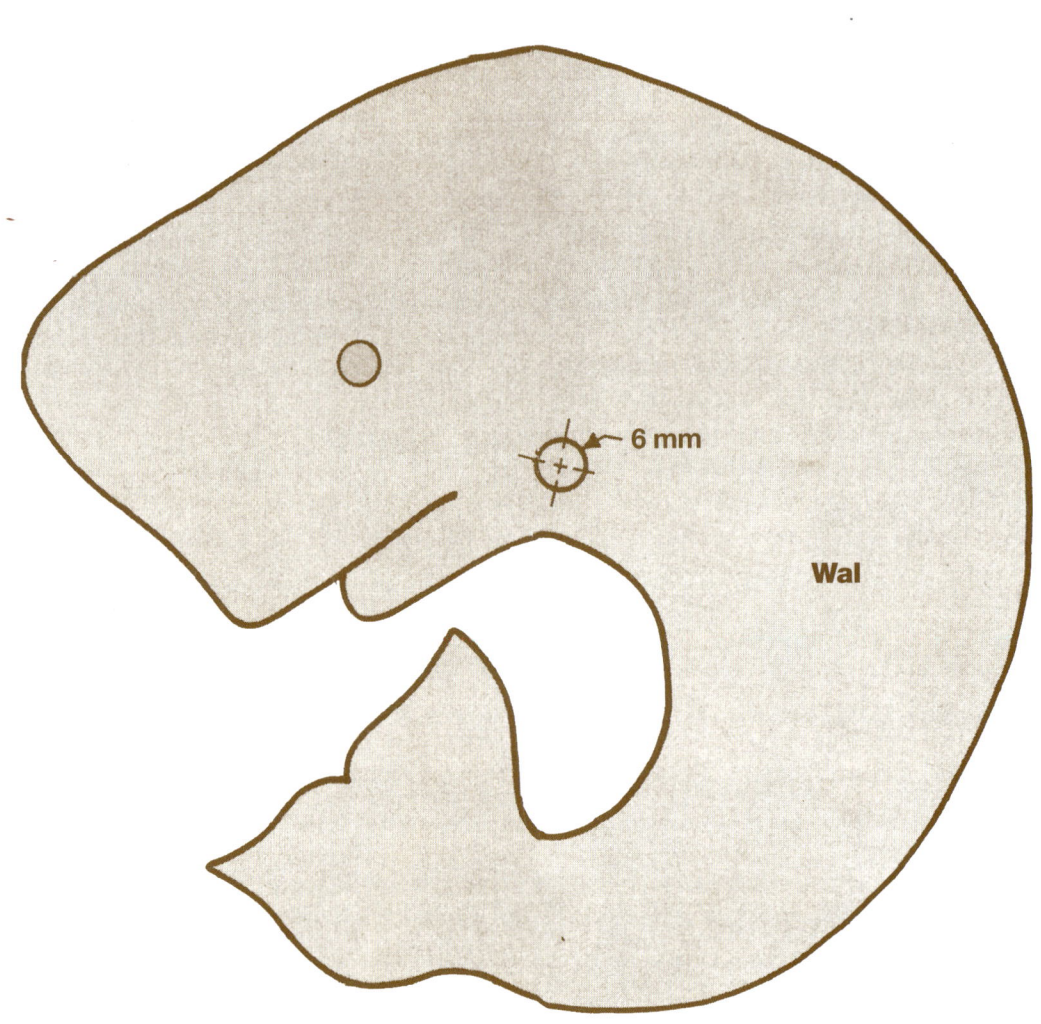

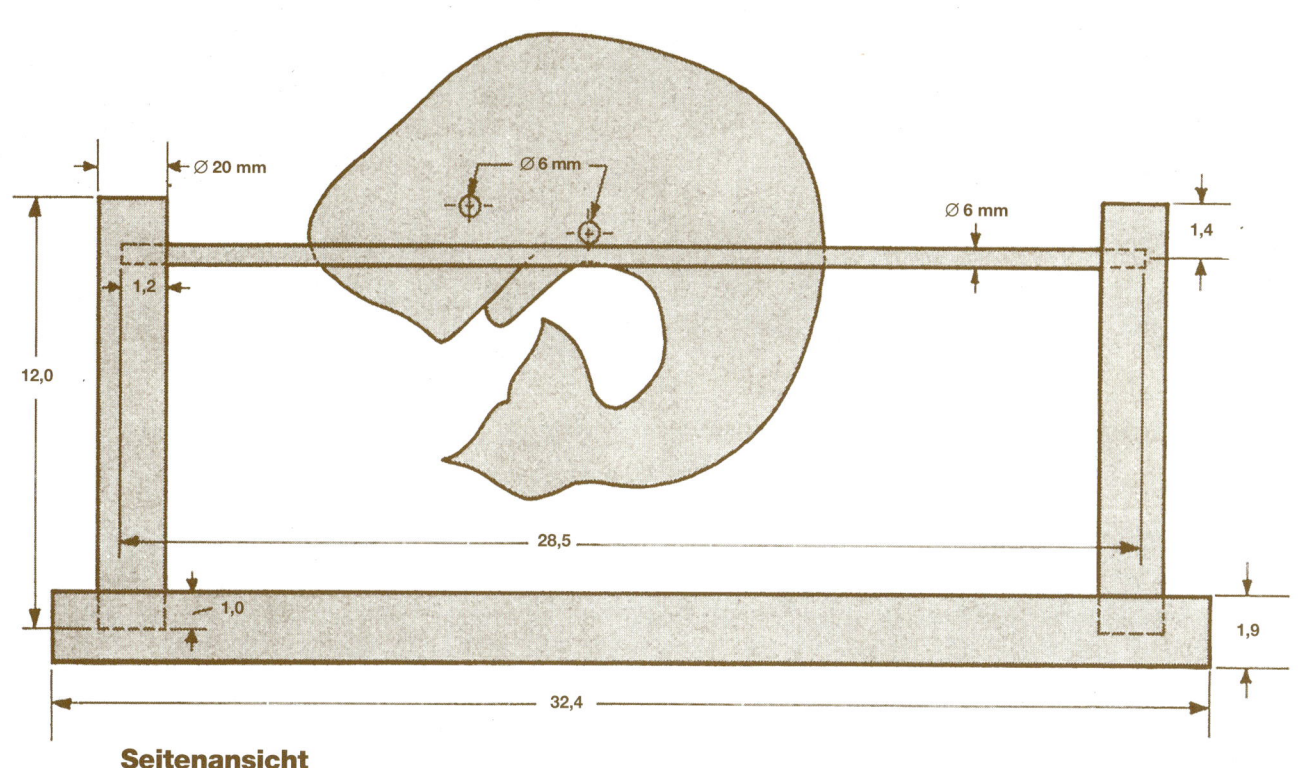

Seitenansicht

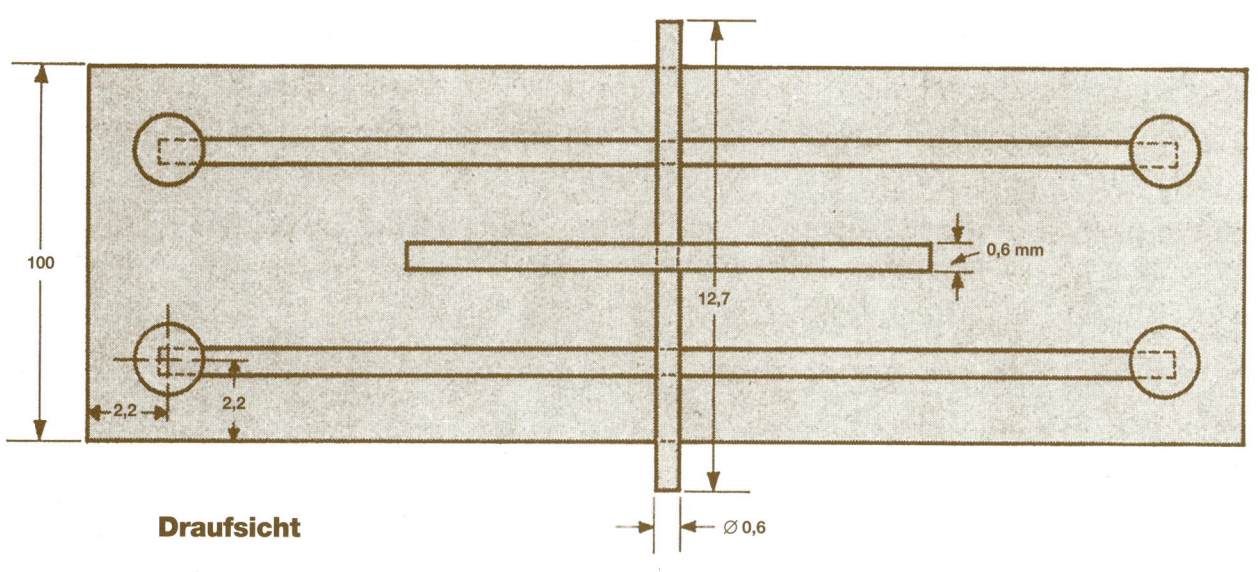

Draufsicht

Tukan

Drachen

Anhang

Das für die Behandlung der Holzoberfläche empfohlene Finish *Danish Oil* ist bei folgenden Versandhändlern erhältlich:

MADERAS
Drechsel-Technik
Bebelstraße 5 A
22946 Trittau

Drechselzentrum Essen
Rudolf Dercks
Ruhrbruchshof 5
45276 Essen

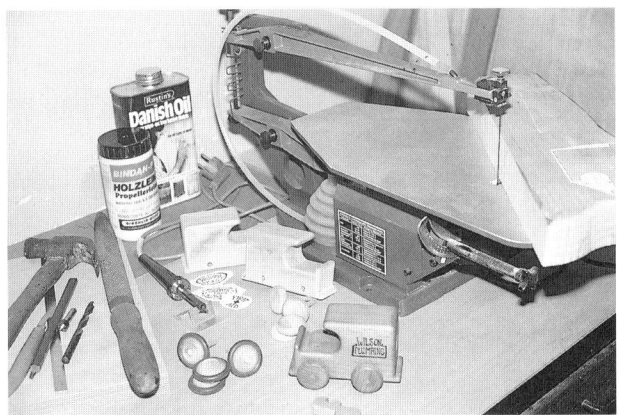

Diese Firmen führen auch hochwertige Holzbearbeitungswerkzeuge und -maschinen – nicht nur zum Drechseln – außerdem Holzplanken und -blöcke in unterschiedlichen Abmessungen und Holzsorten.

Rohholzteile wie z. B. Räder, Figuren, Dübel etc. sind in Spielzeug- und Bastelläden oder den Bastelbedarfsabteilungen der Baumärkte erhältlich. Lieferanten für diese Teile sind u. a.:

Friedrich Knorr GmbH & Co
Postfach 12 40
96215 Lichtenfels

Christian Kohl
Rosshimmel 14
88138 Hergensweiler

Das in einigen Fällen als Antriebsriemen benötigte Gummiband kann aus einem alten Fahrradschlauch herausgeschnitten werden. Freundliche Fahrradhändler helfen einem weiter, wenn man selbst gerade keinen zur Verfügung hat. Im Fahrradgeschäft erhält man auch die zum Kleben benötigte Gummilösung.

Wie bereits erwähnt (S. 34), sind alle in diesem Buch vorgestellten Entwürfe das urheberrechtlich geschützte Eigentum des Autors. Wenn Sie die Holzspielzeuge gewerblich herstellen und vertreiben wollen, können Sie die Rechte dazu unkompliziert von David Wakefield selbst erwerben. Schreiben Sie an die folgende Adresse:

David Wakefield
Ancient Beasts
Animated Hardwood Dinosaurs
10646 Sandridge Rd.
Millfield, OH 45761
USA